数学学业成就测试中的表现标准研究

林子植——著

该书为2022年全国教育科学规划教育部重点课题『学业成就测试中的表现标准建构方法研究』研究成果，课题编号：DHA220399。

湖南师范大学出版社·长沙·

图书在版编目（CIP）数据

数学学业成就测试中的表现标准研究／林子植著. --长沙：湖南师范大学出版社，2024.8 --ISBN 978 - 7 - 5648 - 5465 - 2

Ⅰ. G633.602

中国国家版本馆 CIP 数据核字第 2024WA5199 号

数学学业成就测试中的表现标准研究

Shuxue Xueye Chengjiu Ceshi Zhong de Biaoxian Biaozhun Yanjiu

林子植　著

◇出　版　人：吴真文
◇责任编辑：胡　雪
◇责任校对：王　璞
◇出版发行：湖南师范大学出版社
　　　　　　地址／长沙市岳麓区　邮编／410081
　　　　　　电话／0731 - 88873071　88873070　传真/0731 - 88872636
　　　　　　网址／https：//press. hunnu. edu. cn
◇经销：新华书店
◇印刷：长沙市宏发印刷有限公司
◇开本：787 mm × 1092 mm　1/16
◇印张：18.75
◇字数：375 千字
◇版次：2024 年 8 月第 1 版
◇印次：2024 年 8 月第 1 次印刷
◇书号：ISBN 978 - 7 - 5648 - 5465 - 2
◇定价：68.00 元

前 言

2020 年 10 月 14 日，中共中央、国务院印发了《深化新时代教育评价改革总体方案》，这是指导深化新时代教育评价改革的纲领性文件。教育评价事关教育发展方向，有什么样的评价指挥棒，就有什么样的办学导向。改革学校评价，推进落实立德树人根本任务是该方案提出的重点任务之一，而学生评价又是学校评价的基础环节，需要正确合理地使用好评价"指挥棒"，对促进学生全面发展、落实立德树人根本任务具有重要作用。同时该文件还指出，开发严格的学业标准是改进中小学学校评价的重要措施，完善各级各类学校学业要求、严把出口关是改进中小学学校评价重要任务。翌年，为了落实该方案的精神与要求，教育部等六部门印发了《义务教育质量评价指南》，该文件指出：义务教育阶段，在评价内容上需要关注学生发展质量评价，在评价方式上要注重结果评价与增值评价相结合。由此可见，针对不同学科开发严格的、科学的与可操作的学业标准，以学业标准来衡量学生学业的增值情况是落实《深化新时代教育评价改革总体方案》精神的关键路径。

党的十八大以来，我国开启了新一轮考试招生制度改革。随着《国务院关于深化考试招生制度改革的实施意见》《教育部关于普通高中学业水平考试的实施意见》等文件颁布，高中学业水平考试定位为既具有达标（毕业）又具有选拔（升学）功能，明确采用百分等级的方法确定学生的学业成就表现水平。教育部印发的《义务教育学校管理标准》中，提出"控制考试次数，探索实施等级加评语的评价方式"的管理标准。由此可见，在基础教育阶段中等级制已成为我国升学考试成绩的重要呈现方式。《教育部关于普通高中学业水平考试的实施意见》规定：在高中学业水平考试的选择性考试科目中，学生首选科目成绩直接以原始成绩呈现。而再选科目成绩以等级赋分转换后的等级成绩呈现，同时建议："以等级呈现成绩的一般分为五个等级，位次由高到低为 A、B、C、D、E。"由此可见，等级制将成为重要的学业成绩报告方式，如何确定学生学业成就的等级，同时进行等级赋分已成为近年来学界的研究热点。

随着教育测量技术从经典测量理论到项目反应理论，再到认知诊断理论的不断发展，等级划分问题并不局限于等级分数线的确定（将被试分为若干等级），而是表现为一个完整的表现标准建构过程，目的是为教育测量提供丰富的评价信息，同时现代测量技术为表现标准的建构提供了更加坚实的理论与技术支持。本书前半部分论述了国内外大规模测试中表现标准的建构方法，后半部分论述了在学业成就测试实践中如何建构表现标准，力争从理论与实践两个维度为读者呈现更加丰富的表现标准建构方法。某个具体测试情境中，表现标准描述的是经历了一个阶段的学习之后，学生对于内容标准的掌握程度，回答了"多好才算好"的问题，也就是好的程度问题。在表现标准中，通常将掌握程度划分成若干水平，然后规定学生知道了什么和能够做什么就可以达到某个水平，所以也称表现水平。从组成要素上看学业成就测试中表现标准的组成结构为：水平命名＋水平描述语＋水平分数线＋水平样例。制定表现标准是国际大规模学业成就测试的重要环节，国内外成熟的大规模学业成就项目如国际学生评估项目 PISA（Programme for International Student Assessment）、国际数学和科学趋势评测项目 TIMSS（Trends in International Mathematics and Science Study）、美国教育进步评估项目 NAEP（National Assessment of Educational Progress）、澳大利亚课程国家读写与计算评价项目 NAPLAN（National Assessment Program-literacy and Numeracy）、我国香港的全港性系统评估项目 TSA（Territory System Assessment）、我国台湾地区的"初中教育会考"项目 CAPFJHSS（Comprehensive Assessment Program for Junior High School Students）等都制定了表现标准并提供了相应的建构方法。制定表现标准是国际大规模学业成就测试的重要环节，但我国目前的学业成就测试却很少经历该环节。

本书在表现标准建构方法层面面向的是所有学科，但是在水平描述的具体内容上则是以数学学科为具体案例进行分析，因为在全球范围内，基础教育的数学学科内容具有极大的共性，争议较少，这就为横向的比较提供了可能。为此，本书首先选用六个大规模学业成就测试项目制定的八至九年级表现标准作为研究对象，其中包含了国际级项目 PISA 与 TIMSS，国家级项目 NAEP 与 NAPLAN，省级项目 TSA 与 CAPFJHSS，从方法与内容两个理论视角对这六个研究对象进行比较研究。随后以本人所在项目组开发的 SZ 市 L 区数学素养测试项目（简称"L 区测评项目"）的实测数据为研究对象，在实践中研究如何将大规模测试项目中表现标准的开发方法推广至中小型规模的测试项目中，最后论述如何利用基于测试的表现标准为基础教育服务，发挥表现标准的重要作用。

本书绪论介绍研究背景，同时进行相关概念界定。第一章介绍本书整体的框架与撰写思路。第二章为本书的理论比较分析部分，依据表现标准的四个组成维度：由水平命名、水平描述语、水平分数线和水平样例，对本书所涉及的六个表现标准进行类内与类间的综合比较，这些表现标准面向的是具有"人多题多"特点的大规模学业成就测试。第三章为本书实践研究的第一部分，本书将 L 区测评项目全量表作为一个中等规模的测试项目，论述在中等规模测试项目中开发表现标准。第四章为本书实践研究的第二部分，本章选用 L 区测评项目的三个内容子量表和部分参试学校组成具有"人少题少"特点的小规模测试项目，论述如何开发适用于"人少题少"型的小规模测试项目的表现标准。第五章论述如何基于表现标准探究学生的认知特征，通过表现标准的建构过程总结不同水平学生知道了什么和能够做什么，以及不知道什么和不能做什么，从而帮助学生从一个水平提高到另一个水平提供了具有实践意义的参考路径。第六章为本书的结论与启示部分，本章首先凝练本书理论与实践研究的结论，然后结合当前教育研究现状，进行思考与讨论，以期为表现标准的本土化建设带来一些启示。

本书的大量研究工作是建立在作者博士学位论文基础上，为此首先要感谢母校华中师范大学数学与统计学院的老师：胡典顺教授、徐章韬教授、彭双阶教授、刘宏伟教授、熊惠民副教授、李娜副教授，正是博士学习期间，老师们对我悉心指导、严格要求，针对论文提出了许多宝贵意见，保证了论文的质量。同时本书的顺利出版，离不开江西科技师范大学大数据科学学院的领导与同事一直以来对我的关心和帮助，在此向他们表示最诚挚的感谢。还要感谢江西科技师范大学数学教育研究团队的硕士研究生们，在撰写的过程中，团队对本书进行多次校对，尽力减少了人为的错误与疏忽。最后尤其是要感谢湖南师范大学出版社的胡雪老师，胡老师多次仔细审阅书稿，提出了许多宝贵意见，为本书增添了不少亮色。

由于本人的学术水平有限，虽然再三斟酌、多次讨论、多次校正，但是错误与疏忽仍然在所难免，敬请各位读者批评指正。

目　录

绪　论

一、本书研究背景

（一）分数诠释是学业成就测试的必要环节

2019 年 12 月，国际学生评估项目 PISA 2018 评估报告的公布，引起了全社会的极大关注，各大媒体争相报道。而 PISA 为了帮助普通民众理解评估结果，客观地看待参试国家（地区）的成绩排名，发布了一系列文件进行测试结果的诠释。报告《2018 国际学生评估结果（第一卷）——学生掌握的知识与技能》［PISA 2018 Results（VOLUME I）—What Students Know and Can Do］正是其中之一。在该报告中，有关数学素养测试结果的两个主要结论描述如下：一是"在经合组织国家（经济体）中，平均有 76% 的学生达到了二级水平，达到二级水平的学生可以在没有直接提示的情形下识别和阐释简单情境问题，并将其数学化（如比较两条备选路线的距离，或将价格转换为不同的货币）"。二是"中国由北京、上海、江苏和浙江组成的联合体中有约 15.6% 的学生数学测试成绩处于 PISA 的最高水平——6 级水平，新加坡有约 13.7% 的学生数学测试成绩达到 6 级水平，而经合组织国家中平均只有 2.4% 的学生达到 6 级水平，达到 6 级水平的学生有能力对复杂的数学问题进行思考和推理"。从这两个主要结论可以看出，PISA 的数学测试分数诠释方法主要有两个技术要点：第一，将学生数学表现成绩划分成了 6 个水平；第二，同时采用常模参照（百分等级）与标准参照（语言描述）的分数解释方法传递分数的意义，既呈现百分比数据又呈现语言解释描述每个级别的学生知道什么和能够做什么。

由于我国四省市联合体在 PISA 2018 中取得了排名第一的成绩，国内媒体也迅速关注这一热点事件，如"PISA 排名世界第一""PISA 为中国教育正名"这样的新闻报道也层出不穷。为此，相关教育专家也在媒体上呼吁公众要客观认识 PISA 的测量结果，如"中国仅仅是由北京、上海、江苏、浙江四省市作为一个联合体参加，并不代表中国的全部地区", "PISA 测量的对象是刚好完成或接近完成义务教育的 15 周岁学生,并不代表中国教育的全部,甚至都不能代表基础教育的全部"。由此可见,如果媒体或 PISA 仅仅传递给民众一些简单的常模信息,就会造成民众对 PISA 的测量结果产生理解偏差,而对 PISA 丰富的结果报告信息却较少关注。

准确有效地传递大型学业成就测试的丰富信息,帮助教育管理者、普通民众、家长、学生了解分数背后的意义,合理地解读测试的结果,而不局限于关注分数与排名等数字常模信息,开发准确、合理和易懂的分数诠释报告已成为大型学业成就测试的一个关键环节。权威专业的分数诠释报告也是避免产生上述"标题"式新闻的有效途径。近年来随着经济社会的发展和媒体广泛传播,大型学业成就测试引起了世界各国教育管理部门与普通民众的极大关注,对于测试信息的需求也越来越丰富。如美国教育进步评价项目(National Assessment of Educational Progress,NAEP)的评估报告一经颁布,虽然没有在时代周刊的封面上刊发,但是其余各大媒体均将其作为头版头条进行报告与解读①。而国内媒体对于测试的报道则更倾向于关注"高考状元"一类的新闻,很少涉及对学业成就测试项目发布的正规报告进行解读。

测试结果的诠释虽然是测试的重要环节,但是在国内重视程度还有待提高,在基础教育的中高考、学业水平测试等大规模测试中几乎没有经历该环节。而在理论研究上,我国的教育研究者早已意识到该问题的存在并呼吁在测试中完善该环节,我国学者陶敏力早在 20 世纪 80 年代就提出要将分数解释作为考试标准化的一个重要环节,要把分数的意义传递给考生及相关方面②。杨惠中等提出大学生英语四、六级考试作为一项大规模学业水平测试,应该将考试分数携带的大量信息传递给用户使用③。教育部考试中心任子朝等研究了 ACT(American College Test)的学科量表分数解释方法,以此为基础提出应该对我国高考分数进行解释和利用④。教育部考试中心刘庆思提出要通过对我国教育考试标准的研制,需要提高教育考试分数的解释性,并指出我国教育考试标准的制定已是当务之急,在标准制定的同时还需要保证分数解释的信度与效度,保证标准制定的公平性⑤。

① BOURQUE M L. A history of NAEP achievement levels:Issues,implementation,and impact 1989—2009 [R/OL]. [2023 - 12 - 25]. https://www.nagb.gov/reports-media/reports/history-naep-achievement-levels-1989-2009.html.

② 陶敏力. 考试分数的解释 [J]. 重庆师范学院学报,1986(2):99 - 103.

③ 杨惠中,金艳. 大学英语四、六级考试分数解释 [J]. 外语界,2001(1):62 - 68.

④ 任子朝,陈昂,单旭峰. 高考分数的科学解释和利用:ACT 考试分数量表评介 [J]. 中国考试,2015(11):43 - 48.

⑤ 刘庆思. 提高考试分数可解释性研究:基于我国教育考试标准研制的思考 [J]. 中国考试,2019(6):44 - 48.

（二）基于标准的评价是教育评价的发展趋势

1. 国际上基于标准的评价已日趋完善

从 20 世纪 80 年代开始，基于标准的教育改革已成为世界教育改革的主要趋势，美国、澳大利亚和英国等发达国家纷纷设立了全国性或全州性的学业标准，除了对学生的学习内容做出规定以外，还对学生应该表现出来的内容提出了相应的要求，并以学业标准为基础制定相应的宏观政策和法律文件，指导教育系统运行与改革。英国是输出驱动性教育管理体制的起源地，输出驱动的教育管理需要从行政政策上规定特定学段学生的学习结果，并以此管理与监控教育系统的正常运行，相应地对于学习结果的水平划分采用的则是规范性标准。规范性成就标准规定了经历特定学习阶段后学生的学习结果应该达到的水平，反映的是一种行政意志，因此也称为理想标准①。英国资格与课程局（QCA）负责国家课程标准与学生学习课程的评价，国家课程标准规定了学习大纲与成就目标。在成就目标中，将学生的学习结果表现分为八个级别：从水平 1 到水平 7，另外还有一个优秀水平。与 PISA 依据学生实际成绩划分表现水平是不同的，PISA 采用的是实际水平，而 QCA 采用的是理想水平，且理想水平与实际水平未必完全吻合。

而影响力最大的规范性标准则是美国制定的有关基础教育的系列标准。1983 年美国教育委员会发布了题为《国家在危机之中：教育改革势在必行》的研究报告，该报告指出美国中小学教育质量下滑，学生学业水平下降，中小学教育存在很多缺陷，同时提出了一些具体的建议如延长学生学习时间、提高学业成就标准与期望等，并成立了美国教育标准和测验委员会，这也标志着美国基于标准的教育改革大幕正式开启。1991 年，由布什总统正式签发的《2000 年美国：教育战略》规定：到 2000年，四、八、十二共三个年级的学生应该在英语、数学、科学、历史和地理五个关键学科上证明其实力，达到合格水平，由此也拉开了美国基于标准评价的序幕。美国教育进步评估项目 NAEP 也同一时间制定相应的标准评价方法，将学生的学业表现划分为三个水平：基础、精熟、高级，以此为标准报告学生的学业成绩表现。由克林顿总统签发的 A《2000 年目标：美国教育法》将上述的五个关键学科扩充为七个学科，添加了外语和艺术两个科目。小布什总统签署的《不让一个孩子落后》（NCLB）法案规定，"凡接受联邦政府资助的公立学校，其三至八年级的在校学生都应该参加每年一次的阅读和数学标准化测试，所有学生数学与阅读水平在 2014 年需要达到精熟水平"，对于没有达标的学校，加大了处罚的力度。由此可见，基于标准

---

① 杨向东. 基础教育学业质量标准的研制［J］. 全球教育展望，2012（5）：32 - 41.

的学业成就测试正成为美国基于标准的教育改革的一部分，也是验证教育改革成果的必要手段之一。

与美国类似，澳大利亚也为教育分权自治的国家，由各州政府负责具体教育事务及其管理，美国基础教育出现的问题也同样地出现在了澳大利亚。1983 年，澳大利亚尝试颁布《澳大利亚学校核心课程》，在全国范围内推广由联邦政府制定的核心课程，实行统一的全国标准。1993 年，颁布了《国家成绩指标》，规定了 K-12 的学习内容、评价指标和评价等级。2006 年澳大利亚开始执行全国学生均要参加的强制性评价项目——澳大利亚课程读写与计算评价项目 NAPLAN，采用统一的国家标准衡量学生的进步情况，帮助教育管理部门、学校和家长改进教育质量。

2. 国内基于标准的评价处于起始发展阶段

2017 年 12 月 11 日，教育部印发了《义务教育学校管理标准》（简称《管理标准》），《管理标准》包含 6 大管理职责、22 项管理任务、88 条具体内容。其中第 4 项管理职责"提升教育教学水平"中的第 3 条管理任务"建立促进学生发展的评价体系"指出"控制考试次数，探索实施等级加评语的评价方式。依据课程标准的规定和要求确定考试内容，对相关科目的实验操作考试提出要求。命题应紧密联系社会实际和学生生活经验，注重加强对能力的考察。考试成绩不进行公开排名，不以分数作为评价学生的唯一标准"。如何在义务教育实施过程中，实现以课程标准为依据，不进行排名，以等级制评价学生的学业成就水平，至今为止还没有一个成熟的方案可供选择，需要进行深入的技术研究与广泛的实践总结，才能开发出与标准精神相符的评价系统。研究其他成功的评价项目，提取其成功的经验，为《管理标准》的落实提供一些参考与启示，具有一定的现实意义。

在我国的标准参照测试中，如高等教育自学考试、中小学教师资格考试（笔试）等多种资格考试中，大多以 60 分作为合格线。在由各省市主持运行的学生学业水平考试中，虽然采用等级制，但是全部采用的是百分位定级法，如教育部在《关于普通高中学业水平考试的实施意见》中建议："以等级呈现成绩的一般分为五个等级，位次由高到低为 A、B、C、D、E。原则上各省（区、市）各等级人数所占比例依次为：A 等级 15%，B 等级 30%，C 等级 30%，D、E 等级共 25%。E 等级为不合格，具体比例由各省（区、市）根据基本教学质量要求和命题情况等确定。"这种不管学生的认知水平，不管试题的难易全部以 60 分为分数线，划分为合格与不合格，显然是不合理的；而由百分位确定等级方法将会受到样本的巨大影响，当一次测试数据出现严重偏态时，如当优秀的学生偏多，严格采用百分比作为等级划分方法就会使得部分优秀学生被划为较低等级，从而严重打击这部分学生的学习积极性。特别是在新一轮高考的改革中，学生学业水平考试的成绩将作为高考总分的组成部分，不恰当的等级划分将会影响到高考的公平性①。不仅如此，这种常模参照的等级划分方法甚至严重影响了正常的教学次序，如选考物理学科的学生人数剧减②，导致高校理工科选才面大减。

新一轮高考改革中，对于选考科目采用等级赋分的方法记录学生参加学业水平考试成绩，选考科目成绩计入高考总分③。上海、浙江采用将学生的原始分进行排名，然后转换成百分等级，再根据百分等级进行赋分，后1%赋值为起始分为40分，前1%赋值为最高分为100分，中间百分等级按一定的规则将百分等级对应为具体分值；海南省采用的是将原始分转换为标准分方法进行等级赋分；山东省则是采用有改变的等级赋分，采用先区间赋分后线性变换的方法计算学生的等级分数④。但这些方法本质还是常模参照的方法，且第三批参加高考改革的8省市也将沿袭山东省的做法⑤，这并没有改变整体水平高的学生群体"亏"和整体水平低的学生群体"赚"的不公平现象。但是《关于普通高中学业水平考试的实施意见》关于高中学业水平测试的定位是标准参照的，本该采用标准参照的方法进行等级划分，标准参照的等级设定中 Angoff 法与 Bookmark 法则最为常见，应用范围最为广泛。但是现有的各省市解决方法却是回避采用常模等级赋分的方法引起的公平性问题，转向于将一些科目作为限选科目⑥，虽然可以保证物理与历史学科的选择人数，但是没有触及等级赋分制面临的核心问题。

在新高考背景下，采用什么方法进行等级赋分，需要进一步借鉴国内外相关的成功经验，并将其本土化，引入到我国"高考"这种高水平考试中。在新高考改革中不仅需要将选考科目成绩进行等级赋分，还需要将选考科目的等级赋分加上必考科目的分数构成高考总分，随之而来的问题更加复杂，不仅是如何进行等级赋分的问题而且涉及是否可加的问题，等级赋分与语数外三科的总分是否可加、怎样相加等一系列问题都将随之涌现，解决这些问题都需要从教育与心理测量理论上进行探索。

---

①　杨志明. 高中学业水平考试等级设定的若干方法 [J]. 教育测量与评价，2016 (10)：4 - 9.

②　柯政. 高考改革需要更加重视科学学科 [J]. 华东师范大学学报（教育科学版），2018，36 (3)：13 - 24 +166.

③　国务院关于深化考试招生制度改革的实施意见 [EB/OL]. (2014 - 09 - 04) [2023 - 12 - 25]. https：//www. gov. cn/zhengce/content/2014 - 09/04/content_ 9065. htm

④　宋宝和，赵雪. 高中学业水平合格性考试的设计及价值分析 [J]. 中国考试，2019 (1)：19 - 23.

⑤　雷新勇. 教育测量理论应用于高考改革实践若干问题的探讨 [J]. 中国考试，2020 (1)：7 - 11 +46.

⑥　江苏省人民政府. 省政府关于印发江苏省深化普通高校考试招生制度综合改革实施方案的通知 [EB/OL]. (2019 - 04 - 23) [2020 - 03 - 10]. http：//www. jiangsu. gov. cn/art/2019/4/23/art_ 46143_ 8315709. html.

(三) 数据驱动的教育量化研究范式正在转变

当前，随着计算机和数据处理技术的发展，计算科学与教育学的深度融合为教育问题量化研究提供了新的研究范式。王晶莹等指出在传统的两种教育研究范式"思辨"与"实证"中，"思辨"研究范式主张对已有的概念、命题等知识进行归纳与演绎，使用推理的方法探寻知识的本质；而实证研究则是通过观察、实验与调查等方法去收集数据等资料，以事实为依据探寻知识的本质。虽然这两种研究范式使用的研究方法不同，但是研究目的通常都是对研究假设进行证实或证伪，实证研究表面上是"实然教育"，但实质还是一种基于假设的验证，是验证的"应然教育"，验证研究设计者的假设，离真实而自然的"实然教育"还存在着距离。为了在教育研究中寻求新的突破，需要从基于假设的研究范式转变为基于事实的研究范式①。而在大数据时代，自然生成的海量教育数据提供了第一手原始资料，等待研究者充分挖掘其中包含的信息，而数据挖掘技术发展则为这种研究方式的转变提供了技术支撑。鉴于此视角，学者们提出了计算教育学的概念，②③④ 王晶莹等认为计算教育学是"基于海量数据计算的研究范式"的一种概括，具有"以大数据为基础，以复杂计算为核心，以算力为支持"等特点；刘三女牙等认为计算教育学是"通过技术赋能，基于数据密集型的研究范式"⑤。由此可见，数据驱动的教育量化研究范式正在转变，学科间交叉为教育研究带来了新的研究途径。

郑永和等认为，传统的定量教育研究经历了一种自上而下的过程，经历从理论假设—收集数据—验证理论的过程，其研究的目标是进行理论修正。这一类研究首先需要进行理论假设，然后依据理论假设设计教育实验，收集实验数据，采用统计模型分析统计数据，再根据分析结果修正理论，因而在原始实验数据中"渗透了理论"。特别是在量表的开发过程中，往往需要设计与理论高度一致的试题，以此保证量表的信度、效度。因此传统定量研究中的"实证"可以说是一种对于研究预设理论的"证明"，其研究结论依附于研究前的理论假设。计算教育学背景下的量化研究则是经历一种自下而上的过程，这一类研究是始于数据的研究，经历的是一个数据

---

① 王晶莹，杨伊，宋倩茹，等. 计算教育学：是什么、做什么及怎么做 [J]. 现代远程教育研究，2020，32（4）：27−35＋56.

② 郑永和，严晓梅，王晶莹，等. 计算教育学论纲：立场、范式与体系 [J]. 华东师范大学学报（教育科学版），2020，38（6）：1−19.

③ 刘三女牙，杨宗凯，李卿. 计算教育学：内涵与进路 [J]. 教育研究，2020，41（3）：152−159.

④ 李政涛，文娟. 计算教育学：是否可能，如何可能？[J]. 远程教育杂志，2019，37（6）：12−18.

⑤ 刘三女牙，杨宗凯，李卿. 计算教育学：内涵与进路 [J]. 教育研究，2020，41（3）：152−159.

挖掘与分析的研究过程，目的是进行数据的解释和理论建构，让数据能够开口说话①。

计算教育学背景下的研究范式适合用于挖掘教育系统内的复杂特征，特别是适合于研究"是什么"和"怎么样"的问题，呈现发生的事件和事件的特征，但是并不适合于研究"为什么"的问题②。而基于测试的表现标准正是需要回答"学生知道和能做什么"和"多好才算好"的问题，且其建构目的正是向大众传递分数的意义，让分数开口说话。因此，采用计算教育学背景下的研究范式进行基于测试的表现标准研究是符合计算教育的使用条件和研究目标的，也正是计算教育学的发展方向之一。且建构表现标准还是一个数据浓缩的过程，将"大数据"变为"小数据"，更加有利于从海量的测量数据中获取关键信息，符合大数据时代的教育研究思路③。

在日常的课程教学中，试题的开发者往往依据学科知识、教学经验及学情等进行测试的设计，并没有经历教育学与心理学上的理论假设过程，对应的测试数据真实且自然。研究采用什么样的数据挖掘方法从这些包含大量信息的原始测试数据中提取被试的认知特征，达到对分数进行诠释的目的，将进一步丰富测试分数诠释的手段。如果计算教育学背景下研究的目的是让数据开口说话，那么表现标准的建构目的则是让分数开口说话。从自然且"无理论污染"的测试数据出发，基于数据而不是基于假设去挖掘学生认知特征和建构理论，更加有利于将研究成果应用到教学实践中，发挥评价的教育和管理功能。

（四）相关概念介绍

1. 内容标准

Cizek 等认为，在教育标准的制定过程中，需要界定两个概念，一个是内容标准，一个是表现标准④。内容标准描述的是处于特定学段的学生在特定的学科领域内应该知道什么和能够做什么，规定了应该学习的知识与技能，回答了"是什么"的问题。在内容标准中，通常列举学生需要学习的概念、技能、问题、思维等，是一种有关学科认知要素的集合。例如，我国数学课程标准中耳熟能详的"四基"：基础

①　郑永和，严晓梅，王晶莹，等. 计算教育学论纲：立场、范式与体系［J］. 华东师范大学学报（教育科学版），2020，38（6）：1－19.
②　赵超越. 本体性意义与学科反思：大数据时代社会学研究的回应［J］. 上海大学学报（社会科学版），2019（1）：127－140.
③　范涌峰，宋乃庆. 大数据时代的教育测评模型及其范式构建［J］. 中国社会科学，2019（12）：139－155＋202－203.
④　CIZEK G J, BUNCH M B, KOONS H. Setting performance standards：contemporary methods［J］. Educational Measurement Issues & Practice，2004，23（4）：31.

知识、基本技能、基本思想与基本活动经验,属于内容标准范畴。在教育标准中,内容标准是教师与学生的行动指南,教师根据内容标准设计相应的教育活动,学生根据内容标准知道自己需要学习什么内容,内容标准反映的是教育管理者对学生在具体学习内容上的一种要求。

2. 表现标准

表现标准描述的是经历了一个阶段的学习之后,学生对于内容标准的掌握程度,回答好的程度问题。在表现标准中,通常将学生的掌握程度划分成若干水平,然后规定学生知道了什么和能够做什么就可以达到某个水平,所以也称表现水平。表现标准定性描述了如何根据学生的表现内容判断学生的表现水平,例如说明表现出什么样的内容就是合格水平,表现出什么样的内容就是优秀水平,是一种规则的描述,特别是需要说明评价证据(表现内容)的本质特征。

3. 课程标准

课程标准通常是规定某一学科的课程性质、课程目标、内容目标、实施建议的教学指导性文件。汪贤泽认为课程标准的含义非常清晰,包含了三种标准:内容标准、表现标准和学习机会标准[①]。学习机会标准是指为了达到内容标准和表现标准的要求,对提供给学生的学习资源进行规定,包含教师教育经验、课程资源和学习环境等多种要素。雷新勇指出,西方国家通常公布的是单独的内容标准与表现标准,或者是两者共同颁布,课程标准的提法相对较少,但是在我国却是一份纲领性的指导文件。同时指出我国的传统课程标准就是一个内容标准,表现标准是缺失的,是基于标准的教育改革必须补上的一环[②]。

4. 学业质量标准

杨向东教授指出,学业质量标准是指基础教育学段学生经历一个阶段的学习之后,如完成某个年级或学段的学习之后,应该具备的各种基本素养以及在这些素养上应该达到的具体水平,并对每个水平进行明确的界定和描述。学业质量标准不仅仅是基于学业成就测试的表现标准,而是融入了学科素养(能力)模型的规范标准,是以总体教育目标为导向的政策性成就表现标准[③]。简而言之,学业质量标准是一种带有学科能力模型的表现标准。以《普通高中数学课程标准(2017年版)》为例,该标准提出了高中学生的六大数学核心素养,从情境与问题、知识与技能、思维与表达、交流与反思四个维度将每个核心素养分为了三个水平,是一种典型的数学学

① 汪贤泽. 基于课程标准的学业成就评价程序研究 [D]. 上海:华东师范大学,2008.
② 雷新勇. 学业标准:基于标准的教育改革必须补上的一环 [J]. 上海教育科研,2009(6):15-18.
③ 杨向东. 基础教育学业质量标准的研制 [J]. 全球教育展望,2012(5):32-41.

业质量标准。

5. 表现标准的组成要素

邵朝友博士根据表现标准面向的服务对象不同将表现标准分为两类：基于课程的表现标准与基于测试的表现标准。前者从课程教学的角度，描述学生知道了什么和能做什么就可以达到某种水平，描述的是一种水平认知特征；后者是在某个具体测试情境中，描述学生的测试分数达到某个门槛之后就可以达到某个水平，描述的是一种水平分数线①。从组成要素上看，基于课程的表现标准的组成结构为：水平命名 + 水平描述语 + 水平样例，而基于测量的表现标准的组成结构为：水平命名 + 水平描述语 + 水平分数线 + 水平样例。有的文献也将表现标准称之为表现水平描述语②，具体到基于测量的表现标准又称之为学业成就表现水平和精熟度水平③，由于不同测试项目采用不同的名称，但是基本涵义与组成要素都是相同的，本书采用大家更为熟悉的表现标准作为专业术语名称。由于本书研究的是基于测试的表现标准，除明确界定之外，下文中所指的表现标准均为基于测试的表现标准。

水平命名，确定水平数量的同时对每个水平进行命名。对于水平数量，需要结合学生认知能力、内容标准和学习阶段等多种因素确定，例如美国各州都在 NCLB 的框架下制定了本土化的各学科表现标准，水平数量从 3 到 6 个不等，其中共有 29 个州采用 4 个水平的表现标准，占了绝大部分，只有罗得岛州采用 6 个水平的表现标准④。这些水平等级针对的是四，八，十二年级中某一个年级，而英国的学业成就标准采用的八个水平则是针对整个基础教育阶段的，学段跨度大。至于水平命名则以能体现顺序为原则，有直接按数字顺序命名的，如：水平 1 ~ 水平 4；有按认知水平命名的，如：基础、熟练、高级。命名的方法多种多样，只要能体现顺序即可。

水平描述语，描述处于达到某个水平的学生应该表现出来的内容，明确达到该水平知道什么和能够做什么。水平描述语描述的是处于某个水平学生的典型特征，这些特征也是区分不同水平的标志。雷新勇指出，水平描述语通常具有两个描述视角：一是根据内容标准制定的政策性定义，从宏观的角度进行描述；二是根据内容标准规定达到某个水平所需的知识与技能，从学科内容角度进行描述⑤。邵朝友博士

①　邵朝友. 基于学科能力的表现标准研究［D］. 上海：华东师范大学，2014.
②　王俊民. 核心素养视域下国际大规模科学学业评估框架与试题研究［D］. 重庆：西南大学，2019.
③　张咏梅. 大规模学业成就调查的开发：理论、方法与应用［M］. 北京：北京师范大学出版社，2015：138.
④　BOURQUE M L. A history of NAEP achievement levels：Issues，implementation，and impact 1989—2009［R/OL］.［2023 - 12 - 25］. https：//www. nagb. gov/reports-media/reports/history-naep-achievement-levels-1989-2009. html.
⑤　雷新勇. 学业标准：基于标准的教育改革必须补上的一环［J］. 上海教育科研，2009（6）：15 - 18.

总结了水平描述语的两种典型编写方法，第一种是以特征事件的多少或事件的复杂程度来区分不同水平，如某个学习内容可以分解为 10 个小事件，最高水平学生可以完成全部 10 件，达标水平只能完成 6 件，这些小事件可以称为评价维度或评价指标。第二种是针对某个内容模块设计若干个指标，每个水平都需要从所有的指标去评价，水平之间采用程度副词或形容词进行区分。以美国伊利诺伊州的表现标准为例，每个水平包含六个评价维度：广度、频率、熟练、深度、创新和品质；描述广度使用的副词有：广泛地、完整地、部分地和狭隘地；描述频率使用的副词有：始终地、通常地、偶尔地和罕见地；描述熟练使用的副词有：自动地、迅速地、断续地和缓慢地；描述深度使用的副词有：深深地、深刻地、粗浅地和表面地；描述创新使用副词有：有创意地、有想象地、平凡地和模仿地；描述品质使用的副词有：优异地、很好地、有限地和较差地①。

水平分数线，水平分数线是基于测量表现标准中特有的组成要素，是相邻两个表现水平的分界分数，学生在测量中的得分达到了某个水平的分数线就意味着该学生处于或高于这个表现水平。在学业成就测试中，水平分数线有基于统计的划分方法，如 PISA 的划分方法；还有基于标准设定的划分方法，如 NAEP 的划分方法。标准设定就是一个根据水平命名与水平描述，将政策性和描述性的表现标准转化为具体的测试分数线过程，通常需要由相关专家做出一致判断，共同确定每个水平的最低分数线。

水平样例，达到某一水平的学生能够顺利完成的具体测试任务，而低于该水平的学生则较难完成，用于支撑表现水平的描述，是表现标准描述效度的直接证据。水平样例可以帮助相关人员直观地理解表现标准，建立每个水平的第一印象。在基于课程的表现标准中，需要学科专家与学科教育专家进行研制。而在基于测试的表现标准中，水平样例则是按照一定规则直接在测试项目中遴选。

对于内容标准来说，杨志明指出同样存在基于课程的内容标准与基于测试的内容标准。例如我国教育部颁布的考试大纲及针对每个学科的考试说明，这些权威文件都属于测试的内容标准范畴。在基于测试的内容标准中，最重要的是对学科内容进行层次化、结构化的定义，并进行编码，便于为测试提供指导。对于一门具体的测试科目，基于测试内容标准的开发往往需要几十人的团队耗费接近半年时间才能顺利完成②。

① 邵朝友. 基于学科能力的表现标准研究 [D]. 上海：华东师范大学，2014.
② 杨志明. 做好高中学业水平考试所必须的四项测量学准备 [J]. 中国考试，2017（1）：8-13.

二、国内教育标准中表现标准的缺失

（一）课程标准中表现标准的缺失

雷新勇认为学业标准是我国基于标准教育改革必须补上的一环。在基于标准的教育改革中，国外通常颁布的是内容标准和表现标准，而国内颁布的通常是课程标准，课程标准虽然杂糅了内容标准与表现标准的一些内容，但是在其研究成果发表之前，我国颁布的义务教育阶段课程标准和普通高中课程标准中还没有清晰独立的表现标准。同时指出表现标准的制定是一个复杂的过程，需要教育管理部门的支持，只有各省市依据课程标准中内容标准设置表现标准，才是真正建立了基于标准的初中或高中学业水平考试①。

徐岩等通过调查研究发现，教育实践者反映课程标准对于教学内容和程度的规定不够明确，在实践中难以把握，影响了课程标准的实施。总体来说课程标准中的内容标准还较为粗略，表现标准更是缺失。导致评价中只以升学为唯一的参照标准，很多难题、怪题等远超课程标准与教材要求的试题出现在日常的评价活动中。其研究还总结了美国国家教育与经济中心、威斯康星州、伊利诺伊州和华盛顿州在关键学科上的表现标准开发经验，以及 NAEP 表现标准开发经验，提出了研制我国本土化的学业标准构想②③。

崔允漷与夏雪梅指出在课程标准中只有清晰的表现标准才能产生无歧义的评价规则。其研究指出，在我国数学课程标准中存在这样的一段话："能灵活运用不同的方法解决生活中的简单问题，并能对结果的合理性进行判断。"在有关学习程度的描述中包含"能灵活应用""熟练掌握"等词语，但学校与教师却难以把握什么才算是"灵活应用"，这种模糊性表述导致了教师难以理解与应用。在课程标准中，应该通过表现标准让地方教育管理部门、学校与教师明白多好才算好，学生学到什么程度就行了。同时指出应以内容标准为中介，通过为内容标准开发表现标准的方式将课程标准转化为评价标准④。

邵朝友指出课程标准中表现标准的缺失导致命题者依据自己的主观意愿出题，

① 雷新勇. 学业标准：基于标准的教育改革必须补上的一环 [J]. 上海教育科研，2009（6）：15 – 18.
② 徐岩，吴海建，孙新. 中小学生学业评价标准的实验研究 [J]. 课程·教材·教法，2011（11）：3 – 11.
③ 徐岩，丁朝蓬. 建立学业评价标准 促进课程教学改革 [J]. 课程·教材·教法，2009，29（12）：3 – 14.
④ 崔允漷，夏雪梅. 试论基于课程标准的学生学业成就评价 [J]. 课程·教材·教法，2007（1）：13 – 18.

随意性大，容易出现"怪题"和"超纲题"，同时也导致教师在教学实践中对"到底要教到什么程度"等关键问题无法把握，令教师困惑不解。通过调查研究发现，对于课程标准的具体学习内容，中小学一线教师非常希望能够规定学生应该学习到什么程度，从而引导和规范教师的教学行为，保证课程标准的指导精神落到实处。同时还提出了基于学科能力的表现标准建构方法，其研究与现代意义的学业质量标准更为接近①。

值得注意的是新一轮课程标准修订过程中，表现标准已成为课程标准的一部分。以我国《普通高中数学课程标准（2017 年版）》为例，对于课程内容共设计了五个主题，每个主题都设置了相应的"内容要求"与"表现要求"模块。但是课标中"表现要求"对应的是整个主题，是对整个内容模块提出的表现要求，且表现要求的描述较短只有简短的几句话说明，对于一线教师来说同样是"不解渴"的。课标中内容标准的划分具有"小粒度"的特点，表现标准应与内容标准相对应地具有"小粒度"的特点，教学实践需要更加细致的表现标准。

（二）学业成就测试中表现标准的缺失

雷新勇指出了我国现有的学业水平测试存在五大问题：表现标准缺失——各省市的学业成就测试没有表现标准，仅以百分位等常模方法划分学生水平等级；内容选择不清晰——该考什么内容，如何选择考试内容没有理性的思考，缺乏内容标准；未遵循教育心理测量基本原理——没有与测量目标相对应的行为目标与认知要求，没有按照学科能力表现赋分导致测试结果缺乏解释；表现水平划分不科学——采用 60 分划定合格与不合格，采用百分等级确定成绩的 A、B、C、D、E 等水平等级，而不是采用国际通用的标准设定方法进行等级划分；分数报告未能提供有用信息——只向学生报告单一分数，没有向家长、学校和教育管理者等相关人士提供测试结果的详细信息②。总之，我国教育标准在面临表现标准缺失的同时还缺乏高质量的内容标准，在本定位为标准参照的学业水平测试中不依据内容标准仅依据命题者的个人经验进行命题，规范性较为欠缺。

2014 年，教育部颁布了《教育部关于普通高中学业水平考试的实施意见》（教基二〔2014〕10 号），强调高中学业水平考试兼具达标（毕业）和选拔（升学）功能，建议采用百分等级的方法确定学生的表现水平等级。杨志明指出这种方法虽然容易操作，但是存在不少缺陷。以物理学科为例，假设选考物理学科的考试人数全

---

① 邵朝友. 基于学科能力的表现标准研究 [D]. 上海：华东师范大学，2014.

② 雷新勇. 我国学业水平考试的基本问题及反思 [J]. 教育测量与评价（理论版），2010（1）：4 - 9 + 14.

部为各学校的优秀考生，如果强行按照百分等级将学生分为 A、B、C、D、E 五个等级就存在明显的缺陷，一个本身优秀的学生有可能被强行划分为较低等级。所以这种百分比常模方法划分等级法会伤及一大批优秀考生，甚至会冲击正常的教学秩序，损害测试的区分度，不利于高校选材。该研究建议采用国际上通用的标准设定方法进行水平划分①。杨志明的另一项研究指出，真正做好高中学业水平测试，需要做好四项测量学准备：标杆试卷的研发，在标杆试卷的研发中主要是确定测试的内容标准；学业标准设定，利用标准设定方法确定水平分数线，建立学业水平测试的表现标准；研制分数常模，建立原始分数（量表分）与常模（如百分位等级）的转换关系；测验等值的实现，利用等值技术链接多次测量结果，使得不同年度的测试分数可以进行比较②。

邵朝友指出我国学业成就测试的"致命伤"是没有表现标准，导致没有办法确定学生成就水平，无法判断学生表现的好坏程度。不同年份的教育质量也无法比较，导致无法在趋势上判断是进步还是退步③。刘欣颜等指出在我国当前的学业水平测试中，学生的水平划分采用的是常模参照而非标准参照，常模参照只能提供原始分数线与排名，导致学生、家长、教师以及学校管理者无法得到更多有效的信息，对于学生的学业成就情况、学校教育质量的优劣以及存在的问题不能提供信息支持，没有充分挖掘测试本该提供的大量信息④。

（三）两种取向表现标准的关系

根据邵朝友关于表现标准的分类方法，两种取向的表现标准的服务对象与组成成分虽然不同但是同为表现标准，必然存在内在的联系。

1. 基于测试的表现标准为基于课程的表现标准提供技术支撑

基于课程的表现标准中水平样例源于何处？对于一个具体的水平样例，为什么可以代表精熟水平而不是代表基础水平，任何理论上的说明都比不上实测数据的说服力。

徐岩指出学业评价标准建构必须经历实证研究的过程，不仅如此还建议将实证研究分为两个阶段。第一阶段进行小规模的测试，针对学业评价标准的初稿进行实验、评估、修正表现标准和遴选水平样例；第二阶段针对修改后的表现标准进行大规模的测试，检验表现标准与学生实测数据的匹配程度，分析评价样例的信、效度

---

① 杨志明. 高中学业水平考试等级设定的若干方法［J］. 教育测量与评价，2016（10）：4 – 9.
② 杨志明. 做好高中学业水平考试所必须的四项测量学准备［J］. 中国考试，2017（1）：8 – 13.
③ 邵朝友. 基于学科能力的表现标准研究［D］. 上海：华东师范大学，2014.
④ 刘欣颜，刘晟，刘恩山. 学业质量水平等级标准设定及其启示——以小学科学学科为例［J］. 教育学报，2016（2）：34 – 40.

等量化信息①。

邵朝友在研究基于学科能力的表现标准时，以学生"数学建模能力"表现标准开发为例，说明了表现标准的开发过程。整个过程经历了一个四轮次的过程：依据表现标准的开发技术拟定初稿，依据专家质询拟定二稿，依据测试反馈拟定三稿，依据教师与专家的共同意见拟定四稿。由此可见，在面向课程教学的表现标准开发过程中，测试反馈是必不可少的步骤之一，是以基于测试的表现标准为基础的②。

崔允漷等同样指出，标准的形成并不是一劳永逸的，经历一段时间过后需要对标准再次修订，而通过评价数据对标准再次修订是一种科学的标准开发方法③。雷新勇指出，表现标准的开发需要经过一个多轮次的过程，并不是一步到位式的政策性规定，并提出了一个包含 7 个步骤的表现标准建构过程，其中第 5 步为设计考试评价，第 6 步为依据评价结果修改水平描述语和水平样例④。由此可见，基于测试的表现标准为基于课程的表现标准提供了水平描述语和水平样例，是水平描述语的源头活水，且提供了坚实的数据支撑。

2. 基于课程的表现标准为基于测试的表现标准提供理论与政策支持

基于课程的表现标准通常存在于课程标准或教育标准中，而这两个标准通常都伴随着国家行政意志，所以表现标准也反映了国家对学生应该达到某种水平的规定。从这一视角，基于课程的表现标准可以理解为一种国家对学生的期望，也称为理想标准与典型标准，是一种行政意义上的规范性标准。制定出基于课程的表现标准并不意味着是表现开发的终点，还需要利用其判断学生是否达到规定的要求，判断的一个重要途径就是开发基于标准的评价。

在基于标准的评价中，则需要将这种基于课程的表现标准转化为基于测试的表现标准，如果从组成要素上分析，则是需要划定水平分数线，从量的角度说明得分高于某个分数就意味着达到规定要求。划定水平分数线的依据正是规范性标准与学生实测表现，试题则是联系两者的桥梁，对于划定分数线的方法我们会在下文中进行更加详细的讨论。由此可见，基于课程的表现标准为基于测试的表现标准提供了理论与政策支持。

从以上分析可以看出，不管是基于课程的表现标准还是基于测试的表现标准，

---

① 徐岩，丁朝蓬. 建立学业评价标准 促进课程教学改革 [J]. 课程. 教材. 教法，2009，29（12）：3 - 14.

② 邵朝友. 基于学科能力的表现标准研究 [D]. 上海：华东师范大学，2014.

③ 崔允漷，夏雪梅. 试论基于课程标准的学生学业成就评价 [J]. 课程. 教材. 教法，2007（1）：13 - 18.

④ 雷新勇. 学业标准：基于标准的教育改革必须补上的一环 [J]. 上海教育科研，2009（6）：15 - 18.

在我国教育领域内均有所欠缺，且对于课程标准与学业测试来说表现标准都是不可或缺的组成部分，两种表现标准相辅相成，相互关联。与邵朝友着重研究基于课程的表现标准不同，本书则着重于研究基于测试的表现标准，总结已有大规模测试项目中表现标准的开发经验，以此为基础为本土测试项目开发新的表现标准建构算法。

三、大规模学业成就测试的比较研究现状

大规模学业成就测试项目是一个复杂的庞大系统。以 PISA 为例，PISA 的实施过程包含：整体框架设计、试题设计与开发、背景问卷开发、被试抽样、材料翻译与验证、预测试、质量分析、获取认知能力量尺数据、获取背景问卷量尺数据、精熟度量尺建构、分数报告等多个步骤①。TIMSS 也将整个实施过程分为：测量工具开发、抽样、数据的收集、分数报告四大过程。其中测量工具开发过程包含了试题与背景问卷的开发；抽样过程包含了抽样设计、抽样误差估计和抽样实施三个过程；数据的收集包含试题的翻译、质量分析、预测与实测和数据库建立四个过程；分数报告包括学生认知数据的获取、背景问卷数据的获取、分数的解释等三个过程②。难能可贵的是 PISA 与 TIMSS 不仅提供了测试内容与数据，还提供了一整套规范的学业成就测试的组织与开发程序，这些组织程序都以文件报告的形式对外公开，是研究大规模学业测试项目的宝贵原始资料。

鉴于测评系统的复杂性以及学术论文篇幅的局限性，国内的一些学术性著作试图全面地介绍一些典型的测评系统及其各个环节，帮助研究者从整体上认识了这些大规模学业成就测试项目，也为后续的研究奠定了坚实的基础。鲍建生教授撰写的著作《追求卓越：从 TIMSS 看影响学生数学成就的因素》，不仅详细介绍了 TIMSS 的测试理念、测评框架、学生表现等系统核心要素，还论述了非智力因素，如：态度、兴趣和自信心等对学生数学学业成就的影响，探讨了如何通过录像研究与案例研究等方式研究数学课程与教学。PISA 上海项目组秘书长陆璟撰写的著作《PISA 测评的理论和实践》全面介绍了 PISA 2009 在上海具体实施过程，如测试工具的翻译、抽样与考务管理、质量检测与质量保证等测试实务，还通过测试数据研究了教育公平、学校环境与学生成绩、关系和上海学生在 PISA 2009 上的表现等多个关键问题。

① OECD. PISA 2012 Technical Report ［EB/OL］. (2014 - 02 - 11)［2023 - 12 - 26］. https：//www.oecd.org/pisa/pisaproducts/pisa2012technicalreport.htm.

② MARTIN M O, MULLIS I V S, HOOPER M. Methods and Procedures in TIMSS 2015 ［EB/OL］. (2016 - 02 - 11)［2023 - 12 - 26］. https：//timssandpirls.bc.edu/publications/timss/2015-methods.html.

张咏梅撰写的著作《大规模学业成就调查的开发：理论、方法与应用》介绍大规模学业成就调查项目的关键测评技术，结合其主持的评价项目"北京市义务教育教学质量分析与评价反馈系统"，介绍了大规模学业成就测试项目的实践过程，并着重从心理测量技术的视角阐述相关理论与实践，该著作的专业性与实践性俱佳，是本土化实践的经验总结与理论结晶。

基于测试的表现标准作为测试系统的一部分，上述著作对于该部分都进行了相关的介绍，但相关的理论还有待深度挖掘。由于本书的一个目的是对大规模数学学业成就测评项目建立的表现标准进行比较，所以仅对有关比较研究成果进行梳理，归纳与总结采用的比较研究方法和研究结论，为后续的实践研究奠定基础。

（一）PISA 与 TIMSS 学业成就测试的比较研究

由于 PISA 与 TIMSS 的巨大影响力，只要研究大规模学业成就测试，PISA 与 TIMSS 总是绕不开的话题。对于两者的比较，墨尔本大学评估研究中心 Margaret 教授的相关研究影响较大，Margaret 在 1999 年至 2002 年间担任 PISA 的项目总监，是一名统计学与心理测量学专家，同时也是项目反应理论（IRT）软件 ConQuest 的开发者之一，ConQuest 软件正是 PISA 的认知测量数据处理软件。Margaret 对 PISA 与 TIMSS 数学测试内容进行了深入而全面的比较，特别是其深厚的量化研究背景也为实证化的比较研究提供了新的路径，相关比较研究的成果既有代表 OCED 官方的研究报告，也有 ICME 的会议报告论文。由于在共同参加 PISA 2003 与 TIMSS 2003 两项测试的国家中，多数西方国家在 PISA 中的表现要比在 TIMSS 中的表现好，而多数亚洲和东欧国家在 TIMSS 中的表现却比在 PISA 中的表现更好，Margaret 试图通过比较研究寻找这些差异发生的原因。其关于 PISA 2003 与 TIMSS 2003 比较研究的主要结论如表 0 - 1 所示，由于 Margaret 的比较研究结论也是本书比较研究的理论基础，所以在表 0 - 1 中完整地呈现该研究结论。

表 0 - 1   PISA 2003 与 TIMSS 2003 比较研究成果

比较维度	共同点	不同点
框架开发	PISA 和 TIMSS 框架开发都涉及参与国和专家进行广泛协商的过程	PISA 框架主要由专家推动，并得到各国的认可；TIMSS 框架主要由各国推动，由专家认可
组织方法	PISA 和 TIMSS 都用内容和认知维度来组织框架	

比较维度	共同点	不同点
内容组织		PISA 使用现象学方法对问题进行分类，数学内容领域包含：数量、空间和形状、变化和关系、不确定性 TIMSS 采用传统的数学内容领域：数字、代数、测量、几何和数据
内容平衡		PISA 在代数、测量和几何方面的试题较少，但在数量和数据方面的试题较多；TIMSS 试题涉及的数学内容比 PISA 更为广泛
认知维度	虽然在认知维度的领域标签是不同的，但 PISA 和 TIMSS 都从简单任务到复杂任务的顺序来描述认知过程（或能力），最低层次的是对事实的了解/再现，最高层次的是推理/反思	
试题形式		PISA 项目中有三分之一是选择题；TIMSS 项目中有三分之二是选择题
阅读量		平均而言，PISA 项目的词汇量大约是 TIMSS 项目的两倍
总体与样本	这两个调查均采用抽样	
样本定义		PISA 是基于年龄的，TIMSS 基于年级的
年龄跨度		通常情况下，每个国家的 TIMSS 学生样本的年龄跨度为 2 岁，而 PISA 学生样本的年龄跨度为 1 岁
年级分布		TIMSS 每个国家只有一个年级，PISA 每个国家通常有两个年级
抽样方法	这两项调查都采用了两阶段抽样法，在第一阶段参试学校的选择中，采用概率比例规模抽样方法	抽样的第二阶段，TIMSS 选择完整的班级学生参与测试，PISA 是在每个学校中随机挑选部分学生参与测试
样本规模	PISA 和 TIMSS 都要求每个国家至少有 150 所学校被选中。PISA 建议每个国家抽样的学生总量至少为 5250 人，而 TIMSS 则要求每个国家至少要选出 4000 人	

（续表）

比较维度	共同点	不同点
测试时间		PISA 是 120 分钟，TIMSS 是 90 分钟
题册设计	两项调查都使用了螺旋式题册，PISA 使用 13 本题册，TIMSS 使用 12 本题册	
得分点	TIMSS 与 PISA 都准备了 210 分钟的数学评价试题	PISA 有 94 个得分点，TIMSS 有 215 个得分点
认知能力量表化方法	两项调查都使用了项目反应理论和似真值来估计学生的能力分布	PISA 使用单参数项目反应理论模型，TIMSS 使用了三参数项反应理论模型
翻译过程	PISA 和 TIMSS 都有翻译验证过程	PISA 用英文和法文编写源文件，并分别使用英文和法文源文件进行双重翻译。在 TIMSS 中，源语言为英语，并进行独立的双重翻译
质量检测	两者都有类似的质量检测过程。包括开发者学习和培训，国家监测中心和学校的培训	
计算器使用		在 PISA，计算器是被允许的。在 TIMSS 中，计算器只允许用于考试的第二部分

Margaret 通过量化的回归分析表明，东西方国家在 PISA 与 TIMSS 上表现的差异可以归因于两个主要原因：测试的内容平衡和样本定义，这两个原因的具体描述如表 0-1 所示，并且这两个主要原因可以解释差异方差变异的 90% 以上。测试内容的平衡主要是有关试题涉及数学内容类别的分布，而样本定义则是有关测试对象，如测试对象的年龄与年级跨度等。除此之外，Margaret 还对这两项测试中有关学生数学自信心等非智力因素的测量数据、性别表现差异等问题进行了比较分析，其研究的贡献不仅仅在于研究结果，而是提供了实证化的比较研究方法。

国家层面上在这两个测试上的表现差异还得到了挪威奥斯陆大学 Grønmo 教授的研究。该研究发现在 2003 年同时参加这两项测试的一些国家中，北欧与英语国家在 PISA 中表现更好，而东欧国家却是在 TIMSS 中表现更好。通过比较发现：首先，PI-SA 与 TIMSS 的数学评价框架是存在很大区别的，PISA 描述的是数学能力（素养）与情境及背后的现象相联系，而 TIMSS 则是从数学学科本身出发精选出一些重要的数学能力。其次，PISA 的测试题目强调使用来自真实世界的表格和图像信息；而 TIMSS 的测试题目则更注重纯数学，使用的是一些常规代数和几何问题。Grønmo 认为，PISA 代表的是应用数学而 TIMSS 代表的是基础数学（纯数学），学生要想学好应用数学，就必须先学好基础数学，具备数学学科的基础知识和基本技能。对一些国家，比如挪威来说，最大的问题是学生缺乏基本的知识和技能，导致在 PISA 中表现不佳①。

国内方面，刘晓玫等从评价的目的、评价框架以及试题形式三个维度对 PISA 与 TIMSS 的数学学科测试进行比较研究，得出的结论是由于两者的评价目的与评价框架不同，不能将两者进行简单地等同，TIMSS 侧重于考查数学课程内容知识而 PISA 侧重于考查数学课程内容知识的应用②。王鼎在其博士学位论文中分别梳理了 TIMSS 与 PISA 的历史发展进程和不同测试周期的变化情况，并从认知、观察、解释三个维度对 TIMSS 与 PISA 的数学测试进行了横向与纵向的比较研究，总结了两者在评估框架设计、评价试题表征、评价结果解释及评价系统构成机理方面的异同。该研究还反思了上海市初中大规模学业数学测评项目的不足，指出上海市中考测评系统在结果解释维度上的严重缺失，需要增强中考测评系统的结果解释力③。

（二）多个大规模学业成就测试的比较研究

受经合组织和世界银行的官方委托，Cresswell 等对全球教育领域内的多个大规模测试项目进行了比较分析，目的是介绍国际教育评估和发展方案的制定与执行情况，总结主要的国际、国家、区域内的大规模教育评估经验。该研究主要从素养定义与认知评价，背景问卷，实施程序、方法和途径等三大维度对全球十余个评估项目进行了比较研究。每个大维度下又细分为若干个子维度，以素养定义与认知评价为例，该维度包含了如下多个子维度：评估框架、试题开发、测试设计、心理测量分析、定标、校准和等值方法、比较、趋势、精熟度水平划分、认知工具的翻译、改编和验证、预测试与试题遴选等。该研究虽然涉及多个测试项目、多个维度的比较，但是对于每个维度仅进行简单的罗列和介绍，缺乏深入的探讨④。

美国教育统计中心（The National Center for Education Statistics，NCES）也组织了一次大型的学业成就测试项目比较研究，从评估框架和测试题目两个维度对 2003 年同时开展的三个测试项目 PISA、TIMSS、NAEP 的数学评估内容进行了深入的比较，

①　GRØNMO L S，OLSEN R V．TIMSS versus PISA：The case of pure and applied mathematics ［J/OL］．（2008 – 02 – 01）［2023 – 12 – 26］．https：//www. researchgate. net/profile/Rolf-Olsen-3/publication/252590482_ TIMSS _ versus _ PISA _ The _ case _ of _ pure _ and _ applied _ mathematics/links/00463525f7ed8eace7000000/TIMSS-versus-PISA-The-case-of-pure-and-applied-mathematics. pdf.

②　刘晓玫，陈娟．PISA 与 TIMSS 中有关数学评价的比较分析 ［J］．外国教育研究，2007，34（2）：77 – 80.

③　王鼎．国际大规模数学测评研究：基于对 TIMSS 和 PISA 数学测评的分析 ［D］．上海：上海师范大学，2016.

④　CRESSWELL J，SCHWANTNER U，WATERS C. A review of international large-scale assessments in education：assessing component skills and collecting contextual data ［M］．Paris：OCED Publishing，2015.

目的是为解释学生在三个评估项目上的表现差异提供更多有价值的线索，寻找差异形成的原因。对于评估框架，主要分析三个评估项目的数学内容、过程与技能、测试题型。采用交叉归类的方法分析相互包含的程度，例如按照 TIMSS 框架将 NAEP 测试题目全部归类到 TIMSS 框架中，反过来又将 TIMSS 试题归类到 NAEP 框架中，对于 PISA 与 TIMSS、NAEP 的比较也是采用类似的方法。对于测试题目，该研究还将所有的测试题目按照三个难度等级（高，中，低）进行分类，研究三个测试的项目难度分布情况，并从认知维度和情境维度对项目进行分类比较。研究表明 NAEP 2003、TIMSS 2003 和 PISA 2003 的数学评价框架包含了一系列相似的主题、技能和认知过程，但并不都是采用相同的方式来测量这些内容，同一个学生参加这三种测试有可能表现出不同的水平，因为学生接触的数学课程、数学思维的训练等方面的技能和经验是相对固定的。

对于 NAEP 与 TIMSS，通过比较可以发现两者在数学内容的一般边界和基本组织方面具有相当大的一致性，这两个评估都包括与传统数学课程相对应的五个主要内容领域：数量、测量、几何、数据和代数。虽然两者总体类似，但还存在一些细节上的差异，在采用交叉归类的过程中发现大概有 20% 的四年级数学测试项目和 15% 的八年级数学测试题目不能归类到彼方的框架中，这就说明了两种测试的数学内容还是存在一定的差异。具体到上述五个内容领域均存在一定的差异，如在八年级数学的数量领域内：TIMSS 更加强调比例、比率和百分比，而 NAEP 强调整数、小数和科学记数法。鉴于本书的篇幅，更多的细节区别就不一一列举，读者可以参考原文。

与 NAEP、TIMSS 强调考查源于数学课程内容的知识相比，PISA 则侧重考查问题解决和数学在现实世界中的应用。但从试题考查的数学知识内容来看，PISA 与 NAEP 的数学内容匹配度相对较高（超过 90% 的 PISA 数学内容都可以归属于 NAEP 的内容子主题），大部分（约为 85%）PISA 试题考查的数学内容都可以交叉归类到 NAEP 八年级数学考查的数学内容中。PISA 还包括了比 NAEP 和 TIMSS 更大比例的建构性反应试题，以及在数学复杂性上更高层次的试题。在情境维度上，NAEP 中涉及教育/职业和科学情境的试题分布比例高于 PISA，涉及个人和公共情境的试题分布比例低于 PISA。

另一个有意思的研究是非营利性组织 Thomas B. Fordham Institute 的比较研究，该组织邀请多名学科专家对共同核心州立标准（CCSS）、PISA 内容标准、TIMSS 内容标准、NAEP 内容标准进行评论和评级，目的是帮助美国的教育工作者和决策者提取这些有影响力的标准（PISA/TIMSS）、实际应用的标准（NAEP）和可能的未来标准（CCSS）各自的优点。该研究的另一个目的是将当时正在编写共同核心州立标准草案与现有国家、国际标准相比较，以发现草案的不足。约翰斯·霍普金斯大学数学系教授 Wilson 负责组织专家比较有关数学学科的内容标准，比较的结果是：TIMSS 数学 A 级，CCSS 数学 B 级，NAEP 数学 C 级，PISA 数学 D 级（A 级为最高水平，D 级为最低水平）。专家们一致认为 TIMSS 数学内容标准清晰、连贯且组织良好，为读者和用户提供了坚实的指导，内容具有可测量性，以适当的严谨程度涵盖了几乎所有必需的数学内容，对于哪些内容应该包含、哪些应该排除界定清晰，没有模糊的地方。NAEP 数学内容标准包含了期望学生学习的大部分重要内容，但隐藏的标准过多（近 300 个），层次不够清晰，重要的内容与次要的内容处于相同的地位，包含了不必要的废话或数学上毫无意义的语言，总体来说体现为缺乏重点。PISA 的数学内容标准没有涵盖适当年级水平的数学内容材料，颁布的样例试题表明该测试考查的数学内容相当有限，覆盖面较窄。此外，PISA 对所谓的数学素养定义只做了一个模糊的描述，很难具体把握其内涵。PISA 是一个解决问题的测试，虽然使用了数学，但许多问题没有考查明显的数学内容知识，且过于强调对数据内容领域的测试，内容分布不平衡①。

韩国学者 Han 等以 NCTM 内容标准和 Jan de Lange 金字塔模型的三个理解层次的认知模型为理论基础，比较了 NAEP 2015、TIMSS 2015 和 PISA 2015 的数学评价试题在内容与认知两个维度上的差异。研究认为韩国教育评价应该借鉴这些大规模测试在数学学科上的评价经验，如在内容分类中采用现象学的视角，强调考查学生在情境中应用数学的能力②。

孔企平比较了 PISA、TIMSS、NAEP、英国国际中学数学教育评价项目（Kassel）、日本的学力测验和法国的诊断性测验等六个测评系统，分析六者的共性，得出了这六个测评系统有如下特点：以学生生活经验为基础考查基本数学素养；以核心数学知识为基础建立评价框架；把思维作为数学素养的核心考查学生应用数学解决问题的能力；重视发挥评价的反馈作用③。宋爽等梳理了目前国际上学业成就测试的争议热点问题，如对于测试数学内容 PISA 强调"实用性"，而 TIMSS 则强调"基础性"，该研究从数学测试内容、数学测试形式与数学测评结果等三个维度总结了数学

① CARMICHAEL S B, WILSON E S, FINN C F, et al. By Which to Navigate? Scanning National and International Education Standards in 2009. [EB/OL]. (2015 - 04 - 25) [2019 - 12 - 01]. http：//files. eric. ed. gov/fulltext/ED506714. pdf.

② HAN C, PARK M. A comparison study on mathematics assessment frameworks-focusing on NAEP 2015, TIMSS 2015 and PISA 2015 [J]. The Mathematical Education, 2015, 54 (3)：261 - 282.

③ 孔企平. 国际数学学习测评：聚焦数学素养的发展 [J]. 全球教育展望, 2011 (11)：78 - 82.

考试存在的争议热点①。张华研究了 NAEP、TIMSS 以及 PISA 的数学教育评价发展历程，研究表明三个测试具有评价目标恰当、评价内容范畴科学、研究设计严格等特点，同时提出了我国数学教育评价应该树立正确的评价目标、明确评价范畴、保证实施过程的科学规范②。陈吉比较了中美两国基于标准评价的命题流程，研究在基于标准的课程改革背景之下应该怎样设计基于标准的学业水平评价体系，选择了基于美国共同核心州立标准的测试项目与我国的一些省市的初中与高中学业水平测试进行比较，以命题流程的各个步骤为比较维度，进行了全面的比较分析③。

（三）大规模学业成就测试中的表现标准研究

国外方面，为了使得本国学生具有国际竞争力，尽量与国际教育接轨，很多研究者尝试将本土的教育标准与国际教育标准进行比较，进而发现本土教育标准的不足与优势。而国际评估项目 PISA 与 TIMSS 开发的表现标准通常作为国际教育标准中表现标准的目标模板，成为被比较的对象。Woolard 将美国俄亥俄州的数学教育标准与 TIMSS、PISA 标准进行了比较，采用 Surveys of Enacted Curriculum（SEC）调查模型研究差异，研究发现俄亥俄州的标准通常不那么合理，与国际标准不太一致，预期的表现标准也较低，数学内容标准存在一定的"一英里宽，一英寸深"问题④。但是该比较主要针对的是内容标准，表现标准仅仅是辅助视角。Olsen 等比较了 PISA 与 TIMSS 在表现标准开发上的异同，指出了学界在表现标准研究领域存在许多不足之处，归纳了两者建立表现水平描述的原理与本质，并尝试应用到挪威的本土测试项目中⑤。Meeks 等研究了澳大利亚课程国家读写和计算能力测试项目的表现标准，并基于表现标准与两个主要的英语国家（英国和美国）以及 PISA、PIRLS 和 TIMSS 中的四个表现最好的国家或地区［上海（中国）、香港（中国）、韩国和芬兰］进行对比，分析每个等级上学生所占的百分比，分析学生成绩与教师、学生、教育系统等因素之间的关系，为澳大利亚政府的教育干预措施提供研究启示⑥。Lim 等为了更好地解释美国八年级学生在 TIMSS 上的表现及调查美国八年级学生在一段时间内相对于其他国家学生的学习进步情况，将 TIMSS 和 NAEP 的八年级数学成就量表使用

① 宋爽，曹一鸣，郭衎. 国际视野下数学考试评价的热点争鸣［J］. 比较教育研究，2019，41（11）：72－79.

② 张华. 国外中小学数学教育评价研究述评及其启示［J］. 课程. 教材. 教法，2007（10）：83－87.

③ 陈吉. 基于标准的大规模数学学业评价之命题研究：中美比较［D］. 上海：华东师范大学，2012.

④ WOOLARD J C. Prelude to the common core：internationally benchmarking a state's math standards［J］. Educational Policy，2013，27（4）：615－644.

⑤ OLSEN R V，NILSEN T. Standard setting in PISA and TIMSS and how these procedures can be used nationally［J］. Standard Setting in Education，2017：69－84.

⑥ MEEKS L，KEMP C，STEPHENSON J. Standards in literacy and numeracy：contributing factors［J］. Australian Journal of Teacher Education，2014，39（7）：106－139.

百分位等值法进行链接，基于表现标准将 TIMSS 的四个基准与 NAEP 的三个表现水平相对应，发现美国八年级学生在基础和精熟水平上有所进步，但是在高级水平上与其他国家相比差距较大①。

陆璟介绍了 PISA 测试中学生精熟度水平的划分方法，认为 PISA 对于测试分数是在常模参照测试上做出了标准参照的解释，我国大规模学业成就测试应该借鉴其方法对测试结果进行科学的解释，并建立各子领域内的分量表②。王鼎等总结了 PI-SA 与 TIMSS 量尺构建与分数解释的经验，认为对于测量结果的解释需要证据的支撑，通过划分水平、统计模型等技术方法有助于证据的形成，并认为在综合素质评价中要重复利用测试数据与信息进行测试结果解释，同时还需要利用定性与定量相结合的方法去评价项目的系统性③。付雷介绍了 NAEP 的学业成就水平划分方法，以美国八年级科学学科为例，详细介绍了 NAEP 表现水平描述的发展历程④。

李振文认为以上几个研究未深入分析 PISA 的水平划分依据与原理，探讨了 PISA 精熟度水平划分过程中的三个重要变量，以此为依据对我国高考选考科目等级设定提出一定的参考建议，如依据学科核心素养及发展水平，采用标准参照评价等⑤。张咏梅将表现标准的制定作为大规模学业成就测试的一个重要环节，详细介绍了标准设定的相关原理以及 PISA 学业成就量尺的构建方法。心理学的研究背景和长期的实践经验使其对于原理的解读与专业名词的翻译等也更为专业⑥。

（四）大规模学业成就测试的比较研究小结

1. 对 PISA 的研究多于对其他大规模学业测试项目的研究

笔者以 PISA& 数学作为关键词在中国知网上搜索，发现可以搜索到接近 3600 多篇论文，由此可见数学教育研究者对 PISA 的关注度之高。由于近年来国内数学核心素养概念的提出，导致 PISA 的数学素养概念定义成为排名第一的研究热点；同时由于 PISA 2012 中数学是主要测试科目，PISA 2012 也是仅次于数学素养的研究热点之一；中国在 PISA 取得了优异的成绩，数学成绩同样成了研究热点之一。而以

① LIM H, SIRECI S G. Linking TIMSS and NAEP assessments to evaluate international trends in achievement [J]. Education Policy Analysis Archives, 2017, 25（10－11）: 1－21.

② 陆璟. PISA 能力水平量表的构建及其启示 [J]. 教育测量与评价, 2010（9）: 6－11.

③ 王鼎, 李宝敏. 综合素质评价中量尺构建及结果解释再思考: 基于 PISA 测评及 TIMSS 测评的启示 [J]. 教育发展研究, 2017, 37（2）: 57－63.

④ 付雷. 美国 NAEP 学业成就水平描述的变迁及对我国的启示: 以八年级科学学科学业评价为例 [J]. 教育测量与评价（理论版）, 2012（8）: 20－23＋64.

⑤ 李振文. PISA 科学素养测试等级划分对我国高考选考科目等级设定的启示 [J]. 中国考试, 2020（3）: 41－46.

⑥ 张咏梅. 大规模学业成就调查的开发: 理论、方法与应用 [M]. 北京: 北京师范大学出版社, 2015: 131－153.

TIMSS& 数学作为关键词可以搜索到将近 280 余篇论文，以 NAEP& 数学作为关键词可以搜索到 100 余篇论文，以大规模数学水平测试、大规模数学学业成就调查、国外数学评价系统等其他关键词搜索到的论文只有十余篇。由此可见，与对 PISA 数学测试的丰富研究成果相比，对于其他国内外其他测试项目的相关研究成果数量极为有限。

但是从历史发展的进程上看，TIMSS 的前身 FIMS（First International Mathematics And Science Study）始于 20 世纪 60 年代，NAEP 则始于 1969 年，两者都拥有将近 60 年的发展历史。从教育与心理测试技术的发展上看，NAEP 一直是大规模学业成就测试技术的引导者，如 1969 年就开始使用矩阵抽样技术，1983 年使用螺旋式平衡不完全矩阵抽样、采用似真值估计群体能力和使用量尺锚定法进行测试分数的解释，1986 年开发了长期的趋势研究法，1990 年使用成就表现水平方法制定表现标准，2000 年使用基于计算机的评价，是多项先进测量技术的开发者和创始者。而 PISA 则是始于 2000 年才经历 20 多年的发展历程，且由 NAEP 开发的测量技术也是 PISA 与 TIMSS 的技术基础。由此可见，相比于对于 PISA 的研究，对于 TIMSS 与 NAEP 的研究特别是三者的比较研究还存在着巨大的空间。

为此，本书将对六个国内外学业成就测试项目进行研究，将研究对象进一步扩大，不再局限于对 PISA 的单独研究。但这些大规模学业成就测试系统都较为庞大复杂，本书不宜追求对这六个测试系统进行全面比较分析，而是将研究问题聚焦于这些测试项目中的表现标准开发。张咏梅在其著作《大规模学业成就调查的开发：理论、方法与应用》中专门撰写了一章的内容介绍表现水平制定、量尺建构与标准设定等方法，耿申教授在该书序言中指出，"尽管该书全面阐述了测试中诸多关键问题，如命题、评价与标准的一致性、结果的解读与应用，等等。但是每一个问题都值得从理论到方法、从经验到问题作出更加详尽的论述，甚至都有必要独立成一本专著"①。笔者读后深受启发，结合自身的专业背景，选用测评系统中一个环节——表现标准开发作为研究问题，借助于笔者所在项目组开发的 L 区测评项目，从理论到实践上对该研究问题进行更加深入而详尽的研究。

2. 对内容标准的研究多于对表现标准的研究

王俊民认为在对国内外大规模学业成就测试的研究中，对于评估框架、测试内容和测试项目的比较研究较多，但是对试题情境与表现标准的比较研究相对较少。从教育标准的视角，评估框架、测试内容和测试项目基本上都属于内容标准范畴，由此可见对于内容标准的研究多于对表现标准的研究。在其博士论文中，从内容框

---

① 张咏梅. 大规模学业成就调查的开发：理论、方法与应用［M］. 北京：北京师范大学出版社，2015.

架、表现水平描述、试题情境、评估方式四个维度对六个大规模学业成就测试的科学素养评价进行了比较分析①。近年来测评试卷与课程标准的一致性研究成了相对热门的研究课题，随着新一轮课程标准的颁布，有研究高中数学学业水平测试卷与课程标准的一致性的②，也有研究高考数学试卷与课程标准的一致性的③，分别采用韦伯模式和 Achieve 模式进行一致性分析。但这种一致性的研究主要集中于内容领域，以评价测试内容效度为目的。

从已有研究上看，对于表现标准研究，国外方面主要集中于将本土的表现标准与 PISA、TIMSS 的表现标准进行比较④⑤，但是这种比较通常需要学生共同参与本土测试与 PISA、TIMSS 测试，相关研究通常由测试开发人员完成。国内方面主要以对 PISA、TIMSS 与 NAEP 的表现标准建构方法的介绍为主，已有的研究对于一些专业术语的翻译也出现了一定的偏差，对于不同方法缺乏比较，对于水平划分的原理缺乏深入的分析。由于缺乏统一的理论分析框架，导致只能离散地研究每个测试项目的表现标准建构方法。

3. 对理论的研究多于对实践的研究

从研究方法上看，辛涛等学者指出学业质量标准的研制是一个新课题，国内缺乏对学业质量标准的实证研究。课程标准中的表现标准比较笼统，缺乏可操作性，有待制定清晰的学业质量标准，界定学生的素养水平，并研究了基于认知诊断的学习进阶方法进行表现标准开发⑥。王俊民认为对于大规模学业成就测试的研究，除了少数的学位论文采用量化方法以外，大部分采用介绍与描述为主，采用的研究方法较为单一⑦。

在学业成就测试的实践研究中，綦春霞及其研究团队以 PISA 的数学测试框架为基础开发了数学素养测试项目，比较中英两国学生在数学素养上表现的差异，并分析差异形成的原因⑧。同时还开发了多个八年级数学学业水平测试项目，从多个维度

① 王俊民.核心素养视域下国际大规模科学学业评估框架与试题研究［D］.重庆：西南大学，2019.
② 卢成娴，唐恒钧.高中数学学业水平考试与课程标准的一致性研究［J］.考试研究，2019（3）：78 - 85.
③ 付钰，王雅琪.2019 年全国高考数学试题与课程标准的一致性研究：基于韦伯一致性分析模式［J］.教育测量与评价，2019（12）：49 - 55.
④ WOOLARD J C. Prelude to the Common Core：Internationally Benchmarking a State's Math Standards［J］.Educational Policy，2013，27（4）：615 - 644.
⑤ LIM H，SIRECI S G. Linking TIMSS and NAEP assessments to evaluate international trends in achievement［J］.Education Policy Analysis Archives，2017，25（10 - 11）：1 - 21.
⑥ 辛涛，乐美玲，郭艳芳，等.学业质量标准的建立途径：基于认知诊断的学习进阶方法［J］.教育学报，2015（5）：72 - 79.
⑦ 王俊民.核心素养视域下国际大规模科学学业评估框架与试题研究［D］.重庆：西南大学，2019.
⑧ 綦春霞，王瑞霖.中英学生数学素养的比较及其启示［J］.比较教育研究，2012，34（11）：75 - 80.

分析学生测试表现的影响因素，如其研究表明学生学习习惯是所有因素中影响最大的①。学者进一步结合表现标准，将学生划分为不同水平，研究不同水平学生表现的影响因素，为不同水平学生提供相应的研究启示②。但是总体上看，国内相关类似实践研究还是相对较少，特别是在较大规模测试基础上的实践研究更加少见，研究队伍需要进一步壮大。

不同机构组织的学生评估项目都具有其自身的局限性。辛涛和贾瑜认为需要理性地看待国际学生评估项目，要辩证吸收国际学生评估项目的优势与劣势，批判性借鉴这些学业评估项目的运行经验，建立具有中国特色的本土化学业评估项目③。已有的研究大部分集中于对学科能力（素养）、测试框架、认知过程、试题情境等理论的对比分析，这一类研究既属于内容标准维度上的研究，也属于理论维度上的研究。在比较方法的选用上，事先确立好若干比较维度，对多个大规模测试分别按照事先确立的维度进行对比分析。由于测试系统复杂性，从理论上总结出的经验并不一定适合于本土化的实践，同时不同测试系统的目的、框架、技术和测试对象也不尽相同，如何将这些成熟测试系统采用的关键技术推广到本土化的测试实践中，需要更多的实践研究，总结实践中出现的问题及其解决方法，进一步为真正的本土化实践服务。

四、教育与心理测量中客观等距量尺的发展历程

在基于统计原理划线的表现标准中，等距表现标准与学业成就量尺联合打造了一把具有单位的量尺，而这正是较为理想的教育心理属性测量工具。我们通常将除了最高水平与最低水平之外，相邻水平分数线之间距离相等的表现标准称为等距表现标准。PISA 建构的多个学科表现标准均为等距表现标准，以 PISA 八年级数学学科表现标准为例，PISA 将学生的表现划分成六个水平，水平分数线为：358、420、482、545、607、669，水平的宽度约为量尺分 62 分④，关于 PISA 表现标准的开发原理与方法将在第三章中进行详细讨论分析。但是建构等距表现标准的前提条件是建

---

① 綦春霞，张新颜，王瑞霖. 八年级学生数学学业水平的现状及其影响因素研究：以三地测试为例 [J]. 教育学报，2015（2）：87－92.

② 付钰，綦春霞. 不同水平学生数学学业成绩表现及其影响因素：基于八年级学生大规模区域监测数据 [J]. 教育测量与评价，2020（8）：28－33＋41.

③ 辛涛，贾瑜. 国际视野与本土探索："国际学生评估项目"的作用及启示 [J]. 教育研究，2019，40（12）：9－16.

④ OECD. PISA 2012 Results：What Students Know and Can Do：Student Performance in Mathematics，Reading and Science（Volume I）[EB/OL].（2014－02－01）[2023－12－25]. https：//www.oecd-ilibrary.org/education/pisa-2012-results-what-students-know-and-can-do-volume-i_ 9789264201118-en.

构等距量尺，如果采用一把非等距量尺度量学生的学业成就表现，然后每个水平的距离定义为相等，这样就没有任何意义。寻找等距的学业成就量尺是等距表现标准建构的关键前提条件，等距量尺找到之后，只需要在该量尺上划分出若干等级就可以建构表现标准。在教育与心理测量领域，寻找理想的等距量尺经历了一个较为曲折的过程，回顾这个过程，对于等距表现标准的构建原理与方法，特别是等距的意义与水平意义将有更为清晰的认识。

（一）教育与心理测量理论的发展历程

测量包含了测量对象、测量属性、测量工具、测量单位等关键要素。例如在测量一杯水的温度活动中，测量对象是这杯水，测量属性是这杯水的温度，但温度只是这杯水的属性之一，比如这杯水还具有另一个属性：体积。当测量工具使用的是温度计，测量使用的单位就是摄氏度。从该活动可以看出，物理测量中这些要素成分清晰，极少具有争议。但是在教育与心理测量中，对于教育心理属性是什么、是否可以测量，这样的学科基本问题的回答都是费尽周折的。对于什么是教育与心理领域内的测量工具与测量单位，则是更加难以确定。测量观尝试从理论上确立教育与心理属性的可测量性，解决教育与心理测量的根本问题。杨向东教授总结了教育与心理测量理论的发展历程，认为"测量观"经历从测量经典观—Stevens 测量观—联合测量理论的发展过程，三种理论都尝试回答一个根本性的问题：测量是什么[1]。

测量的经典观源于自然科学中的测量，特别是物理测量。测量经典观认为可以测量的属性需要同时具备如下两个条件：可加性、连续性，具备这两个条件的属性被称为连续量化属性。经典观认为并不是所有属性都是可以测量的，只有具备这两个条件的属性才是可以测量的。可加性保证了属性的多次测量结果是可加的，连续性保证了任意两个测量结果之间是可比的，经典观认为测量就是"确定属性的量与测量单位的比率的过程"。具备以上两个条件的测量数值可以在实数范围内进行四则运算，这样就可以通过测量验证客观模型，产生新的理论，所以说测量是科学研究的基石。在测量的经典观下，要确认教育与心理属性的可测量性，就需要验证某种心理属性是否满足连续量化属性条件，对于可加性主要是证明属性满足加法的封闭性、结合律和交换律，连续性则需要利用实数的连续性定理进行验证[2]。

直接证明某种心理属性是连续量化属性对于刚刚诞生的心理学来说无疑是困难的，更令人沮丧的是 1932 年由英国科学促进会成立的一个由 19 位著名的物理学家和心理学家组成的 Ferguson 委员会发表了两个报告，声称没有发现心理属性具备可

① 杨向东. 理论驱动的心理与教育测量学［M］. 上海：华东师范大学出版社，2014：24.
② 杨向东. 理论驱动的心理与教育测量学［M］. 上海：华东师范大学出版社，2014：36.

加性,从此将心理科学排除在科学阵营之外①。此后,心理测量的科学性也一直遭受质疑,但是哈佛大学心理学教授 Stevens 提出的测量定义完美地避开了属性的连续量化问题,将测量定义为"测量就是按照规则给事物或事件赋予数字",这一定义使得心理学家如释重负,不用证明心理属性是一种连续量化属性,从此在理论上解决了"测量是什么"的本体问题。目前为止,Stevens 的测量理论仍然作为有关心理测量论文和教科书中的心理测量定义,可见其接受的程度之广。按照 Stevens 理论,测量的关键在于制定规则,所以出现了经典测量理论、概化理论与项目反应理论等一批测量理论来制定对应规则,虽然存在理论上的缺陷但是也促使了心理测量学的蓬勃发展。

Stevens 理论成功避开了判断心理属性是否满足连续量化条件的问题,将测量定义为一种按规则赋值的过程。由此,通常的分类、排序等活动都属于测量,例如将男性编号为 0,女性编号为 1,这个过程就是一个测量的过程,显然这种定义是值得商榷的。有关测量的本体论问题还需要回到测量经典观,从理论上证明待测量的心理属性是否具有可加性与连续性,这样才能从理论上确定心理属性测量的科学性。理论上的突破源于 Luce 与 Tukey 提出的联合测量理论(Luce-Tukey axiomatization),联合测量理论并不是直接证明教育心理属性的连续量化属性,而是采用间接的方法进行分析②。间接法通过与其联系的其他属性进行间接分析,以物体的密度属性为例,物体的密度并不是直接测量而得,而是通过测量物体的质量与物体的体积而产生的,直接验证物体密度的连续量化属性同样也是困难的。在联合测量理论中,假设需要验证的属性为 P,与其相关的属性为 X 与 Y,若将 P 看成因变量,X 与 Y 看成自变量的话,P 则受到两个自变量的联合影响,故称联合测量理论。若 P 与 X,Y 的关系满足四个公理:单重相约公理、双重相约公理、有解公理、阿基米德公理,则表明属性 P 满足连续量化属性。这也表明判断心理属性测量是否属于科学已经找到了新的途径,又可以重新讨论心理测量是否科学的问题。

(二) 教育与心理测量的常用量尺

Stevens 虽然将测量定义为"按照规则给事物或事件赋予数字",并不意味测量就与连续量化属性彻底划清界限。根据该定义,Stevens 提出了四种测量尺度:名义量尺、顺序量尺、等距量尺和等比量尺,这四种测量尺度不仅影响着教育心理测量,甚至影响着整个统计学的数据处理对象。且这四种测量尺度正是按照与连续量化属

---

① 杨向东. 理论驱动的心理与教育测量学 [M]. 上海:华东师范大学出版社,2014:26.

② LUCE R D, TUKEY J W. Simultaneous conjoin measurement:a new type of fundamental measurement [J]. Journal of Mathematical Psychology, 1964 (1):1-27.

性的接近程度进行排序的，其中名义量尺最远，等比量尺最为接近。

名义量尺（nominal scale）。将属性按照某个特征进行分组，每组安排一个数字，此时的数字仅仅是一个标签，就像一个名字，故称名义量尺。如在数据处理过程中，将男性定义为 0，女性定义为 1，1 与 0 仅用于标识性别，不存在哪个更为高级的问题，也就是说没有顺序。只能用来比较相等还是不相等，但是不能比较大小或进行运算。

顺序量尺（ordinal scale）。将属性按照某种次序进行类别排列。此时的测量数字可以比较大小，但是类别之间的差异并不相等。如在调查一个人受教育程度时，将小学、初中、高中、大专、本科、硕士研究生和博士研究生分别赋予数字 1、2、3、4、5、6、7，如果 A 的教育程度为 6，B 的教育程度为 7，可以得到的结论是 B 的教育程度高于 A 的教育程度。在顺序量尺中，测量数字虽然可以用来比较大小但是不能用来运算。比如 C 拿到双硕士学位，那么我们不能得到 C 的受教育程度为 12，高于博士研究生。为什么不能运算呢？因为其不是等距的，虽然从数字上看，初中与小学差异为 1，大学与大专的差异为 1，但是这两种差异并不相等。

等距量尺（interval scale）。等距量尺除了具备顺序量尺特点以外，连续类别之间的差异是相等的。例如利用体温表测量身体温度时，39 摄氏度与 38 摄氏度的差异是 1 摄氏度，和 38 摄氏度与 37 摄氏度的差异也是 1 摄氏度，两种差距是相同的。这种等距特性，决定了在采用等距量尺得到的测量数字是可以进行加减运算的，但是由于其零点是任意选取的，不存在绝对零点，进行乘除运算时就缺乏现实意义。例如 A 物体的温度是 2 摄氏度，B 物体的温度是 4 摄氏度，但是我们不能说 B 物体比 A 物体热两倍。

等比量尺（ratio scale）。等比量尺除了具有等距量尺所有特征之外，还具有绝对零点。在等比量尺中，零点的定义是人为的、相对的，例如在摄氏温度中，将标准大气压下冰水混合物的温度定义为 0 摄氏度，作为一个相对零点；而在热力学温度中，由于物体的温度取决于其内原子、分子等粒子的动能，在绝对零度时物体分子没有动能和势能，0 开氏度约等于摄氏温标的零下 273.15 摄氏度，是绝对意义的下限，作为一个绝对零点。在物理测量中，最为常见的是长度的测量工具尺子就是一种等比量尺，既等距又有绝对零点，负长度是没有意义的，因此如果 A 物体是 4 米长，B 物体是 2 米长，就可以说 A 物体的长度是 B 物体的两倍。

除了 Stevens 理论下的四种测量尺度以外，李克特量尺与哥特曼量尺在教育与心理测量领域内同样被广泛地应用。李克特量尺（Likert scale）是由美国社会心理学家李克特发明的一种评分加总型量表。由一组对事物态度或看法的陈述问题构成，每一陈述问题有"非常同意""同意""不一定""不同意""非常不同意"五种回答，分别记为五种分数5、4、3、2、1，总分则是被调查者对每个陈述问题的回答所得分数的加总，说明其在态度和看法上的量的属性，李克特量尺是应用最为广泛的顺序量尺。

哥特曼量尺（Guttman scale）。哥特曼尺度是一种完美的理想尺度，其逻辑是被调查者只要支持某个较强的指标就一定会支持某个较弱的指标，按照逻辑由弱到强的顺序排列量表试题。表0-2所示的博格达斯社会距离量表是一个典型的哥特曼尺度量表。

表0-2 基于哥特曼量尺的博格达斯社会距离量表①

1. 你愿意让黑人生活在你的国家吗？	愿意（　）	不愿意（　）
2. 你愿意让黑人生活在你的城市吗？	愿意（　）	不愿意（　）
3. 你愿意让黑人生活在你的街道吗？	愿意（　）	不愿意（　）
4. 你愿意让黑人成为你的邻居吗？	愿意（　）	不愿意（　）
5. 你愿意与黑人交朋友吗？	愿意（　）	不愿意（　）
6. 你愿意让黑人与你的子女结婚吗？	愿意（　）	不愿意（　）

从以上量表可以发现，当个体同意试题6的描述时，就一定同意试题1~5的描述。换个角度，当已知某个个体正确回答（同意）了四个项目时，该个体一定是正确回答了试题1~4，而不是其他试题。因此，博格达斯社会距离量表的6个试题难度必然满足顺序$b_1 < b_2 < b_3 < b_4 < b_5 < b_6$。由这六个试题构建了一个量表，采用的正是哥特曼量尺。哥特曼量尺显然是一种顺序但是不等距量尺。如果将被试的能力与其在项目上的反应概率之间的函数图象作为项目特征曲线，哥特曼模型项目特征曲线如图0-1所示。

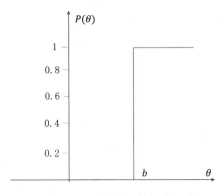

图0-1 哥特曼量尺的概率形式

---

① BOGARDUS E S. Social distance and its origins [J]. Journal of Applied Sociology, 1992, 9 (3): 216 - 226.

博格达斯社会距离量表的试题难度分布如图 0－2 所示，当个体答对第四个项目而答错第五个项目时，就可以知道个体的能力属性值θ_i一定大于b_4、小于b_5，介于两者之间。所以只需要寻找正确与错误的转折点就可以估计出个体的属性水平。反之，如果知道了某个个体的能力属性值θ_i大于某个项目的难度值b_j，那么该个体就一定能够正确回答项目 1～项目 j。

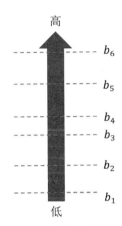

图 0－2　博格达斯社会距离量表的项目难度

（三）Rasch 量尺及客观等距性分析

从哥特曼量尺可以看出，个体的能力属性水平θ_i与项目特征（难度）b_j及反应模式$X_{i,j}$，（1 代表正确，0 代表错误）三者之间的关系是确定性的，即当$\theta_i > b_j$时，$X_{i,j} = 1$且当$\theta_i < b_j$时，$X_{i,j} = 0$。这种关系是一种确定性的理想关系，在数学学业成就量表的编制实践中，项目之间很难设计这种完全确定的包含关系。比较可行的方法是建立三者之间的不确定性关系，利用概率形式表示这种关系，这种不确定的关系可以用拉希模型表示，采用拉希模型进行测量的量尺称为拉希尺度（Rasch scale）。在拉希模型中，反应模式与被试能力、项目难度的概率关系如图 0－3 所示。

在拉希模型中，第 i 个被试正确回答第 j 个项目的概率可以表示为：

$$P\ (X_{i,j} = 1)\ = \frac{\exp\ (\theta_i - b_j)}{1 + \exp\ (\theta_i - b_j)} \tag{0－1}$$

该模型由丹麦数学家 Georg Rasch 首先提出，将上式做一个逻辑斯特变换，即可得 Rasch 模型的 logit 模式。

$$\text{logit}\ (P\ (X_{i,j} = 1))\ = \ln\left(\frac{P\ (X_{i,j} = 1)}{1 - P\ (X_{i,j} = 1)}\right) = \theta_i - b_j \tag{0－2}$$

从式（0－1）、式（0－2）可以看出，第 i 个被试正确回答第 j 个项目的概率由被试能力值与项目难度值之差决定。当$\theta_i = b_j$，$P\ (X_{i,j} = 1)\ = 0.5$，即当被试能力与项目难度相等时，个体答对该项目的概率为 0.5；当 $\theta_i > b_j$，$P\ (X_{i,j} = 1)\ > 0.5$；当

$\theta_i < b_j$，P（$X_{i,j} = 1$）< 0.5。事实中能力再强的学生在答题时都有偶尔失误的时候，随机关系更加符合学生的实际应答情况。与李克特量尺及哥特曼量尺相比，拉希量尺的最大的特点是具有客观等距性，接下来逐一分析这两种特性。

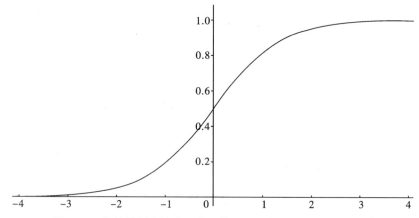

图 0－3　拉希模型中被试正确回答问题概率与被试能力的关系

1. 等距性

以 logit（P）为共同尺度，Rasch 模型构建的个体能力尺度与项目难度尺度具有了等距性，这是教育与心理测量领域内研究者梦寐以求的研究成果，因为在经典测量理论中，通过加总得到的总分并不具有等距性。

以能力所在的尺度为例，等距性意味着只要两个体的能力差距是相同的，那么对 logit（P）的影响就是相同的，与项目难度无关。假设 A 个体的能力为θ_1，B 个体的能力为θ_2，则两个体正确回答某个项目的 logit（P）差值为：

$$\text{logit}\left[P\left(X_{1,j}=1\right)\right] - \text{logit}\left[P\left(X_{2,j}=1\right)\right] = \theta_1 - b_j - \left(\theta_2 - b_j\right) = \theta_1 - \theta_2$$

$$(0-3)$$

从式（0-3）可以看出，两个体能力差异引起 logit（P）的变化并不依赖于项目难度特征 b，与项目难度无关，仅与能力差值有关。例如 A 个体与 B 个体的能力差为 1，B 个体与 C 个体能力的差为 1，则引起 logit（P）的尺度差异是相同的，由式（0-3）可得 logit［P（A）］－logit［P（B）］＝logit［P（B）］－logit［P（C）］＝1 的值是相等的。

同样的道理，以项目难度所在的尺度为例，只要两个项目的难度之差是相同的，那么对 logit（P）的影响就是相同的，与被试能力无关。设同一个体（能力为θ_i）正确回答两个项目难度分别为b_1，b_2的项目，则

$$\text{logit}\left[P\left(X_{i,1}=1\right)\right] - \text{logit}\left[P\left(X_{i,2}=1\right)\right] = \theta_i - b_1 - \left(\theta_i - b_2\right) = b_2 - b_1$$

$$(0-4)$$

从公式（0-4）可以看出，两个项目难度引起 logit（P）的变化并不依赖于个

体能力。所以以 logit（P）为尺度，能力量尺与难度量尺是等距的。

2. 客观性

由式（0-1）可得，$P（X_{i,j}=0）=1-P（X_{i,j}=1）=\dfrac{1}{1+\exp（\theta_i-b_j）}$，则定义
胜算率为成功的概率比上失败的概率：

$$\text{Odds}_{i,j}=\frac{P（X_{i,j}=1）}{P（X_{i,j}=0）}=\frac{\exp（\theta_i）}{\exp（b_j）}=\frac{\theta'_i}{b'_j} \tag{0-5}$$

同样地假设 A 个体的能力为 θ_1，B 个体的能力为 θ_2，则两个体回答第 j 个项目胜
算率之比为：

$$\frac{\text{Odds}_{1,j}}{\text{Odds}_{2,j}}=\frac{\theta'_1/b'_j}{\theta'_2/b'_j}=\frac{\theta'_1}{\theta'_2} \tag{0-6}$$

从式（0-6）可以看出，A 个体回答第 i 个项目的胜算率与 B 个体回答第 i 个项
目的胜算率之比与项目特性无关，仅与两个体的能力之比有关，这就是客观性，同
时以对数胜算率为共同尺度两能力之间存在比率关系，不管两个体的能力都高还是
都低，比率关系是不变的，这正是客观性的表现。

并且，越来越多的学者认为 Rasch 量尺也确实是目前唯一可以使得心理测量达
到客观等距的量尺[①]。而在经典测量理论的难度定义中使用项目正确率表示项目难
度，这种难度的计算则是样本依赖的，不具备客观性。在判断题目难度时，如果受
试者的能力都很差，正确率就低，因此该题难度就很高。反之，如果受试者能力都
很强，正确率就高，该题目就变得很简单。项目难度取决于被试的样本特性是样本
依赖。当测试题目容易时，被试得分就高，当测试题目困难时，被试得分较低，所
以采用原始分评价学生能力时，被试的能力值取决于测试的特性是测试依赖。经典
测量理论下的原始得分与项目难度不具备客观性，更谈不上等距了。

3. Rasch 与联合测量理论

与哥特曼尺度类似，Luce-Tukey 联合测量理论具有重要的理论贡献，但使用的
是无数据的、非数值的公理参照系统指定测量尺度，但其实用性却受到了质疑。而
Rasch 模型作为一种随机模型，使用数值参照系统指定测量尺度，在使用过程可以突
破严格的理论限制。研究者甚至认为 Rasch 模型是联合测量理论应用于实证数据的
一个实践案例[②][③]。

---

① 王蕾. Rash 客观等距测量在 PISA 中国试测研究中的实践［J］. 心理学探新，2007（4）：69-73.

② PERLINE R，WRIGHT B D，WAINER H. The Rasch model as additive conjoint measurement［J］. Applied Psychological Measurement，1979，3（2）：237-255.

③ NEWBY V A，CONNER G R，GRANT C P，et al. The Rasch model and additive conjoint measurement［J］. Journal of Applied Measurement，2009，10（4）：348-354.

（四）Rasch 模型在测试质量分析上的应用

晏子指出 Rasch 模型在国外得到了深入而广泛的研究，但是在国内的理论探索和应用研究并不多。Rasch 模型与其他项目反应理论模型的区别是：Rasch 模型（单参数）要求数据拟合模型，而三参数 Logistic 模型等其他模型则是使用更多的参数去拟合数据。正因如此，当某测试数据与 Rasch 模型的拟合度较高就说明该测试质量高，反之则说明该测试质量低，这正是利用 Rasch 模型分析测试质量的原理。虽然三参数 Logistic 模型拟合度可能更高，但是 Rasch 模型提供了更稳定、更精确的项目难度参数，以及更好的题目和测验信度验证方法。Rasch 模型中个体能力属性值与题目难度值具有共同标尺，具有线性等距性、参数估计不变性等良好特性，并希望 Rasch 模型应用研究进一步加强①②。

Rasch 模型在测试质量中的作用可以分为如下三点：一是 Rasch 分析可以为测试提供效度分析，特别是建构效度分析。依据 Rasch 模型，如果测试的数据不符合 Rasch 模型，则意味着测量失败，既然测量失败，就没有建构效度可言。反之，如果符合 Rasch 模型，那么就可以将测量项目成功地量化，这就是建构效度的重要证据。而传统的建构效度采用因素分析法，而因素分析必然使用积差相关，但使用积差相关的前提是数据需经等距量尺测量而得，当没有理由证明分数来源于等距量尺时，使用因素分析显然是不合理的。二是信度分析，利用 Rasch 模型的信息函数可代替经典测量理论中的信度分析。与经典测量理论的固定误差不同，Rasch 模型的测试误差随着能力的变化而变化，能力不同其信息量就不同，从而测量误差就不同。当测验的整体难度与被试的能力水平越相当，信息量就越高，测量误差就越小。因为题目信息函数建立在严谨的统计原理上，也比较吻合常理，因此变动的测量误差远比固定的测量误差来得恰当。经典测量理论的信度分析建立在观察分数的误差分析基础上，通过重复施测计算折半信度、复本信度等，而这些计算都是建立在等距分数的基础上，并且假设误差是同质的，与因素分析类似，没有证据表明经典测量理论的数据是等距的，也没有证据表明这些误差是同质的。三是难度分析，Rasch 模型的项目难度 b 与能力值 θ 具有同样的客观等距性，项目难度没有被试样本的依赖性且与能力值 θ 具有相同的测量尺度，可以通过模型同时估计③。

王蕾使用 Rasch 模型进行了高考试题的质量评价研究，使用 Rasch 模型结合相应

---

① 晏子. 心理科学领域内的客观测量：Rasch 模型之特点及发展趋势［J］. 心理科学进展，2010（8）：1298 – 1305.

② YAN Z, BOND T G. Developing a Rasch measurement physical fitness scale for Hong Kong primary school-aged students［J］. Measurement in Physical Education & Exercise Science，2011，15（3）：182 – 203.

③ 王文中. Rasch 测量理论与其在教育和心理之应用. 教育与心理研究，2004（4）：637 – 694.

软件提供的图形化信息，可为管理者提供更加丰富的质量评价信息。Rasch 模型软件可提供以试题难度客观量尺为依据的怀特图，直观地显示了试卷项目与整体结构的图像，还可以通过参数校准、题目拟合检验、项目功能差异、多维度分析等方法进一步分析测试题目的质量和公平性等关键指标①。赵守盈等利用 Rasch 模型对研究生入学考试的心理学专业综合科目试题进行了质量分析，研究表明通过变量图、数据与 Rasch 模型的拟合度、试题信息表和气泡图为考生能力与试题质量分析提供了更多的评价信息②。

在实践上，Margaret 等开发的 Rasch 模型分析软件 Conquest 已成为 PISA 测试学生认知数据分析软件，在 PISA 中成功应用 Rasch 及其家族模型，不仅证明了其能够成功应对复杂的测试实践，也证明了 Rasch 模型广泛应用前景。在我国的大规模教育考试中也有成功应用 Rasch 模型的先例，如教育部考试中心举办的公共英语等级考试 PETS，就是完全依据 Rasch 测量理论设计的，采用具有客观等距的得分作为考生考试成绩。除了上述常见的测验质量有关指标：信度、效度和项目难度分析之外，Rasch 模型在分数等值、题库建设和计算机自适应测试方面均有着重要作用。

（五）Rasch 模型在测试分数诠释上的应用

当单独给出一个学生考试的原始分与量尺分时，很难对该分数做出有价值的判断，需要借助其他信息来确定该分数的意义。如某个体在一次测试中的原始成绩为 95 分，如果全班同学都考 95 以上，那么说明这是个普通的成绩，如果全班同学的测试成绩都低于 95 分则说明这是一个优异的成绩。对于考生的一个单独考试分数，用一个或者多个群体的考分分布作为对照，以此对该单个分数做出有意义的推断，将这种通过个体与群体进行比较寻找分数意义的方法称为常模参照诠释。常用的常模有百分等级、标准分和平均分等，常模起着将学生成绩进行分类的作用。与常模参照诠释对应的是标准参照诠释，标准参照诠释中分数诠释的方法较多，相比于常模参照诠释的定义，标准参照诠释的定义更为宽泛。通常认为将测试分数与测试内容相联系，通过测试领域的知识与技能进行分数诠释的方法称为标准参照诠释。由美国教育研究会、美国心理学协会和全美教育测量协会编写的《教育与心理测试标准》中的标准 4.9 指出"当采用标准参照进行分数诠释，同时将学生划入不同类别时，应该清楚地解释分数诠释的理论依据"，同时指出标准参照诠释是以分数为基础的描述，不以别的考生分数作为比较而进行分数意义的推论。如某个指定岗位要求上岗

---

① 王蕾. 客观等距量尺在高考评价指标体系中的应用与构想 [J]. 中国考试，2008（3）：17 - 23.

② 赵守盈，何妃霞，陈维，等. Rasch 模型在研究生入学考试质量分析中的应用 [J]. 教育研究，2012（6）：61 - 65.

职工具备的具体技能集合，再如一定分数以上儿童应该能够成功运用的一组技能均是标准参照诠释的依据。同时需要指出的是标准参照与常模参照两种方法都可以用来诠释分数，并不是非此即彼。

Rasch 模型以 logit（P）为尺度，通过联合测量理论的相关原理分析可得，能力与试题难度具有相同的测量单位，可以在同一量尺上同时标记被试的能力值与试题的难度值。但是这一尺度是什么，还没有完全确定，与测量原理类似，需要定义量尺的零点与单位。例如在温度测量中，可以定义多种零点与单位，摄氏温度与华氏温度的零点与单位是不同的，但是相互之间可以进行线性转换。在拉希量尺中，同样地可以人为地定义量尺的零点与单位，但是不影响反应概率 P、能力 θ、项目难度 b 三者之间的关系。定义零点与单位有两条路径，一个是以项目难度特征为依据建立量尺，另一个以被试能力为依据建立测量尺度。

以项目难度特征为依据建立拉希量尺。以项目难度均值为原点，以项目难度的标准差为单位则可以建立以项目难度特征为依据的拉希量尺。例如，Embreston 建立了一个测量老年人生活自理能力的行为量表（如图 0 - 4 所示），在该量尺的左端，是以项目特征为依据确定了测量尺度。同时将项目特征与个体属性标准化，都转换到均值为 0，方差为 1 的尺度上，根据拉希模型两者具有相同的测量尺度。以个体 1 为例，个体 1 的能力值为 2，而穿上装这个测试项目的难度值同样为 2，则个体 1 能够成功穿上装的概率为 50%，个体 1 成功控制大小便的概率远大于 50%，但是对于走楼梯来说却是很困难的事，成功概率远小于 50%。以此方式，可以理解对于老人生活自理能力行为得分的实质意义。

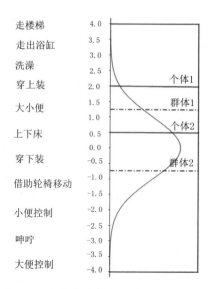

图 0 - 4 老年人生活自理能力的行为量表

在量尺右端，老人生活自理能力值被标准化为 Z 分数，分布区间为 ［－4，4］。以个体 1 为例，该个体 Z 分数为 2，根据标准正态分布，高于平均值两个标准差的百分等级约为 97.5%，说明该个体的能力值高于整个测试群体的 97.5%，这种诠释方法正是一种常模参照诠释方法，而以项目内容为依据的测量方法则是一种标准参照诠释方法。所以以拉希量尺为基础，可以同时实现对一个分数的常模参照诠释与标准参照诠释，同时用两种方法进行诠释，也是"绝对尺度"与"相对尺度"的一种结合①。

（六）客观等距 Rasch 量尺的研究小结

1. 教育与心理测量中常误把顺序量尺当成等距量尺使用

Stevens 特别指出："事实上心理学家经常使用的都是顺序量尺。严格来说，凡是涉及平均值与标准差的统计方式对量尺的要求不仅仅是有顺序就行，这类统计方式不可以使用在顺序量尺测量的数据上。"但是现实中，大家都没有注意到 Stevens 的警告，仍然普遍地将顺序量尺当作等距量尺使用②③，并且使用的目的正是计算测量数据的平均值与标准差。这种错误的使用很有可能对研究结论做出不当的判断，如没有显著效果宣称有显著效果，没有交互作用宣称存在交互作用。特别是在以方差分析为主要方法的研究中，不可避免地需要使用平均值与标准差，而平均值与标准差建立在数据的可加性与连续性基础之上，导致误用基于等距量尺的 T 检验和方差分析等方法比较均值。

王文中详细介绍了 Rasch 模型的原理、发展与应用情况，并与牛顿第二定律相比较，说明 Rasch 模型具有客观等距的特点。王文中认为在无法确定数据的等距性之前，因素分析不宜作为测验建构效度检验的分析工具，因为因素分析要求数据源于等距量尺，而原始测试数据顶多就是一个顺序量尺的测量数据。同时指出因素分析结果也不具备客观性，因素分析的结果是基于样本的，随着样本的变化因素分析结果的变化很大。其研究结果表明 Rasch 分析可以比因素分析更为简单直接地分析测试背后的心理建构。黄蓉等研究也发现，对于不具备客观等距性的数据使用因素分析是不合适的，且通过实证数据分析可得 Rasch 分析比因素分析更具优势④。

王蕾指出了原始分属于利用顺序量尺得到的测量分数，并不具备连续量化属性中的可加性，简单地将各科分数加总得到学生总成绩是存在理论缺陷的。需要对原

① EMBRETSON S E. Item response theory models and spurious interaction effects in factorial ANOVA designs ［J］. Applied psychological measurement，1996，20（3）：201－212.
② 王文中. Rasch 测量理论与其在教育和心理之应用 ［J］. 教育与心理研究，2004（4）：637－694.
③ 王蕾. Rash 客观等距测量在 PISA 中国试测研究中的实践 ［J］. 心理学探新，2007（4）：69－73.
④ 黄蓉，张晓正，赵守盈. Rasch 分析和因素分析对学绩测验的质量分析比较 ［J］. 贵州师范大学学报（自然科学版），2015，33（2）：36－39.

始数据进行加工，构造客观等距量尺，使得心理测量与物理测量一样具有重复性和可加性。其研究认为 PISA 的测量工具和数据处理技术代表着当前教育测量技术的最高水平，提出了 PISA 相关测量技术在高考中使用的设想，而 PISA 使用的正是 Rasch 家族模型，Rasch 量尺具有客观等距的特征①。

在测量实践中，假设 A 个体的原始分数为 100 分，B 个体的原始分数为 90 分，C 个体的原始分数为 80 分，A 与 B 的差距为 10 分，B 与 C 的差距为 10 分，但是不能说 A 与 B 的差异等于 B 与 C 的差异。同样地，在李克特量尺中，如定义：非常不同意（1 分）、有点不同意（2 分）、一般（3 分）、有点同意（4 分）、非常同意（5 分），虽然都是相差 1 分，但是谁也无法保证 1 分的差异是相同。研究者经常将分数加总之后，对应被调查者的建构程度，同时进行比较，如甲个体比乙个体高 10 分，丙群体比丁群体平均分高 10 分等。对于个体来说，甲与乙的差距是 10 分，如果出题者在这十分之间可以出很多题，并且都是甲答对而乙答错，可以认为甲与乙差距很大，反之如果这样的题目很少，就说明 10 分的差异很少甚至是没有差异。从以上分析可以看出，把顺序量尺当成等距量尺既不符合理论规范，在实践应用中也会出现各种不同问题。

2. Rasch 模型与表现标准的建构

近年来，随着项目反应理论发展，心理学家和统计学家开发了大量的心理测量模型如逻辑斯特模型、等级模型等，Rasch 模型虽然可以作为三参数逻辑斯特模型的一个特例（单参数模型），但是 Rasch 模型及其家族模型一直被认为是一个与项目反应理论并列的心理测量模型。最主要的原因正是 Rasch 模型具备客观等距性，而其他项目反应理论模型并不具备该性质。这种独特优势也为表现标准的开发奠定了坚实的心理测量理论基础。

首先，Rasch 模型为等距表现标准提供了等距量尺，这是建构等距表现标准的前提条件。以 TIMSS 建构的表现标准为例。TIMSS 前期采用第 25、50、75 和 90 个百分位数作为四个水平分数线，通过此方法确定四年级数学学科表现标准的四个水平分数线为 464、535、601、658，八年级数学学科表现标准的四个水平分数线分别为 425、509、587、656，整个学业成就量尺分数范围为 [0，1000]，这两个表现标准是非等距的。而在 TIMSS 2015 中，采用的是等距表现标准，每个水平的宽度为量尺分 75 分，四年级与八年级采用的是四个共同的水平分数线：400、475、550、625。而 PISA 从 PISA 2000 开始至今，对于每个数学学科表现标准中水平分数线是不变的，

---

① 王蕾. PISA 的教育测量技术在高考中的应用前景初探 [J]. 清华大学教育研究，2012，33（3）：105 - 111.

六个水平分数线为 358、420、482、545、607、669。PISA 采用的是 Rasch 模型进行认知数据度量，而 TIMSS 采用的是 Logistic 模型进行认知数据度量，但 Logistic 模型并不具备客观等距的特征，所以 TIMSS 通过变换水平分数线的划分方法去寻找更好的分数诠释方法。而 PISA 采用 Rasch 量尺且等级意义明确，所以水平分数线经年不变，从而显示出了 Rasch 模型的独特作用。

其次，当利用 Rasch 模型度量学生的认知数据时，Rasch 模型可以从多个方面分析测试质量：模型拟合度、项目拟合度、测试信息函数等[①]，与经典测量理论相比手段更加精确、丰富。丰富的测试质量分析手段，可以进一步提高测试质量，为建构表现标准提供更具信度和效度的测试数据。

再次，Rasch 模型也为同时进行常模参照与标准参照诠释提供了技术条件，将被试的能力属性值与项目的难度（特征）值标注于同一量尺，同样为项目地图的制作、有序项目册等图形测试信息表征提供了技术支持。

五、标准设定的国内外研究现状

（一）标准设定的相关概念

对于类似于 PISA 中各类学科的等距表现标准，只需要确定水平数量、水平宽度与起始水平的分数线就可以在等距的学业成就量尺上确定各个水平的分数线，所以等距表现标准的关键技术是建构等距的学业成就量尺。但是在基于评委人工划线的表现标准中，水平分数线确定往往需要经历一个标准设定的过程。对于标准设定，李珍、辛涛等指出，标准设定就是在测验中划分出两类或两类以上的分数线的过程[②]。张咏梅指出，标准设定就是一个为测试确立切点分数或临界分数的过程[③]。笔者认为，标准设定是专家小组为测试表现标准的各水平确立临界分数线的集体决策过程。由于表现标准中水平数量的不同，需要确定的水平分数线的数量也是不同的，例如区分两个水平（如合格/不合格，达标/不达标）需要划定一个水平分数线，区分四个水平（不合格、基础、熟练、高级）需要划定三个水平分数线。通过标准设定，被试也同时被划分为不同的水平，对于被试个人来说这有可能就是利益攸关的

①　SOLIHATUN S, RANGKA I B, RATNASARI D, et al. Measuring of student learning performance based on geometry test for middle class in elementary school using dichotomous Rasch analysis [J]. Journal of Physics Conference Series, 2019, 1157 (3): 032086.

②　李珍，辛涛，陈平. 标准设定：步骤、方法与评价指标 [J]. 考试研究，2010, 6 (2): 83 –95.

③　张咏梅. 大规模学业成就调查的开发：理论、方法与应用 [M]. 北京：北京师范大学出版社.2015: 150.

时刻，例如高于达标分数线就意味着通过考试可以拿到合格证书。所以 Cizek 等认为标准设定是一种像法定诉讼程序一样的具有行政法律效应的"正当程序"。在其著作中，Cizek 还详细介绍了标准设定的基础知识，帮助读者了解"What is Standard Setting?"，对概念进行了界定，深入地介绍了 9 种标准制定的方法及其产生的历史逻辑和适用的范围，总结了标准设定过程中遇到的挑战和对未来工作的展望①。Hambleton 对标准设定的一系列研究论文与著作同样影响巨大，其关于标准设定过程的论述也广受认可，Hambleton 定义的标准设定过程如下：

（1）选定标准设定的方法。根据测评的目的，选定合适的方法，并以此安排整个标准设定的流程。

（2）选定评委成员构成标准设定专家小组。小组成员不仅需要选定学科专家、教师和教学管理者等专业人员，还需要选定相应学科领域的从业人员等社会人员。

（3）编写等级说明。由政策制定者组织专家确定等级数量，确定等级命名，编写每个等级的学科领域说明，这种说明通常是工作性的，具有宏观性和政策性的特点。

（4）评委培训。不仅要组织专家组学习标准设定的方法，还需组织专家学习评价学科领域内容，测试的目的和框架，评委需要熟悉每个测试项目考查的知识与技能。

（5）评委初评。小组学习之后，每个评委形成独立判断，并进行打分。

（6）讨论再评。初评数据汇总，结合考生表现的数据和初步结果，分析专家评价差异形成的原因，经过多轮次的评定、讨论，最后形成共识。

（7）专家终评。最终的标准由专家最后一次评价为准，数据汇总，确定每个等级的分数线。

（8）专家设定过程评价。专家需要对整个标准设定的过程进行一次自评，自评指标包含整个方法应用的正确性和对评定工作的信心等。

（9）标准设定效度验证。详细记录标准设定的过程，收集标准设定的效度证据，如发现偏差则需要及时微调，在此基础上形成最后的报告，形成标准文件。

（二）标准设定的原理方法及其分类

从上述步骤可以看出，标准设定过程是一个复杂的过程，主要依据评委的集体决策，标准设定最终的结果是产生基于测试表现标准的水平分数线，并对学生进行了水平分类，这就往往涉及众多的利益相关者，因此决策的作用举足轻重。在决策

---

① CIZEK G J, BUNCH M B. Standard Setting：A Guide to Establishing and Evaluating Performance Standards on Tests [M]. Thousand Oaks：Sage Publications，2007.

的过程中，评委始终围绕着两个概念进行分析和判断：一个是每个表现水平的最低能力候选人（MCC），也称为临界水平学生，在编写等级说明时，需要依据水平数量、水平命名、内容标准及表现标准的工作性定义将 MCC 概念化。在 MCC 的定义中，需要明确 MCC 需要掌握的知识、技能等测试所包含的心理特质，清晰地界定MCC 的特征是评委将 MCC 概念内化的前提条件。另一个是水平分数线，也称临界分数线、切点分数线，表现为原始分数或量尺分数上的一个分数，也就是学业成就量尺上的一个点。根据 Cizek 与 Bunch 的表现标准设定原理，标准设定就是将 MCC 对应到水平分数线的过程，该过程如图 0-5 所示。

图 0-5 的上方直线代表了一个假设的特质表现连续体，连续体的从左到右代表特质数量从少到多，图 0-5 的下方直线代表学业成就量尺，从左到右代表量尺分数从低到高。上方横线的圆点代表是 MCC 概念中所界定的特质数量，该圆点正是区分合格与不合格（或不同水平）的特质分界点，与 MCC 相对应。标准设定就是评委将概念化的 MCC 转化为学生量尺上的水平分数线的过程，背后的依据是 MCC 的定义、评委的经验、测试数据和测试试题。

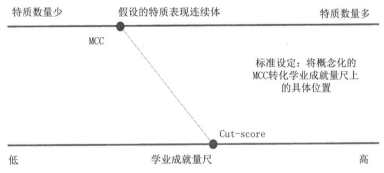

图 0-5 最低能力候选人（MCC）与水平分数线（cut-score）的关系①

标准设定方法通常分为两类，一类是以测验为中心的标准设定方法，另一类是以考生为中心的标准设定方法。在以测验为中心的标准设定方法中，要求评委分析测试项目考核的知识与技能，据此判断每个等级 MCC 在每个测试项目上的表现情况，当每个评委需要依据自身的经验作出判断之后，再根据每个评委的评分情况确定最终的水平分数线，如累加取平均。常用的 Nedelsky 方法、Ebel 方法、Angoff 法和 Bookmark 法都属于以测验为中心的方法，在下文中将着重介绍 Angoff 法和 Bookmark 法。在以考生为中心的标准设定方法中，评委将判断的依据从测验转为考生，这类方法要求评委十分熟悉学生，可以在不了解学生测试表现的情况下将熟悉的学生群体进行分类，根据分类后的子群体表现数据确定水平分数线。在这一类方法中，

---

① CIZEK G J, BUNCH M B. Standard Setting: A Guide to Establishing and Evaluating Performance Standards on Tests [M]. Thousand Oaks: Sage Publications, 2007.

常用的有临界组和对照组方法。临界组方法的原理是：评委为每个水平确定一组MCC，然后收集每个水平MCC的测试分数，计算所有测试分数的中位数得到每个水平的最终水平分数线。而对照组方法的原理是：评委选定一组水平明显高于MCC的考生和一组水平明显低于MCC的考生，分别获取高水平组考生与低水平组考生的测试分数，再将测试分数的频数分布曲线绘制在同一坐标系中，两个频数分布曲线交叉点就为最终的水平分数线。

但是在大规模学业成就测试中，通常采用的是以测验为中心的标准设定方法，在本章中仅讨论此类表现标准。以NAEP的表现标准建构方法为例，NAEP四年级数学与八年级数学采用的标准设定方法是修改后的Angoff法，于1992年制定，于1996年进行信息加权误差修正。由于2005年，十二年级数学的测试框架发生了变化，改用Bookmark法进行了标准设定。阅读、美国历史、地理、公民教育和写作等四个学科同样地采用Angoff法进行标准设定，阅读科目于1992年制定，美国历史与地理两个科目于1994年制定，公民教育和写作于1998年制定。十二年级经济学则是采用Bookmark法进行了标准设定，表现标准于2006年制定。这些表现标准对应的水平分数线如表0-3所示。

表0-3 NAEP部分学科表现标准的水平分数线

		基础	精熟	高级	方法
NAEP量尺分数范围为（0，500）					
数学/1992	四年级	214	249	282	Angoff法
	八年级	262	299	333	
	十二年级	288	336	367	
阅读/1992	四年级	208	238	268	
	八年级	243	281	323	
	十二年级	265	302	346	
地理/1994	四年级	187	240	276	
	八年级	242	282	315	
	十二年级	270	305	339	
美国历史/1994	四年级	195	243	276	
	八年级	252	294	327	
	十二年级	294	325	355	
NAEP量尺分数范围为（0，300）					
数学/2005	十二年级	141	176	216	Bookmark法
经济/2006	十二年级	123	160	208	

从表 0 – 3 可以看出，以考生为中心的标准设定法——Angoff 法与 Bookmark 法是 NAEP 主要采用的标准设定方法。不仅如此，在本书的研究对象中，TSA 则使用的是 Angoff 法与 Bookmark 法两者相结合的方法，CAPFJHSS 采用的是 Angoff 法。所以，在本章当中，将进一步论述 Angoff 法与 Bookmark 法的相关研究成果，其他标准设定方法可见相关参考文献。

（三）标准设定使用最广泛的方法——Angoff 法

1. Angoff 法

Angoff 法从 1971 年首次提出后在各领域内迅速得到了极为广泛的应用，针对 Angoff 法还存在许多改良和扩展版本。这些方法的核心思想是由每个评委估计 MCC 正确回答每个试题的概率，最后将这些估计的概率值从评委和试题两个方向累加取平均，将平均概率转化为平均分数后得到分数线。Angoff 法是一种群体决策的方法，由学科专家、教师和行政人员等专业人员构成评估专家小组很大程度上决定了该方法的信度与效度。由于 Angoff 法版本较多，本书仅描述最原始的 Angoff 法，原始的 Angoff 法主要针对的是 0 ~ 1 计分的客观题，整个步骤如下：专家遴选、小组培训、界定 MCC、专家评分与确定水平分数线，前三个步骤与 Hambleton 描述的标准设定步骤类似，后两个步骤 Angoff 法的处理方式更加具体。

对于专家评分步骤，针对测试中的每个项目，专家小组成员估计 MCC 正确回答该项目概率值。设想现有 100 名 MCCs，参与完成此项目，专家需要估计正确回答该项目的学生比例，概率值就是正确回答该项目学生的百分比。对于确定水平分数线步骤，需要将评委估计的概率值制成表格，先行平均再列平均，或先列平均再行平均，得到总的平均值，如估计的平均通过率为 82%，一共有 10 个项目，均采用 0 ~ 1 计分，则合格线为 10 × 82% = 8.2，取整后得到水平分数线为 8 分。

如果专家间独立估计的概率值差距较大，还需要通过多轮的讨论和判断寻找一致的水平分数线。扩展版的 Angoff 法将原始的 Angoff 法改良以应对全部为主观题的测试，在扩展版的 Angoff 法中，专家不是估计 MCC 在主观题上的正确回答概率，而是估计 MCC 在主观题上的得分，以最后一轮的平均得分作为评估的合格线。当一个测试既包含主观题，又包含客观题时，对于主观题专家估计 MMC 正确回答每个项目的概率 P_i，设该题的满分为 F_i，则最后合格线 $\alpha = \sum P_i F_i$。对于客观题同样地估计 MCC 的可能得分，最后的分数线由两者的加权平均算得。

2. Angoff 法的利弊分析

在标准设定的过程中，需要在较短的时间内对评委进行标准设定方法的培训，而 Angoff 法思路简洁，易于理解，有利于评委在短时间内掌握该方法。且经过修改扩展后，可以应用于包含客观题、主观题等多种题型的测试，适用于各种资格认证考试。Angoff 法被誉为像工业标准一样的心理测量方法。

但是作为 Angoff 标准设定过程中最关键的一步，评委被要求估计 MCC 正确回答每个问题的概率，所以 Angoff 法的合理性取决于评委是否充分对 MCC 概念化，以及评委是否能根据 MCC 的概念准确地估计项目难度，只有把握这两个条件才能正确估计概率。更广受批评的一点是评委对 MCC 正确回答每个项目的概率的估计有可能前后不一致，甚至是自相矛盾，导致标准设定的效度降低。评委需要凭借自己的经验判断 MCC 正确回答每个项目的概率，这对于评委来说是一个巨大的认知困难，因为 MCC 本身是一虚拟的概念，但是评委还需要估计虚拟的 MCC 回答每个项目的概率，这就是难上加难，导致标准设定的效度遭受质疑。总的来说 Angoff 法主要存在两大困难：（a）评委难以将 MCC 概念化；（b）评委可能难以估计 MCC 正确回答每个试题的概率。

（四）利用 IRT 模型降低评委认知负荷

为了解决 Angoff 法上述缺陷，研究者试图通过引入项目反应理论（IRT）技术来降低评委的认知负荷，辅助评委进行判断[①]。综合相关文献，IRT 在标准设定的过程中，可以发挥如下作用。

1. 以图形化表征方式呈现项目整体结构

（1）有序项目册

使用项目的难度参数（b 参数），将项目从简单到最困难顺序排列在有序项目册中（OIB）。OIB 每页有一个项目，第一页的项目是最简单的，最后一页项目是最困难的。客观题只在 OIB 中出现一次，而主观题在 OIB 中出现多次，每一种得分点出现一次，客观题与主观题被放置到同一个 OIB 中。建立 OIB 的目的是帮助评委对测试的内容形成一个完整的概念，OIB 作为判断水平分数线的辅助工具。

（2）项目地图

项目映射法是一种将 Rasch 模型应用于标准制定过程的方法，通过建构项目地图来弥补 Angoff 法在评委认知负荷上的缺陷。与 OIB 不同，项目地图是以直方图的形式将所有项目及其估计难度的以全局图的形式呈现出来，用于指导和简化水平分

---

① GARCIA P E, ABAD F J, Olea J, et al. A new IRT-based standard setting method: application to eCat-Listening [J]. Psicothema, 2013, 25 (2): 238-244.

数线设置，帮助评委做出判断决策①。项目地图，根据项目的难度制作的全部项目地图，为评委做出判断提供了直观和相对的依据，可以作为指导评委决策过程的外部基准。现代认知科学理论表明，在人类的信息处理过程中，视觉表征的认知要求低于其他表征方式（符号表征和言语表征）。因此，项目地图可视化地显示项目难度及项目之间的关系，简化了标准设置中评委的判断过程。

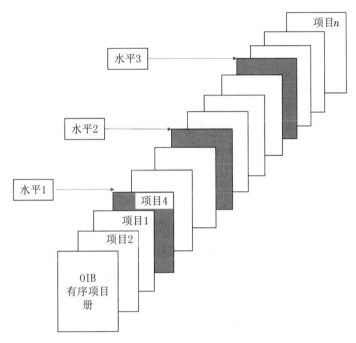

图 0-6　有序项目册（OIB）

2. 以概率化方式表示项目与学生的关系

利用项目反应理论，可以将项目参数与被试能力置于同一量尺中。例如当采用Rasch 模型时，考生的能力值和项目难度之间的差异决定了该考生正确回答该项目的概率，由于项目难度已由模型预先估计在量尺中的位置是确定的，当评委确定了MCC 在量表中的位置时，MCC 回答每个项目的概率随之确定，这种关系可以如图0-7所示。

Angoff 法受人诟病的地方在于要求评委估计一个虚拟的 MCC 正确回答每个试题的概率，而且这个 MCC 是假想的，双重虚拟使得估计难上加难。而项目反应理论却提供了这个概率，不需要评委估计这种概率，评委只需要估计 MCC 在量表中的位置，将双虚拟降低为单虚拟将很大程度地降低评委的认知负荷。

---

①　WANG N. Use of the Rasch IRT model in standard setting：an item-mapping method ［J］. Journal of Education-al Measurement，2003，40（3）：231－253.

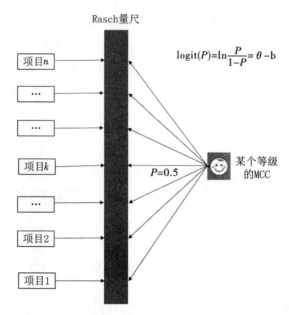

图 0 – 7   Rasch 量尺上 MCC 正确回答各项目的概率

3. 以量表化的方式链接多个测试

在标准设定的过程中，往往需要较大测试题库与丰富的代表性项目，才能使得标准设定具有较高的信度与效度。但是单次测试的项目肯定有限，有时候需要根据多次测试结果进行标准设定。为此将多个测试进行链接，就需要利用到等值技术将不同测验分数或项目参数转化到同一量尺中。

IRT 无需假设被试的能力分布，参数估计不依赖于样本，在测试等值设计中有着广泛的应用。利用 IRT 进行等值处理之后，可以将多个测试的所有项目放置于同一有序项目册或同一项目地图中。因此多个测试就链接成一个测试，在此基础上进行标准设定即可，这就使得标准设定的证据效度更加丰富。

（五）基于 IRT 的标准设定方法：Bookmark 法

1. Bookmark 法

以 Lewis 与 Mitzel 建议的 Bookmark 法为例，其余有关 Bookmark 法的描述大同小异。Bookmark 法与 Angoff 法步骤类似，有的学者认为 Bookmark 法就是 Angoff 法的 IRT 模型①，整个 Bookmark 法水平分数线的划分过程可以分为三轮。

第一轮，第一轮的主要目标是让小组成员熟悉测试的 OIB，每个评委放置初始书签，然后讨论书签放置位置的合理性。在这轮讨论中，小组成员以小组的形式讨

---

① SKAGGS G, HEIN S F, WILKINS J L M. Diagnostic profiles: A standard setting method for use with a cognitive diagnostic model [J]. Journal of Educational Measurement, 2016, 53 (4): 448 – 458.

论每个项目考查内容，分析什么原因使得 OIB 中后一个项目比前一个项目更困难；讨论水平命名（如基础、精通和高级）；讨论并确定 MCC 应该掌握的知识与技能，以便形成水平描述。对分数线的确定是通过在 OIB 中放置书签完成的，书签就是 OIB 某一页，评委在针对每个切点分数各放置一个书签。若将 PR 值设置为 0.67，对于 OIB 中某个书签，说明评委判断处于该水平的所有学生至少有 0.67 的概率掌握书签之前的项目所包含的知识与技能。反之，在书签后面的项目上取得成功的概率小于 0.67。

第二轮，在该轮中最主要是通过小组讨论形成共识，选定代表小组的书签位置。例如对于一个 6 个人的小组，有可能每个水平分数线存在 6 个书签。随后重点分析每个水平的第一个书签和最后一个书签之间的试题，通过对这些试题的分析总结评委之间分歧产生的原因，以帮助小组成员形成较为一致的意见。讨论结束后，小组成员将各自重置书签，每个水平分数线的第二轮书签的中位数作为小组对该水平分数线的推荐值。

第三轮，在该轮中小组合并为大组，每个小组向大组展示小组讨论的结论与数据，数据包括低于每个水平分数线的学生比例、每个小组的书签中位数等。结合学生实际表现数据，小组成员将在大组中又一次讨论书签的放置，以便形成大组一致意见。然后每个评委对书签的放置位置进行第三轮独立判断并重新放置，第三轮书签放置最终位置的中位数被认为是给定水平的最终分数线的对应位置。

应该注意的是，书签与分数线不是相同的，分数线是在衡量学生能力的 IRT 量尺中一个分数值，书签是 OIB 的一个位置，对应的数值为项目的难度值。设 δ 为书签项目的难度值，响应概率 PR 值为 0.67，则切点分数线 β 如以下公式计算：

$$RP = \frac{\exp\ (\beta - \delta)}{1 + \exp\ (\beta - \delta)}$$

如令 $\delta = -0.6$，$RP = 0.67$ 则 $0.67 = \dfrac{\exp\ [\beta - (-0.6)]}{1 + \exp\ [\beta - (-0.6)]}$，以此可以计算水平分数线 β。

2. Bookmark 法的利弊分析

（1）降低评委的认知负荷。降低评委的认知负荷是 Bookmark 的一个显著优势。在如修改后的 Angoff 法中，评委首先被要求估计一个假想 MCC 正确回到每个项目的概率，这被认为是一个几乎不可能完成的认知任务。而在 Bookmark 过程中，评委的任务简化为：判断在给定水平上，划分 MCC 应该掌握和不需要掌握的测试内容。因此，每位小组评委成员必须做出的判断数量大大减少，认知复杂性也大大降低。通过向评委提供已知的难度信息，Bookmark 过程允许小组成员关注项目内容而不是项目难度，从而简化了小组成员所需的判断任务。

（2）有效地设置多个水平分数线。当表现标准需要设立多个水平分数线时，如果使用 Angoff 法或修改后的 Angoff 法，评委则需要判断每个水平的 MCC 正确回答每个项目的概率。也就是说，对于每个水平分数线，需要对每个项目做出一次新的判断，每设置一个水平分数线就要重新使用一次 Angoff 法。相反，Bookmark 法中评委可以在 OIB 中一次设置多个书签，与多个水平分数线相对应。简而言之，Angoff 法通常一次只设置一个水平分数线，而 Bookmark 法一次设置多个水平分数线。

（3）节省时间和减少误差。Buckendahl 等人在为七年级数学学科建立表现标准时，使用 Angoff 法和 Bookmark 法同时进行水平分数线的划分，并进行比较研究。该研究设立了两个小组，12 名教师负责 Angoff 法，11 名教师负责 Bookmark 法，分别确定表现标准的水平分数线。从结果上看，通过两种方法确定的水平分数线相差不大，评委老师对于标准设定的自我评价效度、信心上都较为相似。就小组成员所需的时间而言，Bookmark 法则更有效。在包含 69 个试题的测试中，两种方法的分数线差异很小（Angoff 法为 33.42，Bookmark 法为 35.64）。然而，Bookmark 法产生了较低的标准差（Angoff 法为 10.96，Bookmark 法为 8.66），这表明 Bookmark 法中有着更好的评委间一致性[1]。

（4）Bookmark 法的缺陷。尽管 Bookmark 法有着上述诸多优点，但其本身也具有一些潜在的缺点。这包括 *RP* 值的选择、项目的无序性、排除难度参数以外的重要因素以及 IRT 模型的限制等。首先是 *RP* 的设置，在 Bookmark 法中，将 *RP* 设置为 0.67，经常受到质疑，研究者发现通过更改 *RP* 值，可以潜在地操纵水平分数线。使用不同的 *RP* 值（典型的 0.67 值除外）可以对项目进行稍有不同的排序。其次是项目排序问题，在标准设定的过程中，有许多因素影响项目的排名，如与课程相关性、或在工作表现的重要性，这些因素可能是设置水平分数线时的重要考虑因素，但是往往没有考虑进去。以数学测试为例，问题解决能力可能比知识更重要。如果只根据难度进行排序，这些通常难度较高的问题解决项目更多地放在小册子的后面，因此更有可能被排除在水平描述的内容要求之外。在某些评估环境中，项目难度不应该是项目排名唯一因素，其他因素也应该考虑进去。最后是 IRT 模型的限制，作为一种基于 IRT 的方法，Bookmark 法在某种程度上受到 IRT 模型的限制，一定程度上取决于 IRT 模型的基本假设是否得到满足。这些假设包括基本的单维性、局部独立性等，如果这些条件没有得到满足，那么使用一维模型设置水平分数线的鲁棒性就

---

① BUCKENDAHL C W, SMITH R W, PLAKE I B S. A comparison of Angoff and bookmark standard setting methods [J]. Journal of Educational Measurement, 2002, 39 (3): 253–263.

会受到质疑。

(六) 潜在类别分析与标准设定

从 Cizek 的标准设定理论可以看出，在标准设定的过程中需要先假设学生的潜在特质估计值位于一个连续量尺中，然后从连续量尺中划分出若干水平分数线，再依据水平分数线将学生划分为不同水平①。从这个视角，Angoff 法、Bookmark 法、精熟度量尺法、量尺锚定法这些方法均是满足 Cizek 理论的标准设定方法，这些方法经历共同的过程如下：学生的应答向量—学生能力估计—水平分数线划分—学生等级水平确定。在上述过程中，学生的应答向量利用离散的数值来表示（如每个分量取 0 或 1），而被试的能力值 θ 则是利用连续的数值表示（如 Rasch 量尺分），最后的学生等级采用也是离散的顺序数值（如水平 1、2、3 等）表示，因此 Cizek 理论下的表现标准开发方法是一个从离散—连续—离散的过程。换一种角度想想，我们是否可以略去中间步骤，直接从离散—到离散呢，直接从离散的应答向量到离散的能力值呢？在机器学习中，以贝叶斯理论为基础的贝叶斯分类为离散数据的分类提供了一系列模型与算法，潜在类别分析（LCA）正是其一。

1. LCA 模型

潜在类别分析由 Lazarsfeld 于 20 世纪 60 年代在进行态度调查中首先提出，Goodman 提出了 LCA 参数估计的极大似然估计法，Clogg 将 LCA 拓展到源于李克特量表的顺序变量模型中，这三个标志性的研究成果奠定了 LCA 应用的基础②。邱皓政认为如果因子分析是研究连续外显变量背后的连续潜变量的最佳技术，则潜在类别分析则是研究类别外显变量背后的类别潜变量的最佳技术。

以图 0-8 所示模型为例，该模型包含一个潜变量 X 和三个外显变量 A、B、C，当 X、A、B、C 都是连续变量时，该模型可理解为因子分析模型；当 X、A、B、C 都是类别变量时，该模型可理解为潜在类别分析模型。与因子分析尝试使用最简洁的潜变量结构解释外显变量的方差变异类似，潜在类别分析尝试利用最小的潜在类别数目解释外显变量之间的关联。从模型分析的目的上看，因子分析与潜在类别分析具有天然的相似性，但是两者的数理基础则大相径庭。需要解释的是，心理测量中所涉及的连续变量通常是指从等距量尺与等比量尺中获取数据的变量，而类别变量是指从名义量尺和顺序量尺中获取数据的变量③，分类的依据是 Stevens 理论中四

---

① CIZEK G J, BUNCH M B. Standard Setting: A Guide to Establishing and Evaluating Performance Standards on Tests [M]. Thousand Oaks: Sage Publications, 2007.

② 邱皓政. 潜在类别模型的原理与技术 [M]. 北京：北京大学出版社，2008.

③ 邱皓政. 潜在类别模型的原理与技术 [M]. 北京：北京大学出版社，2008.

种测量尺度，与数学分析中实数连续性定义有所区别。

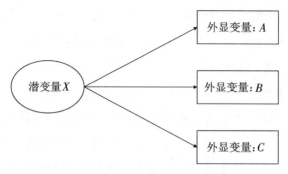

图 0-8　外显变量与潜变量的简单模型

假设一个测试中，共有 N 个学生，K 个试题，LCA 将学生划分为 C 个类别。设：

$\boldsymbol{y}_i = (y_{ij})$ 表示第 i 个被试的应答向量，其中 y_{ij} 表示第 i 个被试在第 j 个试题上的表现情况取值为 0 或 1，$i = 1,2,\cdots,N, j = 1,2,\cdots,K$；

α_{jc} 表示第 j 个试题在第 c 个类别中的条件概率，$i = 1,2,\cdots,N, c = 1,2,\cdots,C$；

β_c 表示每个的类别条件概率且 $\sum\limits_{c=1}^{C} \beta_c = 1$；

则给定类别前提下得到某一特定应答模式的条件概率可以表示为

$$P(\boldsymbol{y}_i \mid c) = \prod_{j=1}^{K} (\alpha_{jc})^{y_{ij}} (1 - \alpha_{jc})^{1-y_{ij}}$$

按此方式，一个特定应答模式的无条件概率（全概率）则可以利用加权累加

$$P(\boldsymbol{y}_i) = \sum_{c=1}^{C} \beta_c \cdot P(y_i \mid c)$$

利用贝叶斯公式则可得，给定应答模式下归属于某一类别的条件概率可以表示为

$$P(\boldsymbol{y}_i \mid c) = \frac{\beta_c \cdot P(y_i \mid c)}{\sum\limits_{c=1}^{C} \beta_c \cdot P(y_i \mid c)}$$

LCA 假设外显变量之间相互独立无关联以此构成零模型（只有一个类别），从零模型开始逐步增加潜在类别数量，进行假设模型与测量数据之间的检验，计算并比较模型的适配值，直到找到最佳模型为止[①]。利用潜在类别分析可以完成如下任务：判断一个的潜在结构在多大程度上适合学生的表现数据；确定哪个潜在结构与数据拟合最佳；估计每个潜在类别模型中参数；确定每个被试最可能属于潜在结构中的哪个类别。

① 张洁婷，焦璨，张敏强. 潜在类别分析技术在心理学研究中的应用 [J]. 心理科学进展，2010，(12)：1991-1998.

2. LCA 结合 Rasch 的混合模型 MRM

Rost 首先提出了 LCA 与 Rasch 的混合模型（MRM），MRM 融合了潜在类别分析和项目反应理论的优点，可以同时实现对于被试的分类及对被试潜在特质的估计①。在 MRM 中，利用 Rasch 模型可以表示在类别 c 的条件下，第 i 个被试正确回答第 j 个试题的正确概率：

$$P(y_{ij} \mid c) = \frac{e^{(\theta_{ic} - b_{jc})}}{1 + e^{(\theta_{ic} - b_{jc})}}$$

其中 $\theta_{i,c}$ 表示第 i 个被试在类别 c 上的能力，$b_{j,c}$ 第 j 个试题在类别 c 上的难度。则 $P(y_{i,j} = 1)$ 的无条件概率可以表示为

$$P(y_{ij} = 1) = \sum_{c=1}^{C} \beta_c \cdot \frac{e^{(\theta_{ic} - b_{jc})}}{1 + e^{(\theta_{ic} - b_{jc})}}$$

MRM 弥补了潜在类别只能处理类别变量的缺陷，可以同时处理连续变量与离散变量。通过建构极大似然估计模型，则可以同时估计被试的能力参数、条件概率及项目参数。

对于 MRM 模型的拟合适配度评价，AIC（Akaike 信息指标）、BIC（贝叶斯信息指标）、CAIC（连续 Akaike 信息指标）等指标经常用于模型拟合度评价。这些指标的值越小说明模型与数据的拟合度越好，但由于 BIC 考虑了样本容量元素，研究者一致认为 BIC 优于其他指标，因此，在实践中通常采用以卡方值与 BIC 为主的综合评价方法选择最佳拟合 LCA 模型。

3. LCA 与表现标准建构的共同之处

从运行结果的视角分析，两者的最终运行结果是依据测试表现将学生划分为了若干类别。在表现标准的建构过程中，数据处理的结果以类别变量的形式呈现，但需要经历一个从连续变量到类别变量的中间过程。而潜在类别分析则是跳过该过程，从源于类别变量的学生答题编码直接到同为类别变量的潜在类别，以概率的方式判断学生最有可能归属到哪个类别。因此从运行结果的视角，两者都是将被试划分为不同类别，具有一致的目标，只是处理的过程有所差异。从组成要素的视角分析，潜在类别分析在确定最佳模型之后，需要根据各试题的条件概率对潜在类别的特征进行提取，以此对每个类别进行命名②，这与表现标准的水平命名与水平描述环节也

① ROST J. Rasch models in latent classes: anintegration of two approaches to item analysis [J]. Applied Psychological Measurement, 1990, 14 (3), 271 – 282.

② 张洁婷，焦璨，张敏强. 潜在类别分析技术在心理学研究中的应用 [J]. 心理科学进展, 2010, (12): 1991 – 1998.

具有天然相似性。

4. LCA 与表现标准建构的不同之处

LCA 模型仅仅是利用贝叶斯分类原理将被试分为若干类别,与表现标准的区别在于其没有明显的水平分数线,LCA 依据条件概率分类而表现标准依据水平分数线分类。因此在利用 LCA 模型进行表现标准建构时,需要在潜在类别分析的基础上划定水平分数线。另一方面,LCA 分析还缺乏水平样例的遴选环节,导致其在水平命名环节和学生特征分析环节缺乏支撑证据,没有与模型配套的相应过程,因此还需设计相应的水平样例遴选算法。只有遴选出相应的水平样例之后,才能完整地呈现类别特征。将这两个环节完善之后,才能构成表现标准的完整四要素,将 LCA 模型分析的结果改良为表现标准。

(七) 标准设定的研究小结

1. 标准设定的教育作用

标准设定的主要作用是产生水平分数线,并以量化的数字形式呈现。但是决策过程的依据是学科内容,在产生水平分数线的复杂过程中,学科专家、教师、试题开发者和专业从业人员形成共识,这种共识是一种对学科知识与技能的共识,与学科教育建立直接的联系。

一是能将水平描述与评估内容联系。从形式上看,水平描述语也是标准设定过程的最终结果,水平描述语描述的是处于某一个水平学生掌握的知识、技能的归纳与总结。由于水平描述语是基于实际的水平分数线和学生表现成绩的,标准设定过程提供了可靠的水平描述语,这些描述与评估的内容以及学生需要掌握的内容标准密切相关。

二是可以更好地促进教师对学生预期表现的理解。在标准设定中,评委小组成员需要参与到水平描述活动中,因此小组评委在结束标准设定时,对每个水平学生的预期表现有着较强的理解。在标准设定的过程中小组评委经常一起讨论分析每一个测试项目,如果每个老师都能经历同样的过程,定能帮助学生从一个水平提高到另一水平。显然,在标准设定之后编写水平描述语可以让小组成员更好地理解评估与内容标准、课程和教学的关系。

2. 非评委参与的智能标准设定方法真正蓬勃发展

随着项目反应理论等心理测量技术的发展,更多的非评委参与的智能水平划分方法已进入了应用阶段,这一类方法尝试利用智能算法寻找不同水平学生回答试题的特征,并在数据上体现这些特征,从而实现智能水平划分的目的。Richard 利用项目反应理论与潜在类别分析的混合模型进行了学业成就标准的建构①。潜在类别分析

---

① RICHARD S B. Using latent class analysis to set academic performance standards [J]. Educational Assessment, 2007 (12): 3 – 4, 283 – 301.

的优势在于处理类别变量，事先假设被试的能力值为类别变量，通过潜在类别模型直接地估计离散的类别能力值。而 Cizek 的标准设定法是在连续的学业量尺上寻找切点分数线，经历的是从连续到离散的中间过程。虽然潜在类别分析的原理更为复杂，但是其思路却更为直接。

辛涛等以学习进阶理论与认知诊断为基础，根据知识状态的属性掌握模式（AMP）与层级的关系：在学习进阶之路底部的 AMP 意味着掌握的属性较少，所以处于较低层级；反之则处于较高层级，并以化学反应的热量变化主题为例，建构了该主题的学业质量标准①。García 等基于 IRT 理论利用同一水平学生对应的项目特征曲线（ICC）具有相似特征，不同水平学生对应的 ICC 具有差异特征的原理，最终将响应概率 RP 值转换为项目特征曲线的能力值得到水平分数线，整个分数线的划分不需要评委的参与②。

这些通过智能算法进行水平划分的方法与 PISA 等距表现标准的建构原理类似，都是基于数据与统计原理进行划分，但与 PISA 等距表现标准相比，通常不是等距的。这一类相关研究也证实一个结论：同一水平学生具有一些共同的认知特征，且这些认知特征可以通过项目反应理论与认知诊断技术进行挖掘和提取。所以在本书之中基于表现标准进行认知特征分析，提取国内外表现标准中不同水平学生的数学认知特征，为利用这些认知特征进行表现标准建构提供研究基础。

3. 标准设定方法的选择

从已有的研究可以看出，虽然 Bookmark 法在使用过程中具有较多的优点，但是从最终的使用效果上看未必就是最佳的，Buckendahl 的研究表明 Angoff 法与 Book-mark 法最终划分的水平分数线差异并不大③。从 NAEP 的实践也同样可以看出，两者也是各有千秋，在 NAEP 中并列使用，一些学科采用 Angoff 法，一些学科采用 Bookmark 法。TSA 更是将这两种方法同时使用在同一学科的水平分数线的划分上。

Bookmark 法虽然降低了评委的部分认知负荷，但是也没有彻底改变标准设定过程中过于依赖评委的个人经验问题，被人诟病的主观性并没有彻底解决，这种天然的缺陷很有可能是无法解决的问题。好在大家都接受这种缺陷，更多地从另外一方面去弥补这些缺陷，例如通过对评委评价过程的自我监控、对评委评价的信心和对评委评价的效度等多方面的评估弥补主观性的缺陷。现阶段的标准设定方法已达到

---

① 辛涛，乐美玲，郭艳芳，等. 学业质量标准的建立途径：基于认知诊断的学习进阶方法 [J]. 教育学报，2015（5）：72 – 79.

② GARCIA P E, ABAD F J, Olea J, et al. A new IRT-based standard setting method：application to eCat-Listening [J]. Psicothema, 2013, 25（2）：238 – 244.

③ BUCKENDAHL C W, SMITH R W, PLAKE I B S. A comparison of Angoff and bookmark standard setting methods [J]. Journal of Educational Measurement, 2002, 39（3）：253 – 263.

上百种，如何选用这些方法，这些方法在使用中遇到什么问题，都值得进行进一步的研究。

六、数学认知水平的评价模型研究现状

在表现标准的开发过程中，将学生的测试表现分为若干水平，利用水平描述语描述每个水平的学生知道什么和能够做什么，与心理学中一些耳熟能详的著名评价模型如布鲁姆模型、索罗（SOLO）模型等有着异曲同工之妙。数学能力作为一种特殊的心理特质，与其他心理特质一样具有有序性与层次性的特点，这些著名认知水平模型也在数学学科得到了认可，成为数学测试设计的心理学理论依据，也同样地为数学学科表现标准建构提供了坚实的理论支撑。已有的研究表明认知水平模型与表现标准之间具有强烈的内在联系，如李佳等通过比较 SOLO 理论与 PISA 表现标准的等级描述之后发现，两者的每个水平之间具有很强的内在一致性①。所以，回顾和分析已有的认知水平评价模型，可以为试题的设计和表现标准的开发夯实理论基础，也可为水平描述语提供更多的描述视角，进一步通过水平描述语更加直观地呈现水平等级的层次性。这些认知水平评价模型往往是基于课程表现标准开发的理论依据之一，而基于课程的表现标准正是基于测试的表现标准的理论依据之一，认知水平评价模型与表现标准是相互联系、相互渗透的。

（一）心理学中著名的认知水平评价模型

1. 皮亚杰的认知发展阶段理论

皮亚杰将儿童的认知水平分为四个阶段，以年龄作为分界点，每个阶段的儿童认知特征都比前一阶段更为复杂②。

感知运算阶段（0～2岁），这个阶段儿童的认知结构是感知运动图式，儿童借助这种图式感知输入和动作反应，因此可以依靠动作适应环境。这个阶段儿童最大的认知特征就是认识到了客体的永存性，即当客体在儿童视野中消失时，儿童能够认识到客体并非不存在。

前运算阶段（2～7岁），这个阶段儿童已将感知运动图式内化为表象模式，语言的出现与发展促使儿童建立了符号功能，可以凭借表象符号进行思维，但依赖于具体形象。这个阶段儿童具有的特征是泛灵化倾向、自我中心倾向、思维刻板缺乏可逆性、尚未形成守恒的概念等。

---

① 李佳，高凌飚，曹琦明. SOLO 水平层次与 PISA 的评估等级水平比较研究 [J]. 课程·教材·教法，2011，31（4）：91－96＋45.

② 皮亚杰. 发生认识论原理 [M]. 王宪钿，等译. 北京：商务印书馆，1985：22－51.

具体运算阶段（7～11岁），这个阶段儿童的认知结构已演化为运算图式。思维具有脱离自我中心性、可逆性和守恒性的特点。此阶段的儿童心理操作着眼于抽象概念，属于运算性（逻辑性）的，但思维需要具体内容的支持。

形式运算阶段（11～16岁），这个阶段儿童的思维具有了逻辑性和抽象性，超越对具体事物的依赖，从内容中抽象出了形式，并关注到了命题之间的逻辑性，进入形式运算阶段。

虽然有的学者认为阶段与水平的概念是不同的，因为皮亚杰的认知发展阶段理论中的"阶段"是按照年龄进行划分，而水平则是按照测量特质的高低程度进行划分。但是两者并不是泾渭分明，因为年龄与能力的高低程度往往是正相关的，在心理测量领域具有划时代意义的比奈－西蒙智力量表正是采用智力年龄作为测量尺度衡量被试的智力水平。皮亚杰这种将儿童认知水平分为4个阶段，然后对每个阶段进行命名（感知运动阶段、前运算阶段、具体运算阶段和形式运算阶段），进而详细描述每个阶段儿童思维的特征，与表现标准的开发思路十分相似。

2. 布鲁姆的教育目标分类

布鲁姆将认知领域的教育目标从低到高划分为六个层次。六个层次分别为：知识，先前学习材料的记忆；了解，把握材料的意义，借助转换、解释、推断等三种形式提取材料的意义，是低层次的理解；应用，将习得的材料应用于新的具体情境；分析，将材料分解成各种组成要素并呈现组织结构；综合，能将各要素组合成新整体，产生新的结构；评价，根据目的对材料作出有价值的判断。六个层次组成一个线性流程，前一个层次为后一个层次的先决条件①。

布鲁姆的学生安德森领导的研究小组重新修订了布鲁姆的教育目标分类（认知领域）理论。修订后的分类框架包含两个维度：知识与认知过程。知识包含事实性知识、概念性知识、程序性知识和元认知知识；认知过程包含记忆、理解、运用、分析、评价和创造。修订版的认知领域目标分类打破原有的线性累加结构，允许层级之间的相互重叠②。

布鲁姆的教育目标分类理论，已成为很多课程标准与教材编写的理论依据，也是很多教师制订单元教学计划和课堂教学计划的理论依据。布鲁姆对于教育测量与评价领域的卓越贡献是举世公认的，在表现标准的开发过程中，布鲁姆的教育目标分类理论帮助教师与测验编制人员明确目标，可以将学科专家制定的抽象内容标准

---

① 皮连生. 学与教的心理学［M］. 上海：华东师范大学出版社，1997.

② ANDERSON L W, KRATHWOHL D R, AIRASIAN P W. A taxonomy for learning, teaching, and assessing. : a revision of bloom's taxonomy of educational objectives［M］. NewYork：Longman，2001：38－62.

转化为一种可测量的具体行为，同时还能体现行为的层次性。

3. SOLO 评价模型

SOLO 是"可观测到学习结果的结构"的英文缩写，SOLO 分类法是由澳大利亚心理学家 Biggs 所创立的学生学业水平评价方法。Biggs 认为学习者所反映的学习结构质量具有可观察性和阶段性，从而可以依此确定其相应思维水平。SOLO 分类法将学生的学习结果分为五种结构：前结构、单结构、多元结构、关联结构、拓展抽象。学生的思维水平与上述五种结构对应：前结构水平、单结构水平、多元结构水平、关联结构水平、扩展抽象水平。SOLO 分类法的理论基础是结构主义和皮亚杰的认知发展阶段理论，学习结果的结构图示如图 0 - 9 所示：

①前结构，没有理解问题，或者错误地理解了问题。

②单结构，提取了来自刺激的一条相关信息，或只能从一个方面进行问题解决，没有使用到所有相关信息就结束了问题解决过程。

③多元结构，提取了来自刺激的几个相关信息，但是无法将这些信息有机联系起来，信息是独立的。

④关联结构，整合来自刺激的所有相关信息，建立信息之间的有机联系。

⑤拓展抽象结构，不仅整合了所有相关的信息片段，而且扩展响应以整合不同刺激中的相关信息片段。

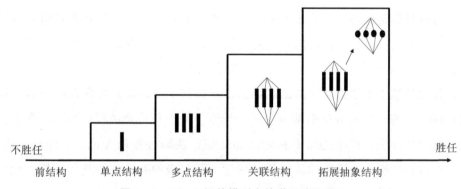

图 0 - 9 SOLO 评价模型中的学习结果图示

SOLO 模型描述了学习结果从简单到复杂的增长过程，适用于多个学科和多种学习任务，为不同学科的学习评价提供一个可以相互比较的平台，具有广泛的应用性。

（二）数学学科领域的认知水平评价模型

威尔逊将布鲁姆的教育目标分类理论应用到数学学科中，将学生的数学认知水平分为四个层次：计算、领会、应用和分析，每个层次设有若干指标。同时威尔逊认为该评价模型与布鲁姆目标分类模型类似，具有层次性与顺序性，是按照水平从低到高进行排序的①。

达朗奇等人提出了学生数学能力评价的金字塔模型。认为学生对数学的思考是一个日积月累、从粗到细的提炼过程，学生的思考水平可以分为三个水平：水平 1，复制；水平 2，联结；水平 3，分析②。

林崇德认为学生数学能力是以概括为基础的开放式动态系统，是由三种数学能力与五种思维品质相互交叉构成的统一整体。并对中学生的概括能力进行了深入的研究，发现了中学生的数学概括能力可以分为四个等级：第 1 级，数字概括水平；第 2 级，初步本质概括水平；第 3 级，形式运算概括水平；第 4 级：辩证抽象概括水平③。

喻平结合布鲁姆教育目标分类理论与 PISA 表现标准模型提出一个学生素养的三水平评价模型。喻平认为学生数学核心素养的生成源于知识的学习，学生数学知识学习表现出三种形态：知识理解、知识迁移和知识创新④。

张春莉建立了一个三维度的小学生数学能力评价框架，三个维度为内容领域、思维与理解水平、学生的反应。在该模型中，将学生的能力划分为三个层次：水平一为简单技能与概念理解，水平二为应用，水平三为问题解决⑤。

史亚娟和华国栋将学生的数学能力划分成两个层次，第一层次包含运算能力、空间想象能力与信息处理能力，第二层次包含逻辑思维能力与问题解决能力。研究表明，第一层次的能力是基础，第二层次的能力由第一层次的能力发展而来⑥。

（三）空间与几何领域的认知水平评价模型

范希尔几何思维水平理论不仅是数学教育心理学上的一个重要突破，更是一个具有里程碑意义的研究成果。范希尔将学生的几何思维分为五个层次：视觉、分析、非形式化演绎、形式化演绎、严密性，并相应地设计了与其对应的几何教学五个阶段。由于本书聚焦于学生数学认知水平的分类，仅介绍几何思维的五个层次。

视觉层次，学生从整体上对图形进行感知，能根据图形的整体形状寻找图形的标准名称，能够对形状进行操作并解决几何问题，但是不能从图形上分析图形要素和特征。例如，知道某个图形是三角形，但只是感觉像一个三角形，不知道三角形

① J. W. 威尔逊. 中学数学学习评价 [M]. 杨晓青，译. 上海：华东师范大学出版社. 1989.
② 鲍建生，周超. 数学学习的心理基础与过程 [M]. 上海：上海教育出版社. 2009：200.
③ 林崇德. 学习与发展：中小学生心理能力发展与培养（修订版）[M]. 北京：北京师范大学出版社，2003：255.
④ 喻平. 数学核心素养评价的一个框架 [J]. 数学教育学报，2017，26（2）：19-23+59.
⑤ 张春莉. 小学生数学能力评价框架的建构 [J]. 教育学报，2011（5）：69-75.
⑥ 史亚娟，华国栋. 中小学生数学能力的结构及其培养 [J]. 教育学报，2008（3）：36-40.

的要素与特征。分析层次，能够分析图形的特征和要素，形成了对图形性质的认识，能够通过性质来区分图形，并利用图形的性质解决几何问题，但是无法解释性质之间的关系，也无法进行演绎推理。例如知道三角形有三条边与三个角，但不知道内角越大对边越长的道理。非形式化演绎层次，儿童能建立图形及图形性质之间的关系，可以提出非形式化的推论，能够根据图形的属性建立与其他图形的联系。形式化演绎层次，处于该水平的学生理解了"公理"与"定理"，能够尝试利用演绎证实某个猜测，能够以逻辑推理解释几何学中的定理与性质，能够理解证明中的充分必要条件。严密性层次，在这个层次的学生能够进行严密的推理，分析不同几何系统的差异，如对欧式几何与非欧几何两个系统进行比较分析。

到了 20 世纪，范希尔又把五个思维水平合并为三个：直观水平、描述水平和理论水平。直观水平——整体地认识几何对象，描述水平——通过几何对象的性质认识几何对象，理论水平——通过演绎证明研究几何关系①。

皮亚杰是较早研究儿童几何学习机制的心理学家，其关于学生学习几何概念的研究成果主要记载在《儿童的空间概念》和《儿童的几何概念》两本著作上。皮亚杰认为儿童的几何概念发展经历了三个阶段。首先是拓扑概念阶段，儿童很早就有拓扑学的直觉，能够理解相邻、分离和封闭等拓扑关系，能够把握图形的整体轮廓。其次是投影几何阶段，这个阶段儿童的几何概念是直观和视觉的，认为物体随着视角的变化而变化。例如一个正方形物体，如果从不同视角上观察，儿童有可能认为是菱形，也有可能认为是长方形。最后是欧几里得几何阶段，这个阶段的儿童获得了长度、面积、角度等度量概念。总的来说，儿童几何概念的发展是按照从拓扑到几何，从投影到度量顺序发展的②。

Duval 研究发现学生对几何的理解包含四个层次。知觉性理解，对图形整体外观、子图形的感知；序列性理解，在构图的过程中，图形的不同组件依次呈现；操作性理解，学生观察图形时，可以通过操作图形获取解题思路，通过改变图形得到操作性理解；论述性理解，几何概念源于图形的命名与假设，对几何概念的理解建立论述的基础上，通过一个演绎的过程确定图形表现内容。对于学生学习几何知识

---

① FUYS D，GEDDES D，TISCHLER R. The van Hiele model of thinking in geometry among adolescents ［J］. Journal for Research in Mathematics Education, 1988 (3)：i + 1 - 196.

② PIAGET J，INHELDER B. The Child's Conception of Space ［M］. London：Routledge and Kegan Paul, 1956.

来说，经历了视觉化，作图和推理三个过程①。

国内方面，林崇德将学生的空间想象能力分为三个层次，第一层次的学生能建立简单实物与几何图形的联系，能通过整体形状来认识几何图形，能分析简单几何图形的特征；第二层次的学生能够将复杂的物体分解为简单的基本图形，能够将图形及其特征相联系，根据条件画出图形；第三层次是由基本图形组合成复杂图形，能够想象几何图形的运动和变化，形象地揭示问题的本质②。

鲍建生在范希尔和 SOLO 理论的基础上构建了一个几何课程目标体系的三维模型，将几何内容分为物体、模型、图形、概念和命题五种类型，将操作分为观察、表示、变换、推理和联系五种类型，同时将学生的几何思维水平划分成直观、分析、抽象、演绎和严密五个等级③。

刘晓玫将小学生的空间观念发展划分为三个阶段：完全直观想象阶段、直观想象与简单抽象分析阶段、想象与推理分析阶段。通常调查研究发现，小学生的低学段学生与高学段学生的表现水平处于两个不同的阶段④。

苏洪雨结合测试与调查将学生的几何素养分为五个水平：孤立性水平、功能性水平、多元性水平、综合性水平和评判性水平⑤。李红婷研究了学生几何推理能力的层级结构，将七至九年级学生的几何推理能力划分为直观、描述、结构关联和形式逻辑四个水平⑥。吴宏、汪仲文借助澳大利亚维多利亚州的《课程与标准框架》建立了一个六个水平的学生空间能力评价框架⑦。

（四）数与代数领域的认知水平评价模型

Jones 等学者将 SOLO 模型应用于一般特征、模式、表征与变量四个代数核心概念的理解水平划分中，研究发现学生在这四个概念上的表现通常只能达到前四个水平：前结构水平、单结构水平、多元结构水平与关联结构水平。以变量为例：前结构水平代表不能回答涉及变量的问题，或难以回答；单结构水平代表需要给定数字

①　DUVAL R. Representation, vision and visualization: cognitive functions in mathematical thinking. Basic issues for learning [J]. Twenty First Annual Meeting of the Annual Meeting of the North American Chapter of the International Group for the Psychology of Mathematics Education, 1999, 25 (1), 3-26.

②　林崇德. 学习与发展：中小学生心理能力发展与培养（修订版）[M]. 北京：北京师范大学出版社，2003：355.

③　鲍建生. 几何的教育价值与课程目标体系 [J]. 教育研究，2000 (4)：53-59.

④　刘晓玫. 构建促进学生空间观念发展的几何课程：基于小学生空间观念发展水平的研究 [J]. 课程·教材·教法，2008 (10)：43-48.

⑤　苏洪雨. 学生几何素养评价的指标和模型设计 [J]. 数学教育学报，2013，22 (6)：85-89.

⑥　李红婷. 7-9年级学生几何推理能力发展及其教学研究 [D]. 重庆：西南大学，2007.

⑦　吴宏，汪仲文. 中小学生空间能力的构成要素与水平层次及评价指标 [J]. 数学教育学报，2014，23 (5)：41-45.

代入变量回答问题；多元结构水平代表不能将抽象变量对应成一般的数，但是可以用一些具体的数字回答一般结论；关联结构水平代表理解变量的意义，完整地回答问题①。

林崇德将学生的运算能力划分为三个水平：一是了解和理解运算水平；二是掌握应用的运算水平；三是综合评价的运算水平②。巩子坤研究发现，学生对有理数运算意义的理解和对运算的理解是具有层次性的。对于运算的理解可以分为四个层次：程序理解、直观理解、抽象理解和形式理解。对于运算意义的理解也同样可以分为四个水平：水平一，现实情境表征或口头语言表征到书面符号表征的转化；水平二，书面符号表征到口头语言表征的转化；水平三，语言叙述；水平四，口头语言表征到直观图像表征的转化③。

桂德怀建立了代数素养的评价框架，将 PISA 的水平分数线直接应用于其进行研究的测试中，结合 SOLO 模型，将学生的代数素养划分为七个水平：前结构、单点结构、多点结构、线性结构、网状结构、立体结构和拓展结构④。濮安山博士以史宁中教授的数量与数量关系的抽象理论等相关心理学理论为基础，建构了我国初中生函数概念的三个水平的认知模型：运算阶段，符号阶段与综合阶段⑤。朱立明、马云鹏将学生的数学符号意识划分为四个成分：感知、运算、推理和表达，每个成分利用 SOLO 模型划分为三到四个水平⑥。吴文静将八年级学生代数思维划分为三个水平：水平一，简单的符号操作与概念理解；水平二，联系与应用；水平三，代数推理与数学化⑦。

（五）统计与概率领域的认知水平评价模型

Piaget 和 lnhelder 指出儿童对概率的认识主要经历了三个阶段。前运算阶段（7岁以下），这个阶段的儿童没有形成随机的概念，不会区分因果关系。具体运算阶段（7～14 岁），这个阶段的儿童能够辨别因果关系，区分确定与不确定，可以量化机会并计算概率，但是计算复杂事件发生概率时还是束手无策，不具备排列组合的能

① JONES G A, THORNTON C A, PUTT I J. A model for nurturing and assessing multidigit number sense among first grade children [J]. Educational Studies in Mathematics, 1994, 27 (2): 117 – 143.

② 林崇德. 学习与发展：中小学生心理能力发展与培养（修订版）[M]. 北京：北京师范大学出版社, 2003: 351.

③ 巩子坤. 有理数运算的理解水平及其教与学的策略研究 [D]. 重庆：西南大学, 2006.

④ 桂德怀. 中学生代数素养内涵与评价研究 [D]. 上海：华东师范大学, 2011.

⑤ 濮安山. 初中生函数概念发展研究 [D]. 长春：东北师范大学, 2011.

⑥ 朱立明, 马云鹏. 学生数学符号意识 PORE 评价框架的构建 [J]. 数学教育学报, 2016, 25 (1): 84 – 88.

⑦ 吴文静. 八年级学生代数思维发展现状的评价研究 [D]. 西安：陕西师范大学, 2017.

力。形式运算阶段（14 岁以上），能够列举随机实验的所有结果，形成概率的概念，具备了排列组合能力，具有了比例的概念，可以用分数表示概率①。

Jones 和 Mooney 采用 SOLO 模型研究了学生的概率与统计思维水平，取得了一系列的研究成果。在概率领域，研究概率领域的四个主要构念：样本空间、事件的可能性、可能性比较和条件概率，将每个构念划分为四个水平：主观期、过渡期、非形式量化期、量化期。在主观期，儿童多以主观意识来处理概率问题，以样本空间为例，儿童可以列出一组不完整的实验结果。在过渡期，介于主观期与量化期之间，思考的结果往往又回到主观想法中，在样本空间构念上，能列出一个单阶段样本空间的完整结果集，并以有限且不系统的方式列出一个两阶段实验的结果。在非形式量化期，儿童能够进行量化思考，在样本空间概念上，能应用生成性策略，对一个两阶段案例的结果进行完整的列表。在量化期，儿童可以使用生成策略来描述结果，用数字完整地表现数量推理，在样本空间构念上，应用一种生成策略列举两个和三个阶段结果②③。

在统计思维上，Jones 等研究了小学一至五年级儿童统计思维水平分类，选取了统计领域主要的四个构念：描述、组织与简化、表征、分析与解释，将每个构念划分为四个水平：具体、过渡、数量与分析水平。Mooney 采用同样的研究框架研究了六至八年级学生（12~14 岁）统计思维认知水平分类，并将相关的研究成果归类到 M3ST 框架中。M3ST 框架在统计思维的研究领域产生了较大的影响，Jones 和 Mooney 团队采用 SOLO 模型，将概率与统计中的核心构念分为四个水平，通过质性访谈的研究方法提取学生在各水平上表现出的认知特征④。

（六）数学认知水平的评价模型研究小结

1. 确定性的线性层次评价模型难以符合实测数据

Wilson 利用哥特曼尺度与 Rasch 尺度研究了基于 SOLO 模型设计的科学测试，该测试是关于一个矿物质硬度的测试，共包含四个项目，每个项目对应 SOLO 模型的一个类别。根据 SOLO 模型的线性累加性特点，一个被试如果能正确回答 E 水平的题目，那么肯定就可以回答 U、M、R 水平的题目，而这正是哥特曼的确定性尺度，

① ALMY M. Review of memory and intelligence; understanding causality; and the origin of the idea of chance in children [J]. American Journal of Orthopsychiatry, 1976, 46 (1), 174 – 177.

② JONES G A, LANGRALL C W, THORNTON C A, et al. A framework for assessing and nurturing young children's thinking in probability [J]. Educational Studies in Mathematics, 1997, 32 (2): 101 – 125.

③ JONES G A, THORNTON C A, LANGRALL C W, et al. A framework for characterizing children's statistical thinking [J]. Mathematical Thinking and Learning, 2000, 2 (4): 269 – 307.

④ MOONEY E S. A framework for characterizing middle school students' statistical thinking [J]. Mathematical Thinking and Learning, 2002, 4 (1): 23 – 63.

两者关系如表 0 - 4 所示①。

表 0 - 4　SOLO 模型与哥特曼尺度的关系

题目反应类别				总分	SOLO 类别
U	M	R	E		
0	0	0	0	0	前结构
1	0	0	0	1	单结构
1	1	0	0	2	多元结构
1	1	1	0	3	关联结构
1	1	1	1	4	扩展抽象

但是在实际测量的过程中，通常会出现一些非确定尺度的题目反应类别，如在表 0 - 5 中的一些反应类别中，很难将学生的水平对应相应的 SOLO 类别中。Wilson 建议采用 Rasch 尺度分析 SOLO 类型的试题，采用不确定性尺度而不是确定尺度，将 SOLO 类别概率化。

表 0 - 5　题目反应类别与 SOLO 理论的关系

题目反应类别				总分	SOLO 类别
U	M	R	E		
1	0	1	0	2	未知类别
0	1	1	0	2	未知类别
1	0	0	1	2	未知类别
0	0	0	1	1	未知类别

Lam 等设计了一个包含 30 个项目的数学测试，共 10 个题组，每个题组包含 3 个项目，采用 SOLO 水平设计，分别为一个单结构水平（U 水平）项目，一个多元结构水平（M 水平）项目，一个关联结构水平项目（R 水平），同时利用 Rasch 模型估计项目难度与被试能力②。虽然从总体上说，学生回答 U 水平项目成功率高于 M 水平项目，回答 M 水平项目成功率高于 R 水平项目，但并不能保证所有项目中 U 级别的项目难度就一定小于 M 级别的项目难度，M 级别的项目难度就小于 R 级别的项目难度。如在题组 1 中，最高水平 R 级别项目的难度为 - 0.27，该项目的难度甚至比题组 2 中的 M 级别项目难度 - 0.03 还要低。

① WILSON M. A Comparison of deterministic and probabilistic approaches to measuring learning structures ［J］. Australian Journal of Education，1989，33（2）：127 - 140.

② LAM P，FOONG Y. Rasch analysis of math SOLO taxonomy levels using hierarchical items in testlets ［J/OL］. Classification，1996 ［2019 - 10 - 30］. https：//files. eric. ed. gov/fulltext/ED398271. pdf.

表 0 - 6　30 个测试项目的 Rasc

	1	2	3	4	5	6	7	8	9	10
U	-1.87	-0.80	-0.58	-1.46	-0.85	-1.55	-1.06	-1.22	-1.51	-1.59
M	-0.82	-0.03	0.97	0.51	-1.42	-0.87	-0.01	-0.82	0.69	0.14
R	-0.27	2.90	3.00	2.51	-0.83	0.27	2.75	0.35	2.20	1.96
M - U	1.05	0.77	1.55	1.97	0.57	0.68	1.05	0.40	2.20	1.73
R - M	0.55	2.93	2.03	2.00	0.59	1.14	2.76	0.47	1.51	1.82

从 Lam 等的研究可以看出，研究者在设计试题时基本可以保证在一个题组中 R 水平题目难度高于 M 水平题目难度，M 水平题目难度高于 U 水平题目难度。但是不能保证在不同题组中两个不同水平的测试题还能保持如上关系。这种难度在题组间的不一致性就说明了 R 水平不一定高于 M 水平，这给如何判断学生总体表现处于什么水平带来了极大困难。

2. 数学认知水平模型建构方法的思考

从上述数学学科的认知水平模型综述可以看出，很大一部分研究成果都是将心理认知模型应用到数学学科中，在测试之前依据这些心理认知模型将试题划分为不同层次，然后分析学生在这些层次上的表现差异。这些研究建立的数学认知水平模型具有简洁的分析框架和精练的水平描述，易于理解与推广，但是这种演绎心理学理论的方法还是遭到了一些研究者的质疑。

虽然布鲁姆的理论影响巨大，但是荷兰数学教育家弗赖登塔尔指出的在数学教育领域要慎用布鲁姆的目标分类理论，不能简单地将数学问题归类到六个目标中。以算术中的应用题为例，如果不考虑应用题涉及知识与技能的深度、问题的复杂性，简单地将这类问题归类到布鲁姆目标中的"应用"类别中显然就不合适了。弗赖登塔尔指出布鲁姆的目标分类体系源于人文社会科学，强行将其应用到数学教育领域无非就是贴个标签而已，不能实现真正的分类①。从弗赖登塔尔的批评可以看出，布鲁姆目标分类在各学科中应用遇到困难的原因正是其线性累加结构、从低到高的单向排序。所以，安德森领导的研究小组重新修订了布鲁姆的教育目标分类模型，允许层级之间的交叉，从这个角度上看修订后的布鲁姆教育目标分类更像是一个分类模型而不是评价模型。布鲁姆是 20 世纪 50 年代美国大学考试的专家，提出教育目标分类理论最初动力就是寻找一个通用框架解释不同的测试结果，所以从宏观的教育与心理评价的视角来看，是一个现象级的创新成果，但是不能任意地、无条件地推广到各领域中。

PISA 2003 也曾将试题设计的能力分为三大能力群：再现能力群、联系能力群和

① 唐瑞芬. 关于布鲁姆教育目标分类学的思考 [J]. 数学教育学报，1993（2）：10 - 14.

反思能力群，同时将项目归类到三种类别中的一种能力群，有学者认为这种能力群分类方法正是布鲁姆教育目标的重组①。将一个问题简单归类到这种具有线性累加结构的类别中将会给实践工作带来巨大困难，因为线性结构存在着高低之分，同一题组间的高低分类在不同题组间却不一致。到了 PISA 2012 年的评估，PISA 改进这种分类方法，而是以数学建模周期理论作为分类依据，提出数学建模周期包含三个过程：建模、应用、阐释，每个测试项目只涉及其中一个过程，利用过程分类替代认知分类。这种过程分类的方法不存在线性，没有高低之分，避免了 PISA 2003 采用线性累加结构进行分类而产生的困难。

从弗赖登塔尔的批评与 PISA 对数学认知过程的修正可以看出，这种"马车放到了马的前面"的做法，在没有得到评价数据之前就区分项目难度的高低显然失之偏颇。Wilson 与 Lam 的实证研究同时表明，通过专家主观判断虽然可以将试题分配到 SOLO 模型的各个级别中，但是在不同的问题情境中划分的差异较大，不管是处理单个题组还是处理多个题组都会遇到难以确定学生总体表现的问题。简单地将布鲁姆认知分类模型和 SOLO 评价模型应用到数学教育的研究中，采用教育心理理论 + 数学例子的研究方法在使用过程中可能会遇到"水土不服"的情况，导致结论的效度下降。

3. 认知水平模型与表现标准的关系分析

首先是为表现标准的建立提供坚实的理论基础。皮亚杰理论、布鲁姆理论和比格斯理论证明了学生的认知能力具有阶段性与层次性的特点，这正是表现标准建立的心理学理论基础。同时这些著名的心理学理论与表现标准的组成部分十分相似，试图将学生的认知能力划分成一定的水平或阶段，研究各水平或阶段学生的认知特征并进行描述从而形成相应的理论体系。表现标准同样地将学生的学业成就划分成不同的水平，由水平命名、水平描述、水平分数线和水平样例构成。以皮亚杰的认知阶段理论与 NAEP 的数学表现标准为例，两者的比较结果如表 0 - 7 所示。

表 0 - 7 皮亚杰理论与表现标准的关系

	皮亚杰理论	NAEP 八年级数学表现标准
水平命名	感知运动阶段、前运算阶段、具体运算阶段、形式运算阶段	基础、精熟、高级
范围	年龄范围：0～2 岁，2～7 岁，7～11 岁，11～16 岁	分数范围：262～299 分，299～333 分，333～500 分
分界线	2，7，11，16 岁	262，299，333 分
描述	见本章第六节	见第二章第二节

① 崔国涛，石艳. 国际教育成绩评估项目的背景测试及其对我国"中考"改革的启示 [J]. 外国教育研究，2012，39（2）：90 - 97.

由于皮亚杰理论强调次序性和进阶性，强调儿童的认知发展是一个顺序发展的过程，前一个水平发展是后一个水平发展的必要条件，是一种纵向的发展过程。而表现标准强调是将学生的学业成就划分成不同的水平，既有跨年级的表现标准也有单个年级的横向表现标准，但是跨年级表现标准建构技术更加复杂，通常建立的表现标准都是面向单个年级。表现标准不强调线性次序性，而是强调"好的程度"，不同水平之间的表现差异性。

其次是为表现标准提供表示程度的描述维度与丰富词汇。王俊民研究发现表现水平描述语的开发工作面临的两个重大挑战是描述的维度和描述的语言，特别是准确区分水平特征的语言①。水平描述语是表现标准的重要组成部分，不仅要体现同一水平学生的共性特征，还要体现不同水平的差异特征，从什么样的视角描述，怎么描述都是水平描述语面临的难题。布鲁姆的教育目标分类理论提供了很多表示程度的行为动词，如知识水平上行为动词有引用、描述、识别、复述等，理解水平上行为动词有确认、辩护、阐释、表达等，应用水平上的行为动词有执行、展现、说明、操作等，其他水平的行为动词这里就不一一列举。将这些行为动词与布鲁姆目标分类相对应，可以较好地体现层级与程度。

最后是为表现标准提供一种标准参照的分数解释方法。以 SOLO 模型为例，SOLO 模型从可观察学习结果的视角描述学生水平，例如高水平学生可以解决复杂的数学问题，而低水平学生只能解决简单数学问题，从学习结果的视角描述学生能力程度的高低。当一个考生的量尺分数为 -0.4，那么这个考生大概能正确完成 7 个 U 水平项目，另一考生的量尺分数为 2，那么这个考生至少能正确完成 7 个 R 水平项目，同时正确回答了所有 U 水平项目和 R 水平项目。这种标准参照法可以帮助教师做出教学决策，对学生进行个性化学习任务推荐。例如，对于数学能力 < 1.0 的学生，老师可以多推荐 U 水平的测试项目。对于数学能力为 > 2.0 的学生来说，推荐 R 水平的项目，显示了在测试题库开发、测试构建和使用测试的计算机化测试上的可行性。

4. 对《普通高中数学课程标准（2017 年版）》的学业质量标准思考

教育部课标修订综合组核心成员杨向东教授认为学科核心素养与学业质量标准是新一轮课标修订的两大突破，这两个突破也是现代化课程标准的标志。全美数学教师协会（NCTM）开发的《共同核心州立标准》（Common Core State Standards）是现代化课程标准的模板。《普通高中数学课程标准（2017 年版）》[以下简称《课标（2017 年版）》]中提了数学学科的六大核心素养以及针对每个核心素养建立三个水

---

① 王俊民. 核心素养视域下国际大规模科学学业评估框架与试题研究 [D]. 重庆：西南大学，2019.

平学业质量评价标准。

相比于数学学科六大核心素养研究成果，对于数学学科学业质量标准的研究寥寥无几。《课标（2017年版）》从情境与问题、知识与技能、思维与表达、交流与反思四个维度将每个核心素养划分了三个水平，并对每个水平从四个维度进行了详细的描述。按照《课标（2017年版）》的规定，学业质量水平一是高中毕业时应该达到的要求，学业质量水平二是高考应该达到的要求，学业质量水平三是大学自主招生应该达到的要求。从课程标准发展的视角，《课标（2017年版）》前进了一大步，与现代化课程标准相接近。

但是在实践中，怎样依据这些学业质量标准开发相应的测试？怎样评价高中学业水平测试、高考、大学自主招生是否与学业质量标准一致？怎样在教学与评价活动中利用这些学业质量标准？这些问题的回答都需要以表现标准作为中介进行研究，从内容标准到学业质量标准需要表现标准的过渡，同时为学业质量标准提供更加有力的支撑证据。

第一章 本书研究设计

通过绪论的介绍可得，相比于对大规模学业成就测试的数学内容标准研究，对表现标准的研究成果较少。且在已有的研究中，国内方面主要以对单个测试项目表现标准的介绍为主，国外方面主要以对表现标准的水平分数线比较研究为主，缺乏理论的比较与分析，也缺乏相应的实践比较研究。表现标准是我国的数学课程标准与数学学业成就测试中缺失的一个重要环节，需要通过加强表现标准的基础研究来完善该环节。已有成熟的大规模学业成就测试提供了多种表现标准的建构方法，但这些方法对应到表现标准的四个组成维度上有什么异同，如何利用这些开发方法建立本土化的表现标准，特别是怎样推广至中小型规模的测试中，是本书尝试解决的第一个问题。

当表现标准与数学学科结合时，如何在数学学科的表现标准内体现同一水平学生的共性认知特征、不同水平学生的差异认知特征，应该从什么样的视角去描述这些特征，总结国内外学科表现标准如何描述不同水平学生应该"知道什么与能够做什么""多好才算好"的经验，同样可以为本土化过程提供技术支持。从文献综述可以看出，数学学科表现标准与已有的数学认知水平模型在组成成分上极为类似，但是在建构方法上却有着很大的不同，学业成就量尺与表现标准为数学认知水平评价模型的建构提供了新的技术基础，如何更好地利用表现标准为数学教育服务是本书紧接着尝试解决的第二个问题。

对于表现标准开发经验的归纳总结，需要选取具有代表性的表现标准进行分析提炼，从建构原理和组成维度上进行更加细化的比较研究。理论视角下比较研究的目的是为建构本土化的表现标准提供技术支撑，实践视角下的研究则需要设计与本土化测试项目相适应的建构方法，特别是水平分数线与水平样例的确定算法，还需在实践中验证算法的可靠性。在本章中，将从研究对象、研究思路、研究框架和研究方法等多个维度呈现本书的整个研究设计。

一、本书研究对象

在理论研究中，为了更好地总结国内外大规模数学学业成就测评中表现标准的开发经验，比较各种表现标准的异同，共选用六个大规模数学学业成就测评项目制定的表现标准作为研究对象。这六个学业成就评估项目分别为：由经济合作与发展组织 OECD 主持运行的国际学生评估项目 PISA，由国际教育成就评估协会 IEA 主持运行的国际数学和科学趋势评测项目 TIMSS，美国国会授权由美国教育部国家教育统计中心 NCES 和教育科学研究所 IES 共同管理的美国教育进步评估项目 NAEP，由澳大利亚课程、评估和报告局 ACARA 负责管理和实施的国家读写与计算评价项目 NAPLAN，由我国香港地区考试及评核局管理的全港性系统评估项目 TSA，由我国台湾师范大学心理与教育测试研究发展中心组织的台湾地区"初中教育会考"项目 CAPFJHSS。由于每个测试项目的评估学生对象不同，为了更好地提取各表现标准的共同点，选取各测试项目中被试学龄相近的八、九年级数学学科表现标准作为研究对象，详细信息可见表 1 - 1。

表 1 - 1 本书理论研究对象信息

测试项目	评估对象	本书研究对象
PISA	完成或接近完成义务教育的 15 周岁学生	PISA 2012 数学学科表现标准
TIMSS	四、八年级学生	TIMSS 2015 八年级数学学科表现标准
NAEP	四、八、十二年级学生	NAEP 2017 八年级数学学科表现标准 NAEP 1990 八年级数学学科表现标准
NAPLAN	三、五、七、九年级学生	NAPLAN 2018 九年级数学学科表现标准
TSA	三、六、九年级学生	TSA 2018 九年级数学学科表现标准
CAPFJHSS	九年级学生	CAPFJHSS 2018 数学学科表现标准

本书不仅要对六个大规模测试中数学学科表现标准的开发方法进行比较，同时还要对表现标准中的水平描述内容进行比较，所以选用研究对象时保证测试评估对象的学段尽可能相近，以便于提取共同特征。由于各个国家或地区的学制不同，例如美国八年级学生毕业以后就升入高中学习，小学和初中共包含八个年级，NAEP 八

年级数学学科的测试为初中毕业生，TIMSS 为了追求国际范围的平衡也同样地选择八年级学生作为测试对象，而 PISA 测试的 15 岁学生基本分布在初三与高一两个年级，NAPLAN、TSA 和 CAPFJHSS 测试对象均为初中毕业的九年级学生。从测试对象的学段分布情况看，作为研究对象的六种数学学科表现标准描述的测试对象均为初中毕业或接近初中毕业的学生，具有较好的一致性。

本书的实践部分，在理论比较的基础上进一步进行实证化的比较研究。笔者所在的项目组与 SZ 市 L 区教育局人民教育督导室合作，在 SZ 市 L 区组织开发了全区学生参加的八年级学生数学素养测评项目（简称"L 区测评项目"）。以 L 区测评项目的测试内容与测试数据为基础，进一步在实践中比较 PISA 与 TIMSS 表现标准开发方法的异同，并在此基础上研究中小规模学业成就测试中数学学科表现标准的开发方法，为 L 区测评项目开发了数学学科表现标准。同时利用认知诊断技术，分析参与 L 区测评项目中不同表现水平学生的认知诊断特征，与对六种表现标准的内容分析相对应，从量化研究视角证实质性内容分析的研究效度。

二、本书研究问题及其解决思路

依据研究目的，本书围绕如下两个中心问题进行研究设计：

中心问题一：怎样将大规模学业成就测试中表现标准的建构方法进行推广，为中小规模学业成就测试建立表现标准？这是一个研究"怎么样"的问题。

中心问题二：在基于学业成就测试的表现标准中不同认知水平的学生具有哪些特征？如高水平、基础水平学生分别具有什么特征？这是一个研究"是什么"的问题。

（一）对于问题一的研究设计

为了开发面向中小型规模测试项目的数学学科表现标准，首先需要从理论的视角对大规模学业成就测试中的表现标准建构方法进行比较与总结，因此本书精选出如研究对象所述的六种数学学科表现标准进行理论的提取与比较，为实践研究奠定基础。但这六种大规模学业成就测试中的数学学科表现标准是由不同测试管理机构负责开发与实施，采用的技术原理和开发方法也不尽相同。它山之石可以攻玉，所以需要对这六种标准进行分类与比较，总结经验并分析异同，这样才能更好地服务于实践。

研究一 大规模学业成就测试中数学学科表现标准的比较研究

在比较研究选定的六个对象中，如果按照水平分数线确定方法划分，可以分为两类：第一类是基于统计原理划线的表现标准，第二类是基于评委人工划线的表现标准。PISA 2012 数学，TIMSS 2015 八年级数学与 NAEP 1990 八年级数学属于第一类表现标准，这三个表现标准将水平距离设置为相同，表现为一种等距的形式。NA-EP 2017 八年级数学、TSA 2018 九年级数学与 CAPFJHSS 2018 九年级数学属于第二类表现标准，水平分数线由评委人工划定，表现为一种非等距的形式。在比较研究中，主要进行的是类内与类间的比较。

对于类内比较，在第一类表现标准中，PISA、TIMSS 与 NAEP 开发的数学学科等距表现标准在原理上有什么异同？具体到表现标准的四个成分维度上又有什么异同？这些问题是研究的基础问题，只有厘清这些问题之后才可以讨论建构等距表现标准具有什么样的作用与意义，讨论表现标准的发展趋势等后续问题。因此在第一类的类内比较中，需要分析这些大规模学业成就测试中等距表现标准的统计开发原理及在四个成分维度上的异同，形成理论比较的结果用于指导实践。在第二类的类内比较中，由于三者采用标准设定方法是相同的，都采用的是 Angoff 法及其 IRT 形式 Bookmark 法，在理论与方法维度上已在绪论部分进行了说明，因此不用做原理分析与方法比较，而是对表现标准的水平描述内容进行比较分析。

对于类间比较，由于在 NAEP 的发展历程中先后使用了这两类表现标准。因此，以 NAEP 八年级数学学科表现标准为载体，研究这两类表现标准存在什么样的异同？对于表现标准的等距与非等距的表现形式，本身没有太大的意义，更为重要的是背后的建构原理和建构目标。NAEP 的分数解释手段由第一类转向于第二类，原因在于政策与目标的转变。比较第一类与第二类表现标准在建构目标、建构方法与水平描述上的异同，将为表现标准建构方法的选择提供重要参考。在寻找差异的同时还需要归纳共性，共同为本土化提供具有现实意义的研究启示。

研究二 研究如何将理论研究成果应用到了中小型规模的学业成就测试中

大规模学业成就测试具有"人多题多"的特点，大样本特性使得数据具有优良的统计性质，更加有利于表现标准建构算法的运行。而在日常的课程教学或研究中，测试往往呈现的是"人少题少"的特点，因此需要设计相应的表现标准建构算法以适应这些特点，按此思路将理论研究转向于实践研究。

利用 L 区测评项目的测量数据，模拟不同规模的测试项目，分别将 PISA 的精熟度量尺法与 TIMSS 量尺锚定法应用到这些测试项目中，在实践中总结影响表现标准精度、效度的因素，比较两种方法应用的特点，通过对两种方法的融合与改良开发新的算法以适应新的应用情境。由于研究二为本书核心研究，需要从测试的学业成就量尺建构开始，依据表现标准的四个要素逐一地设计相应的算法，从而完整地构成 L 区测评项目的表现标准。同时以完整的内容模块为试题组合单位，以完整的学校为被试组合单位，模拟更小规模的测试项目，研究如何针对此类测试项目在计算教育学背景下开发表现标准的智能建构算法，让一线教师在不需要掌握太多心理测量学知识的情况下，同样地可以建构和使用表现标准。帮助教师将注意力集中于测试内容，而不必关心更多的心理测量技术细节。因为类似于项目反应理论的心理测量知识需要较深数理基础，给教师带来了一定的认知负担，自动化地建构表现标准目的正是减轻教师认知负荷的重要途径。

（一）对于问题二的研究设计

学业评价的最终目的是促进教学，面向学业成就测试建构表现标准的目的同样是为教学服务，基于表现标准对学生进行认知特征分析正是服务教学的途径之一。在国内外大规模学业成就测试的表现标准中，高水平学生表现出来什么样的认知特征？基础水平学生表现出来什么样的认知特征？如何通过建构表现标准进行认知特征分析，进而为教学服务。这些问题都需要在问题二的研究中加以分析和解答。针对问题二，设计了如下两个研究：

研究三　研究如何利用表现标准进行学生数学认知特征分析

与表现标准的开发方法相比，表现标准的水平描述内容与学科联系更为紧密。将学生的表现划分为不同水平，然后在水平描述语中体现同一水平学生的共性特征与不同水平学生的差异特征是表现标准建构的另一项关键技术。从同一水平的共性特征视角，六个研究对象从什么样的视角去体现这些共性特征？什么特征是六个研究对象共有的？需要进行总结与归纳。从不同水平学生的差异特征视角，如何通过水平描述语体现不同水平学生之间的差异特征，同样需要深入研究。为此对于研究三，首先利用已有的心理学理论论证实利用数学学科表现标准研究不同水平学生的认知特征的可行性，然后利用在 L 区测评项目的表现标准进行认知特征分析，进一步在实践上证实该方法的可行性，最后采用质性内容分析法归纳总结六个基于大规模学业成就测试的表现标准中，八至九年级学生高水平学生和基础水平学生的共性认知特征，以及在三个子领域（空间与几何、数与代数、统计与概率）内的共性认知特征。

研究四 研究认知诊断视角下不同水平学生具有什么样的认知特征

同一水平学生的共性特征体现的是"学生知道什么与能够做什么",反之同一水平学生也必然表现出一些共性的缺陷,即"学生不知道什么与不能够做什么"。而已有的表现标准都是从正面去描述,出于服务课程教学的目的则更需要从诊断的视角去发掘这些共性缺陷。因为基于诊断的评价更加有利于针对性的精准教学,帮助教师设计学生学业水平的提高路径。为此对于研究四,研究利用认知诊断模型与表现标准,将同一水平的学生作为一个群体,进行群体认知诊断研究。从量的视角发现 L 区测评项目中不同水平学生的认知诊断特征,以此实现描述"学生不知道什么与不能够做什么"的目的,进而依据诊断的结果设计相应的学生认知水平提高路径。与研究三先确定水平后提出特征的质性研究不同,研究四采用的是量化的研究方法度量被试在所给属性上的表现。

三、本书研究框架

依据先进行理论比较研究后进行实践研究的思路,本书首先进行大规模数学学业水平测试中表现标准的比较研究。根据理论比较研究的结果,以 L 区测评项目的全量表作为一个中等规模的测试项目实践对象,研究中等规模学业成就测试的等距表现标准开发。紧接着,以 L 区测评项目的内容子量表作为一个小规模的测试项目实践对象,研究小规模学业成就测试的表现标准的智能建构算法。最后,研究基于表现标准的应用,研究如何利用表现标准进行认知特征分析,从而将表现标准服务于课程教学。总的目标是实践中研究如何将大规模测试项目中数学学科表现标准的开发方法推广至中小型规模测试项目中,以及如何利用基于测试的表现标准为数学教育服务,发挥其重要作用。上述的研究流程如图 1-1 所示,在实际过程中,也有适当的理论与实践研究的交叉,并不完全遵循理论在前实践在后的原则。对于实践的比较研究,需要模拟多种测试类型,将 PISA 的精熟度量尺法与 TIMSS 的量尺锚定法分别应用于中等规模、小型规模的测试项目中,总结这两种方法的精度与效度的影响因素,以便于在其基础上进行改良,开发面向中小型规模的表现标准建构算法。

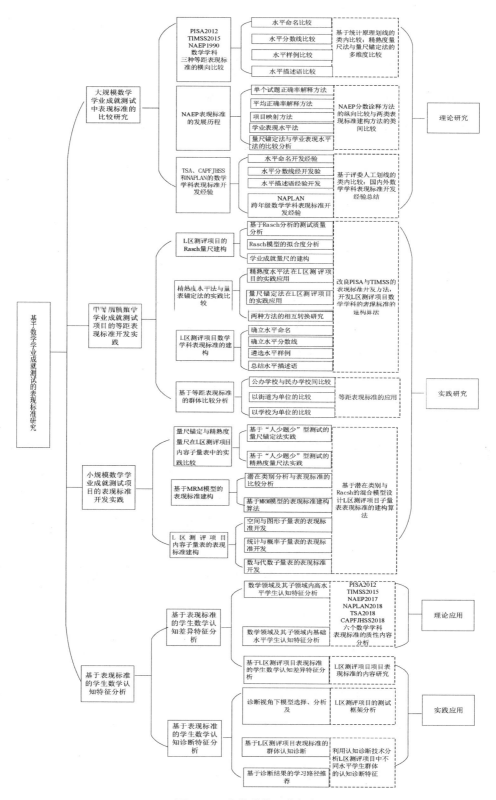

图 1-1 本书整体研究框架

四、本书研究目的

针对我国基于标准的评价处于发展的起始阶段，而它山之石可以攻玉，总结国内外学业成就测试中表现标准的开发经验，可以为建立本土化的基于测试的表现标准提供相应的研究启示。总的来说本书的研究目的如下：

（1）通过比较与实践研究，将国内外大规模学业成就测试中的表现标准开发方法推广到本土的中小型规模测试中。

建构表现标准已成为国内外大规模学业成就测试中不可或缺的环节之一，根据表现标准中相邻水平分数的划分方法，可以将表现标准分为两类：第一类为基于统计原理划线的表现标准，第二类为基于评委人工划线的表现标准，两者的开发方法与原理也截然不同①。遴选出一批典型的、具有代表性的大规模学业成就测试的两类表现标准进行研究，从理论与实践两个方面比较这些表现标准的异同，研究如何将适用于大规模学业成就测试的方法推广至中小型规模的学业成就测试中，为建立本土化的表现标准提供技术参考和研究启示。

（2）通过实践研究如何利用基于测试的表现标准为数学教育服务。

当前，学业评价的目的正在发生转变，由强调区分选拔转向促进学习②。通过学业评价"创造适合儿童的教育"已成为学业评价发展趋势，在学业成就测试中建立表现标准也同样地可以为总的学业评价目的服务。在表现标准的开发过程中，将学生划分为不同的水平并进行水平特征描述，这也是建立学习者模型的一个重要环节，且认知水平是学习者最重要的特征之一③。通过建构表现标准，首先提取不同水平学生间的数学认知差异特征，然后根据这些特征提供适合其认知水平的学习任务，从而实现促进学习的评价目标。怎样提取这些认知特征，又怎样设计相应的学习资源推荐方法是本书研究的另一个问题。

五、本书研究方法

比较研究方法，是指对两个及其以上的事物进行对比分析，找出相似性与差异

① 张咏梅. 大规模学业成就调查的开发：理论、方法与应用［M］. 北京：北京师范大学出版社，2015：138.
② 崔允漷. 促进学习：学业评价的新范式［J］. 教育科学研究，2010（3）：11 – 15 + 20.
③ 杨玉芹. MOOC学习者个性化学习模型建构［J］. 中国电化教育，2014（6）：6 – 10 + 68.

性的一种研究方法①。在教育学领域中，通常需要将来自不同国家或地区的教育制度或实践进行比较分析以找出规律性与特殊性，这是一种常见的教育学研究方法②。在本书中，既使用了横向比较研究方法又使用了纵向比较研究方法。在横向比较研究中，对于采用第一类表现标准的 PISA 2012 数学学科表现标准、TIMSS 2015 数学学科表现标准及 NAEP 1990 数学学科表现标准进行比较。虽然这些都是基于统计原理建构的数学学科表现标准，但是在表现标准的四个组成要素上具有较大的差异，需要从四个维度：水平命名、水平分数线、水平样例与水平描述上对这三个等距表现标准进行深入分析。在纵向比较研究中，NAEP 1990 采用的是等距数学学科表现标准，但由于 1991 年的《2000 年美国：教育战略》法案颁布规定四、八、十二年级学生在 2000 年时数学学科需要达到合格水平，NAEP 采用标准设定的方法建立了第二类表现标准，以 NAEP 为载体进行 NAEP 分数诠释历史的纵向比较，着重对于第一类与第二类表现标准进行比较分析。需要指明的是，至于选择哪个年份的表现标准进行比较则并不重要。因为根据测量学规律，当你需要测试变化的时候，你的测量工具最好不变，所以 NAEP 不会轻易改变测量的内容标准，采用哪一年的表现标准进行研究影响都不大，采用多年前的 NAEP 表现标准并不意味着就是落后的。同时将比较研究法和历史研究法相结合，追溯 NAEP 数学表现标准的发展历史、过程和规律，研究大规模学业成就测试技术领先者 NAEP 制定表现标准的来龙去脉，更有利于把握表现标准的实质原理。

内容分析法，是对研究对象的内容进行深入分析，提取研究对象规律的一种研究方法。内容分析法起源于传播学，研究者需要对媒体传播的信息进行质与量的分析，提取传播的重点、内容的倾向性、传播路径等规律，是传播学中最重要的研究方法。美国传播学研究者 Bernard Berelson 指出："内容分析是一种对传播内容进行客观、系统和定量描述的研究方法。"③ 邱均平教授总结了内容分析法的步骤如下：提取研究问题—确定分析单元—制定类目系统—内容编码与统计—解释与检验④。由于本书仅对六个表现标准的水平描述语进行内容分析，文本容量相对较少，所以采用质性分析为主定量分析为辅的内容分析方法，在内容法编码过程中，采用扎根理论的编码方式，对表现标准的描述语进行开放式编码与主轴式编码，提取六个表现标准的共同特征⑤。同时利用计算机软件，提出六种表现标准中描述语的词频，构建

①　林聚任，刘玉安 . 社会科学研究方法［M］. 济南：山东人民出版社，2004.

②　蒋凯 . 比较教育研究方法的相关问题分析［J］. 教育研究 . 2007，28（4）：35 – 40.

③　ALLEN B，窦平安 . 图书情报学研究中的内容分析法［J］. 国外情报科学，1993，11（1）：27 – 30.

④　邱均平，邹菲 . 关于内容分析法的研究［J］. 中国图书馆学报，2004，30（2）：12 – 17.

⑤　陈向明 . 扎根理论的思路和方法［J］. 教育研究与实验，1999（4）：58 – 63 + 73.

词云，利用这些量化辅助方法归纳六个表现标准描述的共同特征。

量化研究法，从研究框架分析可以看出，量化的研究方法主要是依据 L 区测评项目的测量数据进行量化研究。与教育研究中传统的实证研究不同，采用计算教育学背景下的研究范式，本书不需要经历预先研究设计与理论假设，而是从自然状态的 L 区测评项目的测试数据出发，自下而上地处理数据，研究中小型规模学业成就测试的表现标准建构算法。基于海量的认知测量数据建构表现标准是典型的数据密集型研究，基于数据科学与机器学习算法对学生与试题进行分类，与当今科学研究的发展趋势"科学研究正在经历从经验、理论、仿真向数据密集型范式的变革"是相同的 ①。整个实证研究可以分为三个部分，第一部分是将 PISA 的精熟度量尺法与 TIMSS 量尺锚定法进行实践比较，分别将这两种等距表现标准的开发方法应用于 L 区测评项目，总结两种方法在使用中遇到的问题，在此基础上通过融合与改良开发新的算法，建构 L 区测评项目的数学学科等距表现标准。第二部分是研究在潜在类别分析的基础上，为小型学业成就测试开发自动的表现标准建构算法，特别是水平分数线和水平样例的智能确定算法开发。第三部分则是利用认知诊断模型，对不同水平学生进行一个群体认知诊断，发现处于低水平学生不知道什么和不能做什么，以诊断的视角进行水平描述，目的是提供更加丰富的测试信息，帮助学生提高数学认知水平。

---

① 郑永和，严晓梅，王晶莹，等. 计算教育学论纲：立场、范式与体系 [J]. 华东师范大学学报（教育科学版），2020，38（6）：1-19.

第二章　大规模学业成就测试中
表现标准的比较研究

　　依据水平分数线的确定方法，可以将研究对象中的六个表现标准分为两类：第一类为基于统计原理划线的表现标准，包括 PISA、TIMSS 与 NAPLAN 制定的表现标准；第二类为基于评委人工划线的表现标准，包括 NAEP、TSA 与 CAPFJHSS 制定的表现标准。本章将从类内与类间比较的两个维度对六个表现标准进行比较研究，分析差异和归纳共性的同时也为下一部分的实践研究提供理论支撑。

一、类内比较研究一：几种等距表现标准的横向比较分析

　　国际大规模学业成就测试通常将被试的成绩进行量尺化，将不同年度、不同群体、不同个体的测试成绩放置于同一连续量尺中，以便进行群体比较和趋势比较。PISA 和 TIMSS 都采用均值为 500，标准差为 100 的量尺度量学生的测试成绩。由于与传统的百分制完全不同，怎样理解这种量尺分数，需要提供更多与之配套的辅助信息。例如在 PISA 2012 中，我国香港地区学生的数学平均成绩为 561，澳大利亚学生的数学平均成绩为 506。561 分与 506 分别意味着什么？55 分的差异又意味着什么？回答这些问题需要通过分数解释去寻找分数背后的意义。

　　教育测量学家 Angoff 认为，我们需要了解分数本身的意义和其所代表的内容，分数意义至关重要，如果没有意义，分数本身就毫无用处；而且如果用一个没有意义的分数来传递考试成绩的价值，那么考试就不再是一个测量工具，而仅仅是学生对一系列项目的练习①。由此可见，如何通过分数解释向公众传达量表得分的意义是教育测量的关键步骤，而物理测量在测量数值的解释方法上为心理测量提供了方法

---

　　① ANGOFF W H. Scales, norms, and equivalent scores [M]. Princeton：Educational Testing Service, 1984.

上的参考。在物理测量中，参照点和单位是物理测量数值解释的必备要素①，如在摄氏温度量表中，0 ℃与100 ℃是参照点，将0 ℃与100 ℃两者定义的数值区间平均分为100个等份，每个等份记为1 ℃，这样也就产生了单位。还将在标准大气压下冰水混合物的温度定为0 ℃，沸水的温度定为100 ℃，由于两个参照点有实际意义的解释，普通民众很容易就理解了温度的摄氏度量。任意给定一个其他温度值，就会去和参照点进行对比，从而对其他的温度数值有着直观的认识。虽然心理测量是一种间接测量，而温度测量是一种直接测量，与温度测量相比心理测量更加复杂，但是心理测量与温度测量一样，需要对测量数值进行解释，寻找数值背后的意义。表现标准建立的最初目的就是帮助公众了解测试分数背后的意义，通过水平划分、水平描述语和水平样例呈现给普通公众丰富的测试信息，同时还为数据的分析提供了更加丰富的比较维度。在本节中，主要对第一类表现标准的两种开发方法进行比较研究，一种是TIMSS、NAEP采用的量尺锚定方法，另一种是PISA采用精熟度量尺方法。

（一）等距表现标准的理论基础

量尺锚定是由NAEP首先提出的一种量表分数解释方法，该方法正是将摄氏温度量表的数值解释原理迁移到学业成就量表中，在量表中精心选择一些分数作为锚点（参照点）并进行直接分数解释，量表上其他数值点以锚点为参考进行间接分数解释，按此思路实现对整个学业成就量表分数的解释。锚定表示的是人们评价人与事物的时候，往往与过去使用过的评价相联系。锚代表的是基点，例如评价时与第一印象或第一信息相联系，这种第一印象或第一信息正是评价的基点，基点就像锚一样，将整个评价量尺固定好。

随着NAEP的使用，PISA与TIMSS将量尺锚定方法进行改良，建立属于各个学科和各个年级的学业量尺，并进行分数解释。但是到了20世纪90年代之后，由于NAEP评估结果越来越重要，《2000年美国：教育战略》法案规定到2000年美国四、八、十二年级的学生在英语、数学、科学、历史和地理上都应该达到合格水平，所以NAEP采用另一种具有法律和政策效力的表现标准开发方法——学业成就水平来报告学业评估的结果②，但是PISA与TIMSS一直将该方法沿用至今。其中，TIMSS

---

① 张敏强. 教育测量学［M］. 北京：人民教育出版社. 1998.

② BOURQUE M L. A history of NAEP achievement levels：Issues, implementation, and impact 1989—2009［R/OL］.［2023 - 12 - 25］. https：//www. nagb. gov/reports-media/reports/history-naep-achievement-levels-1989-2009. html.

几乎不加改变地继承了 NAEP 的量尺锚定方法，而 PISA 将该量尺锚定的方法改进为精熟度量尺方法，国内文献也将其翻译为精熟度水平划分，该方法由澳大利亚教育研究委员会（ACER）负责开发①。精熟度量尺方法总的思想是尝试在分数量尺中寻找一些分数线，将整个量尺划分为若干等级，然后对每个等级进行描述，解释处于某个等级的学生知道什么和能够做什么。虽然表述不同，但是分数线与锚点的作用是相同的，两者都是将整个量尺分为若干个水平，在此基础上进行表现水平描述，进而制定表现标准。

NAEP、PISA 与 TIMSS 均采用了项目反应理论（IRT）估计学生能力与项目参数，IRT 将学生能力的估计值和项目难度的估计值置于一个连续量尺中。在这个连续量尺中某一点，既可以表示学生的能力参数值也可以表示项目的难度参数值。在 IRT 模型中，学生的能力可以通过其答对项目的比例与难度来估计，项目的难度可以通过答对该项目的考生比例和学生的能力来估计，两者相互联系。对于处于量尺中某个位置的学生，有着很大的可能性成功完成难度位于该位置以下的项目，难度越小成功可能性就越大，而对于难度位于学生个人位置以上的项目则成功可能性会变低，难度越高成功可能性就越小。这种关系可以通过 PISA 技术报告中示意图来表示，图 2-1 根据 PISA 的技术报告翻译而得。

如图 2-1 所示，在 PISA 数学素养量尺中，从下往上代表着被试的数学素养水平由低到高，图中六个不同难度的项目，三个不同能力的被试都对应着量尺的某个位置，并描述了这三个学生正确回答六个项目的可能性高低。从图 2-1 可以看出，被试在量尺上的得分与其能够正确回答项目数量及项目难度相关，如果想要知道处于量尺中某个位置的被试知道什么和能够做什么，可以通过其能够正确回答的测试项目考查的知识与技能分析而得。简而言之，学生正确回答了某个项目，就可以认为学生具有很大的可能性掌握了项目考查的知识与技能。为了解释量表上的某个分数，就需要挑选出处于这个位置的学生能够以高可能性正确回答的项目，将这些项目进行归类，分析提炼这一类项目考查了什么知识与技能，从而可得这个分数的学生以高可能性掌握这些知识与技能，实现水平描述语的构建。对于这种可能性则称为响应概率（RP），通常将 RP 值设置为 2/3 或 1/2②。

① OECD. PISA 2012 Technical Report [EB/OL]. (2014-02-11) [2023-12-26]. https：//www.oecd.org/pisa/pisaproducts/pisa2012technicalreport.htm.

② OECD. PISA 2012 Technical Report [EB/OL]. (2014-02-11) [2023-12-26]. https：//www.oecd.org/pisa/pisaproducts/pisa2012technicalreport.htm.

数学素养量尺

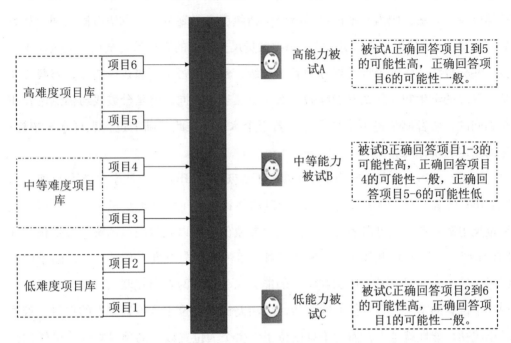

图 2-1　同一量尺中学生与试题项目的关系

按此原理，量尺锚定方法需要在数学学业成就量尺上精选出若干个锚点，以 NAEP 1990 的八年级数学量尺为例，四个锚点分数线分别为 200、250、300、350，除了最高水平与最低水平之外，等级宽度相同为 50 分。类似地，在 TIMSS2015 的八年级数学量尺中，4 个锚点分数从低到高分别为：400、475、550、625，除了最高水平与最低水平之外等级宽度相同且为 75 分。精熟度量尺方法则是按照一定的规则划定相邻两个等级的分数线，以 PISA 2012 的数学素养量尺为例，等级分数线分别为 357.8、420.1、482.4、544.7、607.0、669.3，同样地除了最高水平与最低水平之外，等级宽度相同且约为 62.3 分。三者虽然水平的数量不同，但是除了最高水平与最低水平之外相邻两个等级之间的距离是相同的，表现为一种等距的形式。虽然 NAEP、TIMSS 和 PISA 均采用第一类表现标准，但由于每个测试的框架、开发者、测试项目与测试数据均有所不同，NAEP 1990 与 TIMSS 2015 采用的是量尺锚定法，而 PISA 一直采用的是精熟度量尺方法，所以三者存在很多差异，需要通过进一步的比较分析予以呈现。本节以 NAEP、TIMSS 的八年级数学测试及 PISA 的数学测试为例，从表现标准制定的四个维度：水平命名、水平分数线、水平描述语和水平样例进行比较，分析异同，总结源于 NAEP、TIMSS 和 PISA 表现标准的制定经验，以期为大规模学业成就测试的本土化实践提供一定的研究启示。

（二）水平分数线的比较研究

1. 量尺锚定中水平分数线的确定方法

NAEP 1990 数学学业成就量尺的分数范围从 0 到 500，均值为 250，标准差为 50，在该量尺中选出的 4 个锚点分数分别为：350、300、250 和 200，依次高于均值 2 个标准差、1 个标准差和低于均值 1 个标准差，等级宽度为一个标准差。考虑到得分精确地等于 4 个锚点分数的学生较少，样本量小不利于统计分析，将锚点精确条件放宽至 ±12.5 分范围之内，同时统计出得分在该范围内的学生。按此方法就产生了一个同质的学生群体（就成绩而言），而且同质性学生群体都有足够多学生，且相邻两个锚点间的距离足够远以保证区分学生的表现水平①。

TIMSS 2015 同样地以标准差为单位的选择锚点，每个锚点对应一个基准水平。先进标准高于平均值 1.25 个标准差，高级标准为高于平均值 0.5 个标准差，中级标准低于平均值 0.25 个标准差，低级标准为低于平均值一个标准差，水平宽度为 0.75 个标准差，四个锚点分数为：625、550、475、400。同样地为了获得更大样本的同质性群体，TIMSS 2015 将锚点精确条件放宽至 ±5 分之内②。两种锚点分数与锚点分数范围如表 2 - 1 所示。

表 2 - 1　NAEP 1990 与 TIMSS 2015 表现标准的锚点及范围

NAEP 1990 锚点	200	250	300	350
NAE 1990 锚点分数范围	[187.5, 212.5]	[237.5, 262.5]	[287.5, 312.5]	[337.5, 362.5]
TIMSS 2015 锚点	400	475	550	625
TIMSS 2015 锚点分数范围	[395, 405]	[470, 480]	[545, 555]	[620, 630]

2. 精熟度量尺中水平分数线的确定方法

PISA 在等级分数线的确定过程中秉持一个重要的原则：对于处于同一水平的学生与该水平对应水平支撑样例组，处于该水平最低端的学生（MCC）完成该水平样例组所有项目的成功概率应该大于失败概率，换个角度就是说 MCC 预期能正确地回答该水平样例组的一半以上试题。依据学业成就量尺，若 MCC 预期可以正确地完成至少 50% 的水平样例，那么每个水平中部和顶部的学生将期望获得更高的成功率（大于 50%），水平最高端学生将是掌握该水平所有支撑样例的学生，会以较大的可

①　BEATON A E, ALLEN N L. Interpreting NAEP Scales Through Scale Anchoring [J]. Journal of Educational Statistics, 1992, 17 (2): 191 - 204.

②　MULLIS I V S, MARTIN M O, FOY P, et al. TIMSS 2015 International Results in Mathematics [EB/OL]. (2016 - 11 - 01) [2024 - 01 - 02]. https://timssandpirls.bc.edu/timss2015/international-results/advanced/#side.

能性正确回答该水平样例组的大部分测试任务。但是，当学生处于某个水平的顶部边界时，他们也将处于上一水平的底部边界，按 PISA 的水平定义，他们应该至少有解决上一水平样例组一半以上任务的可能性。同时 PISA 还要求学生处于每个水平的意义是相同的，即除了最高水平与最低水平之外，等级在量尺中的宽度是相同的。

根据以上原则 PISA 确定了三个重要变量：A1，处于该水平的学生预期完成该级别样例组所有试题的平均成功概率（对于某个水平的 MCC 建议设置为 50% 左右，对于该水平的其他学生则更高）；A2，等级的宽度（主要取决于等级中所有试题的认知需求，及学生在试题上的表现）；A3，处于等级中间水平的学生正确回答所有该等级的平均难度水平试题的概率，即学生与试题位于量尺相对应的位置时，学生正确回答该试题的预期成功率，与标准设定中的 *RP* 值类似。三个变量的关系如图 2 - 2 所示。

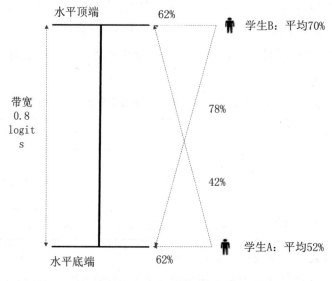

图 2 - 2 三个变量的关系①

在图 2 - 2 中，A1 为 52%，即处于水平最底端的学生 A，预期正确回答处于该水平内所有试题的平均成功率为 52%，学生 A 正确回答处于水平底端试题的概率为 62%，正确回答处于水平顶端试题的概率为 42%，平均为 52%；A2 为 0.8 个逻辑斯特单位，表示等级带宽；A3 为 62%，当学生与试题都对应着量尺中的同一位置时，学生正确回答该试题的预期概率为 62%。因此，学生 A 正确回答与其处于同一位置

① OECD. PISA 2012 Results: What Students Know and Can Do: Student Performance in Mathematics, Reading and Science (Volume I) [EB/OL]. (2014 - 02 - 01) [2023 - 12 - 25]. https: //www.oecd-ilibrary.org/education/pisa-2012-results-what-students-know-and-can-do-volume-i_ 9789264201118-en.

试题（水平底端）的预期成功率为 62%，学生 B 正确回答与其处于同一位置试题（水平顶端）项目的预期成功率同样为 62%。对于处于水平最高端的学生 B，回答该水平内所有试题的预期平均成功率为 70%，学生 B 正确回答处于水平顶端试题的概率为 62%，正确回答处于水平底端项目的概率为 78%，平均为 70%。

对于三个变量，首先根据学生的测验表现情况与认知需要确定带宽 A2 值（例如取 0.8 logits），再选定一个 A1 值（例如 52%），然后根据 A1 与 A2 求解出一个所有等级的共同 A3 值，即使得当各水平能够同时确保"50% 原则"，这样才能保证每个等级的解释是一致的。A3 满足如下不等式：

$$A3 \geqslant \frac{\exp\left(A2/2\right)}{1 + \exp\left(A2/2\right)}$$

在 PISA 中，$RP = 0.62$ 满足上述不等式的带宽范围高达 0.97 logits。在所有的等级中，最高水平与最低水平是无界的，在量尺的最高端学生意味着可以正确完成测试所有的项目的概率极高，在量尺的最低端意味着几乎不可能完成任何一个项目，这些等级分数明显缺乏解释的价值，但是中间各等级的宽度需要保持一致，以确保每个等级采用相同的分数解释原则。

3. 水平分数线的比较小结

虽然在量尺锚定方法中将水平分数线称为锚点，但两者的本质是相同的，所以本书统称为水平分数线。从上述分析可以看出，两种水平分数线的确定原则与标准是有所不同的，采用的统计原理也不同，导致水平数量和水平分数线不同且差异较大。不仅 PISA 与 TIMSS 的差异较大，同样在 TIMSS 不同轮次的测试中都有所不同，例如 TIMSS 1995 与 TIMSS 1999 采用的是百分等级法进行锚点设置，相邻两个锚点之间的距离采用百分等级度量，采用第 25、50、75 和 90 个百分位数作为锚点①，若按此方法制定的表现标准不仅不是等距的水平，且由于 TIMSS 每个周期的参与国家（地区）不同，百分位会随每个周期的变化而变化，导致无法衡量趋势，因此需要保持量尺的稳定性。在 2004 年 3 月的 TIMSS 项目管理会议上，专家们决定采用与 PISA 等类似的等距表现标准，以 0.75 个标准差作为水平宽度，4 个水平分数线从高到低分别为：625、550、475、400②，数学与科学相同且在以后轮次中保持不变，如在

① BEATON A E，MULLIS I V S，MARTIN M O，et al. Mathematics achievement in the middle school years：IEA's Third International Mathematics and Science Study（TIMSS）[EB/OL].（1996 – 11 – 01）[2019 – 10 – 30]. https：//timss. bc. edu/timss1995i/TIMSSPDF/BMathAll. pdf

② MARTIN M O，MULLIS I V S，CHROSTOWSKI S J. TIMSS 2003 Technical Report [EB/OL].（2004 – 11 – 16）[2024 – 01 – 03]. https：//timssandpirls. bc. edu/timss2003i/technicalD. html.

TIMSS 2015 中四个分数线仍然为 625、550、475、400[①]。如果从数值的视角，TIMSS 2003 采用的标准差法与 TIMSS 1999 采用的百分等级法所确定的四个锚点分数相差并不大，具体可见表 2 - 2。从 PISA 2012 的水平分数线确定过程中可以看出，PISA 试图以最原始的 Rasch 数学成就量尺为基础，相邻两个水平分数线之间距离采用的逻辑斯特距离度量，通过线性变换后转化为水平分线分别为 358、420、482、545、607、669。同样地，从 PISA 2000 开始，在后续的测试轮次中均保持该水平分数线不变。

不同测试项目的水平分数线源于不同的学业成就量尺，难以直接比较。为了相互间的比较，我们将这些分数转化为 Z 分数进行统一分析。由于三个测试项目均采用 IRT 估计被试的能力，与经典测量理论相比，IRT 估计出的被试能力值更加接近正态分布，因此将这些分数线转化为 Z 分数可以从常模解释的角度进行分析。按此方式，将三种方法的分数线都转化为以 0 为均值，以 1 为标准差的 Z 分数，转化的结果如表 2 - 2 所示。在表 2 - 2 中，TIMSS 与 PISA 量尺分均值为 500，标准差为 100，分数范围为（0，1000）；NAEP 量尺分均值为 250，标准差为 50，分数范围（0，500）。在与平均值的距离一栏，其中 + 代表高于平均值，- 代表低于平均值，例如 +1.25 代表高于平均值 1.25 个标准差。TIMSS 与 NAEP 均采用 4 个锚点，而 PISA 采用的是 6 个水平。

表 2 - 2　三个等距表现标准的水平分数线比较

TIMSS 2015	水平分数线	625		550		475	400
	与平均值的距离	+ 1.25		+ 0.5		- 0.25	- 1
TIMSS 1999	水平分数线	656		587		509	425，
	与平均值的距离	+ 1.56		+ 0.87		+ 0.09	- 0.75
PISA 2012	水平分数线	669	607	545	482	420	358
	与平均值的距离	+ 1.69	+ 1.07	+ 0.45	- 0.18	- 0.8	- 1.42
NAEP 1990	水平分数线	350		300		250	200
	与平均值的距离	+ 2		+ 1		+ 0	- 1

从表 2 - 2 可以看出，在最高水平分数线中，NAEP 1990 高于平均值 2 个标准

① MULLIS I V S, MARTIN M O, FOY P, et al. TIMSS 2015 International Results in Mathematics [EB/OL]. (2016 - 11 - 01) [2024 - 01 - 02]. https：//timssandpirls. bc. edu/timss2015/international-results/advanced/#side.

差，从 Z 分数的视角看是所有分数线中最高的，若学生的量尺分完全服从标准正态分布，则高于两个标准差的学生比例约为 2.5%，因此能够参照的学生比例有限，参考作用不高，代表性不强，位置的设置是值得商榷的。从 NAEP 1992 以后包括 NA-EP 2017 在内，虽然采用分数解释方法不同，但是最高等级分数设置为 333 分，高于平均值 1.66 个标准差，适当降低了最高标准的分数线从而使得可以参照解释的学生比例提高。TIMSS 2015 高于平均值 1.25 个标准差，PISA 2012 则高于平均值 1.69 个标准差，从 Z 分数视角这些分数线代表的学生百分等级范围较为合理，代表性更佳。

在最低水平分数线中，PISA 2012 低于平均值 1.42 个标准差，TIMSS 2015 与 NAEP 1990 均低于平均值 1 个标准，从 PISA 公布的数据上得，处于水平 1 的学生约占总学生的 8%，从该百分等级的范围来看，其参考作用还是较大的。因此，从以上分析可以看出，设置过高或过低的水平分数线都会导致处于某个水平的学生数量过少，使得表现标准的设立缺乏分数解释的价值，总的来说四个测试项目中的所有水平分数线的 Z 分数均介于低于平均值 1.42 个标准差到高于平均值 2 个标准差之间。

（三）水平样例的比较研究

1. 量尺锚定中水平样例的选择方法

在量尺锚定方法中，NAEP 1990 和 TIMSS 2015 将水平支撑样例的遴选过程称之为锚题。锚题简而言之就是将试题与锚点对应，通过遴选为每个锚点对应一类试题。锚题的过程需要对每一个试题进行统计分析，根据高难度试题正确回答该试题的学生百分比低，低难度试题正确回答该试题的学生百分比高的原理，将试题对应到各个锚点中。对每个试题，计算出在每个锚点对应的学生群体正确回答该项目的百分比，从低分值锚点开始逐个判断该试题可以被哪个锚点锚定，整个过程如下：

设 4 个锚点分数从低到高分别为：S_1、S_2、S_3、S_4；分数位于锚点范围 $[S_i - \delta, S_i + \delta]$（$i = 1, 2, 3, 4$）内的学生构成的同质性学生群体为 G_1、G_2、G_3、G_4。对于每一个试题，按如下规则将其归类至某个锚点：

（1）满足以下条件的试题将被锚定至 S_1 锚点：

在 G_1 中，至少有 65% 的学生答对了该试题，因为 S_1 是最低锚点，已经没有更低的水平，故只需考虑这一条件。

（2）满足以下条件的试题将被锚定在 S_2 锚点：

在 G_2 中至少有 65% 的学生答对了该试题，且在 G_1 中答对该题目的比例不足 50%。

（3）满足以下条件的试题将被锚定在 S_3 锚点：

在G_3中至少有65%的学生答对了该试题，在G_2中答对该题目的比例不足50%。

（4）满足以下条件的试题将被锚定在S_4锚点：

在G_4中至少有65%的学生答对了该试题，在G_3中答对该题目的比例不足50%。

值得注意的是，按上述方法并不能将所有的试题都归类到每个锚点中。为了使得每个锚点的水平描述依据更加完善，可以将65%的标准适当降低至60%，按此方式可以将更多的试题对应至锚点上，使得锚点的描述更具代表性。同理，50%代表着处于低一级锚点水平的学生正确回答相邻的高级别锚定项目的预期百分比为50%，在锚定的过程中也可以适当改变。这两个RP值的具体选择标准与实际意义将在下文中继续讨论。为了呈现水平样例遴选的结果，本书为每一锚点呈现一个水平样例如下文所述：

TIMSS 2015 八年级数学低基准水平样例：3^3的值为（　　　　）。

A. 6　　　　　　B. 9　　　　　C. 27　　　　　D. 33

TIMSS 2015 八年级数学中级基准水平样例：下列数据表显示了一叠纸中纸的数量与这叠纸的高度，请补充完整该表格。

每叠纸中纸的数量（张）	100	150	200
每叠纸的高度（毫米）	8		

TIMSS 2015 八年级数学高级基准样例：如图所示，一个矩形的长为l，宽为w。如果将这个矩形的长变为原来的两倍，而宽保持不变，形成一个新矩形，则矩形的面积为（　　）

A. $S = 2l + 2w$　　　B. $S = 2l + 4w$　　　C. $S = 2lw$　　　D. $S = 4lw$

TIMSS2015 八年级先进基准水平样例：Ahmed 在前 4 次测试中得分分别为：9，7，8，8，且考试的满分为 10 分。Ahmed 又考了一次，希望自己的平均成绩达到 9 分。Ahmed 可能做到吗？请解释你的答案。

2. 精熟度量尺中水平样例的选择方法

由于 PISA 采用 IRT 模型将项目难度参数与被试能力参数放置于同一把量尺中，在量尺中设立水平分数线不仅将被试能力进行了层级划分，而且还对试题也进行了层级划分，并利用 RP 值将两种水平分级进行相互对应，按此方式实现了水平样例的遴选。且 PISA 通过绘制项目地图（类似细目表如表 2 - 3 所示）的形式，对每个项目都进行详细描述，特别是对每个项目进行了认知需求分析，从而为水平描述奠定基础。结合 PISA 释放的样例，在每个等级中选用一个问题呈现 PISA 的水平样例遴选结果。

表 2 – 3　PISA20212 数学学科项目地图的部分内容①

项目名称	对应等级	项目认知需求分析
旋转门第二问	6	解释现实生活中的一个几何模型来计算弧的长度
攀登富士山第二问	5	计算给定两种不同速度下旅程的开始时间、总行程和结束时间
攀登富士山第三问	5	用 km 表示的长度除以一个特定的数字，用 cm 表示
旋转门第三问	4	使用推理来制定和应用一个涉及多个步骤的比例模型
旋转门第一问	3	计算圆扇形的圆心角
攀登富士山第一问	2	给定总数和时间段（提供日期），计算每日平均人数
图表问题第二问	1	阅读柱状图，比较两个柱状图的高度
图表问题第一问	低于 1 级	阅读柱状图

图表问题是 PISA 2012 数学测试中难度较低的两个样例，涉及的是柱状图的阅读，其考查的知识与技能是水平 1 学生能以较大的概率掌握的，问题描述如表 2 – 4 所示。

表 2 – 4　PISA 2012 数学样例 1：图表问题

图表问题

1 月，4U2Rock 乐队和 The Kicking Kangaroos 乐队同时出新唱片。今年 2 月，No One's Darling 乐队和 Metalfolkies 乐队的唱片发行了。下面的图表显示了四支乐队从 1 月到 6 月的销售情况。

问题 1：The Metalfolkies 乐队 4 月份卖出了多少张唱片？

A. 250　　　　B. 500　　　　C. 1000　　　　D. 1270

问题 2：哪个月，No One's Darling 乐队的唱片销量第一次超过了 The Kicking Kangaroos 乐队？

A. 不存在这样的乐队　　B. 三月　　　　C. 四月　　　　D. 五月

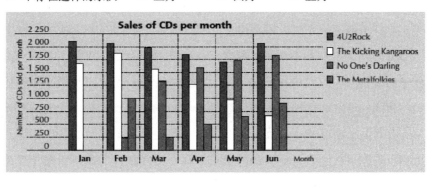

① OECD. PISA 2012 Results：What Students Know and Can Do：Student Performance in Mathematics，Reading and Science（Volume I）［EB/OL］.（2014 – 02 – 01）［2023 – 12 – 25］. https：//www. oecd-ilibrary. org/education/pisa-2012-results-what-students-know-and-can-do-volume-i_ 9789264201118-en.

攀登富士山问题属于 PISA 2012 数学测试中难度较高的题组，该题组中的问题二与问题三都属于水平 5 的支撑样例，对应的难度值较高，对于高水平学生来说正确回答的概率高，而对于低水平学生来说正确回答的概率低，问题的整体描述如表 2 - 5 所示。

表 2 - 5 PISA2012 数学样例 2：攀登富士山问题

攀登富士山问题

富士山是日本著名的休眠火山。

问题 1：富士山每年只在 7 月 1 日至 8 月 27 日对公众开放。在此期间，大约有 20 万人攀登富士山。平均每天有多少人攀登富士山？

A. 340 B. 710 C. 3400 D. 7100 E. 7 400

描述：给定一个人总数和特定时间段（提供日期）的求每日平均；内容：数量；情境：社会；过程：建模；选择题难度：464；难度等级：2。

问题 2：攀登富士山的 Gotemba 步道大约有 9 km，来回的路程为 18 km，攀登者需要在晚上 8 点前返回。托希估计，他能以平均每小时 1.5 km 的速度上山，以两倍的速度下山。这些速度考虑到了用餐时间和休息时间。根据托希的估计速度，他最迟什么时候可以开始步行，以便在晚上 8 点前回来。

问题 3：托希在 Gotemba 步道上行走时戴着计步器来计算他的步数。他的计步器显示他向上走了 22500 步。估计 Toshi 在 Gotemba 小径上行走的平均步长为 9 公里。用厘米（cm）表示你的答案。答：_____厘米。

---

3. 水平样例的比较小结

从两种水平样例遴选的方法可以看出，同质性群体正确回答某个项目的概率（实证 P 值）是试题锚定与对应的主要量化依据，通过设置较为宽松的实证 P 值可以使得锚点锚定较多的项目（等级对应较多项目），反之亦然。RP 值可以从两个角度进行理解，一是能力相同的学生群体预期正确回答某个项目的百分比，即假设有 100 个能力相同的学生，答对某个项目的学生数量是多少；二是处于某个能力的学生预期正确回答与其能力相当难度的试题百分比，即假设有 100 个难度相同的试题，某个学生预期答对这些试题数量是多少。在水平样例的遴选过程中，TIMSS 和 NAEP 采用的是前一种 RP 值，而 PISA 采用的是后一种 RP 值，但从项目反应理论的原理可以看出，这两种 RP 值本质是相同的。通过设立不同的 RP 值，在量尺锚定中影响每个锚点锚定试题的多少，在精熟度水平设置过程中影响每个水平的带宽为中介，间接影响到水平样例的数量。

在分数解释的过程中，到底要将 RP 设立为多少呢？通常情况下，推荐将 RP 值设立为 0.67 约为 2/3，例如在 TIMSS 2015 中 RP 值取的是 0.65，在 PISA 2012 中 RP 值取的是 0.62，均位于 0.67 附近。为什么选用 0.67，主要有以下两个方面的原因：一是 2/3 在比例中通常意味着大部分与大多数，与锚点的定义（得分位于锚点处大部分学生知道什么和能够做什么）相符，与普通公众所认为"大部分"的概念相符；二是经 Huynh 的研究证实，当使用两参数逻辑斯特模型进行被试的能力参数估计时，项目的信息函数在 $P=2/3$ 处取得最大值①。但是 RP 值的设定一直是个富有争议的话题，TIMSS 在锚定的过程中也曾用以 $RP=0.8$ 作为标准②，也有文献就建议以 $RP=0.5$ 为标准③。理想的情况是试题分类不应该受到 RP 值的影响，但是由于在实际应用过程中，学生能力估计模型与算法的不同，与"掌握"对应的百分比定义不同，采用 RP 值有所不同。当 RP 值大于 0.67 时，采用的是较为严格的归类标准；当 RP 值大于 0.50 时，采用的标准则较为宽松，但是小于 0.50 时就没有意义，因为此时失败的概率大于成功的概率，并不能代表"掌握"概率意义。

（四）水平描述语的比较研究

1. 量尺锚定中的水平描述语

结束水平样例遴选过程之后，学科专家小组对与锚点对应的样例组进行综合评价和分析，任务包括如下三个：（1）逐个核对试题，审查学生正确回答每一个试题所需要的知识与技能，并对每个试题做一个简短的描述；（2）对于与锚点对应的多个水平样例，从知识、理解和技能的角度对这些试题进行详细归纳，从而实现对锚点的共性描述；（3）选择释放水平试题支持锚点的水平描述。NAEP 1990 八年级数学完整的锚点描述如表 2 - 6 所示。

---

① HUYNH H. On score locations of binary and partial credit items and their applications to item mapping and criterion referenced interpretation [J]. Journal of Educational and Behavioral Statistics, 1998 (23): 35 - 56.

② BEATON A E, MULLIS I V S, MARTIN M O, et al. Mathematics achievement in the middle school years: IEA's Third International Mathematics and Science Study (TIMSS) [EB/OL]. (1996 - 11 - 01) [2019 - 10 - 30]. https://timss. bc. edu/timss1995i/TIMSSPDF/BMathAll. pdf

③ WANG N. Use of the Rasch IRT model in standard setting: an item-mapping method [J]. Journal of Educational Measurement, 2003, 40 (3): 231 - 253.

表 2-6　NAEP 1990 八年级数学表现标准的锚点描述①

锚点分数	锚点描述
350	这个级别的学生能够用百分比进行估计和推理；能够识别科学记数法并找与其对应小数表示；能够运用面积和周长知识来解决图形问题；能够计算圆的周长和立体图形的表面积；可以应用勾股定理计算直角三角形的斜边，使用直角坐标系解决几何问题。 　　能够计算图表中数据的平均值，并列举概率问题的样本空间，了解分段函数及其图形；理解指数函数与多项式函数；了解偶数和奇数及其性质；可以识别图表中数据的线性关系，并求解线性方程和线性方程组；具备了一些三角函数的知识；学生可以使用数字、表达式和图形来表示和解释复杂的模式和数据；可以识别函数图像的零点，以及取函数绝对值后对图像影响。
300	这个级别的学生可以使用各种策略解决情境问题并解释他们的推理；不仅可以解决涉及整数，而且可以解决涉及小数和分数的问题；可以表示和找到等值分数，并在解决日常问题时使用百分比；可以计算一个数字的百分之一，并在简单的问题上使用这种技巧；可以使用加减乘除解决包含多个步骤的复杂问题。 　　可以在复杂情境下阅读和使用测量工具；计算矩形面积，识别测量单位之间的关系，并解决涉及相似三角形和比例尺的图形问题；知道平面上几何图形的定义和性质；能够了解空间图形及其三视图。 　　可以计算平均值，解释图表中的数据，列出样本空间中的可能排列组合，计算简单事件的发生概率，了解抽样误差；可以在简单情境下使用频率知识；可以化简代数表达式和求解线性方程；可以识别点的坐标和根据坐标值在坐标系上描点，可以求出正方形某个缺失顶点的坐标，并判断平面直角坐标系中的点是否满足线性方程。
250	这个级别的学生能够识别简单情境问题中的无关信息，可以适当地应用估算解决问题；对整数的加、减、乘、除有一定的了解；可以解决涉及整数的包含两个步骤的问题；能够将其他小数舍入至整数，并能解决包括位置、估算和倍数的应用题。 　　这个级别的学生可以用以厘米为单位的直尺测量长度，并对面积和周长有一定的了解，可以利用测量工具解决简单问题；了解三角形、正方形、矩形、圆和立方体的属性；可以利用观察、画或操作简单几何图形的来解决问题；能够从简单图表中（如饼图、数据表等）提取信息来解决问题；可以不是很严格地处理变量的概念，并对简单概率有一定的了解。
200	这个级别的学生可以采用加减法解决包含一个步骤的问题。可以完成整数的加减运算，当采用计算器时，可以完成乘除运算；能够从一组整数中选出最大的数；熟悉物体的长度与重量属性，并可以通过选择适当的工具和单位来测量这些属性；能够识别二维几何图形的一些基本性质，并能与数学标准名称对应。

①　BEATON A E, ALLEN N L. Interpreting NAEP Scales Through Scale Anchoring [J]. Journal of Educational Statistics, 1992, 17 (2): 191-204.

与 NAEP 1990 的锚点描述语稍有不同，TIMSS 2015 的锚点描述更加简洁，完整的描述语如表 2-7 所示，且两者详细的区别将在下一小节中详细量化分析。

表 2-7　TIMSS 2015 八年级数学表现标准的锚点描述①

锚点分数	锚点描述
625	学生能够在各种情境下应用数学解决问题；能够进行推理、概括抽象和求解线性方程组；可以解决各种涉及分数、比例和百分比的问题，并证实自己的结论；可以利用几何图形知识来解决较复杂图形的面积问题；理解平均值的含义，并能解决涉及平均值的问题。
550	学生可以在较为复杂的情境中应用他们的数学知识与数学理解；解决涉及不同类型数字与多种运算方式的问题；可以将分数、小数和百分数相互转化；对代数表达式进行相关基本操作；解决包含角的各种各样问题，如三角形、平行线、矩形等类似的图形问题；学生可以解释各种数据图表，并解决涉及概率的简单问题。
475	学生可以将基础数学知识应用于各种简单情况；学生可以解决负数、小数、百分数和比例等运算问题；学生对一次代数式和二维及三维图形有一定的了解；可以阅读和解释图表或表格中的数据；对机会与概率有一些基本的了解。
400	学生对整数和基本图形有一定的了解。

2. 精熟度量尺中的水平描述语

PISA 2012 邀请学科专家，测试开发人员和数学教师组成水平描述专家小组，举行为期 3~5 天的会议。在会议中，专家小组成员共同讨论和总结每个水平样例组中所有试题考查知识与技能的共性，加以归纳和描述最后形成共识，最终六个水平的等级描述内容如表 2-8 所示。PISA 对于最低水平不加以描述，原因可能有二：一是相应的水平支撑样例较少；二是处于该水平的学生认知能力有限，能解决的问题较少从而缺乏描述的价值。

---

① MULLIS I V S, MARTIN M O, FOY P, et al. TIMSS 2015 International Results in Mathematics [EB/OL]. (2016-11-1) [2024-01-02]. https://timssandpirls.bc.edu/timss2015/international-results/advanced/#side.

表 2−8 PISA 2012 八年级数学精熟度量尺的水平描述①

等级	范围	百分位	描述
6	669～1000	96.7%	学生可以对复杂问题情境进行分析和建模，在此基础上将情境问题概念化、抽象化和数学化，并在非标准的情境中应用他们的知识；可以联系不同的信息源，并在它们之间进行灵活的描述、翻译和转换；这个水平的学生具有高级数学思维和推理能力；可以理解和洞察问题情境，利用符号化、形式化和数学运算能力，开发新的问题解决策略以应对新的问题情境；这一层次的学生能够反思和准确地描述自己的解题行为，准确地表达自己的发现、解释和论点，同时又能恰如其分地描述。
5	607～669	87.4%	学生可以为复杂情境问题开发和建立模型，识别情境问题的约束条件和给定假设；可以选择、比较和评估适当的问题解决策略，处理相对复杂的问题模型；具有良好的思维能力和推理技能；恰当地运用形式化、符号化和数学运算能力，为问题解决选择合适的策略；能够反思他们的工作，并能进行交流与解释。
4	545～607	69.2%	学生可以有效地使用已有数学模型处理复杂的情境问题，识别条件与假设；他们可以选择和整合不同的问题表征方式，通过符号化建立真实情境问题与数学的连接；可以利用他们有限的技能，在简单的问题情境中进行一些有洞察力的推理；他们可以根据自己的知识与技能来构建问题的解释和论点。
3	482～545	45.5%	学生可以清晰地描述建模过程，包括建模中一系列的决策过程；可以建立简单模型或应用简单问题解决策略；可以根据不同的问题选择合适的表征方式，并进行解释和直接推理；显示出了处理百分比、分数、小数及比例关系的能力；具备了基本的解释和推理能力。
2	420～482	23.0%	学生可以在不需要直接推理的情况下，解释和识别情境问题；可以从单一来源中提取相关信息，但只能采用单一的表征方式；这个级别的学生可以使用基本的算法、公式、程序或惯例来解决涉及整数的问题；能够对结果做出书面解释。
1	358～420	8.0%	学生可以解答熟悉的结构良好的情境问题，而解决这些问题所需的信息均已呈现，他们能够识别这些信息，并在所有信息明确的情况下执行常规操作，且这些操作的几乎是显而易见的。
低于1级	0～358	100%	不进行描述。

---

① OECD. PISA 2012 Results：What Students Know and Can Do：Student Performance in Mathematics，Reading and Science（Volume I）［EB/OL］.（2014−02−01）［2023−12−25］. https：//www.oecd-ilibrary. org/education/pisa-2012-results-what-students-know-and-can-do-volume-i_ 9789264201118-en.

3. 水平描述语的比较分析小结

利用文本分析软件 Wordart 对三种水平描述语的英文原文文本进行分析,研究水平描述语的用词规律。为了直观地呈现其用词特点,制作了三种水平描述语的词云,分别如图 2-3 至图 2-5 所示。同时,还利用 Wordart 统计出水平描述语的用词词频,如表 2-9 所示。在表 2-9 中,为了简洁地呈现用词规律,只筛选出动词、名词与动名词等三种实义词进行统计,忽略语法词等其他词汇。

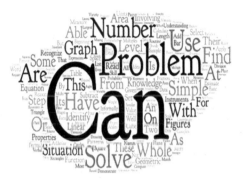

图 2-3 NAEP 锚点描述语词云

图 2-4 PISA 等级描述语词云

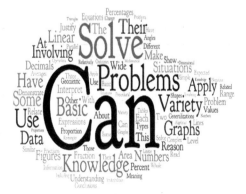

图 2-5 TIMSS 锚点描述语词云

从词云与词频上可以看出，can 是三种水平描述语的核心词汇，因此描述学生能做什么是水平描述语的核心内容。NAEP 和 TIMSS 通过分析与锚点对应多个试题所考查知识与技能，判断处于该锚点水平的被试知道什么和能够做什么。PISA 则通过分析处于同一等级的项目所需的知识与技能，判断处于该等级水平内的被试知道什么和能够做什么。虽然一种是"点"描述，描述锚点；另一种是"层"描述，描述水平；但是都在尝试从多个视角向公众解释，得分处于某个水平的被试能够做什么，知道什么。

表 2-9　三种等级（锚点）描述语的词频分布

NAEP 水平描述语词频									
can	problem	solve	number	simple	use	graph	whole	situation	knowledge
17	17	15	14	14	13	8	7	7	7
TIMSS 水平描述语词频									
can	solve	problems	knowledge	graphs	apply	situations	numbers	linear	decimals
12	8	7	7	4	3	3	3	3	3
PISA 水平描述语词频									
can	situations	information	modelling	model	contexts	representations	reasoning	actions	strategies
22	8	6	5	4	4	4	4	4	3

通过词频与词云分析，除了可以得到中心词以外还可以通过其他高频词总结更多的文本描述规律。例如从表 2-9 可以看出，NAEP 排名第二的单词是 problem，且 TIMSS 排名第二的单词是 problems，分别出现了 17 次与 7 次，可以看出基本在每个等级的描述语中均出现了问题解决，可以猜测问题解决是贯穿 NAEP、TIMSS 每个水平描述的线索，是每个等级的标志事件。为了进一步提取等级描述的特征，对各级描述内容进行质性内容分析，以句为单位采用开放式编码，抽取核心概念，寻找贯穿多个水平描述的核心范畴，并以此作为各水平的标志性事件。开放式编码的结果如表 2-10 所示。

表 2-10　三种等级（锚点）描述语的质性内容分析

NAEP 开放编码	TIMSS 开放编码	PISA 开放编码
圆周长与面积	应用数学并论证	非标准情境问题建模
问题解决并论证	情境问题抽象概括	不同信息间的翻译与转换
线性方程组求解	复杂图形面积	高级思维与推理
初等函数及零点	分数比例问题解决	开发新解决策略
建立模型	线性方程组求解	问题解决并论证
列举简单事件样本空间	平均值问题求解	

（续表）

NAEP 开放编码	TIMSS 开放编码	PISA 开放编码
矩形面积与周长 线性方程求解 多步骤问题解决 分数小数四则运算 平均值计算 计算简单事件发生概率	应用数学 分数与小数互化 图表数据解释 含角的平面图形问题解决 计算简单事件发生概率	标准情境问题建模 信息的比较与评估 良好思维与推理 选择合适解决策略 反思与评估
		使用已有数学模型 建立信息的链接 一般思维与推理 解决策略有限 适当的说明与解释
两步骤问题解决 整数四则运算 近似估算 图表数据阅读 平面简单作图	应用基础数学知识 图表数据阅读 线性方程求解 分数小数运算	描述数学建模过程 直接思维与推理 简单的解决策略 处理分数小数问题
		解决非推理情境问题 处理单一来源信息 整数问题解决
单步骤问题解决 整数加减运算 长度重量测量	整数运算 了解基本平面图形	解决显而易见情境问题 执行显而易见操作

　　通过编码可得，在 NAEP 表现标准的水平描述中，问题解决是贯穿其中的故事线，200 分锚点对应的是"单步骤问题解决"，250 分锚点对应的是"两步骤问题解决"，300 分锚点对应的是"多步骤问题解决"，而 350 分锚点是"问题解决并证实"。线性方程组与线性方程的求解是区分 350 分水平与 300 分水平的标志事件之一，分数、小数四则运算与整数四则运算是区分 300 分水平与 250 分水平的标志事件之一，整数四则运算与整数加减运算是区分 250 分水平与 200 分水平的标志事件之一。在 TIMSS 的描述语中，数学应用是贯穿四个水平描述的故事线之一，先进基准描述的是"应用数学并论证"，高级基准描述的是"应用数学"，而中级基准描述的是"应用数学基础知识"。

　　PISA 描述语中排名第二的单词是 situations，且 modelling 与 model 的累加频次超过 9 次，从情境中建立数学模型与求解数学模型正是贯穿 PISA 学生数学素养水平描述的故事线。在 PISA 定义的最高级第六级中的标志性事件是"非标准情境问题建模",在第五级中的标志性事件是"标准情境中建立模型",在第四级中的标志性事件是"能够使用已有的模型",在第三级中的标志性事件是"描述数学建模过程",在第二级中的标志性事件是"不需要推理情境下解释问题情境",在第一级中的标志性事件是"解决操作显而易见的情境问题"。通过对词频的分析可得,每个水平都有标志性的事件加以区分,三种大规模学业成就测试表现标准的水平描述语层次清晰,与评价框架相符。

从以上分析可以看出,三个不同的学业成就测试,采用的分数解释方法在技术细节上有所不同,形式上 NAEP 和 TIMSS 描述的是锚点,是一种"点"描述,而 PISA 描述的是等级,是一种"层"描述。但是 NAEP 和 TIMSS 所描述的锚点,并不是一个试题与其对应,而是多个试题与其对应,与 PISA 的等级描述又是类似的。并且在大多数情况下,学生的能力是累积的,锚点(分数线)作为了水平的临界值,也可以看成是水平累积的结果。因此从累积上的角度分析,NAEP、TIMSS 与 PISA 在水平描述语的建构上采用的思想方法与操作步骤上是相似的,只是在一些技术细节处理的方法不同。

(五) 等距表现标准的发展趋势:NAPLAN 跨年级数学学科表现标准

以上三种等距的数学学科表现标准都是以单个年级为基准,虽然 TIMSS 与 NAEP 的测量对象都包含了三个年级的学生:四年级、八年级和十二年级,并为每个年级制定了表现标准。但是相邻两个年级之间跨度大,相差了四个年级,很难设计一种测试将四、八、十二等三个年级的表现数据链接到同一量尺中。因为当采用共同题(锚题)进行设计的时候,适合八年级学生的测试问题对四年级学生来说太难了,但对十二年级学生来说又太容易,无法链接真实的表现成绩。所以,TIMSS 与 NAEP 的数学学业成就量尺是与三个年级对应的三把"量尺",相互独立没有任何的"相交"与链接。如果能够采用一把量尺衡量学生的跨年级数学学业成就,并建立跨年级的学业表现标准,这样将更加有利于评价学生的发展性状况和能力增值状况,进行跨年级的比较。

澳大利亚国家读写与计算评价项目 NAPLAN 则是通过将水平等值(horizontal equating)与垂直等值(vertical equating)相结合,建立了 3～9 年级学生数学学业成就的垂直量尺,该量尺建立了多个年级的统一量表体系,从而可以评价学生个体或群体的动态发展水平与趋势。在 NAPLAN 数学学业成就量尺中,相邻两个年级的测试成绩相互链接,是真正的一把"量尺",而不是每个年级一把量尺,通过这把量尺衡量 3～9 年级学生的数学学业成就水平。在 NAPLAN 的学业成就量尺的制定过程中，采用 PISA 精熟度量尺法进行学业表现标准的制定和量表分数的解释。NAPLAN 是近年来涌现的又一个优秀的大规模学业成就测试之一①，建构基础教育的学业成就垂直量尺是 NAPLAN 的重要创新之一。

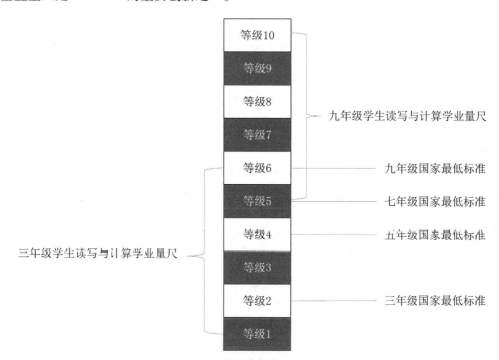

图 2 - 6　NAPLAN 数学学科学业成就量尺

NAPLAN 每年针对澳大利亚三、五、七、九年级的所有学生进行测试，共有包含四个测试学科：阅读（reading）、写作（writing）、语言规范（language：conventions spelling, grammar and punctuation）、算术（numeracy）。NAPLAN 为每个学科建立了学业成就量尺，量尺的分数范围为（0，1000），量尺如图 2 - 6 所示。整个量尺分为 10 个等级，每个年级占据其中的六个等级：三年级（1～6级）、五年级（3～8级）、七年级（4～9级）、九年级（5～10级）。NAPLAN 建立了跨年级的共同学业成就发展性量尺，相邻的两个午级相互交叉重叠，如七年级与九年级交叉部分共有 5 个等级（5～9级）②。

NAPLAN 由澳大利亚课程、评估和报告局 ACARA 负责管理和实施。ACARA 于 2008 年 12 月 8 日根据澳大利亚课程、评估和报告法案授权成立，是一个独立的法定

——————————

　　① 张咏梅. 大规模学业成就调查的开发：理论、方法与应用［M］. 北京：北京师范大学出版社，2015：14.

　　② Australian Curriculum，assessment and reporting authority. National assessment program-literacy and numeracy 2018：Technical report［EB/OL］.（2018-07 - 01）［2024 - 01 - 12］. https：//www. nap. edu. au/docs/default-source/default-document-library/2018_ naplan_ technical_ report_ full_ v1. pdf.

机构，直接由澳大利亚政府委员会教育委员会（Council of Australian Government's Education Council.）管理，教育委员会由澳大利亚的所有教育部部长（州和领地的教育部部长和联邦教育部部长）组成。ACARA 为每个年级制定了一个国家最低标准（National Minimum Standards），三、五、七、九年级最低标准分别对应为学业成就量尺的等级 2、等级 4、等级 5、等级 6，关系如图 2 - 6 所示。以九年级数学为例，NAPLAN 算术学科共包含数量，空间，代数、函数与模式，测量、机会与数据，做数学五个模块，以模块为单位制定了国家最低标准如表 2 - 11 所示。值得注意的是为了与数学课程教学内容相互区分，NANLAN 特意设立了做数学模块，考查学生利用数学知识解决日常情境问题的能力。

表 2 - 11 NAPLAN 9 年级数学最低能力标准①

数量	能识别、比较和排序整数、小数、百分数和普通分数；可以将小数，百分数与普通分数三种表示形式相互转换；在熟悉的情境中，可以运用常见的策略来计算比例、百分率和比率；可以使用常用的方法来估计有理数和无理数的近似值以及采用简单的表示形式。
空间	可以识别、描述和分类常见的平面图形与空间图形；学生能够认识对称性，图形变换前后的一致性等；可以使用地图来进行定位和指定路径，并且能够进行相关解释。
代数、函数与模式	可以识别代数表达式的等价关系；可以遵循或使用简单规则构造函数的表格形式，并绘制对应的有序数集的图像；可以识别模式并补充模式，认识模式代表的规律。
测量、机会与数据	可以使用测量单位进行测量和比较，并且可以在熟悉的实际情况下应用简单的测量工具；可以解释随机事件的概率，并将理论概率与样本数据进行比较。理解样本与总体，并对问题和假设做出非正式推论。
做数学	在做数学的过程中，重要的是过程而不是内容。学生能够回忆知识、程序和性质，解决熟悉的常规问题；学生运用解决问题的策略，解决问题的能力对于他们的学习进步和认知发展至关重要。

1. NAPLAN 跨年级的水平分数线

NAPLAN 通过等值方法将每年的测试结果连接到 NAPLAN 2008 年的学业成就量尺中，水平分数线于 2008 年开发，在后续的测验中延续 2008 年的等级分数线。NA-

---

① Australian Curriculum, assessment and reporting authority. The National assessment program—literacy and numeracy（NAPLAN）Minimum standards-numeracy［EB/OL］. （2019 - 01 - 29） ［2024 - 01 - 12］https：// www. nap. edu. au/naplan/whats-in-the-tests/national-minimum-standards.

PLAN 按照如下原则定义水平等级：如果一个学生的能力值落在了某个等级中，那么他在一个由落在这个分数范围内的项目组成的测试中的正确率至少要达到50%，即至少预期能够正确回答一半以上的处于该等级的项目。从这个角度上分析，NAPLAN确定水平分数线的方法与前文中描述的 PISA 精熟度量尺法基本类似，另一方面 NA-PLAN 的测试数据分析工作由 ACARA 授权给澳大利亚教育研究委员会（Australian Council for Educational Research，ACER）全权处理，而 ACER 同样为 PISA 提供心理测量数据分析技术，同样地采用 ACER ConQuest 软件进行学生能力估计和项目分析。与 PISA 相同，每个年级的学业成就量尺均包含6个等级，每个等级的逻辑斯特距离是相同的，在 NAPLAN 数学学业成就量尺中等级的逻辑斯特带宽为 0.86logits，等级划分方法已在 PISA 的精熟度水平划分中详细阐释，此处不再赘述。

但是和 PISA 不同的是，NAPLAN 为四个参与测试的年级都设定了最低能力标准，ACARA 为标准的制定负行政和法律责任。因此，NAPLAN 的表现标准是将标准设定与精熟度量尺两种方法相结合，既采用具有行政法律权威的国家最低标准，又采用精熟度量尺方法设立更多的等级。

表 2 - 12　NAPLAN 9 年级数学学科表现标准的水平分数线①

等级	NAPLAN 量表分数线	逻辑斯特量表分数线
9/10	686	3.907
8/9	634	3.042
7/8	582	2.176
6/7	530	1.310
5/6	478	0.444
4/5	426	- 0.422
3/4	374	- 1.288
2/3	322	- 2.154
1/2	270	- 3.020

2. NAPLAN 跨年级的水平描述

结合每个等级的国家最低标准、测试数据与测试项目，专家对数学学业成就量尺的 10 个等级进行描述，说明处于某个等级的学生知道什么和能够做什么，向公众传递分数的意义。10 个等级的水平描述语如表 2 - 13 所示。

① Australian Curriculum, assessment and reporting authority. National assessment program-literacy and numeracy 2018：Technical report ［EB/OL］. （2018 - 07 - 01）［2024 - 01 - 12］. https：//www.nap.edu.au/docs/default-source/default-document-library/2018_ naplan_ technical_ report_ full_ vl.pdf.

表2－13　NAPLAN 九年级数学学科表现标准的水平描述语①

10	应用数学知识来解决复杂的问题，包括涉及无理数的问题；解释并使用指数符号；使用一系列代数策略计算代数表达式并求解方程和不等式；使用几何推理或公式解决表面积和体积问题；计算并比较不同事件发生的概率；将直线和角的各种性质应用于空间几何问题。
9	解决复杂的推理问题；使用根和幂；计算代数表达式，解线性方程组与不等式组；解释简单的线性图形；查询数据并找到中心趋势；计算跨时区的运行持续时间长度；度量多边形的角度与面积，计算空间图形的体积，计算圆的直径和周长；识别规则图形的相似性并应用这种相似性。
8	解决非常规问题；能比较普通分数，小数和百分比；识别并应用线性模式，同时能识别非线性规则；解决周长和面积问题；计算随机实验发生的概率；对三角形进行分类并应用它们的属性；识别图形变换，立体图形的不同视图；使用指南针和角度旋转确定方向。
7	解决涉及关系推理的多步骤问题；求解方程式中未知数；解释规则和模式，求解简单的不等式；计算复合图形的周长和面积；计算中午到午夜的经过时间；用分数表示概率值；对角进行分类，比较角度大小，解决涉及立体图形的展开图问题；使用比例尺计算地图上两点的距离。
6	解决多步骤问题，包括涉及正负数、小数、分数和百分比的问题；给定模式后补充更多的项；求解简单方程中的未知数；在熟悉的度量单位之间转换；计算事件的持续时间；解释和使用各种图表中的数据；识别多个熟悉的立体图形的展开图；识别不规则形状的对称性；使用比例尺，图例和坐标系解释地图。
5	使用一系列策略解决常规问题；显示出了对分数与小数的理解；识别数字模式和空间图形模式；使用熟悉的方法进行估算和计算，比较图形的面积或体积；读取刻度尺；比较偶然事件中结果发生的可能性；识别变换对平面图形的影响；使用指南针和角度旋转来解释地图中的位置。
4	解决涉及单位分数，两位数加减法问题，认识乘法运算，知道 10×10 表示的数字事实；识别模式中的重复部分；知道除法与乘法互为互逆运算；阅读并解释钟表和日历，并以一刻钟为单位从时钟读取时间；从表和图形中找到数据信息；识别经过变换后的平面图形，识别图形的对称图形；识别立体图形的不同视角下的视图。
3	解决涉及加、减或简单乘法的单步骤问题；识别分数的单位，完成简单的数字列式计算；使用熟悉的度量单位比较长度和质量；描述简单偶然事件发生的结果；根据物体共有特征和属性对物体进行分类，识别对称的平面图形；使用坐标网格定位位置。
2	比较多个三位数的大小，并进行排序；应用20以内的加、减法来解决问题；识别两个相等的集合；使用语言描述时间与机会；直观地比较图形面积大小，并在简单表中查找信息；识别平面图形和立体图形的共同特征；在简单的地图上按照方向进行定位。
1	使用计数策略解决问题，对三位数进行排序；识别简单数列模式的下一项；解释计数符号与图表；识别并比较熟悉物体的长度和质量；命名常见的平面图形和熟悉的立体图形，显示出对空间定位的一些理解。

---

① Australian Curriculum, assessment and reporting authority. The National assessment program—literacy and numeracy（NAPLAN）Minimum standards-numeracy［EB/OL］. （2019－01－29） ［2024－01－12］ https：//www. nap. edu. au/naplan/whats-in-the-tests/national-minimum-standards.

3. NAPLAN 个人数学成绩报告单

最终呈现给九年级学生的数学成绩个人报告单如图 2 - 7 所示。该报告单可不仅呈现了个人成绩在整个数学学业量尺中的位置，还呈现了国家的平均成绩、大部分学生数学成绩所处的区间范围、等级描述的内容等测试信息。一个成绩报告单提供了多种丰富测试信息，而不是一个简单的分数。

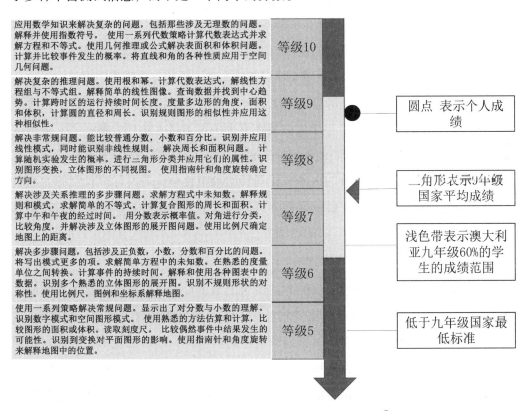

应用数学知识来解决复杂的问题，包括那些涉及无理数的问题。解释并使用指数符号。使用一系列代数策略计算代数表达式并求解方程和不等式。使用几何推理或公式解决表面积和体积问题。计算并比较事件发生的概率。将直线和角的各种性质应用于空间几何问题。	等级10
解决复杂的推理问题。使用根和幂。计算代数表达式，解线性方程组与不等式组。解释简单的线性图像。查询数据并找到中心趋势。计算跨时区的运行持续时间长度。度量多边形的角度，面积和体积，计算圆的直径和周长。识别规则图形的相似性并应用这种相似性。	等级9
解决非常规问题。能比较普通分数，小数和百分比。识别并应用线性模式，同时能识别非线性规则。解决周长和面积问题。计算随机实验发生的概率。进行三角形分类并应用它们的属性。识别图形变换，立体图形的不同视图。使用指南针和角度旋转确定方向。	等级8
解决涉及关系推理的多步骤问题。求解方程式中未知数。解释规则和模式，求解简单的不等式。计算复合图形的周长和面积。计算中午和午夜的经过时间。用分数表示概率值。对角进行分类，比较角度，并解决涉及立体图形的展开图问题。使用比例尺确定地图上的距离。	等级7
解决多步骤问题，包括涉及正负号，小数，分数和百分比的问题。将写出模式更多的项。求解简单方程中的未知数。在熟悉的度量单位之间转换。计算事件的持续时间。解释和使用各种图表中的数据。识别多个熟悉的立体图形的展开图。识别不规则形状的对称性。使用比例尺，图例和坐标系解释地图。	等级6
使用一系列策略解决常规问题。显示出了对分数与小数的理解。识别数字模式和空间图形模式。使用熟悉的方法估算和计算，比较图形的面积或体积。读取刻度尺。比较偶然事件中结果发生的可能性。识别到变换对平面图形的影响。使用指南针和角度旋转来解释地图中的位置。	等级5

圆点 表示个人成绩

三角形表示9年级国家平均成绩

浅色带表示澳大利亚九年级60%的学生的成绩范围

低于九年级国家最低标准

图 2 - 7 NAPLAN 九年级数学个人成绩报告单①

二、类内比较研究二：NAEP 表现标准发展历程的纵向比较分析

表现标准也称表现水平描述，在没有被赋予法律与政策意义之前，其主要目的正是进行分数的诠释，向教育管理者和普通民众传递测试分数的意义，帮助他们了解分数。从 1969 年的 NAEP 第一次正式测试开始，到目前为止，经历了半个世纪的

---

① The National Assessment Program—Literacy and Numeracy（NAPLAN）. Year 9 example individual report（ISR）without school mean［EB/OL］.（2019 - 01 - 29）［2024 - 01 - 12］https：//www. nap. edu. au/docs/default-source/default-document-library/example-2023-y9-isr-without-school-mean. pdf.

NAEP 一直坚持技术创新，尝试利用先进的测试理论与技术手段进行分数解释与报告，以期提供更加丰富的测试信息。围绕着"如何使用更好的方法报告测试结果"及"怎样使得测试结果更加有意义"两个问题，NAEP 尝试采用了多种分数解释方法，目的就是为政策制定者、教育者和普通民众提供最相关和最有用的评价信息。另一方面，由于很难制定一个绝对的标准来衡量有意义的程度即"怎样才是更加有意义"，因此分数意义的诠释问题并不是一个容易解决的问题。而回顾 NAEP 分数解释的历程，可以更加清晰帮助我们认识到这两个问题的重要性与解决难度。

NAEP 分数诠释方法经历了从单个项目正确率法—平均正确率法—项目映射法—量尺锚定法—学业表现水平法的过程。随着布什总统签发的《2000 年美国：教育战略》法案确立了四、八、十二年学生需要在五个关键学科上达到合格水平，美国基于标准的评价拉开帷幕，NAEP 的表现标准制定开始从第一类表现标准转向于第二类表现标准，表现标准制定的目的由分数诠释转向政策诠释，通过标准设定的方法制定表现标准。除了在上一节中已经详细分析的量尺锚定法之外，本节将深入介绍其余四个分数诠释的方法。

（一） NAEP 单个试题正确率方法

在 NAEP 初期，进行分数解释的方法最为简单直接，那就是统计每个试题的正确率。然后结合被试的人口学信息进行比较分析，如根据地区、性别、社区大小、父母的教育程度和种族等信息将被试划分为不同的群体，然后比较不同群体在试题正确率上的差异，以此可以发现单个项目与整个测试的功能差异，同时还可以分析差异形成的原因。结合每个试题的测试内容，可以帮助公众对被试的能力水平进行最直观的了解，如采用该方法 NAEP 分数解释的部分内容如下：65% 的八年级学生能找到一块长 9 英尺，宽 6 英尺长方形地毯的面积；但只有 29% 的八年级学生能在给定圆半径的情况下计算出圆内接正方形的面积。

通过单个试题应答数据所提供的信息虽然简单直接，但是当要把握测试整体信息时就显得过于繁冗，普通民众很难拥有足够的时间去阅读每个试题考查内容与应答数据，导致传递分数意义的途径不畅。因此，NAEP 尝试对单个试题的应答信息进行归纳总结，形成一个概括性的描述，以此实现对总体测试分数的解释。并以绝大部分八年级学生（超过三分之二），部分学生（介于三分之一与三分之二之间），少部分学生（少于三分之一）作为等级划分的依据，建立了一个三个等级的分数解释机制，告诉公众每个等级的学生知道什么和能够做什么。基于单个试题正确率解释方法形成的等级水平描述语如表 2 – 14 所示，从表 2 – 14 可以看出，这种分数诠释的方法已具备表现标准的雏形。

表2-14 基于单个项目正确率的早期分数解释方法（NAEP八年级数学部分）①

等级	正确率	等级描述
水平一	绝大部分八年级学生（超过三分之二）可以做到	解决涉及加减乘除、只需一个步骤解决的问题；可用以厘米为单位的直尺进行测量；给定数据后可以完成条形图和象形图的制作；认识简单词句中变量的概念
水平二	一些八年级学生（介于三分之一与三分之二之间）可以做到	解决传统的包含多个步骤的应用题；计算图形的周长与面积；解释数据表格与图形；根据样本方差与均值解释数据；当给定"x"的数值时，可以求代数表达式的值
水平三	少部分八年级的学生（少于三分之一）可以做到	应用几何图形的性质来解决问题；解决与集中趋势（平均值、中位数和众数）相关的问题；补充模式的缺失项；理解抽象的函数与模式；通过描述、举例或画图表来解释他们的推理

（二）NAEP平均正确率方法

1. 平均正确率法

随着NAEP的连续举行，如何衡量趋势已成为NAEP迫切需要解决的问题，趋势简单来说就是需要回答学生在某个学科领域上的表现是上升还是下降了，可以用来衡量教育发展的成果。经过研究，NAEP决定采用以项目平均正确率作为衡量趋势的主要指标，NAEP认为采用平均正确率可以抵消未知因素对项目难度的影响，是一种系统和简洁的报告方法。此外，还可以用平均正确率法来比较子群体的表现差异，该方法计算简洁方便，更容易被公众理解。

这种平均正确率是项目间的平均正确率，其计算方法是首先统计项目模块（一组项目）中每个项目的正确率，由每个项目的正确率累加取平均而得。例如，一个项目模块共包含10个项目，每个项目的正确率分别为P_1，P_2，…，P_{10}，则该模块的平均正确率为$(P_1+P_2+\cdots+P_{10})/10$。值得注意的是这种平均正确率并不是以个人为单位的计分方式，统计个人正确回答项目数占总项目数的百分比，而是以一个试题模块为单位统计平均正确率。因为NAEP采用矩阵抽样法，每个学生所做的题

① MULLIS I V S, OLDEFENDT S J, PHILLIPS D L. What Students Know and Can Do: Profiles of Three Age Groups [EB/OL]. (1977-05-01) [2024-01-12]. https://files.eric.ed.gov/fulltext/ED135846.pdf.

册不同、项目不同，采用项目模块的方法组合题册，题册之间通过锚题模块进行链接。例如，为了比较前后两次测试中学生的学业成就表现，只需要比较在用于链接的锚题模块上前后两次平均正确率的大小就可以判断学生的表现是上升还是下降，计算简洁方便。

但当想要利用上述方法比较三个年龄段学生的学业能力增值时，如研究 9、13、17 岁学生学业能力增值时，就会出现较大误差。因为采用平均正确率法需要相同的锚题模块，9、13、17 岁的学生均作答该锚题模块，而锚题首先为 9 岁学生设计的，对于 13 岁与 17 岁的同学来说均较为简单，这就反映不了 13 岁与 17 岁学生表现的差异，体现不出变化趋势。同样地，如果需要研究多次测试中学生表现是上升还是下降，也遇到类似问题。因为采用平均正确率法需要确保前后两次测试包含相同的项目模块，如果还需要与第三次或者更多次数测试进行比较时，则需要把同一个锚题模块一直安全地保存下去，并且每次测试均要使用该锚题模块，这样会导致试题无法更新。当测试框架与测试内容有所变化，锚题就不能及时响应变化。再者，由于 NAEP 采用的矩阵抽样方法，当每个学生只做一个题册，这只是总测试项目的一部分，所以平均正确率并不能提供对总体熟练程度分布的准确估计。总之，采用平均正确率在研究跨多个年龄段与跨多轮测试的表现趋势时，会遇到以上各种不同问题，需要研究更好的方法进行衡量趋势。

2. 平均正确率的改进：学业成就量尺

从 1983 年开始，NAEP 采用学业成就量尺度量学生的测评成绩，汇总项目测试数据信息。虽然被试完成的是不同的题册，没有一个人完成所有的测试项目，但 NAEP 以项目反应理论为基础，通过等值、链接等技术手段都可以将被试能力估计值放置于同一量尺中[①]。使用同一把学业成就量尺，不仅可以更好衡量趋势问题，还可以更方便地讨论各子群体的成绩分布情况，研究学生成绩与各种背景变量之间的关系。NAEP 制定了一系列的学业成就量尺，涵盖了数学、科学等多个学科，以及四年级、八年级和十二年级等三个年级。因为采用同一把量尺度量不同轮次与不同题册的学生测试成绩，从而使得不同轮次的测试成绩及不同群体的多种比较成为可能，最重要的是可以衡量趋势问题。

3. 解释量尺的必要性

通过各学科、学段的学业成就量尺，可以很容易地了解学生学业成就水平发展

① BEATON A E, JOHNSON E G. Overview of the scaling methodology used in the national assessment [J]. Journal of Educational Measurement, 1992 (29): 163 –175.

趋势，判断哪些学生群体在特定课程领域内表现不佳，以及分析在各子领域内的相对优势和劣势。然而，这些信息并不能告诉我们学生在学科领域内知道什么和能够做什么。除了 NAEP 最初使用单个项目正确率法逐项报告学生的应答情况之外，学业成就量表本身并没有将学生的成绩与评估的内容标准联系起来。为了回答关于学生在学科各领域内的优势和劣势问题时，就需要进行额外的分析。以数学学科为例，五个子领域包含的概念，技能及问题解决均有所不同，例如很多家长与教师想知道到底有多少学生能够理解数字，能进行特定的运算（加法、减法、乘法、除法、乘方和求根），还有一些民众可能对学生应用数学概念和技能解决问题的能力特别感兴趣，学业成就量尺上的分数并不能提供答案，回答这些问题就需要进一步分析试题考查的知识与技能。同时，之前的方法着重于研究全体学生在单个项目上的表现，以及单个项目上的表现与整体表现的关系。而量尺解释则是要调查不同水平的学生在某个项目上的表现，这种解释提供了高水平、中等水平与低水平学生知道什么和可以做什么的信息，进而可以进行相互比较，产生更加丰富的测试信息①。

（三）NAEP 项目映射方法

项目映射法将每个测试题目按照一定的规则映射到整个 NAEP 学业成就量尺中某个位置，以类似于地图的形式展示每个题目与整个量表之间的关系。NAEP 采用的试题映射规则为：当某个题目映射到量尺中的某个位置时，得分处于该位置的学生有着 80% 可能性正确回答该题目。换一个角度，在所有得分处于该水平的学生中，有 80% 的学生正确回答了该项目。对于映射至量尺上的每个题目都需要进行一个简短的描述，描述内容与题目编号一同陈列在 NAEP 量尺中，连同这些信息一起呈列的还有位于该位置及其以上的学生在该项目上的表现数据，整个项目地图部分信息如图 2 - 8 所示。

图 2 - 8 描述了 NAEP 1992 八年级数学科目测试项目映射的过程与结果，但仅展示八年级数学项目地图的部分信息。NAEP 数学学科的项目地图包含了四年级、八年级和十二年级的所有测试项目，随着年级顺序从低到高放置于 NAEP 量尺中，年级之间首尾相连。在 NAEP 学业成就量尺中，四年级的量尺分范围从 150 到 300，八年级从 200 到 350，十二年级从 250 到 400。根据 NAEP 测试数据，97% 的八年级学生的 NAEP 数学成绩在 200 分或以上，25% 的八年级学生在 300 分或以上，几乎没有八年级学生达到或超过 400 分。

---

① BEATON A E, JOHNSON E G. Overview of the scaling methodology used in the national assessment [J]. Journal of Educational Measurement, 1992 (29): 163 - 175.

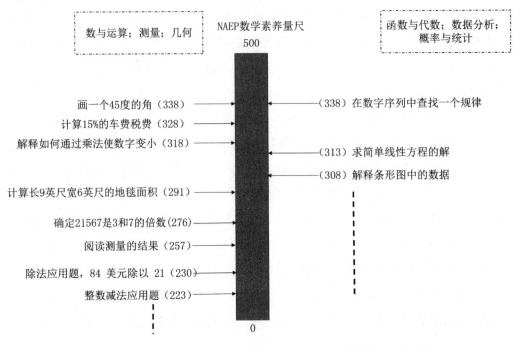

图 2-8　NAEP 八年级数学测试的项目地图①

在图 2-8 中，NAEP 数学量尺的左侧项目源自数字、运算、测量和几何领域；右侧的项目源自数据分析和代数领域。几乎所有八年级学生（97%）的成绩都在 200 分以上，这表明他们基本能够使用减法（223）和除法（230）来解决简单的应用题，得分高于 300 分的同学，掌握了通过乘法使数字变小（318），能够计算收取 15% 车费税费（328），并能画一个 45 度角（338）。

从以上分析可以看出，在将项目映射到学业成就量尺中构成项目地图进行分数解释，有两个百分比特别重要：

1. 成绩位于某点及其以上的学生比例

成绩高于某个分数的学生占总体学生的比例（包含等于该分数的学生）。例如，17% 的四年级的学生成绩高于 250。

2. 映射的 80% 准则，即 $RP = 80\%$

NAEP 量尺将学生和项目都放在了同一量尺上，也表示得分与项目位于同一位置的学生有 80% 的可能性正确回答该项目。举一个具体的例子，映射到 318 分位置项目是一个文字应用题"洗车：解释如何通过乘法使得数字变小"，80% 准则意味着在

① PHILLIPS G W, MULLIS I V S, BOURQUE M L, et al. Interpreting NAEP scales [EB/OL]. (1993-04-21) [2024-01-12]. https://files.eric.ed.gov/fulltext/ED361396.pdf.

所有得分等于 318 分的八年级学生中，有 80% 的学生正确回答了该项目，也就是得分为 318 分的学生正确回答这个问题的概率是 80%，高于 318 分的学生正确回答该项目的概率大于 80%，低于 318 分的学生则小于 80%。

即使是知识渊博的成年人也可能犯错误或误读问题，百分之百能够解决问题是不合适的，因此，80% 意味学生虽然掌握该项目考查的知识与技能，但是也可能会犯错误。然而，项目映射过程可以使用不同的概率标准来实现，使用其他的概率标准（50%，67%）同样可以将项目映射到学业成就量尺中，并进行相关解释。项目映射法在技术上虽然前进了一大步，但是与单个试题正确率法遇到的问题是类似的，整个项目地图包含的信息过多，对每个点都要解释。为改进该缺点，NAEP 紧接着采用量尺锚定法进行分数解释，该方法从学业成就量尺中精选出四个锚点进行解释，而不是每个分数点都需要解释，其余分数点参照锚点进行解释，有关量尺锚定法的技术细节已在上一章中详细论述。

（四）NAEP 学业表现水平法

NAEP 从 20 世纪 90 年代以后改用学业成就水平方法进行分数解释，也称学业表现水平，为了与"学业成就水平测试"相区分，在下文中采用第二个名称：学业表现水平。学业表现水平是一种典型采用标准设定进行表现标准开发的方法，标准设定可以根据不同科目、年级设置不同的表现标准，但是任何一个硬币都有两面，采用标准设定的方法进行水平分数线的划分，就意味着标准设定过于主观等弊端也将呈现，这也正是该方法最富有争议的地方。下文将从表现标准的四个要素逐一论述 NAEP 学业表现水平的建构过程。

1. 水平定义

1988 年的美国《中小学教育法修正案》授权成立了一个独立的国家评估理事会（NAGB），标志着 NAEP 的法理发生了变化。NAGB 被赋予制定 NAEP 政策和编制各种 NAEP 评价框架的权利，也带来新的表现标准制定方法，即采用学业成就水平方法向公众报告评估的结果，并在 NAEP 1990 中首次采用，且一直沿用至今。NAGB 规定，每个测试学科和参试年级均采用三个表现水平：基础、熟练、高级来报告学生的学业成就水平，以此为基础制定数学学科的表现标准。

NAGB 认为，作为根据联邦法律授权的制定学业表现标准的法律实体，应该开发一个好的表现标准，描述好的程度问题"多好才足够好"。在 1992 年制定数学学科表现标准时，NAGB 按照如下三个步骤开发：① NAGB 开发表现标准的政策定义

（PDs），即从宏观政策上描述对三个水平学生应该表现出内容的目标和期望。②紧接着将 PDs 转化为每个学科和每个年级的相应成就水平描述（ALDs）。③NAGB 最后利用标准设定过程仲裁表现标准设立的各个方面，包括水平描述语、水平分数线、水平样例等。NAGB 从法律上确立了 NAEP 每个测试学科的表现标准包含三个表现水平，并为每个水平制定了政策定义，内容如表 2 - 15 所示。因此，参与标准设定的专家不需要考虑水平数量与水平命名问题，只需要将政策性定义学科化，并为三个水平划定水平分数线，同时遴选水平案例进行水平描述。

表 2 - 15　NAEP 三个表现水平的政策性定义

水平	政策性定义
熟练	这个水平代表了每一个被评估的学生具有坚实的学习表现；达到这一水平的学生已经证明了他们具有处理挑战性任务的能力，这些能力包括掌握各学科知识、应用这些知识到实际情境中，掌握了相关的分析技能
高级	这个级别高于熟练级别
基础	这一水平表示学生部分掌握了学科的基本知识和技能，这些知识与技能是每个年级学生所必备的

2. 水平分数线

水平分数线则是通过标准设定进行确定。参与 NAEP 标准设定的评委不仅有学科专家、学科教育专家和教育管理者，还有利益相关的普通民众。整个评委小组举行一个为期 5 天左右会议，在会议之前，评委需要了解表现标准的政策性描述，熟悉 NAEP 数学评估框架，熟悉测试试卷，分析试题难度的影响因素。所有评委都需要完成一份 NAEP 等级评定表，并进行自我评分。这项工作的目的是在开始对这三个级别进行初步的操作化、学科化描述之前，使小组成员熟悉测试内容和评分方案。所有的评委分为 5~6 小组，小组成员需要从 NAEP 测试的角度，将三个水平政策性描述进一步操作化，判断和估计处于每个水平 MCC 在当前的评估框架下，需要掌握什么样的知识与技能，预期估计 MCC 的学业表现。小组成员依据自己的经验和 NAEP 的评价框架，利用头脑风暴的形式讨论每个水平的学生应该表现出来的行为和内容。最后经过讨论、添加、删除和修改，达成了普遍共识，描述学生在三个水平上应该能够做什么，形成水平的学术化定义。紧接着专家接受 Angoff 法的培训，评委们开始水平分数线的确定过程，分析和检查测试的每个试题，估计出每个水平的

MCC 正确回答该试题的预期概率。整个标准设定的过程分为三轮①。

在第一轮中，评委首先亲自作答每个测试项目，对照评分标准检查他们的答案。这一过程有助于确保专家进行评分之前对每个试题都非常熟悉，包括评分标准。对于每个客观题，评委为其估计三个概率值，代表三个水平 MCC 正确回答该客观题预期概率值；对于每个主观题，评委被要求审阅 20 到 25 篇学生答卷，并选择三份标杆答卷，每一标杆答卷就代表一个表现水平，三份标杆答卷的得分就代表了三个水平 MCC 回答该客观题预期得分。然后对每个试题进行小组讨论，每个评委阐释自己估计与打分的理由，目的是发现分歧统一评分标准。

第一轮过后，利用项目反应理论可以将评委估计的预期概率值转换为能力值，用希腊字母 θ 表示，随后将这个 θ 值通过线性变换转换到一个均值为 75、标准差为 15 的相对量尺中，用此相对量尺来反映评委评分的一致性。在这个相对量尺中，可以显示每个评委给每个项目打分（预期反应概率）的平均值，评委可以与总平均值比较，也可以与其他成员的打分比较。在第二轮之前，小组成员还获得了项目难度数据。这一信息以正确率的形式表示，包括客观题以及在主观题中获得部分分数（如 1、2、3 和 4 分）的学生所占比例。对于评委分歧较大的项目，小组成员被要求依据项目难度值重新检查项目，以确定他们是否误解了项目或错误判断了项目的难度。数据分析结果以及小组成员的自我评价信息表明，项目难度信息在整个标准设定的过程中非常有用的。

在第二轮中，结合第一轮中评委评价的一致性信息、项目难度信息和在第一轮之前提供的评价框架等多种信息，按照在第一轮中形成的一致意见，评委又逐个回评第一轮中已评分每个试题。他们要么坚持保留其在第一轮评定结果，要么根据讨论一致意见进行调整。大约三分之一的项目第二轮中进行了调整。

第二轮过后，评委评定的结果又要重新分析，并且额外提供了评委评分的内部一致性效度，与第一轮不同，在第一轮中提供的是评委间的一致性信息。对于每个评委，内部一致效度来源于两个方面，一个是评委对难度相同项目的不同评定，另一个是评委的累积评定情况。因为每个评委的累积评定分数都转化为了量表上的 θ 值，这样就可以去寻找真正得分为该 θ 值的学生的作答数据。然后，将评委估计的数据与学生在这些项目上的实际表现进行比较，确定有较大差异的项目。向小组成

　　① BOURQUE M L. A history of NAEP achievement levels：Issues，implementation，and impact 1989—2009［R/OL］.［2023 - 12 - 25］. https：//www. nagb. gov/reports-media/reports/history-naep-achievement-levels-1989-2009. html.

员提供了这些信息，并要求他们审查这些项目，并确定他们的第二轮评定是能准确反映出他们对这些项目的最佳判断。评委内部一致性数据将用于标记要在最后一轮评级中重新考虑的项目。

在第三轮中，使用内部一致性效度信息、第一轮和第二轮中提供的信息，重新审查了他们在第一轮和第二轮中评分的每个试题，做出最终的评定，大约20%的试题评分在第三轮中进行了调整。经历小组讨论形成组内一致标准之后，所有评委将汇合成大组，讨论组间分歧，形成大组一致标准，评委独立打分，最后将评委评定情况汇总取平均，得到最后的水平分数线。

3. 水平描述语

NAEP 认为其对大规模学业成就测试作出的最重要贡献之一就是发明学业成就水平描述语（ALDs），且 ALDs 已被很多评估机构采用，并在多个现代评估项目中出现。但是在 NAEP 之前，大家却很少耳闻。Hambleton 等认为，ALDs 对于解释评分结果和提供流程有效性证据两个方面至关重要。美国大部分州立的学生学业水平评估项目都采用了 ALDs 作为表现标准的一部分。在 NAEP 1990 首次采用学业成就水平进行分数解释时，当时并没有采用 ALDs，委员会被要求将 PDs 直接转换为 NAEP 量尺中水平等级分数线，而不需要将 PDs 与测试内容相联系并进行描述这一中间步骤。但从 1992 年开始，ALDs 成为了 NAEP 表现标准的核心组成部分。

而开发 ALDs 的时间在不同轮次测试中有所不同，NAEP 1990 是在水平分数线划定之后，NAEP 1992 是在水平分数线划定之中。从 NAEP 1996 以后则是首先由国家学科顾问专家组在制定评估框架时开发一份初步的 ALDs，国家学科顾问专家组不仅召集学科专家，还在互联网上征集公众的意见，在标准设定会议之前由 NAGB 批准，构成批准版的 ALDs 称为水平的工作性描述（WDs）。随后水平的工作性描述连同评价框架、评价项目和评价数据一起作为标准设定的准备资料，在标准设定会议之前全部提供给标准设定专家小组。在标准设定过程中，工作性描述由专家小组成员进行了扩展和改进，修改后的最终版 ALDs 包含更多的技术细节连同水平样例一起作为 NAEP 的最终报告发布。

ALDs 还用于报告评估结果，提供了知识与技能视角下的表现水平解释，告诉公众处于某个水平的学生知道什么和可以做什么。ALDs，连同公布的水平样例、水平分数线和达到或超过分数线的考生比例，提供了一幅具有丰富测试信息图景，展示了美国四、八、十二年级学生所知道和能够做什么，但这些在 NAEP 之前大家都是很少耳闻的。

表 2 – 16　NAEP 八年级数学学科表现标准的水平描述语

等级	分数线	WDs/ ALDs
基础	262	WDs：处于基础水平的八年级学生应该在五个 NAEP 数学内容领域中展示其理解概念和掌握技能的证据。处于该水平就意味着对算术运算（包括估算）的理解，包括整数、小数、分数和百分数的运算与估算
		ALDs：处于基础水平的八年级学生应该可以在一些结构性的帮助下（如图、表等）正确地完成问题解决。通过使用适当的方法、策略和工具，如计算器、计算机和几何测量工具等，应该能够解决所有 NAEP 内容领域的问题。应该能够使用基本的代数和几何概念来解决问题 当他们接近熟练水平时，基础水平的学生应该能够确定哪些数据是问题解决的充要条件。然而，处于该水平的八年级学生在数学交流方面的能力有限
精熟	299	WDs：处于精熟水平的八年级学生应该可以将数学概念和技能应用于复杂问题的解决中
		ALDs：应该理解分数、百分数、小数与和其他数学主题（如代数和函数）之间的关系。这个水平的学生应该对算术运算有一个全面的理解：一种足以在实际情况下解决问题的理解 他们应该熟悉问题解决和推理中数量和空间关系，能够呈现超出算术水平的基本推理技能；他们应该能够比较和分析数学思想并产生自己的例子，能够从数据图表中进行推断，应用几何进行问题解决，并准确地使用工具；处于该水平的学生应该能够理解、收集和组织数据，能够在统计和概率内容领域下计算、评估和交流结果
高级	333	WDs：处于高级水平的八年级学生应该能够超越数学概念和技能的再现、识别和应用，应该可以综合和概括数学的概念及规律
		ALDs：处于高级水平的八年级学生在建构数学模型时，应该能够甄别信息中的正例和反例，并形成自己的概括；应该可以使用数感和几何意识来分析答案的合理性；他们被期望使用抽象思维来创造独特的问题解决方法，并能够解释他们结论背后的推理过程

4. 水平样例

在标准设定会议之后，紧接着通过一系列程序来为每个水平选择水平支持样例。首先，计算每个试题的预期 P 值和实证 P 值。预期 P 值是评委对每个水平 MCC 正确回答该项目的估计概率，也就是标准设定会议中评委打分的平均值；实证 P 值则是基于实际测试数据计算的题目正确率，也就是正确回答该项目的学生百分比。NAEP表现标准的水平样例的遴选程序如下：

一个项目如果被归类为基本水平，需要满足以下条件：

（1）基本水平的 MCC 的预期 P 值必须大于 0.51。

（2）项目内容需要与基础水平的学术性定义相吻合。

（3）实证 P 值需要大于所有归类至熟练水平的项目。

一个项目如果被归类为熟练水平，需要满足以下条件：

（1）熟练水平的 MCC 的预期 P 值必须大于 0.51。

（2）项目内容需要与熟练水平的学术性定义相吻合。

（3）实证 P 值需要大于所有归类至高级水平的项目，而小于基本水平的项目。

一个项目如果被归类为高级水平，满足以下条件：

（1）高级水平的 MCC 的预期 P 值必须大于 0.51。

（2）项目内容需要与高级水平的学术性定义相吻合。

（3）实证 P 值需要小于所有归类至熟练水平的项目。

如在表 2－17 的水平样例中。编号为 M022801 的项目，基础水平 MCC 的预期 P 值为 0.70 > 0.51，实证 P 值较高，答对该项目的学生比例高，难度较小，遴选为基础等级的样例。编号为 M022001 的项目，熟练水平 MCC 预期 P 值为 0.58 > 0.51，实证 P 值处于中等水平，满足精熟水平样例遴选的条件 2，遴选为精熟的样例。按照高级水平的项目遴选条件，编号为 M023101 按照上述规则被遴选为高级水平样例。

表 2－17　NAEP 项目样例的相应 P 值

项目编号	P 值类型	基础	熟练	高级
M022801	预期 P 值	0.70	0.82	0.94
	实证 P 值 = 0.52			
M022001	预期 P 值	0.37	0.58	0.76
	实证 P 值 = 0.35			
M023101	预期 P 值	0.29	0.43	0.61
	实证 P 值 = 0.22			

（五）国内使用标准设定法开发数学学科表现标准的经验总结

与 NAEP 类似，我国港台地区同样积累了利用标准设定开发数学学科表现标准的经验，其开发的过程、技术原理与 NAEP 类似，本小节简要地介绍港台地区两个学业成就测试的表现标准开发经验。

1. TSA 中数学学科表现标准的开发经验

以 TSA 中学三年级数学科目测试为例，评价设计主要依据两份指导文件《数学课程：第三学习阶段基本能力（试用稿）》和《中学课程纲要——数学科（中一至中五）1999 年》。评价涵盖数与代数，度量、图形与空间，数据处理三个范畴，针对中一至中三课程的基础部分在概念、知识、技能和应用四方面作重点评价①。

考试局在全港性系统评价的第一年（小三于 2004 年，小六于 2005 年及中三于 2006 年）已成立了中、英、数三科专家小组，划定出中、英、数三科的基本能力水平，划定的水平在后续的轮次中保持不变。在进行基本能力水平划定时，采用 Angoff 法和 Bookmark 法分别定出水平分数线，同时还参考国际水平划定最终的达标分数线，综合三种结果得到最后的水平分数线。参考国际水平的目的是使香港的学业水平能与其他国家地区相互比较。为了实现水平分数线的经年不变，考试局采用的是等值方法，将不同年份的测试成绩校准到同一量尺中，对于中学三年级数学来说就是将后续的测试成绩链接到 2006 年量尺中。对于等值采用的锚题方法，即前后两次作答相同的锚题，TSA 将所有的锚题称为研究测验，设计模式如表 2 - 18 所示。不同年份的学生表现可在同一尺度上作比较，因此全港性系统评价（即 2004 年的小三、2005 年的小学六年级及 2006 年的中学三年级）所厘定的基准就可以用作厘定往后年份的学生是否达至基本能力水平。

表 2 - 18　TSA 等值设计模式

	第一年 全港性系统评估	研究测验	第二年 全港性系统评估
第一年等值题目样本			
第二年等值题目样本			

TSA 不仅对达到合格标准的学生知道什么和能够做什么进行描述，还对前 10% 的优秀水平学生知道什么和能够做什么进行描述，描述内容如表 2 - 19 所示。

表 2 - 19　TSA 中学三年级数学学科表现标准的水平描述语

最低标准	显示对基本概念有良好理解，大部分学生对有理数及无理数、正负数、以代数语言建立问题和一元一次不等式等基本概念掌握较好；能够使用率与比去比较数量；能观察规律，运用整数的指数律和对简单多项式进行因式分解；而在数值估算、百分法和多项式运算方面则表现一般。 　　能够解决涉及平面及立体图形的度量问题，解答有关变换、对称、相似全等及四边形问题；但在演绎几何与坐标几何上仍有改善的空间。 　　学生能够组织数据和制作简单图表及图像来表达数据。能利用集中趋势来分析数据和理解数据，大部分学生能掌握概率的基本概念；然而学生在选用适当的图表/图象来表达数据上表现较差，也未能从误用平均值的例子，找出误用的成分。

① 2019 年全港性系统评估报告［EB/OL］.（2019 - 10 - 01）［2024 - 01 - 03］. https：// www. bca. hkeaa. edu. hk/web/TSA/zh/2019tsaReport/priSubject_ report_ chi. html.

（续表）

优秀标准	表现良好的学生能掌握试卷所考核的数学概念和解题技巧；他们的运算能力和解难能力良佳，能解答涉及正负数、百分法、数值估算、率和比等不同类型的题目。学生对代数有良好的认识，能观察规律及表达通则，处理简易多项式的运算、因式分解及展开，亦熟悉整数指数律和一元一次不等式；他们能以代数方法和图解法解简易的方程，亦能绘画二元一次方程的图象。 表现良好的学生善于计算简单平面图形的面积和立体图形的表面面积和体积，能展示对变换及对称、全等及相似、坐标几何、四边形、三角学、勾股定理等有良好的认识。在几何证明的问题上，他们能正确地写出解题步骤，并提供充分的理由以完成证明。 表现良好的学生对统计工作的各个步骤有良好的认识及掌握概率的简单概念。他们能制作及阐释简单统计图表、适当地使用图表、从图象中读取数据、从数据中找出算术平均数、中位数和众数/众数组，及从误用平均值的例子中找出误导的成分。

2. CAPFJHSS 中数学学科表现标准开发经验

依据台湾地区行政机构颁布的小学及初中学生成绩评量准则，为了解及确保初中毕业生学力质量，举行教育会考作为台湾地区初中毕业生学力检测机制，并于2014 年起开始实施，每年 5 月份选择一个周末实施，为期 2 天，由台湾师范大学心理与教育测试研究发展中心（以下简称"台师大心测中心"）负责命题、组卷、阅卷与计分，台湾地区教育行政管理机构与县（市）政府负责统筹安排行政事宜。

以数学学科为例，初中会考采用的标准参照测试，目的是检验初中毕业生的学力表现。依据九年一贯课纲的能力指标，数学试题涵盖六个内容主题：数与量、空间与形状、坐标几何、代数、函数、资料与不确定性，同时包含四种能力：理解数学概念、操作算则程序、应用所学解题与分析思考。将能力为导向的作为命题方向，并且以融入生活情境的方式来评价学生应用数学的能力。

在教育会考中，语文、英语、数学、社会、自然 5 个科目采用标准参照方式呈现学生各科结果，各科评价结果分为"精熟"、"基础"及"待加强" 3 个等级。每年教育会考实施后，台师大心测中心便会针对各考科召开专家会议，邀集大学教授、测试专家与初、高中教师，一同进行历时三个轮次的标准设定程序，确定等级分数线①。有的科目采用"Yes/No Angoff"标准设定法，此标准设定法与项目映射法类似，是一种改进版的 Angoff 标准设定法。专家评委不需要估计每个等级最低能力候选人（MCC）正确回答每个项目的概率，只需要回答"Yes"或者是"No"，统计每

---

① 参考台湾地区初中教育会考官方网站关于初中教育会考各科计分与阅卷结果说明。

个等级的 MCC 在整份测试的答对题数，以此划定等级的分数线。由于教育会考只设三个等级，所以只需要划定两条等级分数线即可。评委根据该科不同表现等级的表现共通描述、学科专业知识及自身的教学经验，分别讨论基础等级 MCC 与到精熟等级 MCC 所具备的知识能力，并针对测试中所有试题逐一判断这两类学生是否能答对该题，进而统计两类 MCC 在整份测试的答对题数。历经三个回合的分析与讨论，即可获得这两类 MCC 所具备的知识能力与答对题数之间的对应关系，此答对题数即为获得不同表现等级所需的最低答对题数，即划定等级分数线。结合水平样例，还对每个等级描述进行了细致的描述，其描述内容如表2-20。

表 2-20　台湾教育会考数学学科表现标准的等级描述语①

等级	共通描述	数学等级描述
精熟	学生精通并熟习该学科初中阶段所学习之能力	1. 能连接不同的数学概念、性质、定理，并应用于解题和论证 2. 能将复杂情境中待解的问题，转化成数学问题并拟定解题策略 3. 能利用数学性质做简单证明，也能利用响应情境、设想特例等方式，说明或反驳叙述的合理性
基础	学生具备该学科初中阶段之基本学力	1. 能理解基本的数学概念、性质、定理、统计图表 2. 能操作数、符号、多项式的运算 3. 能将简单情境中待解的问题，转化成可以直接应用数学知识与概念解决的数学问题
待加强	尚未具备该学科初中教育阶段之基本学力	仅认识部分基本的数学概念，仅能操作部分的算则或程序

由于三个等级在应用过程中携带的信息量不能满足实际需要，教育会考还实行了等级加标注的方法实现等级的进一步细化。精熟（A）等级中答对题数较高的前50%学生，分别标注 A++（前25%）及 A+（前26%~50%）；基础（B）等级中答对题数较高的前50%学生分别标注 B++（前25%）及 B+（前26%~50%）。以2019年教育会考为例，各等级的数学比例如表2-21所示：

---

① 参考台湾地区初中教育会考官方网站关于初中教育会考数学学科表现描述调整说明。

表 2-21 台湾地区教育会考各等级学生比例①

		语文		英语		数学	
精熟 A	A++		6.69%		6.47%		6.34%
	A+	9.87%	6.35%	22.89%	5.56%	21.88%	5.62%
	A		6.83%		10.86%		9.92%
基础 B	B++		16.67%		11.73%		14.04%
	B+	64.67%	15.68%	46.91%	11.98%	50.77%	12.28%
	B		32.32%		23.20%		24.45%
待加强 C	C	15.46%		30.20%		27.35%	

3. SBASA 项目中数学学科表现标准开发经验

从 2019 年开始，我国台湾地区由"九年义务教育"时代迈向了"十二年基本教育时代"，随着高级中等教育的普及，初级中教育学生的升学渠道主要以免入学考试为主。在此背景下，如何监控学生的学习质量，为学生、教师与教育管理者提供学力评价的证据，需要开发相应的评价标准及评价系统与新的政策相对应。台湾师范大学心理与教育测试研究发展中心受地区教育行政部门的委托，开展了"十二年课纲中小学素养导向标准本位评量计划"（简称 SBASA）。SBASA 项目始于 2011 年，目的在《十二年基本教育课程纲要》（简称《课纲》）的指导下，研发横跨中小学的十二个年级，八大学习科目的评价标准与评价系统，为学生学业成就评价提供操作方案，指导教师结合学生的学习表现评定其水平等级。

对于标准本位评价，张耘博指出基于标准的评价与标准本位评价两者异曲同工，本质是相同的。宋曜廷指出标准本位的评价是"评价前制定系统化的评价标准并根据此发展评价工具，评价后将结果对照到评价标准以将学生学习表现划分成为不同的表现等级，进而解释与说明该生学习进展之评价历程"，同时还强调"建置评量标准是实施标准本位评量的先决条件，为使评量结果能用来了解学生是否达成教师的教学目标，评量工具所测量的知识概念应明确对应到教师的授课内容"。美国教育测量学家 Cizek 认为在标准参照测试中，需要区分两个标准：内容标准与表现标准。内容标准描述的是学生应该掌握的知识与技能，而表现标准描述的学生表现出来的水平与程度。整个标准参照测试需要解决三个问题：学生知道什么和能够做什么？学生学习表现出来了什么样的知识与技能？多好才算好？SBASA 以次主题为组织单位，为每个次主题制定了相应的内容标准和表现标准，围绕着三个问题为每个次主题制定了相应的表现等级、等级描述及开发相应的对应每个等级的试题，是一个典型的

---

① 参考台湾地区初中教育会考官方网站关于初中教育会考各科能力等级加标人数百分比统计表。

标准参照测试，为次主题的教学服务。主题与次主题是《课纲》的组织结构单位，中学数学中包含数与量、空间与形状、坐标几何、代数、函数、数据与不确定性共六个主题。每个主题下又分成若干次主题，次主题的命名主要参考教材的章节名称确定，在多本教材有争议时由专家现场定夺，次主题与"单元"的含义类似。本书以八年级数学次主题"等差数列与等差级数"为例，探讨 SBASA 项目怎样以学科教学单元为单位，将标准参照测试引入日常课堂教学，帮助学生的学与教师的教，并提出相应的思考与启示。等差级数是由数列前 n 项和构成的数列，在中学阶段主要等差级数等同于数列的前 n 项和数列。

　　SBASA 项目主要由学习内容、学习表现、评价标准、评价工具四个部分组成。每个以次主题为单位的小型测试系统也同样由这四个组成要素构成，可以独立运行。下文以《课纲》中的八年级数学次主题"等差数列与等差级数"为例，呈现该次主题下小型测试系统的各组成要素及整体结构。

　　（1）学习内容与学习表现

　　学习内容与学习表现源于《课纲》中学习重点模块，学习重点模块包含两个维度：学习内容与学习表现。学习内容依年级编写，涵盖基础重要的事实、概念、原理原则与技能等知识，明确界定出各年级所需学习的知识范畴，描述的某个阶段的学生应该知道什么和能够做什么。学习表现与学习内容相对应，描述的学习者经历某个阶段的学习之后在学习内容所确立的范畴上的学习表现，主要从认知（记忆、应用、推理）、情感态度（兴趣等）与生活应用三个维度上进行描述。学习表现经常如下专有名词进行描述：认识、理解与熟练，情境，解题，操作活动，阅读，等等。学习内容与 Cizek 理论的内容标准对应，学习表现与 Cizek 理论的表现标准对应。该次主题下的学习内容与学习表现描述如表 2 – 22 所示。

表 2 – 22　八年级"等差数列与等差级数"学习内容与学习表现

领域	次领域	学习内容	学习表现
数与量	数与数轴	N-8-3 认识数列：生活中常见的数列及其规律性（包括图形的规律性）	n-IV-7 辨识数列的规律性，以数学符号表征生活中的数量关系与规律，认识等差数列与等比数列，并能依首项与公差或公比计算其他各项
		N-8-4 等差数列：给定首项、公差计算等差数列的一般项	n-IV-8 理解等差级数的求和公式，并能运用到日常生活的情境解决问题
		N-8-5 等差级数求和：等差级数求和公式；生活中相关问题	

（2）评价标准

依据每个次主题的学习内容与学习表现，SBABA项目对每个次主题的学习表现进行评价标准的制定，包括等级命名，等级划分和等级描述等内容。SBASA首先确定表现标准的等级划分通则，然后按此通则完成每个次主题的表现描述。等级划分通则是整个学科等级划分的理论基础与指导纲领，是一种政策性的定义，每个次主题的等级描述都是将其在次主题范畴下将通则具体化的过程。

表2-23　SBASA项目数学领域各等级表现描述通则

等级	A（优秀）	B（良好）	C（基础）	D（不足）	E（落后）
等级描述	能分析问题，利用所学的数学知识与技能提出支持性的理由	1. 能迁移、应用基本的概念 2. 能应用所学数学知识与技能解决问题	1. 能理解基本的数学概念 2. 能作基本的数学运算	1. 能认识简易的数学概念 2. 能作简易的数学运算	未达D级

其中C等级是基础，是在次主题中学生应该掌握的基本知识与基本技能，这些知识与技能不可或缺，如果不能理解，将会影响到进一步的学习。B等级是应用，能够将C等级对应的知识进行应用。而A等级对应的则是分析与思考，利用自己所掌握的数学知识与技能解决问题，提出支持自己的理由。D等级对应的是C等级的预备知识，E等级则对应的是不足了。在次主题"等差数列与等差级数"中的具体化描述如表2-24所示。

表2-24　次主题"等差数列与等差级数"的表现等级描述

A	B	C	D	E
能分析数形关系、数列与级数等问题，提出解题方法并说明支持性的理由	1. 能利用等差数列的概念，解决无法由题目直接列式的数列问题； 2. 能利用等差级数的概念，解决无法由题目直接列式的级数问题	1. 能理解等差数列的公式，并利用其公式解决等差数列相关问题； 2. 能理解等差级数的公式，并利用其公式解决等差级数相关问题	1. 能观察日常生活中有次序的数列及其规则性； 2. 能认识数列的相关名词如首项、第二项、……、末项、等差中项等 3. 能认识等差数列及其公差	未达D级

每个次主题的等级描述都是由数学专家、数学教研员与数学教师构成专家小组，依照《课纲》的学习重点，先草拟C等级的表现描述，再撰写其他等级表现描述，草拟的等级描述经过专家成员的多次的讨论和修正后，完成正式公布的等级描述。各等级表现描述以"门槛"的概念进行撰写，"门槛"表示的是该等级的最低能力

候选人（MCC），等级描述的内容表示学习完该次主题后 MCC 应该表现出来的知识与技能。

（3）评价工具

依据评价标准，SBABA 项目开发了该次主题下的试题库，每个等级包含大量试题，并全部贴上标签与评价标准的 A～E 级对应。在该试题库中，教师可以根据课堂教学情况与学生的认知特点自由选择试题组合测试试卷。SBASA 推荐在一份试卷中，各等级项目组合如下：A（10%～15%）、B（10%～15%）、C（30%～40%）、D（30%～40%）。"等差数列与等差级数"次主题的组合试卷如下表 2－25 所示。

表 2－25　"等差数列与等差级数"组合试卷范例

试题 1（D 级）：观察下列数列的规律，并在□内填入适当的数：1，1，2，1，2，3，1，2，□，4，1，2，3，□，5。

试题 2（D 级）：已知 1，4，7，10，13 成等差数列，则 7、13 的等差中项是什么？

试题 3（D 级）：已知一等差数列是 -2，1，4，7，…，则此数列的第二项为_____。

试题 4（D 级）：等差数列 5，2，1，4，7 则其公差为_____。

项目 5（D 级）：已知一等差数列的首项为 109，公差为 -2，则数列的第 101 项为_____。

试题 6（C 级）：已知一等差数列的第 10 项为 14，第 18 项为 -2，则首项为_____。

试题 7（C 级）：等差级数 8+11+14 +…+65 的和为_____。

试题 8（C 级）：小豪将存一笔钱，第一天存 10 元，第二天存 12 元，第三天存 14 元，……，按此等差数列的约定，存到第 31 天时，刚好存完这笔钱。请问小豪共存多少钱？

试题 9（B 级）：小骐利用手指头数数字，由右手大拇指开始数 1，食指数 2，中指数 3，无名指数 4，小指数 5，再回头无名指数 6，中指数 7，食指数 8，大拇指数 9，再回头食指数 10，中指数 11，以此类推，则当从 1 数到 892 时，中指共被数了几次？

试题 10（B 级）：过年时，家中有 9 位兄弟姐妹年龄由大而小排成一行，准备拜年领压岁钱。小雯发现每人刚好与旁边两位的年龄各相差 2 岁，且年龄排行前 3 位的年龄和，恰好等于其他人的年龄和。已知小雯的年龄 18 岁，则小雯在这 9 位兄弟姐妹中排行第几位？

试题 11（A 级）：老师发给大家一张正五边形纸张并将顶点挖空，希望大家动动脑将 5、6、7、8、9 随意填入各个顶点内（不可重复），可以发现相邻两顶点的数字和分别为 A、B、C、D、E，且依序恰好成一个等差数列，请找出可填入空格的一组解。

当学生完成此试卷后，教师批阅后，既可以自己统计出学生的成绩，也可以输入到 SBABA 项目系统中计算学生的测试成绩。

教师采用 SBABA 项目时，首先要确认教学单元与目标，单元部分应以《课纲》

学习内容为主，目标则可参考学习表现来制订，接着便可制订评价目标，思考学生在这样的教学中可以习得怎样的能力，展现什么样的行为表现，并确认是否对应到评量标准中的主题与次主题，其所对应的表现等级描述，之后便可规划评价工具中各表现等级题目所占的比例，且依此能评价到每个学生的表现能力。最后再针对工具撰写可供等级判定依据。而所获得的评量结果，可供教师教学回馈之用，适时依照学生表现调整教学策略，对于等级不足与落后的学生，可针对其需要加强的能力进行补救教学。

I. 为每个次主题开发相应的标准本位测试系统

SBASA 项目依据《课纲》，以次主题为组织单位，为每个次主题设计相应小型评价系统，整个 SBASA 项目则由这些小型系统构成一个大的测试系统。如在八年级数学中，主题数与量包含三个次主题：平方根，等差数列与等差级数，等比数列。主题空间与图形包含两个次主题：尺规作图与几何推理，三角形的基本性质。主题空间与形状包含一个次主题：平行与四边形。主题坐标几何包含一个次主题：勾股定理。主题代数包含三个次主题：平方差公式与多项式，因式分解，一元二次多项式。主题函数包含一个次主题：线性函数与图形。主题数据与不确定性包含一个次主题：统计资料与处理。SBASA 项目制定的标准本位评价项目，深入学科，深入年级，深入章节，以小粒度内容模块为单位设计相应小型评价系统，这种小型的评价系统与整个大型系统结构相同，功能相同。微型化的评价系统更加贴切教学，使用更加灵活方便，符合日常教学的需求。这种精细到次主题的测评系统，需要参与测评设计的专家和教师完成大量细致的工作，但是却给一线教师和学生带来了极大的便利。

II. 为区分表现等级设立了明显的标志事件

从 SBASA 项目的等级描述通则上可以看出，C 等级的核心词是理解，B 等级的核心词是应用，而 A 等级的核心词是分析。三个核心词与布鲁姆的认知领域教育目标分类（认识，领会，应用，分析，综合，评价）是相互对应的。同时将布鲁姆理论与学科结合，相邻两个等级之间采用学科内特色事件将两者相互区分，极大地增强了评价标准的可操作性。首先，A 与 B 等级都属于解决问题的范畴，但是两者之最大的区别是学生在解决问题的同时，A 等级表示能够作概念间的连接，建立自己的方法和模式，并说明理由。其次，B 与 C 等级则以学生是否能够解决由直接列式问题与非直接列式问题作为区分的标志事件，直接列式问题在题目中已明确指定变量或数量之间的关系，为非直接列式问题则需要通过推理才能获取变量或数量之间的关系。在 C 与 D 等级的区分中，C 等级经常采用理解进行描述，而 D 等级经常采用认识描述，认识代表的是学生能够记忆概念的定义或是操作程序，而理解是指学生除了认识之外，还能够将概念转换为不同的形式或是在不同的情境下正确使用操作程序，两者容易区分。

Ⅲ. 为项目的实施开展大规模教师培训活动

SBASA 项目为了更好实施素养导向的标准本位测量项目，实施了"种子教师"计划，通过对各县市的一线教师的培训，帮助教师快速掌握 SBASA 项目的内涵，减少各县市实施素养导向标准本位评价的复杂度，将 SBASA 项目落实到现场的教学过程中。整个培训分为三个主题开展：一是"如何开展符合素养导向标准本位的评价"，说明"十二年基本教育"对素养的定义以及在此定义下如何开展标准本位评价活动；二是"各学科评价标准及示例与课纲对应关系说明"，结合学科各领域的评价标准以及评价示例，并透过示例呈现让教师理解学习表现、学习内容、核心素养与标准本位评量在课室评量的应用；三是"素养导向教学与评价案例分享与实践"，特别是通过现场实践搭配教案或教学说明，完整呈现从教学到评量如何素养导向化，亦包含贴近教学现场的案例分享方式，激发专业对话。

Ⅳ. 为学业成就评价制定了等级制的"绝对尺度"

采用标准本位的评价方法，学生可依据等级描述与测试结果，进行自我评价与诊断，通过评价结果，自我评定等级。而传统的常模参照测试则需要将个体的测试成绩放置于群体中，采用排名的方式进行学生水平的判断。SBASA 项目认为，标准本位的评价是一种采用"绝对尺度"的评价方式，学生不需要排名，也不需要比较，只需要对照学业评价标准判断自己的学业水平。而采用百分制的常模测验则是一种"相对尺度"，需要通过寻找个体在群体中的位置去评价学生的学业水平。所以，"绝对尺度"需要具有权威性，需要教育行政部门集合心理学、数学、数学教育和统计学等专家，以及教研员与一线教师等专业人员共同合作，制定出权威的表现标准，开发与标准相符的测评系统，学生才能依照该标准进行自我评价，发挥评价在教学中的作用。

（六）使用标准设定法开发表现标准面临的问题

从以上各个国家和地区的使用经验上看，标准设定已成为标准参照测试中划定水平分数线的首选方法。但从文献综述可以看出，常见的 Angoff 法和 Bookmark 法在理论上存在一些缺陷，如过于依赖评委的个人经验、主观性较强等等。在实践中标准设定方法的使用同样存在诸多问题，并不是一种完美无缺的水平分数线划分方法。

1. NCLB 法案下标准设定在美国使用的"困境"

在基于标准的教育评价中，标准设定解决了常模参照测试无法解决的问题。但从 NCLB 法案下标准设定在美国的实践经验上看，除了 NCLB 法案设计上的一些缺陷以外，标准设定这种方法本身的缺陷也给实践带来一些不良的后果。

《不让一个孩子落后》允许在基础、精熟和高级等三个水平的标准框架下由各州自主建立适合州情的表现标准。法案规定"所有公立学校 3 ~ 8 年级学生的数学与阅读水平到 2014 年需要达到精熟水平"，对于未达标的学校将会进行处罚，各州为了实现这一目标需要制定相应的"适度年度进展"及时跟进与调整。对于表现标准的开发，各州基本上采用 Angoff 与 Bookmark 两种标准设定方法进行水平分数线的确定，专家依据内容标准、测试数据和学科经验进行水平分数线的划分，这样导致了50 个州 50 条精熟水平分数线的情形的出现。不同的内容标准、不同的标准设定评委和不同的测试数据的导致产生不同的分数线，究竟哪个州定义的精熟标准能够代表真正意义上的精熟不得而知。NCLB 这种让各州"既当裁判员，又当运动员"的做法，给各州提供了很大弄虚作假的空间，受到了美国社会各界的强烈批评与反对。到了奥巴马政府时期，对该方案进行了修正，政府一边敦促国会对 NCLB 法案进行修改，一边实行了过渡性豁免政策，各州或学区均可向联邦政府提交豁免申请，避免政府的处罚。

但是实行豁免政策并没有很好的改善这种弄虚作假的情况。在 2011 年 NCLB 项目的各州报告数据中，以八年级数学科目为例，精熟水平学生比例全美最高的州是佐治亚州，全美最低的州是马萨诸塞州。如果家长们根据各州的数据来选择学校的话，以他们可能会选择佐治亚州的学校。但是全国教育进步评估 NAEP 报告数据却恰恰相反，马萨诸塞州是成绩最好的州，佐治亚州是成绩最差的州，形成了巨大的反差。究其原因，既有 NCLB 法案的缺陷，也有标准设定方法的不足。对于 NCLB 法案的缺陷，等到奥巴马政府的第二任期，奥巴马政府颁布了新法案《每个学生都成功》替代《不让一个孩子掉队》法案[①]。但是对于标准设定的不足，则需要通过更多方法去弥补该缺陷。

为了比较各州设定水平分数线差距到底有多大，Phillips 以 TIMSS 学业成就量尺为共同尺度，将各州设定的水平分数线链接到 TIMSS 共同量尺中，以实现对各州表现标准中水平分数线的比较，链接的逻辑基础是各州学生同时也参加了 TIMSS 测试。该研究表明，各州表现标准中水平分数线的差距是巨大的，在一些宣称在 NCLB 项目取得成功的州中，其成功的原因仅仅是因为为精熟水平设置了较低分数线，并且有超过三分之二的州出现了设置低水平分数线的现象，同时发现达到优秀水平的学

---

① 滕珺，王杨楠. 美国基础教育体系真的要大改？——奥巴马政府基础教育新法案《每个学生都成功》述评 [J]. 比较教育研究，2016（3）：8 – 14.

生人数最多的州，其表现标准的分数线是最低的①。这些结果有助于解释美国在国际比较测试项目中表现不佳的原因。许多州认为他们有很高的标准，并且做得很好，并没有感到改革的紧迫性，因为几乎所有的学生都很精通。Phillips 的报告显示，NCLB 法案鼓励各州建立自己表现标准的模式，根本上就是有缺陷的、具有误导性的和缺乏透明度的。50 个州的测试结果是不可比较的，对进步的推论是不可信的，甚至不能确定一个州的进步是否大于另一个州的进步。缺乏透明度的表现标准误导了公众，因为低标准可以被用来人为地夸大合格学生的数量。

Hambleton 的研究同样证明了 NCLB 法案的争议性。Hambleton 将 NAEP 的表现标准的水平分数线分别映射到 TIMSS 和 PISA 分数量尺上，以期发现 NAEP 表现标准中水平分数线是否设置过高。对于 NAEP 的三个水平来说，与 TIMSS 与 PISA 相比，高级标准的水平分数线设立并不过高，在精熟水平上，就算是在 TIMSS、PISA 上表现最为优秀的国家（地区）也没有都接近100%达到精熟水平，这也说明美国 NCLB 法案的目标设置并不符合现实，具有极大的争议性②。

2. 标准设定的评价

从以上分析可得，产生"50 个州 50 个精熟标准"现象的主要原因有二：一是美国教育分权制度和 NCLB 允许各州独立设置精熟标准；二是标准设定主观性的缺陷，标准设定由专家划定分数线，专家必然具有一定主观性。

对于第一个原因。为了消除表现标准不一致的现象，建立全美共同的内容标准显然是一个不错的应对方法，这就不难理解共同核心州立标准（Common Core State Standards，CCSS）的产生。2010 年 6 月，由美国州长协会（National Governors Association，NGA）和州首席教育官理事会（Council of Chief State School Officers，CCSSO）共同发布的共同核心州立标准，与该标准相对应的评价项目智能评估平衡联盟（smart Balanced Assessment Consortium，SBAC）及升学就业准备评估伙伴（Partnership for Assessment of Readiness for College and Careers，PARCC）也随之产生，主要讨论的是采用更少、更清晰和更高的内容标准进行评价项目的设计。但是由于美国地方政治分权与教育分权的独特制度，参加共同评估的州由最初 46 个降低为 2014 年的 27 个，意味着以 CCSS 内容标准为基础的共同评价推进受阻。各州独立评价产

---

① PHILLIPS G W. International benchmarking: state and national education performance standards [EB/OL]. (2013 – 09 – 01) [2019 – 12 – 01]. https://files. eric. ed. gov/fulltext/ED553409. pdf.

② HAMBLETON R K, SIRECI S G, SMITH Z R. How do other countries measure up to the mathematics achievement levels on the national assessment of educational progress? [J]. Applied Measurement in Education, 2009, 22 (4): 376 – 393.

生巨大差异，但是采用共同内容标准与表现标准又与政治相冲突，所以本书采用"困境"描述这种状况的发生。

美国各州在制定内容标准时通常采用的是高标准，如许多州已经制定了包含极具挑战性的 21 世纪技能的内容标准，但是在制定表现标准时采用的却是低标准，所以各州需要一种方法来制定始终如一的、与高内容标准匹配的高表现标准。布什时期的基于标准教育改革的发起者、著名的教育史学家雷维奇在其著作《伟大美国教育系统的生与死：测验和选择如何侵蚀教育》中专门撰写了一章评论 NCLB 法案的评价与惩罚政策，指出 NCLB 法案的"问责制不仅没有提高学业标准，反而是在降低学业标准"。

对于第二个原因，首先要加强对标准设定过程的评价，特别是要提供标准设定过程中有说服力的效度证据，Kane 认为可以提供三个方面的证据：过程性、内部性与外部性①。过程性效度证据主要与方法及其实施过程相关，内部性效度主要与评委评分的一致性相关，外部性效度与外部资料如内容标准、测试数据等相关。Clauser 等认为收集外部性的效度证据较为困难，而内部性的效度证据更加容易进行量化处理②。但是从美国各州的使用实践可以看出，问题解决的关键在于外部一致性而不是内部一致性。

标准设定的过程中，由学科专家、教师和其他利益相关者构成的小组成员通过审查测试项目考查的内容、测试数据和内容标准来设定等级的水平分数线。小组成员根据自己的学习经验、课堂经验和工作经验做出判断，他们也认为自己正在制定严格的标准，但往往事与愿违。所以为了防止高内容标准低表现标准现象的产生，需要让专家明确什么是高内容标准，什么样的知识与技能能确保学生在国内或国际上具有挑战性。对小组成员专家进行培训，借助其他项目设立的表现标准和测试数据等外部信息，帮助小组成员内化各水平最低能力候选人的概念，这也是 Phillips 所推荐的。Phillips 将 PISA 与 TIMSS 的表现标准作为国际基准，将 PISA、TIMSS 表现标准融入到各州的标准设定过程中，帮助评委认识到公认的高表现标准的具体内涵，反过来应用到具体的实践中。所以本书着重研究包含 PISA、TIMSS 在内的六个表现标准，希望能够为国内以后真正使用标准设定方法进行数学科目表现标准的建立提供一定的启示与参考。

---

① KANE M. Validating the performance standards associated with passing scores [J]. Review of educational research, 1994, 64 (3): 425 –461.

② CLAUSER B E, BALDWIN P, MARGOLIS M J, et al. An experimental study of the internal consistency of judgments made in bookmark standard setting [J]. Journal of educational measurement, 2017, 54 (4): 481 –497.

三、类间比较研究：NAEP 量尺锚定法与学业表现水平法的比较分析

在本书的研究对象中，PISA 与 TIMSS 一直将基于统计原理划线的等距表现标准作为其测试分数的解释方法，NAEP 从 20 世纪 90 年代起改用以标准设定为基础的学业表现水平方法开发 NAEP 的表现标准。PISA、TIMSS 与 NAEP 作为广受认可的国际大规模学业成就测试项目，相关技术均已成熟且是当今最先进教育心理测量技术的代表，两类表现标准在这些测试项目中并存，必然是春兰秋菊各有千秋，为不同目的所用。因此，本书以 NAEP 测试中八年级数学学科表现标准为载体，研究 NAEP 量尺锚定法与 NAEP 学业表现水平法的异同，前者作为第一类表现标准的代表，后者作为第二类表现标准的代表，两者的异同在某种程度上也代表了第一类表现标准与第二类表现标准之间的异同。

（一）"能够"与"应该"

在 NAEP 表现标准的开发历程中，单个试题正确率法、平均正确率法和项目映射法属于表现标准的雏形，从量尺锚定法开始分数的诠释过程正式进入了表现标准时代。首先利用文本分析软件 Wordart 对 NAEP 量尺锚定法与学业表现水平法中水平描述语的英文原文文本进行分析，研究两种表现标准中水平描述语的用词规律，制作的词云如图 2-9 与图 2-10 所示。同时还利用 Wordart 软件，统计两种水平描述语中的实意词词频，结果如表 2-26 所示，利用词云与词频进行辅助量化的内容对比分析。

表 2-26 NAEP 量尺锚定法与学业表现水平法的描述语词频比较

NAEP 等距表现标准词频									
can	problem	solve	number	simple	use	graph	whole	situation	knowledge
17	17	15	14	14	13	8	7	7	7
NAEP 非等距表现标准词频									
should	able	performing	use	problem	solving	situations	understanding	content	areas
16	8	7	6	5	5	5	5	4	4

从词频与词云的分析可以看出，在 NAEP 量尺锚定法的水平描述语中，"can"是中心词，代表的词义是"能"与"能够"，主要描述的是得分处于某个水平的学生能够知道什么和做什么。由此可见这是一种基于现状的陈述，重点描述学生能够做什么与知道什么。在 NAEP 学业表现水平法的水平描述语中，"should"是中心词，代表的是"应该"与"应该会"，主要描述处于某个水平的人应该知道什么，应该

能够做什么。学业表现水平法中的水平描述语代表着国家（地区）从政策上对学生的一种期望，一种预期的目标，同时又融合了实测的内容，因此是水平政策定义与等距表现标准水平描述语的一种融合。

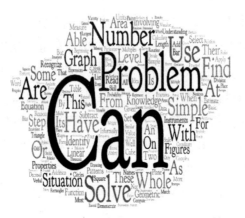

图 2 – 9　NAEP 量尺锚定法的描述语词云

图 2 – 10　NAEP 学业表现水平法的描述语词云

不过对于这种区别 Reckase 却认为两者在描述语上的区别并不大，因为如果将"can"与"should"交换，也同样适合两种水平描述语的语法与语义。因此，这两个词的使用仅仅由于目的的不同，不影响内容的表达，"can"与"should"代表同义反复。当谈到每个水平的学生应达到的学业期望时，使用"should"这个术语；当报告处于某个水平考生的所知和所能时，使用"can"这个术语。

量尺锚定法虽然与以前常模参照测试和标准参照的分数解释方法相比有所改进，但是更多的是充当一种分数诠释的方法，决策者仍然难以根据这种基于统计的方法做出有价值的判断。例如即使知道某个八年级学生群体的平均数学成绩是 242 分，也没有人知道 242 分是否足够好，只知道该成绩略低于总体平均分 250 分，第一类表现标准的价值是可以用水平样例考查的内容来描述学生知道什么和能做什么。然而第一类表现标准描述了学生已经知道和能够做什么，它们是否反映了学生应该知道和能够做什么？换句话说，242 代表的被试表现已经足够好了吗？第一类表现标准并不能回答。1990 年，NAGB 决定依据 NCLB 法案以新的学业表现水平方法报告了NAEP 的测试结果，尝试回答问题"好到什么程度才算好"。通过建立表现标准告诉公众和学生应该知道什么与做到什么才能算达到该水平，也就是只有知道了或做到了标准所规定做的才算是达到该水平，再结合水平的高低就可以回答好的程度问题，同时 NAEP 还承担回答该问题的法律责任，这正是第一类表现标准与第二类表现标准的区别。

（二）归纳与演绎

从前文的分析可得，量尺锚定法按照一定的对应规则将试题对应到锚点（等级）中形成水平样例组，由学科专家和测试开发人员总结出该类（级）试题的认知特点，以此形成锚点（等级）的水平描述。因此在量尺锚定法中，水平描述语完全源于测试项目，是一种自下而上的描述，大家预先不知道每个水平描述语的具体内容，是开发人员通过归纳总结而得的。NAEP 量尺锚定法的水平描述语通过自下而上的归纳方法产生。

而在 NAEP 利用学业表现水平法开发表现标准的过程中，首先根据 NAGB 政策确定的水平数量与水平的政策性描述，由学科专家将水平政策性描述学科化成工作性描述，再由标准设定小组评委结合测试数据与自身的专业经验，通过标准设定过程划定水平分数线。虽然学业表现水平法的也按一定的规则进行水平样例的选取，却是在选择支持其结论的范例，而不是从样例中得出结论。因此在 NAEP 学业表现水平中，水平描述语的开发经历的是一个从上至下的过程，此过程也是从政策定义到测试内容的演绎过程。

为了进一步研究两种水平描述语的不同，对这两种水平描述语进行质性的内容分析，利用扎根理论对描述的内容进行开放式编码，编码内容如表 2-27 所示。根据编码寻找故事线，可以从核心概念上把握两种水平描述语的不同。

从表 2-27 的编码结果可以看出，量尺锚定法的水平描述内容采用的核心概念是"圆的面积与周长""线性方程组的求解"等，这些编码内容均来源于测试项目，密切联系测试项目考查的知识与技能。而学业表现水平的水平描述内容中，多采用"概括与总结""抽象思维""使用工具"等核心概念，这些概念更为抽象，更为宏观，多为官方文件所用。因此不管是从开发方法还是从解释内容上看，量尺锚定法的水平描述语都是基于归纳而得，而学业表现水平的水平描述语则是基于演绎而得。

表 2 – 27　NAEP 两种水平描述语的内容编码

NAEP 量尺锚定法中水平描述语的开放编码	NAEP 学业表现水平中水平描述语的开放编码
圆周长与面积 问题解决并论证 线性方程组求解 初等函数及零点 建立模型 列举简单事件样本空间	超越应用进行总结与概括 数感与几何意识 抽象思维 独特的问题解决策略 解释推理过程
矩形面积与周长 线性方程求解 多步骤问题解决 分数小数四则运算 平均值计算 计算简单事件发生概率	复杂的问题解决 理解数与代数的关系 基本推理 准确适用工具 理解基本概率与统计问题
两步骤问题解决 整数四则运算 近似估算 图表数据阅读 平面简单作图	理解概念 掌握技能 分数与小数的四则运算 借助工具进行问题解决 理解基本的代数与几何概念
单步骤问题解决 整数加减运算 长度重量测量	

（三）统计与政策

以上两个维度的比较是从水平描述语的视角分析两者的异同，接下来从水平分数线的划分原理上总结两者的异同。根据 NAEP 量尺锚定法的开发过程可得，NAEP 采用的是标准差法确定锚点，四年级与八年级数学量表的四个锚点分数同为 350、300、250、200，依次高于平均值两个标准差，高于平均值一个标准差，低于平均值一个标准差，以一个标准作为等级宽度构建等距表现标准。这种分数线的确定方法完全基于统计的视角，在水平分数线的确定过程中没有与测试的内容相联系，是一种类似于常模的水平分数线确定方法。

在 NAEP 发展的前 20 年里，由于从资金问题到行政问题都没有得到联邦政府的支持，所以发展较为缓慢。到 20 世纪 80 年代中期，各州开始意识到需要更好的报告机制来衡量学生的进步，因为各州对 SAT 和 ACT 大学录取分数并不满意。全国州长协会要求寻求更好的成绩单，能够更准确地比较各州和全国的表现。里根总统于 1988 年 4 月签署的联邦法律（P. L. 100 - 297, 1988）在立法上确立了 NAEP 的运行体制，并规定在每一个要测试的科目领域中需要为每个年级制定适当的表现标准 [第 3403、(6)（A）条]。同时规定，每个学科领域的评估都应通过国家协商一致的方法制定目标陈述 [第 3403、(6)（E）条]，2001 年通过的现行立法（P. L. 107 - 110）将学业成就水平纳入了 NCLB 的问责框架。

但是在 NAEP 的学业表现水平中，首先需要由代表官方的 NAGB 来确定水平命名、水平数量及水平的政策定义。对于水平数量，由于美国各州的教育管理者们对仅设一个及格分并不满意，他们都想知道他们的学生是如何表现的，分布在高端和中低端的学生比例各是多少，NAGB 顺应了这些要求，在 NAEP 的表现标准中设置了基本、精通和高级三个级别，为每个参试年级与科目均设立包含三个水平的表现标准。为什么是三个而不是四个或者更多？由于 NAEP 测试学生为四、八和十二共三个年级的学生，并依据测量结果建立中小学学生学科跨年级能力量表，如果每个年级设立四个以上，整个学科量表就要包含 12 个以上的水平，导致水平过多难以区分与理解。采用类似于"高，中，低"的三个水平，是符合"Goldilocks approach"法则，既不多又不少。

评委小组成员再根据三个水平的政策定义、自身的经验与测试内容，利用标准设定方法确定水平分数线。例如在 NAEP 2017 中，八年级数学的三个分界分数：333、299、262，而四年级数学的分界分数分别为：214、249、282。可以看出，在标准的设定过程中，学科不同，年级不同，水平分数线也不相同。总的来说，学业表现水平是一个将水平的政策性定义进行学科化和操作化，由评委将最低能力候选人与测试内容联系，进行水平分数线的划分过程。

表 2 - 28　NAEP 两种水平分数线的确定原理

等距表现标准的水平分数线确定原理：量尺锚定法	非等距表现标准的水平分数线确定原理：标准设定法
描述 NAEP 量表上的四个点 （八年级数学 200，250，300，350）	三个水平：基础、熟练、先进 八年级数学水平分界分数为：262，299，333 四年级数学水平分界分数为：214，249，282
基于统计数据，以标准差为单位	由专家群体决策而定，利用（修改后的 Angoff 法）过程确定了 9 个等级。
锚定水平的精度受测量误差的影响	除了受到测量误差的影响还受到专家评委一致性的影响
等级描述有专业人士完成： 数学家，数学教师与数学教学监督员	等级确定及描述 数学家，数学教师等专业占三分之二 企业雇主，技术人员等普通民众占三分之一

从纯技术的角度上分析，统计方法只是提供数据标准，并不提供评价好坏的标准，所以量尺锚定法基于统计，提供的是客观的描述。而学业表现水平法需要为法律提供依据，为判断好的程度提供参考，涉及许多利益相关者，例如 NAEP 的测试结果是联邦教育援助经费分配的依据。从这个角度来说，量尺锚定是完全基于统计的，以统计方法为核心；而学业表现水平是基于政策与法律的，以专家集体决策为核心，统计数据只是其中一个重要的参考依据。

在量尺锚定中，进行量尺锚定会议的代表主要是数学专业人员，有如下几类：数学家，大学、中学和小学的数学教育工作者，各州和地区的数学教学监督员。而在学业表现水平中，由于 NAEP 制定表现标准太重要了，NAGB 觉得不能只让教育工作者参与其中，必须让其他与美国的未来利害攸关的人参与进来，包含了企业雇主、工厂技术人员等利益相关者。NAGB 规定约三分之二的小组应由教师和其他教育工作者组成，三分之一应由公共/非教育部门人员组成，这些成员来自不同地区、不同社区、不同种族和不同性别，具有广泛代表性。同时由这种广泛代表性人员构成的标准制定小组的组成方法也编入了法案《2000 年目标：美国教育法》中。

（四）等距量尺与非等距量尺

从第三章第一节的分析中可以看出在第一类表现标准的制定过程中，水平分数线的选择往往是基于统计方法，如 TIMSS 采用以标准差和以百分比为单位的确定等级宽度，PISA 采用 Rasch 量尺的逻辑斯特距离确定等级宽度。这些基于统计原理确定水平数量及水平分数线（锚点）的方法是一种纯统计技术的分数诠释方法，适用于多个科目与多个年级，例如 TIMSS 2015 的四年级与八年级数学学业成就量尺的 4 个锚点分数都为：625、550、475、400，且四年级与八年级科学学业成就量尺也同样地采用这四个锚点分数[①]。在 PISA 2012 中，虽然 PISA 2012 数学素养的等级分数线为：669.3、607.0、544.7、482.4、420.1、357.8，水平宽度为 62.3；而 PISA 2012 问题解决的等级分数线为：683.1、618.2、553.3、488.4、423.4、358.5，水平宽度为 64.9[②]。这些测试项目打造的是一把等距量尺，不同年级不同学科的表现标准共用此量尺，有着固定的测量单位和测量范围，从物理测量的角度显然是一把完整的量尺。

而第二类表现标准采用标准设定的方法，由评委专家集体决策确定水平分数线，

---

① MULLIS I V S, MARTIN M O, FOY P, et al. TIMSS 2015 International Results in Mathematics [EB/OL]. (2016 - 11 - 01) [2024 - 01 - 02]. https://timssandpirls.bc.edu/timss2015/international-results/advanced/.

② OECD. PISA 2012 Results: What Students Know and Can Do—Student Performance in Mathematics, Reading and Science (Volume I, Revised edition, February 2014) [EB/OL]. (2014 - 02 - 01) [2023 - 12 - 25]. http://dx.doi.org/10.1787/9789264208780-en.

因此可以根据学生和测试的具体情境确定水平分数线，如 NAEP 2017 八年级数学的三个分界分数：333、299、262，而四年级数学的分界分数分别为：214、249、282，第二类表现标准通常表现为一种是非等距的形式。NAEP 1990 八年级数学等距量尺与 NAEP 1992 年八年级数学非等距量尺如图 2 - 11 所示，从图中可以看出两把量尺的尺度最大的差异在与测量单位的选择。

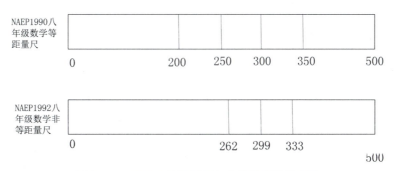

图 2 - 11　NAEP 等距量尺与非等距量尺示意图

在大规模学业成就测试中，学业成就量尺的建构过程包含内容标准和表现标准两个标准的建构，精心打造的学业成就量尺一经建构经年不变，在后续的多轮次测试中使用。对于内容标准的建构，某种意义上就是标杆试卷的开发。杨志明指出，标杆试卷的研发包含了测试内容标准和测试蓝图的研发。测试内容标准的制定主要是组织学科专家与测试开发人员精心编制测试说明，对学科内容进行层次化和操作化定义，对于每个层级的核心要点进行编码，而后的题库建设与组卷工作则完全依据内容标准进行。内容标准的制定是一项复杂的工作，"按国际惯例，通常需要几十人的专家团队至少 6 个月的时间，有时甚至需要几年的时间才能完成"[①]。确定内容标准之后，就需要确定考试蓝图，考试蓝图是对核心要点考查的试题数目、权重、认知维度、复杂程度分布等重要测试信息进行了规定。当标杆试卷开发完成以后，利用其测试数据就打造了一把量尺，在以后的测量中，就需要利用这把量尺去测量学生的考试成绩，并且这把量尺不能轻易改变。如果一经改变，等于测量的量尺就发生了变化，采用不同量尺测量的数据就不具备可比性，导致无法衡量趋势、进步等关键问题。所以 NAEP 四年级与八年级数学都是采用由 1992 年标杆试卷构建的学业成就量尺，TSA 的中学三年级数学采用的是 2006 年标杆试卷，这些标杆试卷也是项目第一年施测的试卷，随后的测试都是通过锚题的方法实现测试之间的链接，测试数据也通过等值的方式转换到依据第一年测试数据构建的量尺当中。

标杆试卷的意义在于打造了一把量尺，但是这把量尺还没有刻度。采用什么样

---

① 杨志明. 高中学业水平考试等级设定的若干方法 [J]. 教育测量与评价，2016（10）：4 - 9.

的尺度单位，则是需要通过建立表现标准的方法去完成。结合标杆试卷与表现标准的研发，大规模学业成就测试项目就打造了一把既包含测量数值又包含尺度的数学学业成就量尺，并且这把量尺对应的内容标准和表现标准通常是保持不变的，在后续轮次的测试中使用该量尺进行个体与群体的学业成就测量。

（五）建构数学学科表现标准的作用及意义

1. 可作为测试质量分析的重要手段

水平描述以项目考查的知识与技能为中介，学生正确回答了某个项目就意味着以高可能性掌握了项目考查的知识与技能，实现了分数与知识及技能的对应，以此构成水平描述语。在 NAEP、TIMSS 与 PISA 中，通常需要举行一个为期数天的会议，由测试设计人员与学科专家共同组成专家小组经过数轮的讨论，对项目逐个地进行审核和分析，总结同一级别项目的共性，最后形成一致意见后完成水平描述语，并遴选合适的题目作为水平样例对外公布以支持其描述的内容。所以，整个表现标准制定的过程也是对测试项目的进行定性分析过程，专家共同分析项目考查的内容，完成整个测试的反思、评价与总结，表现标准制定的过程也是对测试的反思过程。

在表现标准制定的过程中，通常以项目地图的形式呈现了项目的参数信息（难度等）与整个测试的整体结构，还提供了正确回答每个项目的学生百分比等一系列量化评价信息。项目地图不仅记录项目的难度值，还记录了项目考查的知识与技能，以类似于地图的直观呈现，不仅有利于专家对整个测试项目把握，将其内化并将项目进行归类，还有利于分析有些项目不能被归类的原因，在以后测试中尽量少采用这些试题。因此，表现标准是一个采用定性与定量分析相结合的测试质量分析方法。

2. 可为子群体的比较提供更多的维度

表现标准将整个学业成就量表分割为若干等级，这就为数据的分析提供更丰富的比较维度。例如 TIMSS 2015 将数学成就量表的四个等级分别命名为先进标准、高级标准、中级标准、基本标准，以此对各个国家与地区的学生表现数据进行分析。例如发现在新加坡、韩国和中国台湾地区，有 43%～54% 的学生处于先进标准，但在 39 个参试国家中的 30 个国家只有 10% 的学生处于先进标准，有 9 个国家处于先进标准的学生比例相对上一周期是上升，但是有 2 个国家是下降的。按此方法，TIMSS 可以为参与测试的国家（地区）提供信息丰富的诊断报告，同时教育管理部门可以发现其中隐含的问题，并寻找相应的对策①。

---

① MULLIS I V S, MARTIN M O, FOY P, et al. TIMSS 2015 International Results in Mathematics［EB/OL］. (2016－11－01)［2024－01－02］. https：//timssandpirls. bc. edu/timss2015/international-results/advanced/#side.

在 PISA 2012 中，根据精熟度水平的划分，统计出学生在六种水平中的分布情况，将参与测试的国家（地区）分为四类：一是提升了所有人，该类别的国家（地区）既减少低级别的学生的比例，又增加了高级别学生的比例，如以色列、罗马尼亚和卡塔尔；二是只减少低级别学生的比例，但高级别学生的比例没有改变，如巴西、墨西哥、突尼斯和土耳其；三是只增加了高级别学生的比例，但低级别学生的比例没有改变，如韩国、泰国和中国香港、中国澳门、中国台湾；四是低级别学生所占比例的增加了，高级别学生所占比例的减少了。所以，就算是某个国家的平均水平提高了，但是提高的原因却有所不同，有的是由成绩较差学生的进步推动的，有的是由成绩优异学生的变化推动的。东亚地区的国家（地区）的 PISA 数学平均成绩虽然居于前列，但是其中低水平学生所占的比例并没有减少，所以还是存在一些问题的，并不是完美无缺①。由此可见，表现标准为群体比较提供了丰富的比较维度，同时还分析了参试群体成绩进步或退步的原因。

3. 可为学科能力水平划分提供更有力的实证数据

从皮亚杰的认知发展阶段理论，到比格斯的 SOLO 分类理论，具体到数学学科还有范希尔几何思维水平分类理论等，相关学科能力等级划分的模型不胜枚举。这类研究尝试对学生的心理特质进行水平划分和描述，以期反映心理特质的阶段性特点，为教学与评价提供理论基础。且这些理论都是以量化研究为基础或得到了量化研究的证实，如皮亚杰的认知发展阶段理论是从研究 Binet-simon 量表测试项目的反应模式开始，从 1920 年开始皮亚杰在巴黎的比奈实验室与西蒙进行合作，皮亚杰的12 本著作中每本著作都涉及了 Binet-simon 量表②，又如 Wilson 分别利用哥特曼尺度（确定性）和拉希尺度（概率）等方法进行量化实证研究，验证 SOLO 分类理论在水平层次划分中的效度③。

在数学表现标准的制定过程中，NAEP、TIMSS 与 PISA 通过在量表中设置分数线，将学生的学科认知能力进行了层次水平划分。该方法以测试项目的知识与技能属性及学生的测试成绩为依据，不仅划分等级还进行等级特征的描述。整个过程以证据为中心，以概率的形式描述了处于某个层次水平的被试能够做什么和知道什么，

① OECD. PISA 2012 Results：What Students Know and Can Do：Student Performance in Mathematics，Reading and Science（Volume I）［EB/OL］.（2014－02－01）［2023－12－25］. https：//doi. org/10. 1787/9789264201118-en.

② 尹捷. "智力测验之父"比奈与让・皮亚杰之间令人困惑的关系［J］. 大众心理学，2011（10）：46－47.

③ WILSON M. A comparison of deterministic and probabilistic approaches to measuring learning structures［J］. Australian Journal of Education，1989，33（2）：127－232.

等级及其描述更具说服力和符合事实。PISA 利用这种方法，不仅对学生的数学素养、科学素养、财经素养等多种素养进行精熟度水平划分，还对三个过程子量表，四个内容子量表进行精熟度水平划分，实现了学科子内容的能力水平划分，丰富了学科能力的范畴。TIMSS 利用该方法对四年级、八年级及十二年级学生的数学与科学成绩进行量表的等级划分。分数解释为多种学科、多种年级、多种内容的能力水平划分提供了数据分析的手段，从量化的研究视角证实学科能力阶段性理论的存在性。

4. 可向普通民众传递考试分数的学科意义

心理测验理论始终将分数解释作为测试的重要环节，并按照分数解释的类型将测验分为两类：常模参照测验和标准参照测验。常模参照测验主要用来测量个体潜在特质的差异，将个体与群体中其他个体进行比较，以群体的水平来衡量个体水平，从而可以确定个体在群体中的位置，例如像我国的高考、中考和研究生入学考试。在这一类测试中，个体作答反映了个体真实的行为表现，包含了大量的真实有用的测试信息，但被试仅仅知道自己得分和位置，如自己所处的百分位，根据标准正态分布的标准差与百分比的对应关系，如被试的 Z 分数为 2，则百分等级约为 97.5%。但对于这个分数意味着什么却无从所知，常模参照测验不提供个体知道什么与能够做什么的重要信息。而标准参照测试通常将测验与某一知识领域相联系，考查个体对知识与技能掌握程度，提供了有关被试是否达到某种行为标准水平或要求的信息，所以在提供个人行为与被试得分、测试知识与技能的联系，但是不提供个体在群体中的位置信息。但是量尺锚定的分数方法将这两种解释方法融合于一体，不仅提供个体在群体中的位置，还提供分数的学科内容的描述说明，帮助了缺乏学科背景的普通民众了解分数的意义。

国际大规模学业成就测试也同样地将分数解释作为测试的重要组成部分。如 PISA 2012 发布了文件 *PISA 2012 Results：What Students Know and Can Do*（《PISA 2012 结果：学生知道什么和能够做什么》），专门解读 PISA 的测试结果，不仅对各个学科量表分数进行解释，而且对学科内部子量表分数进行解释。例如，PISA 2012 对数学量表中三个过程子量表，四个内容子量表进行了分数解释，解释在过程子量表和内容子量表中学生知道什么和能够做什么。TIMSS 也发布了文件 *TIMSS 2015 International Results in Mathematics*（《TIMSS 2015 数学国际测量结果》）对四年级和八年级学生的数学测试分数进行解释，并以此为基础进行国际的比较。由此可见，国家大规模数学测试对分数解释环节的重视，都通过撰写专门的报告解释分数的数量意义与学科意义。

分数解释的过程是量化研究和质性研究相结合的过程，张楠、宋乃庆等指出新时代教育评价工具既需要开发量化工具，还需要开发质性工具。质性工具源于解释主义哲学，可以弥补量化工具在价值判断和人文关注方面的欠缺①。表现标准正是借助于质性工具对于量化测量数据进行补偿诠释的重要途径。在测试中，对于分数的反馈，进行分数解释，可以帮助学科专家、教学管理者、家长和社会人员理解分数意义，对学生的水平有着宏观的判断。由于我国的考试文化，强调考试的选拔、分类和安置功能，关注的焦点在于分数和排名而不是考查的内容。如果我们能够对分数进行解释，将测试的学科意义有效地传达给被试和普通大众，而不是仅仅提供一个分数或一些分数线，这将对引导大家合理地对待考试有着重要意义。

5. 可帮助学生判断自身的学业水平增值情况

NAPLAN 建立的跨越三、五、七、九共四个年级的学业成就量尺是一种发展性量尺，也称垂直量尺，目的是在纵向（跨年级或跨年份）上衡量学生的发展与进步，通过建立一个学生数学能力发展状况的评价体系，使得不同年级（年份）的学生可以进行量化的比较。NAPLAN 建立学生学业水平发展量尺，为整个一至九年级学生建立一个以 NAPLAN 测试为基础的学业表现标准。学生可依据等级描述与测试结果，进行自我评价与诊断，通过 NAPLAN 成绩报告单了解自身学业成就增值的情况。NAPLAN 在建立发展性量尺的同时融入了标准设定的方法，在 10 个等级中设立 4 年级国家最低标准，这是一项具有开创意义的创新。通过发展性量尺，学生不仅可以知道达到需要知道什么和能够做什么可以达到合格水平，还可以知道好的程度问题，知道什么和能够做什么就可以达到某个水平，在每个年级的六个等级中，对应国家最低标准为由低到高的第二个等级，其余 4 个等级用于描述多好才算好。

表现标准提供了以等级制为基础的成绩报告方法，将数百个分位点压缩为几个分位点，避免了学生"分分计较"的局面。例如在 NAEP 三个水平的表现标准体系中，可以告知学生的学业成就已经是高级水平了，当学生知道自己的数学成绩已经达到高级水平时学生就可以将时间与精力转移到其他科目的学习上，这样有利于学生的全面发展，同时还可以减轻学生的学业负担，避免片面地追求高分和满分。

（六）类间比较研究的小结

1. 表现标准的开发方法不仅仅是划定水平分数线

在高利害关系的考试中，水平分数线往往涉及众多考生的切身利益，因此吸引了众多研究者的关注，特别是对于标准设定的研究，作为水平分数线的划分方法之一研究人员已开发出数百种标准设定方法。但水平分数线仅仅是表现标准四个组成部分中的一个，Leventhal 认为标准设定可以说是测试开发和心理测量学中最主观的

① 张楠，宋乃庆，申仁洪. 新时代教育评价改革的价值意蕴与实践路径 [J]. 中国考试，2020（8）：6-10.

技术之一①，且 PISA、TIMSS 与 NAPLAN 的成功经验表明，在表现标准中设立基于等距的水平分数线同样地可以进行分数解释、群体比较、测试质量分析等，而不必拘泥于分数线的具体精确位置。因此关于表现标准的研究不能仅局限于对于水平分数线确定方法思维研究，特别是局限于对标准设定方法的研究，对于水平样例的遴选方法、水平描述语的撰写方法同样值得深入研究。

2. 第一类表现标准适用范围广于第二类表现标准

在两类面向测试的第二类表现标准中，NAEP、TSA 与 CAPFJHSS 都是由于国家（地区）的法定机构负责组织运行，采用标准设定法划定水平分数线之后就意味着代表教育行政部门判定了学生的成绩是否合格，是否达到精熟水平，是具有法律效力的一种水平划分。由此可见，标准设定方法通常应用于与学业水平测试一类的大规模测试项目中，表现标准设定过程需要遵循严格的规定程序和依据高质量的内容标准，但在学校教育日常的测试中这一类测试并不常见。在课程教学中更为常见的是中小规模的测试项目，这类测试目的往往是调查、研究、诊断等，不需要判定学生的成绩是否合格，因此不需要采用标准设定方法进行水平划分，只需要采用基于统计原理划分学生的表现水平即可。日常测试的目标更加类似于 PISA 与 TIMSS 的测试目标，由此可见第一类表现标准的适用范围广于第二类表现标准，本书将研究的重点也聚焦于第一类表现标准。

3. 第一类表现标准与第二类表现标准的关系

从 PISA 与 TIMSS 的表现标准建构经验可得，给定一个测试当其满足相关测试内部条件时即可从下至上地建立第一类的表现标准，但是建构第二类表现标准则需要采用自上而下的演绎方法，因此需要代表"上"水平的政策定义（PDs）与学科化的工作性描述（WDs）对表现标准的建构过程进行指导，从建构方法的视角也说明了第一类表现标准的使用范围更加广泛。对于第二类表现标准来说，较为关键的一个步骤是如何建构表现标准的工作性描述，WDs 是建立 PDs 与 ALDs 的纽带，如何在 WDs 中规定应该知道什么和能够做什么可以达到 PDs 规定的水平，需要在大量的实测数据中进行归纳总结，利用实测数据说明 WDs 描述语与实测数据之间的关系，而这正是第一类表现标准所做的。因此，WDs 的水平描述语需要从多个第一类表现标准中归纳总结，提供令人信服的效度证据，才能从政策上提供指导作用。从 NAEP 表现标准的发展历程也同样可以看出，第一类表现标准先于第二类存在，第二类在第一类的基础上构建。

① LEVENTHAL B C, GRABOVSKY I. Adding objectivity to standard setting: evaluating consequence using the conscious and subconscious weight methods [J]. Educational measurement issues and practice, 2020, 39 (3): 30-36.

4. 表现标准的开发需要依据测试项目的规模

精熟度量尺、量尺锚定法等已在 PISA、TIMSS 这样大规模的学业成就测试的表现标准开发中证明了可行性，且成为这些测试项目不可或缺的一环。那么这些方法能否推广到中小型规模的测试项目中，弥补国内在测试分数解释环节的缺失，与课程教学联系更加紧密，进而发挥表现标准的重要作用。等距表现标准建立在 IRT 技术的基础之上，在 IRT 相关研究中，模型对于被试的样本量都有一定的限制①，研究不同样本容量下的模型估计精度是 IRT 研究必要的步骤之一②。从更广阔的视野上看，在与统计相关的研究方法，对于样本量均有一定的要求。因此，研究精熟度量尺、量尺锚定法等表现标准开发方法在不同样本容量与试题容量下的运行状况，特别是被试样本规模、试题量对表现标准四个环节的具体影响机理，如在小规模测试项目中怎样划分水平分数线，怎样遴选水平样例等关键技术，将更加有利于将这些方法推广至中小型规模的测试项目中。

5. 表现标准的开发作为数学认知数据挖掘方法之一

陈传锋等对我国中学生课业负担进行了一项大范围的调查，研究表明初中生每周都要参加 2～3 次考试③，对数学学科更是"考考考，老师的法宝"，每周一次测试已成教学常态。高频率的考试次数虽然给学生带来了课业负担，但也带来了海量的认知测试数据，因为在日常课程教育环境中个体的应答行为更加真实，比"充满了理论"的研究数据更加自然，包含的认知信息更加值得去挖掘。表现标准代表的正是一种认知数据挖掘的模式，通过对学生表现、测试试题进行水平划分，分析每个试题的考查的知识与技能，从而得到不同水平学生群体的所知所能，以水平描述语的形式呈现数据挖掘的成果，并向给所有利益相关者呈现测试信息。文东茅指出，我国虽然是考试大国，但是普通民众对考试的认知"实在有限"，需要普及民众对考试认识，提高民众的评价观念④，而表现标准正是向民众传递分数意义的途径之一。

---

① 孙晓敏，关丹丹. 经典测量理论与项目反应理论的比较研究 [J]. 中国考试（研究版），2009（9）：10－17.

② 涂冬波，蔡艳，戴海琦，等. 多维项目反应理论：参数估计及其在心理测验中的应用 [J]. 心理学报，2011，43（11）：1329－1340.

③ 陈传锋，陈文辉，董国军，等. 中学生课业负担过重：程度、原因与对策——基于全国中学生学习状况与课业负担的调查 [J]. 中国教育学刊，2011（7）：11－16.

④ 文东茅. 深化教育评价改革需回归常识 [J]. 教育测量与评价，2020（8）：5－7＋18.

第三章 中等规模学业成就测试的等距表现标准建构研究

　　第二章从理论比较的视角研究了大规模学业成就测试项目中表现标准的开发方法，从本章开始将从理论研究转向于实践研究，以 SZ 市 L 区学业水平测试项目（简称"L 区测评项目"）的数学学科测试为实践案例，研究面向中小型规模测试项目的表现标准建构方法。由于 L 区测评项目是一个中等规模的数学学业水平调查项目，目的是调查学生的学业成就水平并进行区域之间、学校之间的比较，并不需要判断学生的数学学业水平是否达标与合格。因此，我们不需要采用基于标准设定方法去建构表现标准，而是采用与 PISA、TIMSS 类似的基于统计的等距表现标准。但与 PISA、TIMSS 的几十万参试学生相比，本次测试中的被试样本量不足两万，属于一个中等规模的学业水平测试项目，且整个测试的总题量较少。如何将 PISA 与 TIMSS 的等距表现标准开发方法引入到日常中小型规模的数学测试中，在两者的基础上建构表现标准，总结学生知道什么和能够做什么，划分学生的表现水平，帮助学生、家长和学校管理者理解分数的意义，是本章研究的核心问题。

　　本书将从 L 区测评项目的数学学科 Rasch 量尺建构开始，研究基于 Rasch 模型的测试质量分析方法，并以 Rasch 量尺为基础建立学业成就量尺，在此量尺基础上开发具有客观等距性的数学学科表现标准。后续研究中还将利用此次测试数据，模拟"人适中题适中""人少题少"等多种类型的测试项目，研究怎样将具有"人多题多"特点的大规模学业成就测试项目中表现标准的开发方法推广至中小型规模的测试项目中。同时，按照表现标准的几个组成要素：水平命名、水平分数线、水平描述和水平样例逐一论述 L 区测评项目中数学学科表现标准的开发过程。讨论如何根据实际情境，将 PISA 精熟度量尺与 TIMSS 量尺锚定两种等距表现标准开发方法相结合开发新的算法，制作本土化的表现标准，并总结两种方法在实际应用过程中所遇到的困难与问题。在本章最后，基于表现标准进行一些群体比较研究，以期发现等距表现标准在群体、个体比较上的独特作用与意义。

一、L区测评项目简介

项目组与 SZ 市 L 区教育局人民教育督导室合作，在 SZ 市 L 区组织开发了全区学生参加的八年级数学素养测试项目。L 区教育局希望能通过一种科学的评价体系，评估其区域内不同学校的教育质量，并按图索骥进行改革，缩小不同类型学校间的教育质量差距，从而使 L 区的学生能获得"质量"与"公平"俱佳的教育。整体上看，L 区测评项目相当于一个县（区）域内的中等规模学业成就水平测试项目，主要以街道和学校为单位进行比较与分析，以发现不同街道之间及不同学校之间的差异，发现问题并诊断。为 L 区测评项目制定数学学科的表现标准，不仅是为了帮助学生及其家长，而且还要帮助学校、督导室和教育局的管理人员更好地理解 L 区测评项目的测试分数意义，并提供更加丰富的比较维度。由于并不涉及从政策及法律上判断学生是否合格的问题，所以采用第一类表现标准而不是第二类表现标准。

L 区直属和 8 个街道的 34 所公立学校与 54 所民办学校，累计 88 所学校的 17327 名八年级生参与了此次测试。且所有被试共同作答同一份试卷，而这与 PISA 与 TIMSS 的试题设计是不同的。PISA 与 TIMSS 采用的是矩阵抽样法，首先为测试项目设计了覆盖整个学科的一套完整试题，然后将这一整套试题分成若干模块，按照一定的规则将模块组合成若干题册，每个学生只作答其中的一个题册，题册之间采用锚题模块进行链接。这样就既保证了测试内容的广度与效度，又平衡了学生参加测试时间有限的问题。但是 L 区测评项目并不涉及矩阵抽样与题册设计问题，因此在表现标准的开发过程中可以利用的试题数量及学科内容的代表性相对有限。总的来说与 PISA、TIMSS 等大规模学业成就测试相比，L 区测评项目呈现了"题量适中、样本量适中"的特点，并不能完全照搬 PISA 及 TIMSS 的等距表现标准建构方法，需要将两者相结合进行适当地改良，开发属于 L 区测评项目的等距表现标准。

（一）测试蓝图

L 区测评项目借鉴了 PISA 的测试框架与测试理念，是一次 PISA 本土化的实践。依据 PISA 相关理论，L 区测评项目的试题源于四种内容领域：不确定性与数据、数量、图形与几何、变化与关系；四种情境类别：个人情境、社会情境、职业情境、科学情境；三个过程：建模、应用、阐释和评估；七种基本数学技能：交流、设计问题策略、数学化、表征、符号与形式化、推理论证、使用数学工具[①]。整个测试蓝

---

① OECD. PISA 2012 Results：What Students Know and Can Do：Student Performance in Mathematics，Reading and Science（Volume I）[EB/OL].（2014 - 02 - 01）[2023 - 12 - 25]. https：//www.oecd-ilibrary.org/education/pisa-2012-results-what-students-know-and-can-do-volume-i_ 9789264201118-en.

图如图 3 - 1 所示。

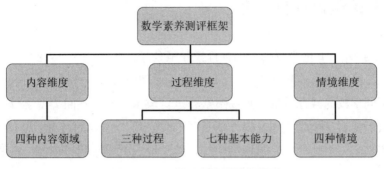

图 3 - 1　L 区测评项目的测试蓝图

（二）试题分析

测评试题由项目组与 L 区教育局的教研专家们共同设计，并在武汉市三所中学进行了初试，最终筛选出 13 个题组，共 33 个小问题组成最终的正式测试卷。正式测评卷的克隆巴赫 Alpha 系数为 0.870，这说明整套试题具有较高的信度，是一套较为理想的试卷。为了保证测评项目具有较高的专家效度，项目组还制定了测评的双向细目表，部分测试题目的双向细目表如表 3 - 1 所示，同时在开发过程中还邀请 L 区一线中学高级教师共同审查每个测试项目考查的知识与技能，审查试题与初中数学课程的关联情况，保证试题具有较高的专家效度。由于本章将采用 Rasch 模型进行被试能力与项目参数估计，所以 Rasch 模型的拟合度指标、测验信息函数与项目信息函数等多种方法将为本次测试带来的更多的质量分析信息，这与传统的信、效度分析略有不同，具体的分析细节可见下一小节。

表 3 - 1　L 区测评项目的部分双向细目表

题号	情境名称	情境维度	题目序号	题目类型	内容维度	过程维度	数学能力
1	条形图	科学的	问题 1（1）	单项选择题	不确定性与数据	应用	数学交流
			问题 2（2）	封闭式问答题	不确定性与数据	应用	数学表征
2	量筒与弹珠	个人的	问题 1（3）	单项选择题	数量	阐释	数学表征
			问题 2（4）	封闭式问答题	数量	应用	数学化
			问题 3（5）	开放性问答题	数量	评估	推理论证

二、L 区测评项目数学学业成就 Rasch 量尺的建构

在利用 Rasch 模型进行学业成就量尺建构之前，首先将得分数据转化为二级得分模式（0~1 得分模式）。对于单项选择题和封闭式问答题，利用 1 表示正确，0 表

示错误；对于开放性问答题，转化的过程采用"3/5 标准"，部分得分大于等于总分的 3/5 则归类为 1，部分得分小于总分的 3/5 就归类为 0，按此方式将被试在所有试题上的得分转化为二级得分模式。

（一）R 语言 MIRT 程序包

随着有关 IRT 研究成果的日益丰富，一些知名的 IRT 商业软件也相继出现，如因在 PISA 中使用而闻名的 CONQUEST，还有其他如 Noharm 和 BMIRT 等。但是这些商业软件不仅需要不菲的费用，并且采用项目反应模型和算法较为固定，功能比较单一，很难应对复杂多变的实际使用情况。R 语言作为一种开源、免费、自由的语言，在大数据时代为"统计而生"，为以概率统计为基础的研究提供了极大的便利。由 Chalmers 为代表的一批心理统计学家开发的 MIRT 程序包一直处于动态更新过程中，吸收了 MIRT 研究的前沿发展成果，而商业软件往往更新较慢，难以应对科学研究的需要。MIRT 程序包为模型的参数估计，模型的评价，被试的能力参数估计提供了多种算法和不同的组合，为问题的解决提供了多条路径。如用户可以自由选择项目模型，如 Rasch、2PL、3PL、GRM 等；也可以自由选择参数估计算法，如 EM algorithm、Monte Carlo EM estimation、quasi-Monte Carlo EM estimation、MH-RM algorithm 等，更可以选用不同能力参数估计方法，如 expected a-posteriori、maximum likelihood、maximum a-posteriori 等；使问题解决的手段更加丰富[①]。本书在研究中采用 R 语言作为数据处理工具，进行相关 IRT 模型拟合与数据处理。

（二）基于 Rasch 模型的整体测试质量分析

由于 Rasch 模型是单维模型，需要检验转换后的两级得分数据（0~1 得分模型）是否符合单维性假设。而检验是否符合单维性假设的方法有多种，本书选用探索因子分析与验证性因子分析相结合的方法同时检验测试数据的单维性，探索性因子分析的部分结果如表 3 – 2 所示。

表 3 – 2　33 个试题的探索因子分析结果

	初始特征值			提取载荷平方和		
	总计	方差百分比	累积百分比	总计	方差百分比	累积百分比
1	8.222	24.916	24.916	8.222	24.916	24.916
2	2.035	6.167	31.083	2.035	6.167	31.083
3	1.283	3.889	34.972	1.283	3.889	34.972

① CHALMERS P. Package "mirt" ［EB/OL］. （2019 – 01 – 29） ［2019 – 11 – 30］. https：//cran. r-project. org/web/packages/mirt/mirt. pdf.

（续表）

	初始特征值			提取载荷平方和		
	总计	方差百分比	累积百分比	总计	方差百分比	累积百分比
4	1.040	3.152	38.125	1.040	3.152	38.125
5	0.944	2.859	40.984			
6	0.928	2.812	43.796			
7	0.880	2.666	46.462			
8	0.878	2.660	49.122			
9	0.839	2.543	51.665			
10	0.829	2.511	54.176			
……						

　　由表 3 - 2 可得，第一、二因素的特征值分别为 8.222、2.035，第一因素特征值是第二因素特征值的 4.04 倍。而一般认为当第一因素特征值是第二因素特征值的 3 倍或 5 倍以上，就有充足的理由认为该测试数据是符合单维性假设的[1]。因此，L 区测评项目的两级得分数据符合单维性假设，可以利用 Rasch 模型度量该测试项目背后的心理特质。同时进一步采用验证性因子分析方法验证模型的整体拟合度。将 Rasch 模型作为备择模型，计算 Rasch 模型与两分类应答数据之间的适配度指标，采用 R 语言 MIRT 包中 mirt 函数进行测试数据模型拟合，各项指标如表 3 - 3 所示。

表 3 - 3　L 区测评项目全量表与 Rasch 模型的拟合指数

RMSEA_5	RMSEA_95	RMSEA	SRMSR	TLI	CFI
0.045	0.046	0.046	0.064	0.960	0.960

　　根据验证性因子分析模型的适配值标准：比较拟合指数 CFI 和 Tucker-Lewis 系数 TLI 均大于 0.9，近似均方根误差 RMSEA 和标准均方根残差 SRMSR 均小于 0.08[2]。从表 3 - 3 的计算数据可得，各项指标均符合适配值标准，可以得出 Rasch 模型与 L 区测评项目测试数据的整体拟合度较高。由 Rasch 模型估计出所有试题难度的分布区间为 [-3.2, 3.6]，所有考生能力的分布区间为 [-3.04, 2.83]，试题难度的跨度为 6.8 个 logits，而学生能力的跨度为 5.8 个 logits，说明试题内容范围覆盖了考生的能力范围，可以支撑起学生的能力估计。同时试题难度与学生能力范围又较为接近，又表明了 Rasch 模型可以对学生的能力进行较为精确的估计。整体来说，Ra-

---

①　罗照盛. 项目反应理论基础 [M]. 北京：北京师范大学出版社，2012.
②　温忠麟，侯杰泰，马什赫伯特. 结构方程模型检验：拟合指数与卡方准则 [J]. 心理学报，2004 (2)：186 - 194.

sch 模型与测试数据具有良好的拟合度，这也就说明了测试是成功的，可以将考生在测量项目上的反应利用 Rasch 模型进行量化①。利用 MIRT 包中 testinfo 函数计算整个测试的信息函数，并利用 plot 函数绘制整个测试的信息函数图像如图 3 - 2 所示。

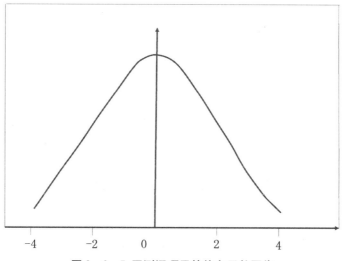

图 3 - 2　L 区测评项目的信息函数图像

从图 3 - 2 可以看出，该测试的信息函数是一个单峰钟形函数，在均值 0 附近达到了峰值。利用 areainfo 函数计算在整个能力区间 (- 4，4) 内信息量为 29.85。在经典测量理论中一个良好质量测验的信度应该大于 0.85，对应的测量标准误差小于 0.3873。根据这个评价标准，对应至 Rasch 模型的测试信息量应该为 6.667，而 L 区测评项目的信息量为 29.85 远超该标准，说明 L 区测评项目是一个信度较高的测试项目。进一步，计算出能力区间 (- 4，0) 上的信息量为 15.664，区间 (0，4) 上的信息量为 14.188，说明在均值左右两侧提供的信息量大致相同，在整体上较为均衡，总体质量较为理想。

（三）基于 Rasch 模型的单个试题拟合度分析

在 Rasch 模型中，衡量单个试题拟合度通常使用以下两个指标：Outfit MNSQ 和 Infit MNSQ。Outfit MNSQ 是标准残差的均方，Infit MNSQ 是加权后的残差均方，当单个试题数据与 Rasch 模型拟合较好时，两个指标的数值范围为 [0.5，1.5]，也有文献指出 Infit MNSQ 指标的数值范围为 [3/4，4/3] 时更加理想，约为 [0.75，1.33]②。利用 R 软件的 MIRT 程序包中项目拟合函数 itemfit，对 L 区测评项目的 33 个试题进行数据拟合，得出每个试题拟合度指标如表 3 - 4 所示。从表 3 - 4 可得，Outfit 指标

---

① 王文中. Rasch 测量理论与其在教育和心理之应用 [J]. 教育与心理研究，2004 (4)：637 - 694.

② WILSON M. Construting measure：An item response modelling approach [M]. Hillsdale：Lawrence erlbaum associates，2005.

均位于区间 [0.5，1.5] 中，而 Infit 指标均位于 [0.75，1.33] 中，说明单个试题的拟合度指标均处于合理区间内，没有拟合较差的项目，不需要剔除项目。

表 3 – 4   L 区测评项目单个试题拟合指标

项目编号	Outfit	z. Outfit	Infit	z. Infit
item1	1.45	16.92	1.05	2.59
item2	1.39	18.13	1.19	20.86
item3	0.96	– 0.87	0.83	– 9.27
item4	1.05	2.79	1.05	6.75
item5	0.99	– 0.22	0.92	– 6.35
item6	0.90	– 1.87	0.74	– 11.85
item7	1.09	3.40	1.06	5.06
item8	0.91	– 3.53	0.94	– 7.37
item9	1.07	2.88	0.94	– 6.23
item10	1.40	18.86	1.20	21.96
item11	0.75	– 14.34	0.81	– 27.39
item12	0.67	– 16.87	0.77	– 32.28
item13	0.74	– 13.51	0.84	– 18.08
item14	0.81	– 6.32	0.95	– 4.34
item15	0.76	– 13.12	0.84	– 22.63
item16	0.69	– 12.01	0.88	– 11.99
item17	0.88	– 6.44	0.93	– 10.14
item18	1.27	13.34	1.13	15.83
item19	0.96	– 2.07	0.97	– 4.09
item20	0.81	– 9.57	0.90	– 11.26
item21	1.02	0.84	1.06	5.94
item22	1.22	8.50	1.02	1.46
item23	0.87	– 7.35	0.93	– 8.59
item24	1.00	0.21	1.03	3.61
item25	0.64	– 13.70	0.83	– 16.55
item26	1.10	4.41	1.03	3.44
item27	1.05	1.80	0.97	– 2.46
item28	0.90	– 3.87	0.95	– 5.71
item29	1.38	17.85	1.26	31.39
item30	0.54	– 9.66	0.84	– 6.34
item31	1.20	8.40	1.10	12.05
item32	0.85	– 3.50	0.85	– 8.15
item33	0.78	– 6.91	0.84	– 12.30

进一步通过绘制项目特征曲线（item characteristic curve，ICC）来观察被试能力与项目反应概率之间的关系。以测试题目 1 为例，该题的 ICC 如图 3 – 3 所示，从图 3 – 3 可以看出该曲线是一个典型 S 形曲线，被试的正确作答概率随着能力的上升而上升，上端渐近线为 $P=1$，下端渐近线为 $P=0$，是一条较为理想的且符合 Rasch 模型的特征曲线，由于本书篇幅的原因其他题目的特征曲线就不一一展示。图 3 – 4 还显示了测试题目 1 与实测数据的拟合图，图中实线为 Rasch 模型的理论曲线，数据点为实测数据，可以看出理论曲线较好地拟合了实测数据。

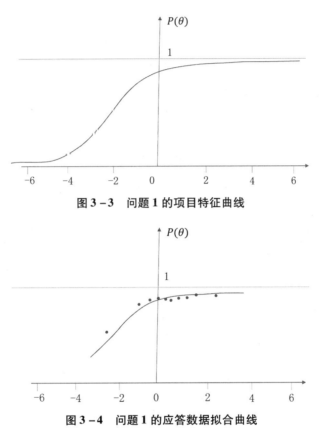

图 3 – 3　问题 1 的项目特征曲线

图 3 – 4　问题 1 的应答数据拟合曲线

（四）L 区测评项目的数学学业成就 Rasch 量尺建构

从测评的整体拟合度与单个试题的拟合度可得，Rasch 模型很好的拟合了 L 区测评项目的测量数据，因此可以用其估计测试题目的难度与被试的能力。利用 Rasch 模型估计出被试的能力之后，再将被试能力值转化为均值为 500、标准差为 100 的量尺分数，转换公式如下：

$$\text{Rscore} = 100 \times (\theta - Mean(\theta)) \times Var(\theta) + 500$$

同时结合 Rasch 模型，将所有测试题目的难度值也转化到该量尺中。至此，被试的能力与项目难度转换到同一把量尺中，既可以通过项目内容对量尺分进行解释，也可以通过被试的能力值对量尺分进行解释，为表现标准的开发奠定了测量学基础。诚然，最重要的是 Rasch 量尺提供了客观等距的学业成就量尺，可以在此基础上开发等距的表现标准。计算出试题的量尺难度后，分析每个试题考查的知识与技能以此形成一个简短的文字描述，最后组成试题地图如表 3-5 所示。在项目地图中，项目按照难度从低到高的顺序排列，同时还包含每个试题的子量表归属分布。

表 3-5　L 区测评项目的试题地图

题号	Rasch 难度	量尺 难度	项目描述	过程			内容		
				建模	应用	阐释	数与 代数	几何 与 图形	统计 与 概率
item6	-3.282	184.67	观察由多个骰子叠起立体图形的正视图，提取视图中信息		√			√	
item3	-2.721	238.89	读取图示量筒的数据，判断数量关系的正确性			√	√		
item1	-2.706	240.41	阅读条形图数据并判断给定数字与那个图形更为接近		√				√
item5	-1.780	329.72	计算量筒中放入多少个弹珠时水会溢出量筒			√	√		
item27	-1.760	331.77	判断几种图形是否为轴对称图形		√			√	
item22	-1.407	365.76	从表格中读取数据制作折线图并描述变化趋势	√				√	√
item7	-1.401	366.39	补充已叠起立体图形为一个完整的长方体		√			√	
item9	-1.350	371.32	阅读表格数据，计算事件发生的频率		√				√
item26	-1.169	388.75	根据图形的起始与终止状态利用旋转与平移描述变换的过程			√		√	
item20	-1.012	404.03	阅读表格数据，利用表格数据进行简单计算		√				√
item13	-0.992	405.89	根据不同单位求数量	√				√	
item2	-0.734	430.79	分析条形图中相邻条形数据的增量并判断问题的正确性			√			√

（续表）

题号	Rasch 难度	量尺 难度	项目描述	过程			内容		
				建模	应用	阐释	数与代数	几何与图形	统计与概率
item23	−0.668	437.21	建立情境问题的最小公倍数模型	√				√	
item10	−0.653	438.61	根据表格数据进行分析和推理		√				√
item18	−0.500	453.34	根据两家快递公司的报价单，判断给定问题的正确性	√				√	
item4	−0.209	481.46	根据图示用分数或小数表示两个物体体积的关系		√			√	
item29	0.050	506.6	判断几组数字是否满足填字游戏的运算规则		√		√		
item11	0.110	512.44	应用黄金分割比例求总体中部分的长度	√				√	
item19	0.112	512.62	根据不同快递的价格表，判断哪种方案更划算，并给定理由	√				√	
item24	0.206	521.64	概括根据图示数字的规律，预测未知项数值		√			√	
item17	0.250	525.9	根据两种运输费用方案，选择一种并说明理由	√				√	
item15	0.295	530.29	判断给定物体的截面简图是否为半圆并说明理由		√			√	
item12	0.522	552.23	判断给定情境问题是否符合黄金分割		√			√	
item31	0.548	554.74	根据正立与倒立图，判断瓶内空气与水体积的大小		√			√	
item8	0.792	578.3	求组合立体图形的表面积		√			√	
item28	0.849	583.77	用4种方式将俄罗斯方块的中基本图形组合成长方形		√			√	
item21	1.277	625.13	阅读表格数据		√				√
item16	1.556	652.05	应用勾股定理和空间意识解决问题	√				√	

（续表）

题号	Rasch 难度	量尺 难度	项目描述	过程			内容		
				建模	应用	阐释	数与 代数	几何 与 图形	统计 与 概率
item25	1.692	665.17	用符号表示多个平面图形面积	√				√	
item14	1.921	687.28	建立一元一次不等式组解决情境问题				√		
item33	2.301	723.99	根据正立与倒立图中给定条件，推测出瓶子的高度				√	√	
item32	2.965	788.12	计算瓶中水的体积和瓶子的容积之比		√			√	
item30	3.632	852.54	猜想填字游戏规律并论证			√		√	

三、量尺锚定法与精熟度量尺法在 L 区测评项目中的实践比较

与本书前部分中理论视角下的比较不同，本章首先将 PISA 精熟度量尺与 TIMSS 量尺锚定两种方法分别应用到 L 区测评项目中，在实践中进一步分析两者的特点。由于水平命名与水平描述语需要通过专家集体讨论，所以在实践研究中仅从水平分数线及水平样例两个维度对两种方法的运行结果进行比较，其中水平样例又是水平描述语的基础，因此着重对水平样例的遴选结果进行比较。比较的同时在实践中总结影响这两种表现标准建构精度的主要因素，为下一阶段 L 区测评项目的表现标准开发提供技术支持。

（一）TIMSS 量尺锚定法在 L 区测评项目中的实践应用

将 TIMSS 量尺锚定法应用到 L 区测评项目的表现标准建构中，研究该方法的运行结果。直接采用 TIMSS 量尺锚定法的四个量尺分数：400、475、550、625 作为锚点（水平分数线），在此基础上建构表现标准。根据量尺锚定的算法步骤，首先统计处于这四个锚点分数范围内的学生分布情况，由于得分精确等于这 4 个锚点分数的学生几乎没有，需要将锚点分数的范围扩大到 ± 10 分，将锚点范围的宽度设为 20 分，统计出该范围内的学生分布情况并进行标定①。利用 SPSS 交叉表方法统计每个锚点范围内的学生群体正确回答该项目的百分比数据如表 3 – 6 所示。

---

① MULLIS I V S, MARTIN M O, FOY P, et al. TIMSS 2015 International Results in Mathematics ［EB/OL］. (2016 – 11 – 01) ［2024 – 01 – 02］. https：//timssandpirls. bc. edu/timss2015/international-results/advanced/#side.

表 3 – 6　4 个锚点范围内学生群体回答每个试题的正确率

试题编号	锚点 1 范围内正确回答该项目学生的百分比	锚点 2 范围内正确回答该项目学生的百分比	锚点 3 范围内正确回答该项目学生的百分比	锚点 4 范围内正确回答该项目学生的百分比
item1	85.0%	91.1%	94.0%	95.5%
item2	39.3%	64.8%	75.2%	82.4%
item 3	77.9%	94.5%	96.6%	98.6%
item 4	19.2%	48.8%	69.5%	84.1%
item 5	52.1%	82.9%	92.3%	96.3%
item 6	88.6%	97.4%	98.5%	99.7%
item 7	50.6%	70.9%	88.4%	96.5%
item 8	6.6%	19.3%	50.3%	82.6%
item 9	36.7%	75.7%	89.4%	93.8%
item 10	39.9%	64.1%	71.9%	82.4%
item 11	3.2%	25.0%	78.0%	92.4%
item 12	0.4%	11.8%	69.1%	92.4%
item 13	15.5%	69.7%	91.1%	97.8%
item 14	1.3%	6.9%	23.3%	60.1%
item 15	4.4%	22.3%	70.3%	95.1%
item 16	0.0%	3.3%	35.4%	72.0%
item 17	4.4%	31.6%	68.3%	83.5%
item 18	36.2%	57.8%	72.2%	85.7%
item 19	9.1%	41.8%	69.4%	80.6%
item 20	36.4%	63.0%	86.6%	96.6%
item21	7.2%	18.2%	35.7%	61.9%
item 22	50.9%	78.7%	86.1%	93.1%
item 23	24.2%	55.9%	83.5%	96.1%
item 24	11.7%	38.8%	62.0%	82.7%
item 25	0.0%	1.8%	27.2%	78.1%
item 26	45.7%	71.5%	84.7%	92.0%
item 27	58.9%	81.8%	92.4%	97.1%
item 28	4.0%	19.5%	48.9%	77.8%
item 29	34.6%	46.1%	56.3%	78.1%
item 30	0.0%	0.7%	3.0%	23.0%
item 31	21.6%	29.4%	46.3%	83.7%
item 32	0.9%	1.4%	5.3%	39.8%
item 33	1.0%	3.8%	13.4%	59.8%

在 TIMSS 量尺锚定方法中，与锚点对应的水平样例遴选法则如下：如果将一个测试题目对应至某个锚点成为水平样例，则该锚点范围内学生正确回答此项目的百分比（实证 P 值）应大于 65%，低一级锚点范围的实证 P 值应小于 50%，简称"高 65% ~ 低 50% 原则"。根据该原则和表 3 – 6 的分布数据，可以将 33 个测试题目中的大部分题目遴选为 4 个锚点的水平样例，遴选结果如表 3 – 7 所示。以试题 4 为例，锚点 3 范围内的实证 P 值为 69.5% 且大于 65%，而锚点 2 范围内的实证 P 值为 48.8% 且小于 50%，所以遴选为锚点 3 的水平样例，其余试题的选择方法以此类推即可。

表 3 – 7　满足"高 65% ~ 低 50%"原则的量尺锚定法运行结果

	锚点分数	锚点分数范围	范围内学生数量	水平样例的问题编号
锚点 1	400	[390，410]	682	1，3，6
锚点 2	475	[465，485]	1444	2，7，9，10，13，20，22，26
锚点 3	550	[540，560]	1578	4，11，12，15，17，19
锚点 4	625	[615，625]	649	8，14，16，25，28，31

从表 3 – 7 可看出，还有一小部分的试题没有被遴选为水平样例。为了将更多的试题纳入水平样例，增加表现标准的描述效度，根据 TIMSS 量尺锚定方法可以在适当的范围内调整两个实证 P 值以便为每个锚点对应更多的水平样例。在实践中，适当地将 65% 原则降低为 60%[①]，以此可将试题 20、试题 21、试题 24、试题 27、试题 33 对应到相应的锚点中；适当地将 50% 原则提高到 55%，以此可将试题 5、试题 18、试题 23 和试题 29 对应到相应的锚点中。实际应用过程中，将 65% 降低至 58.9% 时，才将试题 27 纳入锚点 1 对应的水平样例中，由此可见两个实证 P 值的选取将影响到水平样例的遴选结果。通过适当地调整两个实证 P 值之后，量尺锚定法的运行结果如表 3 – 8 所示。

表 3 – 8　实证 P 值调整后量尺锚定法的锚题结果

	锚点分数	锚点分数范围	范围内学生数量	水平样例的问题编号
锚点 1	400	[390，410]	682	1，3，6，27
锚点 2	475	[465，485]	1444	2，5，7，9，10，13，18，20，22，26
锚点 3	550	[540，560]	1578	4，11，12，15，17，19，23，24，29
锚点 4	625	[615，625]	649	8，14，16，21，25，28，31，33

① MULLIS I V S, MARTIN M O, FOY P, et al. TIMSS 2015 International Results in Mathematics [EB/OL]. (2016 – 11 – 01) [2024 – 01 – 02]. https://timssandpirls.bc.edu/timss2015/international-results/advanced/#side.

虽然在水平样例遴选的过程中可调整这两个实证 P 值，但并不能不加限制地改变这个实证 P 值，保证两个实证 P 值的现实意义是调整的前提条件。在 L 区测评项目的所有 33 个试题中，即使通过调整两个 P 值也无法将问题 30 与问题 32 遴选为水平样例。以问题 30 为例，在对应锚点 4 的 649 名学生中，仅有 149 名学生正确回答来了该项目，相应的实证 P 值为 23%，且是四个水平学生群体中最高的，说明了锚点 4 范围内的学生群体没有掌握问题 30 考查的知识与技能，这些知识与技能不能代表锚点 4 范围内学生群体的认知特征。同理，在锚点 4 范围学生群体在问题 32 上的实证 P 值仅为 39.8%，也说明该试题考查的知识不能代表锚点 4 学生的认知特征。因此在量尺锚定法中，这两个试题是无法遴选为水平样例的。从实验过程可以看出，严格按照"高 65% ~ 低 50%"原则进行锚点样例选取时，只能将 23 个试题对应到不同的锚点中，进一步通过在可接受范围内调整两个实证 P 值，可以将 8 个试题纳入锚点样例，但最终还有 2 个试题没有纳入到水平样例中。

（二）PISA 精熟度量尺法在 L 区测评项目中的实践应用

与量尺锚定法实验类似，紧接着单独采用 PISA 精熟度量尺方法进行 L 区测评项目表现标准的建构实验，实践过程中同样地沿用 PISA 精熟度量尺方法的各参数。由于 PISA 也采用 Rasch 模型估计的学生能力分布，所以采用 PISA 精熟量尺的六个水平分数线作为此次 L 区测评项目表现标准的水平分数线，进行实践研究。将水平宽度：量尺分 62.3 分（约为 0.623 个 Logits）代入 PISA 精熟度量尺中的 RP 值与水平宽度 x 的关系式：

$$RP > \frac{\exp\ (x/2)}{1 + \exp\ (x/2)} \qquad (3-1)$$

可得，在 PISA 2012 数学学科表现标准中，RP 值约为 58%，即处于量尺中某个位置的被试预期正确回答某个试题概率的超过 58% 时，则认为该被试掌握对应试题考查的知识与技能。完全依照 PISA 2012 数学学科表现标准的水平分数线[1]，进行水平分数线确定与水平样例的选取，水平分数线的分布如表 3-9 所示。在表 3-9 中，以水平 1 的 MCC 为例，该 MCC 的能力值为 357.8，其正确回答难度值为 326.65 的水平样例的概率为 RP = 58%，该试题是水平 1 的所有支撑样例中难度最低的，而回答水平 1 中难度最高的试题（难度值为 388.95）的正确概率约为 42%，该 MCC 回答难度值位于 [326.65, 388.95] 内所有试题的平均正确率约为 50%。

---

① OECD. PISA 2012 Results：What Students Know and Can Do：Student Performance in Mathematics, Reading and Science（Volume I）［EB/OL］. (2014-02-01)［2023-12-25］. https://www.oecd-ilibrary.org/education/pisa-2012-results-what-students-know-and-can-do-volume-i_ 9789264201118-en.

表 3 − 9 基于 PISA 精熟度量尺法的分数线划分结果

水平	各水平 Rasch 量尺分数范围	水平样例 Rasch 量尺难度范围
低于水平 1	0 ~ 357.8	不描述
水平 1	357.8 ~ 420.1	326.65 ~ 388.95
水平 2	420.1 ~ 482.4	388.95 ~ 451.25
水平 3	482.4 ~ 544.7	451.25 ~ 513.55
水平 4	544.7 ~ 607.0	513.55 ~ 575.85
水平 5	607.0 ~ 669.3	575.85 ~ 638.15
水平 6	669.3 ~ 1000	638.15 ~ 700.45

根据表 3 − 9 中水平样例的难度范围,将试题地图中的 33 个试题对应到各水平中成为水平样例,对应结果如表 3 − 10 所示。从表 3 − 10 的运行结果上看,与量尺锚定法的实验研究类似,有部分试题无法遴选为水平样例,且数量更多。因此,有必要从统计原理上分析 PISA 精熟度量尺法的水平样例遴选法则,寻找问题解决的途径并对 PISA 精熟度量尺法进行改良。

表 3 − 10 精熟度量尺法在 L 区测评项目中运行结果

	水平分数范围	范围内学生数量	水平样例的问题编号
低于水平 1	0 ~ 357.8	1111	1, 3, 6
水平 1	357.8 ~ 420.1	1776	5, 27, 22, 7, 9, 26
水平 2	420.1 ~ 482.4	3794	20, 13, 2, 23, 10
水平 3	482.4 ~ 544.7	4715	18, 4, 29, 11, 19
水平 4	544.7 ~ 607.0	4166	24, 17, 15, 12, 31
水平 5	607.0 ~ 669.3	1543	8, 28, 21
水平 6	669.3 ~ 1000	221	16, 25, 14
			33, 32, 30

由于 PISA 精熟度量尺法对水平定义有着严格统计学限制:某个水平的最低能力候选人(MCC)预期完成该水平所有试题的成功概率高于失败的概率,但这个水平意义在最高水平中是无法保证的,因为最高水平 MCC 在量尺中的位置是固定的,但是其正确回答处于量尺顶端试题的概率显然较低,两者平均后可能无法达到 50% 的平均正确率。另一方面,在最低水平(PISA 中的低于水平 1)中由于不存在最低能力候选人的(MCC)的概念,当水平意义中的主体不存在时,水平意义在最低水平中根本就不存在。从水平样例遴选的视角,该水平意义导致了难度过低与难度过高的项目无法遴选为水平样例,该原则可用引理 1 进行描述。

引理 1：设学业成就 Rasch 量尺的分数范围为 $[0, 1000]$，第一个水平的分数线为 L，最高水平的分数线为 H。按照 PISA 精熟度的水平意义，设 $A1$ 为处于某个水平的最低能力候选人（MCC）预期完成该级别所有支撑样例的成功概率，X 为水平宽度。当 $A1$ 为 50％时，根据 $A1$

与 RP 值的关系式（3-1），则 Rasch 难度位于 $\left[0, L-\dfrac{X}{2}\right]$ 及 $\left[H+\dfrac{X}{2}, 1000\right]$ 范围内的试题无法纳入精熟度量尺中水平案例。

证：根据 PISA 精熟量尺中的水平定义：某水平 MCC 正确回答该水平样例组中所有试题的平均概率大于 0.5，将其利用公式表示如下：

$$\frac{P + RP}{2} \geqslant 0.5 \qquad (3-2)$$

其中：RP 代表 MCC 正确回答该水平样例组中难度最低试题的概率，P 代表其回答该水平样例组中难度最高试题的概率，Y 表示该水平分数线与该水平难度最低试题的量尺距离，P、RP、X 与 Y 的关系如图 3-5 所示。当 RP 值固定时，将 RP 值代入 Rasch 模型可得 Y 满足：

$$\frac{1 + e^{Y}}{e^{Y}} \geqslant 0.5 \qquad (3-3)$$

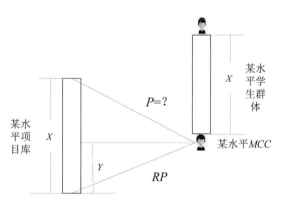

图 3-5　某水平 MCC 预期回答对应水平项目库的试题的概率关系

当式（3-2）取等号时，$P = 1 - RP$，$X = 2Y$。

由以上分析可得，第一个水平对应的水平样例组的 Rasch 难度范围为 $\left[L-\dfrac{X}{2}, L+\dfrac{X}{2}\right]$，在该范围内的试题参与第一个水平的水平描述。因此当某试题的 Rasch 难度位于 $\left[0, L-\dfrac{X}{2}\right]$ 内时，该试题并不参与到水平描述中。最高水平 MCC 回答最高水平样例组中不同难度试题（项目 1～项目 3）的概率如图 3-6 所示。根据假设，最高水平 MCC 正确回答最高水平样例组中的难度最低试题：项目 1（难度值为 $H - \dfrac{X}{2}$ 为）的概率为 RP 值；当 $A1$ 取 50% 时，则该 MCC 正确回答项目 2（难度值为 $H + \dfrac{X}{2}$）的概率为 $1 - RP$。当试题越难时，最高水平 MCC 回答该试题的概率就越低，所以该 MCC 正确回答项目 3（难度值高于 $H + \dfrac{X}{2}$）的概率小于 $1 - RP$。

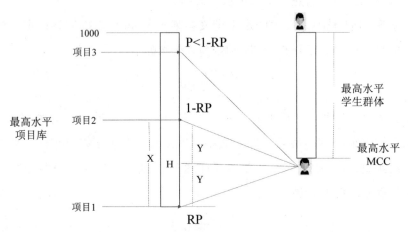

图 3 – 6　最高水平中 MCC 与水平样例之间的关系

因此，只要最高水平样例组中存在一个 Rasch 难度高于 $H + \dfrac{X}{2}$ 的试题，则最高水平 MCC 回答最高水平样例组的平均概率就小于 $A1$，从而不满足精熟度水平条件。当某试题的 Rasch 难度位于 $\left[H + \dfrac{X}{2}, 1000\right]$ 范围内时，该试题将无法纳入最高水平的样例库中。

从以上实验研究可以看出，如果完全采用 PISA 精熟度量尺方法的水平数量与水平分数线进行 L 区测评项目的表现标准建构，会面临如下两个问题：问题一，部分水平中对应的水平样例较少，如水平 4 与水平 5 仅包含 3 个水平样例，利用 3 个水平样例的支撑水平描述导致代表性较差；问题二，处于量尺底端（难度低）与处于量尺顶端（难度高）的试题均难以纳入水平样例，当试题数量有限时，水平描述语同样地因缺乏水平样例导致描述效度的降低。

对于问题一，由于 PISA 精熟度量尺方法的水平数量过多，共七个水平，需要划分六个水平分数线。而 L 区测评项目的试题数量有限，水平宽度较小导致包含的试题数量较少，有限数量的题目需要分配到六个水平中导致了问题一的出现。且 PISA 精熟度量尺中的 RP 值并不是一个确定的数值，而是处于一个区间范围内。到底

50%的可能性代表掌握，还是60%，甚至是80%的可能性代表掌握并无定论，由引理1可得，通过调整 *RP* 值可以适当地纳入更多的水平样例。而问题二出现的原因则可用引理1解释。PISA 精熟度量尺在学业成就量尺基础上定义的三个变量，是水平意义科学原理的保证。但是需要根据实测数据进行分析为三个变量设置合理的数值，在保证三者关系的前提下，尽量纳入更多的题目作为水平样例，提高水平描述语的代表性和表现标准的建构效度。

（三）　两种方法在 L 区测评项目中的相互转换研究

通过两种方法在 L 区测评项目表现标准建构实践中的直接应用可以发现，除了在最高水平和最低水平之外，两种方法基本可以适用于 L 区测评项目。但两种方法的原理不同，水平数量不同，难以对运行结果进行直接比较。为此，采用 NCES 的相互转化方法，通过设置相同的水平数量和相对应的水平分数线，在两者同等条件下进一步分析两者的异同。

首先，将量尺锚定法转换成精熟度量尺法，将点状描述扩充为带状描述，以量尺锚定法中的锚点为精熟度量尺的水平中心，相邻两个锚点之间的距离为水平带宽，将四个锚点对应为四个水平，锚点与水平分数线的关系如图 3－7 所示。

划定水平分数线之后，利用 PISA 精熟度量尺法进行水平样例的遴选，遴选的结果如表 3－11 所示。其中，由量尺锚定法转换后的 L 区测评项目精熟度量尺中的水平带宽为 0.75 个 Logits，相应的 *RP* 值为 59%。

表 3－11　量尺锚定法转换成精熟度量尺法后的水平样例分布

转换前的锚点	转换后的水平分数范围	转换后项目难度范围	转换前的水平样例分布	转换后的水平样例分布
400	(362.5, 437.5)	(325, 400)	1, 3, 6, 27	5, 27, 22, 7, 9, 26
475	(437.5, 512.5)	(400, 475)	2, 5, 7, 9, 10, 13, 18, 20, 22, 26	20, 13, 2, 23, 10, 18
550	(512.5, 587.5)	(475, 550)	4, 11, 12, 15, 17, 19, 23, 24, 29	4, 11, 12, 15, 17, 19, 24, 29
625	(587.5, 662.5)	(550, 625)	8, 14, 16, 21, 25, 28, 31, 33	8, 14, 16, 21, 25, 28, 31

从表 3－11 中转换前后的水平样例分布对比可以看出，转换后的水平样例在两个高水平（550 分水平与 625 分水平）中的分布基本相同，差异不大。但是在 400 分水平中差异较大，量尺锚定法中 400 分锚点的水平样例并没有纳入转换后的对应水平中，

而 475 分锚点的水平样例中一部分被纳入到转换后 475 分与 400 分的两个水平中。

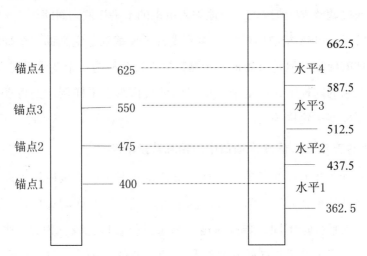

图 3 – 7   量尺锚定法转换成精熟度量尺法后的水平分数线

同样地,可以将精熟度量尺法转换为量尺锚定法,将带状描述转换成点状描述,转换的过程与图 3 – 7 描述的过程刚好相反。将精熟度量尺中两个相邻水平分数线的中点作为锚点,将 6 个水平对应为 6 个锚点。确定锚点之后,按照量尺锚定的方法选择水平样例,最终水平样例的选择结果如表 3 – 12 所示。

表 3 – 12   精熟度量尺法转换成量尺锚定法后的水平样例分布

水平	水平量尺分数范围	锚点	转换后的锚点	新锚点处学生的数量	转换后的锚点样例	转换前的水平样例分布
低于水平 1	0 ~ 357.8					1、3、6
水平 1	357.8 ~ 420.1	锚点 1	388.95	549	1、3、6	5、7、9、22、26、27
水平 2	420.1 ~ 482.4	锚点 2	451.95	1240	5、7、9、22、26、27	2、10、13、20、23
水平 3	482.4 ~ 544.7	锚点 3	513.55	1439	2、4、10、13、18、20、23	4、11、18、19、29
水平 4	544.7 ~ 607.0	锚点 4	575.85	1392	8、11、12、15、19、28、29	24、17、15、12、31
水平 5	607.0 ~ 669.3	锚点 5	638.15	486	14、16、17、21、24、25、31、33	8、28、21
水平 6	669.3 ~ 1000	锚点 6	700.45	52	30、32	16、25、14
						33、32、30

通过表 3 - 12 的所示运行结果可得，精熟度量尺法对低于水平 1 不进行描述。而量尺锚定法中，锚点 1 的水平样例对应为精熟度量尺中低于水平 1 的水平样例，锚点 2 水平样例描对应为水平 1 的水平样例，两种方法的水平样例组存在交叉对应的关系，但是水平样例的分布与量尺锚定法转换成精熟度量尺法后的水平样例分布的结果类似，转换后差异细微。

从相互转化后的结果比较可以看出，当水平数量与水平分数线相对应时，在水平样例的遴选结果上的两者差异并不大。说明两种方法虽然原理不同，总体的运行效果却十分相似，只是在如下两个细节上有所不同。

从水平数量上看，量尺锚定法的四个水平可以保证每个水平包含一定量的水平样例进行表现标准的水平描述，而 PISA 精熟度量尺法的六个水平（实际为七个水平，参与描述的为六个水平）导致有些水平只包含 3 个试题作为水平样例，水平样例相对较少。所以，在 L 区测评项目的表现标准建构过程中不宜采用过多的水平数量，需要根据试题的 Rasch 难度值、RP 值等参数进一步确定 L 区测评项目表现标准的水平数量与水平宽度。

从水平样例上看，量尺锚定法参与最低锚点描述的三个水平样例：问题 1、问题 3、问题 6，在精熟度量尺中被划分为与低于水平 1 对应的水平样例，并没有参与到基于精熟度量尺建构的表现标准的水平描述中，原理已在引理 1 中详细阐明。对于两个高难度的测试题目：问题 30 与问题 32，量尺锚定法和精熟度量尺法都没有将其遴选为水平样例，因此不参与到这两种表现标准的水平描述中。从水平样例的视角，两种表现标准最大的不同就是难度最低的部分试题是否能纳入为最低水平的水平样例。

四、L 区测评项目的数学学科表现标准构建

通过两种方法在 L 区测评项目上的实践应用、相互转化的比较及上一章中的理论分析可以看出，完全照搬 PISA 精熟度量尺与 TIMSS 量尺锚定方法的参数数值、水平数量与水平分数线会导致一些问题的出现。相关参数需要根据项目的测试内容与实测数据进行调整，在 L 区测评项目的表现标准建构中，主要就如下几个方面将上述两种方法进行适当融合和改良：

①根据实测数据与已有表现标准的描述分数范围选择描述的起点分数线。

②在保留精熟度量尺中的水平意义同时，将量尺锚定法在最低水平与最高水平中的水平样例遴选方法引入到精熟度量尺中，弥补精熟度量尺在最高水平与最低水

平处理中的缺陷。

③根据精熟度量尺法，确定 L 区测评项目表现标准的水平数量、水平分数线及 RP 值等多个参数。

（一）水平数量及水平分数线

通过 3.3 节中的实践研究可以发现，PISA 精熟度量尺中的水平数量过多并不适合于 L 区测评项目。需要通过增加水平宽度减少水平数量的方式，保证每个水平拥有一定量的水平样例进行水平描述。根据式（3 - 1）中 RP 值与带宽的关系，计算几个常见的带宽与 RP 值的关系，目的是为 L 区测评项目表现标准的带宽选取作为参考，结果如表 3 - 13 所示。

表 3 - 13   Rasch 模型中 RP 值与带宽的关系表

带宽	半带宽	RP 值
0 Logits	0 Logits	50%
0. 8 Logits	0. 4 Logits	60%
1 Logits	0. 5 Logits	62%
2 Logits	1 Logits	75%
4 Logits	2 Logits	88%

通过量尺锚定法及两者相互转化的实践研究可得，将表现标准设置为四个水平较为合适，可保证每个水平包含一定量的水平样例。为此将 L 区测评项目表现标准的水平带宽设置为 1 个 Logit，相应的 RP 为 62%，这与 PISA 的精熟度量尺中 RP 值与带宽的关系是一致的①，与 PISA 2012 数学素养表现标准的带宽 0.62Logits 相比，将水平带宽扩大，但是同样满足精熟度量尺中的"水平意义"。由于 1 个 Logit 又是 Logit 尺度上的自然单位，以此为基准建构量尺更有利于与其他表现标准进行比较。另一方面，项目反应理论相关成果虽然层出不穷，但是 Rasch 模型及其家族的其他模型仍然是大规模学业成就测试中使用的测量模型，其中最重要原因就是以 Logit（P）为尺度，Rasch 量尺具有客观等距性。客观等距性，就意味着学业成就测量和温度、长度等物体属性的测量一样具有较为理想的测量尺度，存在着测量单位。一个 Logit 单位在 L 区测评项目中代表了什么意义，也同样可以通过表现标准的构建进

---

① OECD. PISA 2012 Technical Report ［EB/OL］. （2014 - 02 - 11）   ［2023 - 12 - 26］. https：//www. oecd. org/pisa/pisaproducts/pisa2012technicalreport. htm.

行解释。

　　确定好水平宽度之后，还需要确定描述的起点分数线，由于 L 区测评项目主要以 PISA 精熟度量尺法为基础构建表现标准。且 PISA 精熟度量尺描述的起点分数为 357.8，在 L 区测评项目中量尺锚定法转换为精熟度量尺法后其描述的起点分数为 362.5，两者均位于量尺分 350 分附近，因此在 L 区测评项目的表现标准建构中，采用学业成就量尺分 350 分作为起点分数线。低于 350 分命名为水平 0，不进行水平描述。

　　按此思路，将水平从低到高排列，分别命名为水平 0、水平 1、水平 2、水平 3、水平 4，以 1 个 Logit 单位作为水平宽度，确定的水平数量、水平命名与水平分数线如表 3 - 14 所示。同样在表 3 - 14 中，我们还呈现了 Rasch 量尺的理论百分等级与实测数据的百分等级，比较两者的差异。从两者比较上看，实测数据的百分等级分布与理论分布还是较为一致的，但实测数据中高水平的学生分布与理论分布相比较少。整体来说水平 2 与水平 3 学生占较大的百分比，水平 1 与水平 4 学生较少，与理论分布较为吻合。

表 3 - 14　L 区测评项目的水平命名与水平分数线

水平	水平分数范围	理论百分等级	实测数据百分等级	学生所占百分比
水平 0	0 ≤ rscore < 350	0 ~ 6.7%	0 ~ 6.3%	6.3%
水平 1	350 ≤ rscore < 450	6.7% ~ 30.1%	6.3% ~ 27.1%	20.8%
水平 2	450 ≤ rscore < 550	30.1% ~ 69.1%	27.1% ~ 68.1%	41.0%
水平 3	550 ≤ rscore < 650	69.1% ~ 93.3%	68.1% ~ 97.1%	28.9%
水平 4	650 ≤ rscore < 1000	93.3% ~ 100%	97.1% ~ 100%	2.9%

　　在 PISA 精熟度量尺方法中，低于水平 1（水平 0）是不进行描述的，因为低于水平 1 的学生比例有限，这部分学生有可能因为一些客观因素没有答题，或者仅通过猜测正确回答了有限的一两个题目，能够表现出来的共同特征有限，水平描述缺乏现实意义。与 PISA 类似，在 L 区测评项目的表现标准建构中，同样不对水平 0 进行描述，位于水平 0 内的学生约为 6.3%，其中包含了缺考或一题都未作答的学生，真正有效得分的参试学生比例约为 3.7%。为此，我们建构了 L 区测评项目的数学学业成就量尺，该量尺的分数范围为 [0，1000]，在分数解释的范围内以 350 分为起点，以一个标准差 100 分为单位（一个 Logit 为单位），整个量尺如图 3 - 8 所示。

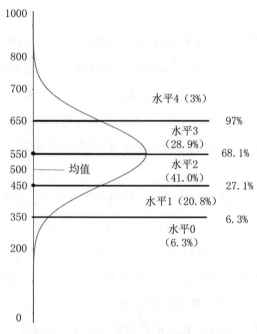

图 3 - 8　L 区测评项目数学学业成就量尺

（二）水平样例

Rasch 量尺作为试题难度与学生能力估计值的共同尺度，在确定等级之间的 4 个水平分数线后，将学生的能力划分为 4 个等级（去除水平 0）。依据精熟度量尺法中的水平样例遴选方法，L 区测评项目表现标准的水平样例分布如表 3 - 15 所示。

表 3 - 15　4 水平精熟度量尺法的水平样例分布表

水平	分数范围	各水平样例的 Rasch 难度范围	水平样例分布
水平 0	0 ~ 350		
水平 1	350 ~ 450	300 ~ 400	问题 5、27、22、7、9、26
水平 2	450 ~ 550	400 ~ 500	问题 20、13、2、23、10、18、4
水平 3	550 ~ 650	550 ~ 600	问题 29、11、19、24、17、15、12、31、8、28
水平 4	650 ~ 100	600 ~ 700	问题 21、16、25、14

从表 3 - 15 可以看出，处于项目地图底端的项目：问题 1、3、6，处于项目地图顶端的项目：问题 30、32、33，共计 6 个试题没有被遴选为水平样例，从而不能参与到水平描述中。由引理 1 可知，在精熟度量尺中为了保证其定义的水平意义，仅考虑每个水平的最低能力候选人回答该水平样例组的平均概率，并且这种方法在最

低水平与最高水平使用过程中遇到了障碍。回到水平样例的原始定义，水平样例代表着该水平中学生正确回答的概率高且低于该水平的学生正确回答的概率低的试题，能够最大化体现的是水平内的共性与水平间的差异，而 TIMSS 量尺锚定法则是以实测数据为依据，通过实证 P 值进行水平样例的遴选，从实证的视角确保水平定义。为此利用量尺锚定的水平样例遴选方法，对问题 30、32、33 进行实证 P 值的统计，结果如表 3–16 所示，根据该结果讨论这三个试题是否可以成为 L 区测评项目表现标准的水平样例。

表 3–16　四个水平学生在问题 30、32、33 中的表现情况分布

		水平 0	水平 1	水平 2	水平 3	水平 4	合计
问题 30	回答错误的学生数量	1099	3593	7011	4463	231	16397
	回答错误学生百分比	99.9%	99.9%	98.6%	89.0%	45.8%	94.6%
	回答正确的学生数量	1	5	100	550	273	929
	回答正确学生数量百分比	0.1%	0.1%	1.4%	11.0%	54.2%	5.4%
问题 32	回答错误的学生数量	1092	3564	6906	4010	156	15728
	回答错误学生百分比	99.3%	99.1%	97.1%	80.0%	31.0%	90.8%
	回答正确的学生数量	8	34	205	1003	348	1598
	回答正确学生数量百分比	0.7%	0.9%	2.9%	20.0%	69.0%	9.2%
问题 33	回答错误的学生数量	1098	3535	6667	3354	64	14718
	回答错误学生百分比	99.8%	98.2%	93.8%	66.9%	12.7%	84.9%
	回答正确的学生数量	2	63	444	1659	440	2608
	回答正确学生数量百分比	0.2%	1.8%	6.2%	33.1%	87.3%	15.1%

从表 3–16 的数据可得，在此次测试难度最高的问题 30 中，该学生不仅需要猜想填字游戏规律还要论证该规律，Rasch 量尺难度高达 852，且水平 4 学生群体正确回答问题 30 的实证 P 值仅为 54.2%，小于"高 65% 低 50%"标准中的 65%，因此问题 30 不作为水平 4 的支撑样例。而对于问题 32，水平 4 的学生群体正确回答该试题的百分比为 69%，且水平 3 学生群体正确回答该项目的百分比为 20.0%；对于问题 33，水平 4 群体正确回答该试题的百分比为 87.3%，且水平 3 学生群体正确回答该试题的百分比为 33.1%；因此这两个项目满足量尺锚定法的水平样例遴选条件，可以被遴选为水平 4 的水平样例，L 区测评项目的问题 32 与问题 33 如表 3–17 所示。

表3-17 水平样例：啤酒瓶

青岛啤酒节闻名世界，该活动每年八月在青岛盛大开幕，是亚洲最大的啤酒盛会。人们用华丽的马车运送啤酒，在巨大的啤酒帐篷内开怀畅饮，欣赏丰富多样的表演。除了精彩绝伦的乐队演奏表演，还有杂耍表演。杂耍表演中所用的啤酒瓶如下图所示：

啤酒瓶高为30厘米，瓶内装有高度为12厘米的水，瓶身上半部分为空气。将瓶盖盖好后倒置，这时瓶中的水面高度为20厘米。

问题31

关于啤酒瓶内水和空气的体积说法正确的是_____。

A. 水多　　　　　B. 空气多　　　　　C. 水和空气一样多　　　　　D. 无法判断

问题32

瓶中水的体积和瓶子的容积之比为_____。

问题33

现有另外一个啤酒瓶，放置方式与下图相同。其正置时水的高度为12厘米，倒置时水的高度为20厘米。如果瓶中水的体积与空气的体积相等，那么你能否知道瓶身的高度？请写出答案并说明理由。

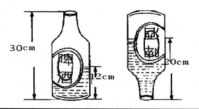

进一步统计每个水平学生群体在问题1、3、6的实证P值分布情况（如表3-18所示），分析能否按照量尺锚定法的水平样例遴选标准将这三个问题遴选为水平样例。

表3-18 四个水平学生在问题1、3、6中的表现情况分布

		水平0	水平1	水平2	水平3	水平4	合计
问题1	回答错误的学生数量	702	474	566	258	20	2020
	回答错误学生百分比	63.8%	13.2%	8.0%	5.1%	4.0%	11.7%
	回答正确的学生数量	398	3124	6545	4755	484	15306
	回答正确学生数量百分比	36.2%	86.8%	92.0%	94.9%	96.0%	88.3%
问题3	回答错误的学生数量	894	645	341	116	3	1999
	回答错误学生百分比	81.3%	17.9%	4.8%	2.3%	0.6%	11.5%
	回答正确的学生数量	206	2953	6770	4897	501	15327
	回答正确学生数量百分比	18.7%	82.1%	95.2%	97.7%	99.4%	88.5%
问题6	回答错误的学生数量	778	330	183	66	3	1360
	回答错误学生百分比	70.7%	9.2%	2.6%	1.3%	0.6%	7.8%
	回答正确的学生数量	322	3268	6928	4947	501	15966
	回答正确学生数量百分比	29.3%	90.8%	97.4%	98.7%	99.4%	92.2%

由表 3 - 18 可得，对于问题 1、3、6，水平 1 学生正确回答这三个问题的概率为 86.8%、82.1%、90.8%，且水平 0 的学生正确回答这三个问题的概率为 36.2%、18.7%、29.3%，因此满足量尺锚定法的水平样例遴选条件，可以作为水平 1 的水平样例。

从以上分析可以看出，量尺锚定法中的水平样例遴选法可以弥补精熟度量尺法在最低水平与最高水平上处理的不足，以实证 P 值的形式将更多的试题纳入到水平样例中。因此在 L 区测评项目中，本书设计水平样例遴选算法如下：

对于最低水平与最高水平这两个水平，采用量尺锚定法的水平样例遴选法；对于除此之外的其他水平，采用精熟度量尺法的水平样例遴选法。设最低水平分数线为 S，水平宽度为 X，水平数量为 K，整个水平样例遴选算法如下

1. 对于水平 $k = 2, 3, \cdots, K - 1$，将试题难度值位于 Rasch 难度范围 $\left[S + (k - 1) X - \dfrac{X}{2}, S + (k - 1) X + \dfrac{X}{2}\right]$ 内的试题作为水平 k 的水平样例。

2. 对于最低水平：水平 1，Rasch 难度位于 $\left[0, S - \dfrac{X}{2}\right]$ 内的试题若满足如下条件则选择为水平 1 的水平样例：

若水平 1 学生正确回答该项目的百分比（实证 P 值）大于 65%，且水平 0 的学生正确回答该项目的百分比（实证 P 值）小于 50%。

3. 对于最后水平：水平 K，Rasch 难度位于 $\left[S + (k - 1) X + \dfrac{X}{2}, 1000\right]$ 内的试题满足如下条件则选择为水平 K 的水平样例：

若水平 K 的学生正确回答该项目的百分比（实证 P 值）大于 65%，且水平 $K - 1$ 的学生正确回答该项目的百分比（实证 P 值）小于 50%。

按照该水平样例的遴选算法，为包含四个水平的 L 区测评项目数学学科表现标准遴选水平样例，结果如表 3 - 19 所示。由表 3 - 19 可以看出，只有本次测试难度最高的试题 30 没有被遴选为水平样例，其余试题均可被遴选，水平样例的分布如表 3 - 19 所示。

表 3 - 19　L 区测评项目表现标准的水平样例分布表

水平	分数范围	项目难度范围	水平样例分布
水平 0	0 ~ 350		
水平 1	350 ~ 450	0 ~ 400	问题 1、3、6、5、27、22、7、9、26
水平 2	450 ~ 550	400 ~ 500	问题 20、13、2、23、10、18、4
水平 3	550 ~ 650	550 ~ 600	问题 29、11、19、24、17、15、12、31、8、28
水平 4	650 ~ 1000	600 ~ 1000	问题 21、16、25、14、32、33

为了进一步分析水平样例的认知特征，选取水平 1 和水平 2 的支撑样例《乌鸦喝水》进一步分析各水平学生在这两个支撑样例上的应答情况，《量筒与弹珠》题组

如表 3 – 20 所示。

表 3 – 20　水平样例：量筒与弹珠

李轩暑期在家给小学三年级的弟弟讲故事，当讲到《乌鸦喝水》这一则故事的时候，兄弟二人都被小乌鸦的机智所折服，李轩突发奇想，想给弟弟演示机智的小乌鸦是如何喝上水的，于是，他找来一个量筒和若干个体积相等的弹珠进行了如下操作：

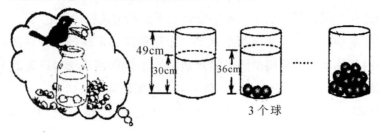

问题3

由上图可知下列描述中，错误的是_____。

A. 没放弹珠时，量筒中水的高度为 30 cm

B. 没放弹珠时，量筒的高度比水的高度高 19 cm

C. 放入一个弹珠后，量筒中水面升高 2 cm

D. 量筒中的水的体积占量筒体积的 $\frac{36}{49}$

问题4

由上图可以知道一个弹珠的体积为量筒中水的体积的_____（填入分数或者小数）。

问题5

量筒中至少放入几个弹球时有水溢出？并说明理由。

对于水平 2 的支撑样例问题 4，其 Rasch 难度为 481，属于水平 2 中难度较高的试题，4 个水平学生该试题上的表现如表 3 – 21 所示。水平 2 的学生正确回答该项目百分比为 67.7%，对于水平 1 的学生来说，正确回答该项目的学生比例为 27.6%，属于很低的水平，这也说明了量尺锚定法与精熟度量尺法在除了最高水平与最低水平外对于水平样例的选取是一致的。

表 3 – 21　学生在问题 4 上表现情况分布

	水平 0	水平 1	水平 2	水平 3	水平 4	合计
回答错误的学生数量	1076	2605	2297	1119	39	7849
回答错误学生数量百分比	97.8%	72.4%	32.3%	22.3%	7.7%	45.3%
回答正确的学生数量	24	993	4814	3894	465	9477
回答正确学生数量百分比	2.2%	27.6%	67.7%	77.7%	92.3%	54.7%

（三）水平描述语

为了帮助参与水平描述的测试开发人员形成统一的共识，在进行水平描述之前，为每个参与水平描述的开发人员提供了试题册、阅卷编码和测试数据，其中测试数据包含单个项目的正确率、项目的 Rasch 难度和水平分布数据等。整个水平描述的过程分为三步：

第一步：根据测试框架，小组成员单独对照阅卷编码解答测试的每个题目，分析每个题目考查的知识与技能，分析难度形成的原因，并用一句话简短地描述该项目的特征。小组成员讨论后形成每个项目的描述共识。

第二步：根据每个项目的描述共识，与利用项目 Rasch 难度制作的项目地图，每个水平的项目地图如图 3 - 9 至图 3 - 12 所示。提供直观的项目地图可以降低测试水平描述小组成员的认知负荷，为水平描述提供丰富支撑信息。

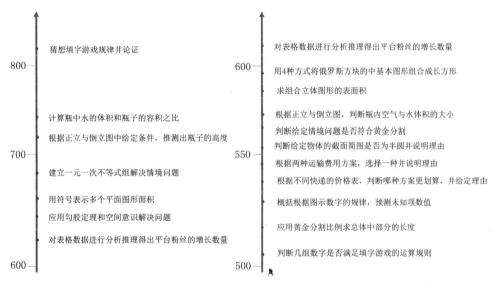

图 3 - 9　水平 4 项目地图　　　　图 3 - 10　水平 3 项目地图

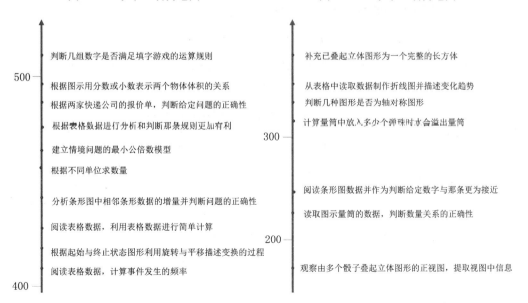

图 3 - 11　水平 2 项目地图　　　　图 3 - 12　水平 1 项目地图

第三步：每个小组成员单独概括水平样例组的共同特征，描述完成后在小组会议上轮流展示其个人对于 4 个水平的特征描述。然后大家讨论分歧形成的原因，并形成共识，确定每个水平的最终描述，最终的水平描述语如表 3 - 22 所示。

表 3 - 22　L 区测评项目表现标准的水平描述语

水平命名	水平描述
水平 1	处于这个水平的学生能够阅读图表数据，利用折线图表征数据，进行简单的数量计算，掌握了对称图形的概念
水平 2	处于这个水平的学生能够应用已有的数学模型（如最小公倍数模型）解决简单情境问题，能够进行数量单位的转化，能够进行有理数的运算，能阅读图表数据并进行简单分析和计算，掌握了旋转和平移等变换的概念
水平 3	处于这个水平的学生能设计一定的问题解决策略（如通过计算比较不同的价格方案），能够应用分数表示部分与整体的关系（如应用黄金分割比例），能够归纳总结数字模式的规律，能够计算立体图形的表面积
水平 4	处于这个水平的学生能够进行归纳猜想并证实结论，建立数学模型解决情境问题，能够掌握并应用勾股定理，能够进行数据推理和空间推理，能够使用代数符号表达式

五、基于等距表现标准的群体比较分析

（一）不同学校性质的学生水平分布

参加此次测试共有 34 所公立学校与 54 所民办学校，首先分析公立学校与民办学校的表现是否存在差异，两种性质学校表现数据的描述性统计结果如表 3 - 23 所示。

表 3 - 23　公立学校与私立学校成绩的描述性统计

学校性质	学生数量	平均值（E）	标准偏差	标准误差平均值
公立学校	9837	510.1204	93.60009	0.94372
民办学校	7489	486.7173	91.16447	1.05345

从表 3 - 23 可以看出，两种性质的学校量尺分均值存在差异，为了证实该差异的显著性，采用 t 检验进行均值比较，数据同质性检验与均值比较结果如表 3 - 24 所示。

表 3 – 24　公立学校与私立学校成绩独立样本 *t* 检验

	方差相等的Levene 检验		平均数相等的 *t* 检验					差异的 95% 置性的区间	
	F 检验	显著性	*t*	自由度	显著性（双尾）	平均值差异	标准误差差值	下界	上界
已假设方差齐性	1.63	0.202	16.48	17324	0.000	23.40	1.41	20.62	26.18
未假设方差齐性			16.54	16325.06	0.000	23.40	1.41	20.63	16.17

从表 3 – 24 可以看出，由方差齐性的 Levene 检验可得，显著性 $P = 0.202 > 0.05$，接受虚无假设，说明两者方差相等满足方差齐性为同质性数据。进而可以利用 *t* 检验比较均值，*t* 统计量显著性 $P = 0.00 < 0.05$，拒绝虚无假设，认为两者均值存在差异。公立学校的 Rasch 量尺分均值高于民办学校，因此可见公立学校在这次学业成就测试中的表现优于民办学校。进一步，可以分析公立学校与民办学校在 4个水平中的分布情况如表 3 – 25 所示。

表 3 – 25　公立学校与民办学校在 4 个表现水平上的分布情况

		等级水平					总计
		水平 0	水平 1	水平 2	水平 3	水平 4	
公立学校	计数	567	1594	4105	3246	325	9837
	行百分比	5.8%	16.2%	41.7%	33.0%	3.3%	100.0%
	列百分比	51.5%	44.3%	57.7%	64.8%	64.5%	56.8%
	占总数的百分比	3.3%	9.2%	23.7%	18.7%	1.9%	56.8%
民办学校	计数	533	2004	3006	1767	179	7489
	行百分比	7.1%	26.8%	40.1%	23.6%	2.4%	100.0%
	列百分比	48.5%	55.7%	42.3%	35.2%	35.5%	43.2%
	占总数的百分比	3.1%	11.6%	17.3%	10.2%	1.0%	43.2%
总计	计数	1100	3598	7111	5013	504	17326
	行百分比	6.3%	20.8%	41.0%	28.9%	2.9%	100.0%
	列百分比	100.0%	100.0%	100.0%	100.0%	100.0%	100.0%
	占总数的百分比	6.3%	20.8%	41.0%	28.9%	2.9%	100.0%

从表 3 - 25 可以看出，公立学校中水平 2 的学生所占百分比为41.7%，民办学校中水平 2 的学生所占百分为 40.1%，都是所有水平中最高的，说明对于处于中等水平的学生，公立学校与民办学校的差异并不大。而对于高水平，公立学校水平 3 和水平 4 的学生合占百分比为 36.3%，而民办学校仅为 26%，两者差异较大，公立学校在高水平上的学生比例明显高于民办学校。对于低水平，公立学校水平 0 和水平 1 的学生合占百分比为 22%，而民办学校却为 33.9%，说明公立学校中低水平学生所占比例明显低于民办学校。通过以上分析可得，对于民办学校若需要提高学生数学素养的平均水平，应该采用"抓两头"策略，设计应对策略让高水平学生更加优秀，同时挖掘学困生的学习潜力，以此提高学生的整体数学素养。

（二）不同街道的学生水平分布

将参加此次测试的区直属和八个街道共 9 个区域分别编号为 101 ~ 109，以街道为单位研究不同水平学生的分布情况。首先，利用 SPSS 进行描述性统计，各区域的量尺分均值与方差等信息如表 3 - 26 所示，其中平均分最高的 101 区域：量尺分为527.7，平均分最低的 105 区域：量尺分为 476.5，两者之差的量尺分为 51.2，在 Rasch 量尺上的距离为半个标准差，也就是半个 logit 单位。

表 3 - 26　9 个区域量尺分均值的描述性统计

区域	数量	均值	标准差	平均数的标准误	平均95%的置性区间	
					下限	上限
101	2862	527.70	96.78	1.80	524.15	531.25
102	1253	507.97	82.52	2.33	503.40	512.55
103	3636	508.48	90.46	1.50	505.54	511.42
104	2553	485.12	94.47	1.86	481.46	488.79
105	840	476.57	85.19	2.93	470.80	482.34
106	2240	488.64	90.18	1.90	484.91	492.38
107	1287	504.53	95.22	2.65	499.32	509.74
108	1759	486.74	90.16	2.14	482.53	490.96
109	896	478.21	94.61	3.16	472.01	484.41

进一步，为了分析各区域内差异的显著性，采用单因素方差分析 ANOVA 进行区域均值的比较，方差分析结果如表 3 - 27 所示。虽然在 ANOVA 中，方差的 Levene 检验的显著性 $P = 0.00 < 0.05$，表明 9 个组别的方差不齐。但是从描述性统计的结果可以看出，9 个组别中最大的方差为 97.6 与最小的方差为 82.5，两者相差不大，统计学家张

文彤指出只要最大方差与最小方差之比小于3，方差分析的结果都是稳定①。从表3-27的方差分析结果可以看出，9个地区之间学生表现均值存在明显差异，需要进行两两比较。

表3-27 9个区域的 ANOVA 结果

	平方和	df	均方	F	显著性
组间	4613572.999	8	576696.625	68.345	0.000
组内	146120679.305	17317	8437.990		
总计	150734252.303	17325			

在两两比较中，利用 Scheffe 方法同时输出九个单位的同质性子集如表3-28所示，该方法根据两两比较的结果将九个区域分为3个子集，各子集的按均值从小到大排列，具体的子集分类可见表3-28。

表3-28 Scheffe 方法的两两比较结果

	学校性质	学生数量	Alpha 的子集 = 0.05		
			1	2	3
Scheffe（C）	105	840	476.5717		
	109	896	478.2154		
	104	2553	485.1273		
	108	1759	486.7481		
	106	2240	488.6495		
	107	1287		504.5351	
	102	1253		507.9775	
	103	3636		508.4858	
	101	2862			527.7068
	显著性		0.107	0.994	1.000

从同质性子集可以看出，街道101处于第一组，量尺分均值遥遥领先其他街道。街道103、102、107处于第二组，三者的均值无显著性差异。街道106、108、104、109、105处于第三组，均值的差异也不显著。虽然组内差异并不显著，但组间差异显著。进一步分析各街道在四个表现水平上的分布情况如表3-29所示。

① 张文彤，董伟. SPSS统计分析高级教程［M］. 北京：高等教育出版社，2013：P12.

表 3-29　9 个街道学生在四个表现水平上的分布情况

		水平 0	水平 1	水平 2	水平 3	水平 4	总计
101 街道	数量	146	320	1053	1180	163	2862
	行百分比	5.1%	11.2%	36.8%	41.2%	5.7%	100.0%
	列百分比	13.3%	8.9%	14.8%	23.5%	32.3%	16.5%
	总百分比	0.8%	1.8%	6.1%	6.8%	0.9%	16.5%
102 街道	数量 46	247	553	368	39	1253	
	行百分比	3.7%	19.7%	44.1%	29.4%	3.1%	100.0%
	列百分比	4.2%	6.9%	7.8%	7.3%	7.7%	7.2%
	总百分比	0.3%	1.4%	3.2%	2.1%	0.2%	7.2%
103 街道	数量	190	692	1467	1159	128	3636
	行百分比	5.2%	19.0%	40.3%	31.9%	3.5%	100.0%
	列百分比	17.3%	19.2%	20.6%	23.1%	25.4%	21.0%
	总百分比	1.1%	4.0%	8.5%	6.7%	0.7%	21.0%
104 街道	数量	222	640	1034	610	47	2553
	行百分比	8.7%	25.1%	40.5%	23.9%	1.8%	100.0%
	列百分比	20.2%	17.8%	14.5%	12.2%	9.3%	14.7%
	总百分比	1.3%	3.7%	6.0%	3.5%	0.3%	14.7%
105 街道	数量	61	239	379	155	6	840
	行百分比	7.3%	28.5%	45.1%	18.5%	0.7%	100.0%
	列百分比	5.5%	6.6%	5.3%	3.1%	1.2%	4.8%
	总百分比	0.4%	1.4%	2.2%	0.9%	0.0%	4.8%
106 街道	数量	149	532	984	539	36	2240
	行百分比	6.7%	23.8%	43.9%	24.1%	1.6%	100.0%
	列百分比	13.5%	14.8%	13.8%	10.8%	7.1%	12.9%
	总百分比	0.9%	3.1%	5.7%	3.1%	0.2%	12.9%
107 街道	数量	78	240	531	395	43	1287
	行百分比	6.1%	18.6%	41.3%	30.7%	3.3%	100.0%
	列百分比	7.1%	6.7%	7.5%	7.9%	8.5%	7.4%
	总百分比	0.5%	1.4%	3.1%	2.3%	0.2%	7.4%
108 街道	数量	129	460	721	415	34	1759
	行百分比	7.3%	26.2%	41.0%	23.6%	1.9%	100.0%
	列百分比	11.7%	12.8%	10.1%	8.3%	6.7%	10.2%
	总百分比	0.7%	2.7%	4.2%	2.4%	0.2%	10.2%
109 街道	数量	79	228	389	192	8	896
	行百分比	8.8%	25.4%	43.4%	21.4%	0.9%	100.0%
	列百分比	7.2%	6.3%	5.5%	3.8%	1.6%	5.2%
	总百分比	0.5%	1.3%	2.2%	1.1%	0.0%	5.2%

从表3–29可以看出，得分均值最高的101街道中水平4学生占该街道所有学生的5.7%，水平3学生占该街道所有学生的41.2%，这两个百分比都是9个街道中最高的，说明高水平学生在101街道中占有的比例是最高的。反过来，是不是均值最高的街道中低水平学生所占的比例也是最低的呢？从上表数据可以看出，在102街道中，水平0学生所占的该街道所有学生的百分比为3.7%，是所有街道中比较最低的，若按照PISA定义达标分数线的420分，则102街道的达标率最高的为92.5%，从某种角度上说明该街道的数学教育质量最为均衡，即使其平均分是排名第二。对于是排名最后的105街道，可以看出水平2学生在105街道中所占的比例是最高的，其相对落后的原因是水平0和水平1学生共占的百分比是9个街道中最多的，约为35.8%。从以上分析可以看出，均值高并不一定意味着教育的均衡发展，依据表现标准统计学生在不同水平上的分布情况，可以提供给教育管理者和决策者更加丰富的测试信息。

（三）不同学校的学生水平分布

参与此次大规模学业成就测试的共有88所学校，其均值的散点分布如图3–13所示。从散点分布图可以看出，均值最高学校与均值最低的学校相差将近两个标准差，说明校际之间的差距较大。均值最低的是102街道的HD学校，平均分为400.7，从常模参照的解释角度看，均值为400.7的百分等级约为12%。

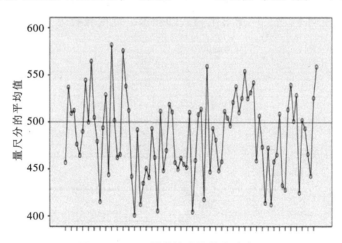

图3–13　88所学校均值散点分布图

从标准参照解释的角度上看，该学校的学生仅能够以中等可能性完成如下任务：阅读图表数据，利用折线图表征数据，进行简单的数量计算，判断对称图形的概念，等等；而一些中上难度的测试任务如应用分数表示部分与整体的关系、计算立体图形的表面积等，对于HD学校的学生来说正确完成的概率都是很低的，是相对困难的任务。如果将HD学校看出一个个体，12%的等级分数明显处于较低水平。进一步，统计出该学校每个表现水平学生所占百分比可以发现，水平 1 学生所占的百分比为 45.2%，水平 2 占 42.9%，水平 3 占 11.9%，最高水平学生缺失，两个低水平学生占据将近 90%，导致了 HD 学校成为均值排名最低的学校。

排名最高的是 102 街道的 LL 学校，平均分为 581.9，从常模参照的解析角度，该平均分的百分等级约为 85%。从标准参照解的角度，一些中上难度的任务，如应用分数表示部分与整体的关系、归纳总结数字模式的规律、计算立体图形的表面积等对于该学校的学生来说有高可能性完成这些任务。进一步，统计出该学校每个水平学生所占比例可以看出，在 BJ 学校中，水平 1 的学生所占百分比为 0.8%，水平 2 为 6.0%，水平 3 为 52.6%，水平 4 为 40.6%，与 HD 学校刚好相反，在该学校中，两个高水平学生共占比例为 93.2%，所以在本次大规模数学测试的所有学校中力拔头筹。从 L 区测评项目的表现标准上看，HD 学校处于水平 1，而 LL 学校则位于水平 3，在学业成就量尺中的位置差距较大。

总的来说，公立学校与民办学校之间、各街道之间以及各学校之间的都存在显著的差异。且公立学校与民办学校之间的差距及 9 个街道之间的差距并不大，但校际之间的差距过大，表现最好的学校与表现最差的两个学校量尺分相差两个标准差，在表现标准上意味着相差两个等级，足以说明校际间数学教育发展极不均衡，以上群体比较的结果在学业成就量尺中的直观呈现如图 3 - 14 所示。教育管理者需要重视该地区的教育公平问题，均衡学生与教师质量，促使教育公平健康地发展。

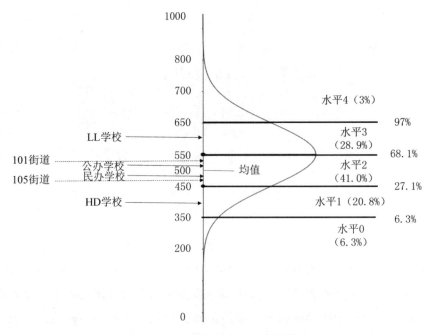

图 3 - 14 不同群体位于量尺的位置

六、L区测评项目等距表现标准建构的研究小结

(一) 与 PISA、TIMSS 等距表现标准开发方法的比较

在 L 区测评项目中,设立数学学科表现标准的目的有两个,一是诠释分数,二是提供更多的比较维度。由于本次测试目的并不是判断学生表现合格与不合格,达标与不达标,而是通过调查进行的区域与学校之间的比较与诊断分析,所以采用基于统计的第一类表现标准,以精熟度方法为基础融合量尺锚定方法建立了 L 区测评项目的数学学科表现标准。通过建立 Rasch 量尺,划分水平同时建立水平描述,提供水平样例等一系列方式提供丰富的信息帮助大家理解分数的意义。L 区测评项目数学学科表现标准的开发方法是建立在 PISA 精熟度量尺法与 TIMSS 量尺锚定法的实践比较上,而实践比较是理论比较的一种自然延续,现将三种数学学科表现标准的建立方法再次进行一个比较,比较的结论如表 3 - 30 所示。

表 3 - 30　三种表现标准建构方法的在 L 区测评项目中的实践比较结果

	PISA 精熟度量尺	TIMSS 量尺锚定	L 区测评项目表现标准建构方法
水平数量	6	4	4
水平宽度	约 0.8 logits 量尺分 82 分	0.75 标准差 量尺分 75 分	1 个标准差 量尺分 100 分
RP 值	58%	65%	62%
水平样例选择规则	难度范处于对应水平围内	①K 水平实证 P 值大于 60%; ②K - 1 水平实证 P 值小于 50%	①最低水平与最高水平的水平样例的难度处于水平范围内,且满足量尺锚定法规则 ②其余水平的水平样例采用精熟度量尺法
描述类型	层描述	点描述	层描述
未遴选为水平样例的项目数量	3 个低难度项目	2 个高难度水平项目	1 个高难度水平项目
适用范围	测试项目多	被试学生样本大	题量与样本量适中

由于测试目的、框架、内容、被试和客观条件等诸多因素限制,每个测试均具有自身的特色,对于表现标准的制定来说就需要适应这些特点,开发与测试项目相对应的表现标准。NAEP 的官方报告一直强调,根据 NAEP 测试数据开发的各学科表

现标准仅适用于 NAEP，不能无条件地加以推广到整个学科与其他国家①。对于 L 区测评项目来说，与 PISA、TIMSS 及 NAEP 这些大规模学业成就测试相比，L 区测评项目的被试样本规模、试题数量与这些大规模测试项目根本不能在同一个数量级上进行比较，测试内容的覆盖面也存在较大的差距，L 区测评项目的表现标准并不能照本宣科地加以推广。

L 区测评项目等距表现标准继承了精熟量尺的水平意义，从理论上确定了被试处于某个水平的意义，并且保证在每个水平上的意义是相同的，这正是等距表现标准的精髓，也是客观等距的 Rasch 量尺才具有的理论特性。而量尺锚定法则是从实践出发，以实证 P 值为原则去保证每个水平的现实意义。两者的融合是一种理论与实践的融合，L 区测评项目表现标准的最高水平与最低水平正是采用这种融合的方法，提取了更多水平样例，丰富了水平描述语的支撑证据。

（二）Rasch 量尺的应用分析

Rasch 客观等距量尺的建立，使得区域之间的比较，学校之间的比较具有客观等距的意义，特别是可以对差异大小进行比较，而这在顺序量尺中是不能进行的。同时通过等值处理，还可以实现同一主体跨年度的两次测试成绩可以比较，例如 PISA 使用 Rasch 量尺，可以判断英国 PISA 2018 数学测试成绩比 PISA 2015 数学测试成绩提高了 10 分，获得了 OECD 的最显著进步国家的"点名表扬"②。而基于顺序量尺的测试成绩是不可以比较的，例如 A 参加一次较难的考试得了 60 分，又参加了一次较易的考试得了 70 分，但是我们不能得出结论 A 进步了，两次难度不同的考试成绩并不具有可比性。在项目反应理论快速发展的时代，虽然 2 参数或 3 参数逻辑斯特模型提供了更多的项目参数，但是采用 Rasch 量尺的客观等距性特征是其他项目反应理论模型所不具备的。等距的表现标准必然需要选择客观等距的量尺，而 Rasch 量尺是目前公认的唯一具有客观等距性质的量尺，所以 L 区测评项目采用 Rasch 模型作为被试能力与项目难度特征的测量模型。

从不同群体间表现的比较研究中可以看出，Rasch 模型也体现了经典测量理论不具备的优势。例如在进行 t 检验、单因素方差分析等均值比较过程中，通过 Rasch 模型估计出的被试能力值更加接近正态分布，在没有通过同质性检验时群体间得分的

---

① BOURQUE M L. A history of NAEP achievement levels: Issues, implementation, and impact 1989—2009 [R/OL]. [2023 - 12 - 25]. https: //www. nagb. gov/reports-media/reports/history-naep-achievement-levels-1989-2009. html.

② OECD. PISA 2012 Results: What Students Know and Can Do: Student Performance in Mathematics, Reading and Science (Volume I) [EB/OL]. (2014 - 02 - 01) [2023 - 12 - 25]. https: //www. oecd-ilibrary. org/educa-tion/pisa-2012-results-what-students-know-and-can-do-volume-i_ 9789264201118-en.

标准差也相差较小，同质性或接近同质性的数据使得均值比较结果更加可信。Rasch模型不仅仅是为等距表现标准提供等距量尺，还为群体比较等提供更多的同质性数据。

从测试的信、效度分析可以看出，Rasch 模型能以单个项目为单位对测试质量进行分析，而经典测量理论仅能以整个测试为单位进行测试质量分析。Rasch 模型利用信息函数替代经典测量理论中的信度，提供项目信息函数与测试信息函数估计测量误差。而对于效度分析，则是以 Rasch 模型作为标准模型，与其拟合度高就说明效度高，反之就说明效度低。以此方式实现了对经典测量理论中信、效度分析的取代。

从等距表现标准的建构过程可以看出，Rasch 模型提供了试题难度与学生能力的估计方法，使得两者具有统一量表，这就为对测量分数同时进行常模参照解释与标准参照解释提供了技术基础。以 Rasch 量尺为基础，精熟度量尺方法还提供了被试处于某个水平的意义解释，提供了水平带宽、*RP* 值的统一计算框架，以此建立具有客观等距性质的表现标准。

第四章　小规模学业成就测试的表现标准建构研究

　　L 区测评项目的被试样本量约 17000，测试题量共 33 个，属于一个典型的"人适中题适中"型的中等规模学业成就测试项目。但组织一个包含 33 个试题，数以万计学生参加的测试项目需要耗费相当大的人力物力，通常需要依靠行政部门的组织参与才能顺利完成。但是在课程教学实践中，与 L 区测评项目相比更为常见的是以学校为组织单位举行的小规模测试项目，当学校管理者、教师、学生和家长需要了解这类测试信息时，表现标准显然是传递信息和解释分数的最佳方式之一。这类小规模测试具有典型的"人少"和"题少"的特征，量尺锚定法与精熟度量尺法能否适用于这类小规模测试？需要在实践中进行更多的比较研究。在本章中，我们将利用 L 区测评项目的测量数据，模拟多个小规模测试项目，分析量尺锚定法与精熟度量尺法与这些测试类型的适配性，并尝试总结两种算法精度的影响因素，开发适应于小规模测试项目的表现标准建构算法，进而为 L 区测评项目的子量表建立合适的表现标准。

　　为了保证"人少"的特征，采用分层抽样的方法选取 L 区测评项目的小部分被试进行数据处理，共抽取了 3 所人数较少的参试学校组成一个被试群体。这 3 所学校分别为：一是 101 街道的 LGCJ 学校，该学校的量尺分均值为 0.59，明显高于总体均值，属于高水平学校之一，共有 295 名学生参试；二是 102 街道 PD 学校，该学校的量尺分均值为 0.02，与总体均值相当，属于中等水平学校之一，共有 132 名学生参试；三是 108 街道的 PX 学校，该学校的量尺分均值为 -0.62，明显低于总体均值，属于低水平学校之一，共有 81 名学生参试。按此抽样方法，共选定 3 所学校共508 人作为"小规模"测试项目表现标准建构实验的被试参与到数据处理过程中。

　　为了保证"题少"的特征，将 L 区测评项目的子量表作为一个具有"题少"特征的测试项目进行实验研究。为子量表建立表现标准的思路源于 PISA，PISA 将全量表的精熟度量尺方法应用于每个子量表中，将子量表看成一个更小规模的测试项目并为其开发表现标准，用此方式 PISA 为 4 种情境子量表、4 个内容子量表、3 个过程子量表都建立了相应的表现标准①。由于 PISA 前期科学规范的设计，各子量表中的试题数量分布均衡，再加上题册的设计方式保证了每个子量表包含了 40 个左右的测试题目②，因此 PISA 子量表在测试题量上都相当于一个题量中等规模的测试项目，从上一章中精熟度量尺法的实践研究可得，精熟度量尺法在此类中等规模的测试项目中具有良好运行效果，可以直接将总量表表现标准的建构方法应用于子量表中。但由于测试时间、测试环境等多种客观条件的限制，L 区测评项目的总试题数量为 33 个，与 PISA 测试的总题量相比差距较大，仅与其子量表的试题数量相当。从表 3-5 可以看出，L 区测评项目子量表的试题数目为 7~16 个不等，呈现明显的"题少"特征。本章选用 L 区测评项目的子量表作为表现标准的开发对象，研究面向具有"题少"特征的小规模测评项目的表现标准开发方法。

为了与本书选用的六个大规模测试项目中的表现标准进行多维度比较，本书仅采用 L 区测评项目的内容子量表进行实践研究。因为在六种大规模学业成就测试中，对于内容范围的界定已基本形成了共识，可以进行横向比较，而在其他维度很难存在这种共识，如 PISA 试题的情境维度在 TIMSS 中并没有体现。在内容类别上，PISA 根据问题所需的数学学科知识划分为四种模块，分别为数量、不确定性与数据、空间与图形、变化与关系。考虑到 L 区测评项目的试题容量和学生样本量较小，在数据处理的过程中将"数量"与"变化与关系"这两个模块内容合并成一个内容模块"数与代数"，将"不确定性与数据"模块对应到"统计与概率"模块，"空间与图形"对应为"图形与几何"。以此方式将 PISA 四个内容模块压缩为 L 区测评项目的三个内容模块，这种分类结果与我国《义务教育数学课程标准（2011 年版）》中的内容模块分类是一致。

一、量尺锚定法与精熟度量尺法在子量表中的实践比较

为了进一步在实践中比较量尺锚定与精熟度量尺两种方法的适用条件和实践效果，首先选用 L 区测评项目的图形与几何内容子量表进行实验研究，分别应用这两种方法单独建构该子量表的表现标准并进行比较分析，以发现这两种方法与小规模测试项目的适配性。由表 3-5 可得，图形与几何子量表包含了问题 6、7、8、15、16、26、27、28、31、33 共 10 个试题，再加上由上述抽样所得三所学校学生构成的

① OECD. PISA 2012 Results：What Students Know and Can Do：Student Performance in Mathematics，Reading and Science（Volume I）［EB/OL］. （2014 – 02 – 01）［2023 – 12 – 25］. https：// www. oecd-ilibrary. org/educa-tion/pisa-2012-results-what-students-know-and-can-do-volume-i_ 9789264201118-en.
② OECD. PISA 2012 Technical Report［EB/OL］. （2014 – 02 – 11）［2023 – 12 – 26］. https：// www. oecd. org/pisa/pisaproducts/pisa2012technicalreport. htm.

被试群体，我们就组成了一个包含 10 个测试题目、508 名被试的小规模测试项目，在此基础上进行表现标准建构实验研究。

在进行表现标准的建构之前，首先需要建构图形与几何子量表的学业成就量尺。为此，与上一章类似，首先采用 Rasch 模型估计该子量表对应的被试能力和项目参数。图形与几何子量表的 Rasch 模型拟合指标如表 4 - 1 所示，从表中的各项指标可以看出 Rasch 模型很好地拟合了该子量表的测试数据，进而可以利用 Rasch 模型估计被试能力与试题难度，建构子量表的学业成就量尺，并在此基础上进行表现标准的实验研究。对于信息函数、单维性检验、单个试题拟合检验指标等测试质量分析信息，与第三章采用相同的方法分析可得这些指标均处于标准范围内，由于相关表格过多本书不一一展示，仅呈现模型的整体拟合指标表明 Rasch 模型与数据的拟合性。

表 4 - 1　图形与几何子量表的 Rasch 模型拟合指数

RMSEA_ 5	RMSEA_ 95	RMSEA	SRMSR	TLI	CFI
0.034	0.056	0.048	0.055	0.952	0.953

（一）基于"人少题少"型测试的量尺锚定法实践

前两章已详细介绍了量尺锚定法的理论基础与算法程序，此处就不赘述，本章仅呈现量尺锚定法在 L 区测评项目图形与几何子量表上的运行结果。首先直接采用 TIMSS 量尺锚定法的 4 个锚点分数及其分数范围进行表现标准建构，4 个锚点分数范围内的学生群体分布情况如表 4 - 2 所示。

表 4 - 2　图形与几何子量表的量尺锚定法运行结果

锚点＼锚点特征	锚点分数	锚点分数范围	范围内学生数量
锚点 1	400	[390, 410]	11
锚点 2	475	[465, 485]	31
锚点 3	550	[540, 560]	57
锚点 4	625	[615, 625]	38
合计			137

由表 4 - 2 可得，参试的 508 名学生中共有 137 名学生的量尺分数位于锚点分数范围内，锚定率（分布在四个锚点范围内的学生占总体学生的百分比）为 27%。但位于锚点 1 分数范围内的学生数量为 11 人，显然统计这 11 名学生在 10 个测试问题上的正确率已无代表意义，且在其他锚点分数范围内的学生也只有几十人，样本量都相对较少。由此可见，TIMSS 量尺锚定法在被试数量较少的小规模测试项目中，遇到的最大问题就是锚点分数范围内的学生数量有限，以致于统计出的锚点范围内学生群体的表现数据缺乏代表性，导致不能据此选定水平样例。出现问题的根源在

于其基于"点"描述思想，需要在一个很小的分数范围内拥有一定量的学生构成一个同质性群体。因此，量尺锚定法要求的被试样本量大，当量尺分位于锚点分数范围内的学生数量有限时，就无法统计出锚点处同质性学生群体在各项目上的表现情况，进而使得水平样例无法遴选。从上一章的表 3 - 7 和本章的表 4 - 2 可以看出，位于 4 个锚点分数范围内的学生数量约为总体的 25%，显然当学生总量更少时，得分处于锚点分数范围内的学生就更少，进而导致算法精度降低或完全失效。

（二）基于"人少题少"型测试的精熟度量尺法实践

与量尺锚定法的实践研究类似，将精熟度量尺法应用到在 L 区测评项目的图形与几何子量表中进行实践研究。同样地不加任何调整，单独采用 PISA 精熟度量尺中的水平数量与水平分数线进行表现标准建构。由于第三章已对算法原理与步骤进行了详细的分析，本章也仅呈现在学业成就子量尺上建构精熟度量尺的运行结果，实验结果如表 4 - 3 所示。

表 4 - 3　精熟度量尺法在图形与几何子量表中的运行结果

水平	水平分数范围	范围内学生数量	水平样例的问题编号
低于水平 1	0 ~ 58	32	6
水平 1	358 ~ 420	53	7、26、27
水平 2	420 ~ 482	111	无
水平 3	482 ~ 545	138	15、28
水平 4	545 ~ 607	122	8、31
水平 5	607 ~ 669	46	16
水平 6	669 ~ 100	6	33

由表 4 - 3 可得，精熟度量尺法在该子量表上可以完整运行，划分了学生表现水平和遴选出了水平样例，这是与量尺锚定法运行结果的不同之处。但由于精熟度量尺方法设置了较多的水平，导致部分水平无法遴选到水平样例，从而无法进行水平描述，如表 4 - 3 中的水平 2 没有水平样例与之对应。这与第四章中精熟度量尺法在全量表的应用中所遇到的问题是类似的，可以通过设置合理的水平宽度，减少水平数量，以此来保证算法的合理运行。但是如何依据实测数据确定水平数量和水平描述的起点？这些问题在 PISA 的精熟度量尺中并没有得到很好回答，在实践中需要多次实验比较才能确定。

（三）量尺锚定法精度的影响因素

至此，我们已经将量尺锚定法分别应用到中等规模和小规模的测试项目中，进行全量表与子量表的表现标准建构。结合实验研究，总结出量尺锚定法的几个主要影响因素如下：

1. 各锚点分数范围的被试数量

在应用量尺锚定法进行表现标准建构的过程中，当被试数量较多时可以保证各锚点的锚定率，统计锚点分数范围内同质性学生群体的正确回答每个试题的百分比，进而为每个锚点遴选对应的水平样例。因此，锚点范围分数内学生群体样本量的大小决定了实证 P 值的效度与精度，这也反映了量尺锚定法并不适合具有"人少"特点的小规模学业成就测试。按照实验中 25% 左右的学生锚定率，若保证 4 个锚点范围内的学生群体具有 100 人左右的规模，建议参试总体学生数量规模少于 1000 人的小型测试项目不宜采用量尺锚定法进行表现标准建构，其余锚点数量的情形以此类推。但是对于中型或大型规模的学业成就测试项目，量尺锚定法具有良好锚定效果。

2. 水平样例数量

由第三章的理论研究可得，表现标准的水平描述语由水平样例归纳而得，所以能够纳入水平样例的测试题目越多，水平描述语对应的原始资料就越为丰富，水平描述语就越具有代表性，表现标准描述的效度越高。在表现标准的建构过程中，并不是每个项目都可以纳入水平描述的，但是需要在保证水平意义的前提条件下尽可能多地将测试题目纳入水平样例中，丰富水平描述语的支撑证据。

3. 实证 P 值

实证 P 值是保证水平意义的前提条件，代表的是学生以多大的概率"掌握"试题考查的知识与技能。由实践研究可知，过高的 P 值会导致水平样例的减少，而过低的 P 值又保证不了水平意义，同时实证 P 值的设立在学界也是富有争议的研究课题。到底大于"60%"意味着掌握还是大于"80%"意味着掌握，难以抉择，需要根据具体的测试情境灵活设置，保证其位于 60%～80% 都是较为合理的，甚至位于 50%～90% 范围内也是可以接受的。

（四）精熟度量尺法精度的影响因素

1. 水平的统计学意义

通过 Rasch 量尺上测试项目难度与学生能力之间的概率关系，精熟度量尺法从统计学意义明确了被试处于某个水平的意义："对于某个水平的 MCC，意味着至少可以正确回答该水平支撑样例组所有试题的 50%，同一水平中能力越高者正确回答的百分比越高。"与该意义相关的三个变量 $A1$、$A2$、$A3$ 已在第三章第一节进行了详细的定义与说明，其统计原理与量尺锚定法相比更加复杂，涉及的变量更多。这三个变量都是影响精熟度量尺方法精度的重要因素。

2. 水平样例数量

水平样例对于表现标准的影响原理与量尺锚定法相同，此处言不赘述。

3. 水平数量

在精熟度量尺中，当水平数量变少时就意味水平宽度变大，这样就很难保证水平的意义，所以需要足够多的水平数量来保证这一解释。而当水平数量过多时，分配到每个水平的测试样例必然减少，所以需要数量较多的试题作为支撑，而 PISA 通过矩阵抽样与题册设计保证了足量的试题。在日常测试中通常采用的是所有学生共同应答同一份试卷的模式，因此无法保证充足试题进行类似的精熟度水平划分。对于 L 区测评项目进行精熟度水平划分时，从表 4-3 可以看出，当整个测试只包含 10 个试题时不足以支撑多达六个水平的划分。

（五）两种方法与"人少题少"型测试的不适配性

从第三章的研究可以看出在"人适中题适中"型的中等规模测试项目中，两种表现标准建构方法除了在最高水平与最低水平之外，在水平分数线与水平数量相对应的条件下，两种建构结果的差异并不大，经过一定的调整之后两者基本上适用于中等规模测试项目的表现标准开发。但是从以上两种方法在"人少题少"型测试项目中的实践研究可以看出，当学生数量没有达到一定的规模时，量尺锚定法不能正常运转；同时由于精熟度量尺法需要对水平意义进行保证，对于项目的数量与难度分布都有着较高的要求，甚至都难以得到水平描述语。除了以上单个方法的缺陷之外，两种方法还具有如下两个共性的缺陷：

1. 水平数量的不确定

在表现标准的建构过程中，需要设置多少个水平才合适？已有的表现标准建构方法很少进行相关讨论。TIMSS 2015 将八年级数学学科表现标准设置为 4 个水平，PISA 2012 将数学学科表现标准设置为 6 个水平，而 NAEP 则将八年级数学学科表现标准设置为 3 个水平。对于一个具体测试项目需要依据什么样的标准和原理确定水平数量，设置多少个水平才好？标准设定法通常是直接指定水平数量，但是测试项目与数据能否承载这么多水平数量？PISA 在设定水平数量时，认为需要考虑试题的认知需要及学生表现数据，但是并没有给出如何考虑的办法。因此，需要探讨如何依据测试数据和测试内容进行分析，以发现测试数据能够支撑多少个水平，以数据为导向确定水平数量。

2. 人为地划定水平分数线

无论是 PISA 与 TIMSS 采用的以学业成就量尺为基础的第一类表现标准，还是 NAEP 以标准设定为基础的第二类表现标准，水平分数线的确定过程都显得较为主观。已有的大部分文献都聚焦于怎样提高水平分数线划分的精度与效度，但是分数线确定方法的主观性是一个无法回避的问题，且效度的评价同样地也缺乏理论依据。最合理的那个分数线究竟在哪里？这个虚拟的分数线谁都无法验证其合理性。心理测量学家 Kane 指出在分数线的设置中没有金标准甚至没有银标准 ① ，应该根据现实需求设计满足该需求的水平分数线确定方法。与评委支撑的划线方法相比，另一个发展的方向应该是数据支撑，探析基于测试数据的水平分数线确定方法。

以上研究表明，仅仅通过改良两种方法并不能适应具有"题少人少"特征的小规模测试项目，需要另辟蹊径，寻找新的理论支撑和开发新的算法。在人工智能与大数据技术蓬勃发展的时代，教育学的研究也从"基于假设"走向"基于数据"，强调从自然收集数据中挖掘出丰富的教育信息，进而探索教育的规律，再回归到教育问题中②。在此背景下，开发非评委参与的智能表现标准建构方法，利用数据挖掘的方法自动地确定水平数量和划定水平分数线，对于教育心理测量、学习系统的设计、自适应学习算法的设计都具有积极意义。由算法根据被试外显的作答行为自动地将被试的潜在特质划分为若干水平，这将很大程度上提高标准设定的客观性与科学性。

二、基于潜在类别分析的表现标准建构

由第一章的文献综述可得，潜在类别分析依据贝叶斯理论，正是"基于数据"的一种智能分类方法，可将其改良为一种表现标准的建构方法。从已有的实践研究上看，张洁婷等认为潜在类别分析最基本的功能就是根据外显的行为特征对研究对象的心理特质进行分类，广泛地应用于教育心理、社会心理调查等领域③。如李雪燕、辛涛等将 LCA 应用于焦虑特质的类别分析④，赵玉将 LCA 应用到中国儿童在平衡秤任务上规则使用的类别分析⑤。具体到数学学科上，Brown 利用 LCA 进行了一个测试项目的数学学科表现标准开发，该测试项目共包含 10 个客观题与 2 个主观题，共 191 名七年级与八年级学生参与该测试，且试题选自于 TIMSS 释放的样例⑥。张皖等研究了儿童分数概念语义理解水平的划分，整个研究量表共包含 20 个试题分为 5

① KANE M. Validating the performance standards associated with passing scores [J]. Review of Educational Research, 1994, 64（3）: 425 –461.

② 郑永和，严晓梅，王晶莹，等. 计算教育学论纲: 立场、范式与体系 [J]. 华东师范大学学报（教育科学版），2020, 38（6）: 1 –19.

③ 张洁婷，焦璨，张敏强. 潜在类别分析技术在心理学研究中的应用 [J]. 心理科学进展，2010，(12): 1991 –1998.

④ 李雪燕，辛涛. 特质焦虑的潜类别分析 [J]. 北京师范大学学报（自然科学版），2006（6）: 610 – 614.

⑤ 赵玉. 中国儿童在平衡秤任务上规则使用的潜类别分析 [D]. 南昌: 江西师范大学，2008.

⑥ RICHARD S B. Using latent class analysis to set academic performance standards [J]. Educational Assessment, 2007（12）: 3 –4 +283 –301.

个子量表，且根据学生在子量表上的表现利用 LCA 进行水平划分，参与此次研究的被试为 295 名①。这两项研究表明，在此类具有"人少题少"特征的小规模测试中，LCA 可以较好地实现对研究对象进行分类的功能。因此本章采用 LCA 模型对 L 区测评项目的三个内容子量表进行表现标准的建构，并与精熟度量尺法、量尺锚定法进行比较，目的是通过该研究进一步丰富表现标准的开发算法。首先利用 LCA 模型进行图形与几何子量表的表现标准开发，根据实际问题设计相应的算法后，进一步将算法应用到其余两个子量表的表现标准开发中，同时验证算法的合理性。

（一）图形与几何子量表的 LCA 模型拟合

虽然本书采用 LCA 与 IRT 的混合模型进行数据拟合，但是在确定最佳潜在类别数量时，Bartolucci 建议采用原始的 LCA 模型而不是混合模型进行最佳模型确定，这样可以避免对 IRT 模型的参数进行限制，还可以不用考虑测试数据的维度问题②。根据 LCA 的分析步骤，先利用探索性模型确定数据的最佳拟合模型，然后根据最佳模型确定类别的数量及对学生进行分类。采用 R 语言 MultiLCIRT 程序包中的 est_ multi_ poly 函数进行 LCA 模型分析，结果如表 4 – 4 所示。表 4 – 4 列出了 $t=1$、2、3、4、5 五种 LCA 模型的适配值结果，当 $t=1$ 时的模型为零模型（NULL model），此时外显变量背后没有潜在变量的数量设定，零模型的拟合效果是最差的，各种模型适配度值均是较坏的运算结果，可以作为其他模型比较的基准。

表 4 – 4　图形与几何子量表的 LCA 模型拟合适配指标值

模型	logLik	X^2	M2	P	AIC	BIC	RMSEA
NULL model	– 2757. 03	缺失	1140. 814	0	5534. 52	5576. 38	0. 219
2-class model	– 2505. 72	502. 63	128. 02	0	5053. 44	5142. 28	0. 073
3-class model	– 2455. 19	101. 05	32. 81	0. 084	4974. 38	5109. 75	0. 029
4-class model	– 2439. 54	31. 291	19. 40	0. 079	4965. 09	5147. 00	0. 034
5-class model	– 2429. 58	19. 923	9. 78	0. 001	4967. 16	5195. 61	0. 131

从表 4 – 4 可以看出，从 $t=1$ 到 $t=5$，模型的卡方值（X^2）逐步减少。当潜在类别达到三个时，P 值 $=0.084>0.05$，达到了良好适配的标准，且卡方值与 M2 指标明显低于 2-class model。从 BIC 指标来看，3-class model 具有最小的 BIC 值：5109.75，明显小于其他 4 个模型的 BIC 值③。综合 P 值与 BIC 指标，选定 3-class

① 张晓，辛自强，陈英和，等. 小学儿童分数概念语义理解水平及模式：基于潜在类别分析 [J]. 数学教育学报，2018，27（3）：66 – 71 +75.

② BARTOLUCCI F, BACCI S, GNALDI M. MultiLCIRT：An R package for multidimensional latent class item response models [J]. Computational Stats and Data Analysis, 2014, 71（1）：971 – 985.

③ 邱皓政. 潜在类别模型的原理与技术 [M]. 北京：北京大学出版社，2008.

model 作为最佳模型。

选定最佳潜在类别数量之后，选用三种 LCA 模型拟合图形与几何子量表的测量数据，这三个模型分别为：LCA 模型（无混合模型）、LCA 模型与 Rasch 模型的混合模型、LCA 模型与 2 参数的逻辑斯特模型（2PL model）的混合模型。通过比较三个模型的拟合度决定选用哪个模型来计算条件概率与潜在类别概率，三个模型的拟合指标如表 4 - 5 所示。

表 4 - 5 图形与几何子量表的 3 种 LCA 模型拟合适配指标值

模型	logLik	AIC	BIC
LCA 模型	- 2455. 1	4974. 3	5109. 7
LCA 与 Rasch 的混合模型	- 2472. 5	4973. 0	5032. 2
LCA 与 2PL model 的混合模型	- 2467. 4	4980. 9	5078. 2

由表 4 - 5 所示，LCA 与 Rasch 的混合模型 MRM 模型拟合度最佳，其对应的 AIC 与 BIC 指标是三个模型中最低的。因此采用 MRM 模型估计潜在类别概率与条件概率，计算出三个潜在类别概率估计值，以及三个潜在类别在 10 个试题反应形态的条件概率估计值如表 4 - 6 所示。

表 4 - 6 10 个试题在三个类别上的条件概率与潜在类别概率

试题编号及描述	$t = 1$	$t = 2$	$t = 3$
6 观察由多个骰子叠起立体图形的正视图，提取视图中信息	0. 995	0. 956	0. 632
7 补充已叠起立体图形为一个完整的长方体	0. 935	0. 788	0. 261
8 求组合立体图形的表面积	0. 777	0. 239	0. 062
15 判断给定物体的截面简图是否为半圆并说明理由	0. 905	0. 387	0. 015
16 应用勾股定理和空间意识解决问题	0. 582	0. 141	0. 001
26 根据起始与终止状态图形利用旋转与平移描述变换的过程	0. 966	0. 747	0. 340
27 判断几种图形是否为轴对称图形	0. 943	0. 889	0. 132
28 用 4 种方式将俄罗斯方块中的基本图形组合成长方形	0. 726	0. 321	0. 017
31 根据正立与倒立图，判断瓶内空气与水体积的大小	0. 796	0. 269	0. 212
32 计算啤酒瓶中水的体积和瓶子的容积之比	0. 317	0. 020	0. 000
潜在类别概率	0. 362	0. 543	0. 095

从潜在类别概率可以看出，第 1 类别（$t = 1$，P [0，0，1]）的类别概率为 0. 362；第 2 类别（$t = 1$，P [0，1，0]）的类别概率为 0. 543，是三个类别中所占比例最高的；第 3 类别（$t = 1$，P [1，0，0]）的类别概率为 0. 095，是三个类别中所占比例最低的。三个类别在 10 个题目上的反应形态还可以通过条件概率折线图进行直观呈现，在图 4 - 1 中横坐标是代表试题的编号，纵坐标代表的是条件概率。由

图4-1可以初步分析，第1类别的被试在10个试题上的表现均优于第2、3类别上的被试，第2类别被试的表现也优于第3类别被试的表现，在条件概率上三个类别的量尺分均值具有一定的顺序性，可以在此基础上进行表现标准的建构。

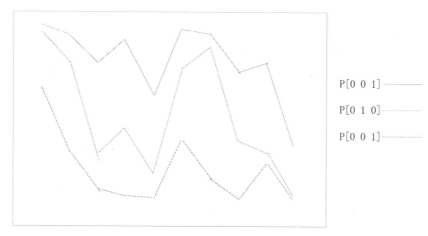

P[0 0 1] ——

P[0 1 0] ·····

P[0 0 1] ------

图4 1 二个潜在类别的条件概率分布折线图

（二）图形与几何子量表的表现标准建构

为了在潜在类别分析的基础上建构表现标准，我们需要为每个类别划定水平分数线和遴选水平样例，并设计相应的算法，以此完整地构成表现标准的四个组成部分：水平命名、水平分数线、水平样例和水平描述。结合图形与几何子量表的表现标准建构，下文将详细论述算法的原理和运行过程。

1. 水平分数线确定方法

首先对三个类别的 Rasch 量尺分进行描述性统计分析，统计结果如表4-7所示。从描述性统计结果可以看出，类别3、类别2、类别1的 Rasch 得分范围分别为（-3.22，-1.37）、（-1.92，0.69）、（0.17，2.61），类别3与类别2产生的分数交叉区间为（-1.92，-1.37），类别2与类别1产生的分数交叉区间为（0.17，0.69）。类别分数范围的交叉意味着不能简单从量尺分分布范围内直接划定水平分数线，需要设计相应的算法进行确定。

表4-7 图形与几何子量表三个潜在类别分析的描述性统计结果

类别	各类别的学生数量	类别均值	类别最小值	类别最大值
3	45	-2.28	-3.22	-1.37
2	271	-0.53	-1.92	0.69
1	192	1.29	0.17	2.61

从表4-7可以看出，三个类别的量尺分均值分别为-2.28、-0.53和1.29，均值间具有较大的差异，需要进一步利用方差分析（ANOVA）验证差异的显著性。在

进行方差分析之前，还需要进行数据的同质性检验，检验的结果如表 4 - 8 所示，从 P 值 $= 0.670 > 0.05$ 可得数据具有同质性，可以利用方差分析进行均值的比较。

表 4 - 8　三个类别量尺分的同质性检验结果

Levene 统计	$df1$	$df2$	P 值
0.401	2	505	0.670

ANOVA 分析的结果如表 4 - 9 所示。从方差分析的结果可以看出，F 统计量为 949.05，显著性 $P = 0.00 < 0.01$，拒绝原假设，说明三个类别的得分均值存在差异。从均值的顺序可以看出，类别 3 < 类别 2 < 类别 1，说明 LCA 基本是按照学业成就水平的高低对学生进行分类的，三个类别量尺分均值具有高低顺序属性。因此，可以在潜在类别分析的基础上进行表现标准的建构，需要为三个类别划定两条水平分数线。

表 4 - 9　三个类别量尺分的 ANOVA 分析结果

组别	平方和	df	均方	F	显著性
组间	631.533	2	315.767	949.051	0.000
组内	168.023	505	0.333		
总计	799.556	507			

进一步统计得分位于相邻两个类别分数交叉范围内的学生数量。按类别分数从高到低的顺序，先统计在类别 1 与类别 2 的分数交叉区间 $[0.17, 0.69]$ 内被试的分布情况。利用交叉表方法统计出该分数段内的学生在三个类别中的分布情况如表 4 - 10 所示。

表 4 - 10　类别 1 与类别 2 的交叉分数范围内的学生分布情况

类别	不位于该区间的学生数量	位于该区间的数量	总计
潜在类别 3	45	0	45
潜在类别 2	215	56	271
潜在类别 1	188	4	192
总计	448	60	508

从表 4 - 10 可以看出，在得分位于 $[0.17, 0.69]$ 范围内总有 60 名学生，有 56 名学生是在潜在类别分析中划分为第 2 类别的，只有 4 名学生划分为第 3 类别。采用同样的分析方法，分析分数区间 $[-1.92, -1.37]$ 内类别 2 与类别 3 的学生分布情况。从交叉的情况可以得出，得分为 -1.37 的学生在潜在类别分析中全部划分为类别 2，而得分为 -1.92 的学生全部划分为类别 3，类别 2 与类别 3 之间无学生的交叉归类。从以上分析可以看出，在潜在类别分析中，不仅是相邻两个类别存在分数范围的交叉，更有可能的是量尺分相同的学生会被划分为不同的类别，因为量尺

分相同的被试其应答向量未必完全相同。如共有 30 名被试的量尺分为 0.17，其中就有 4 名被试划为类别 1，26 名被试划为类别 2。这与标准设定的划分方法存在较大的差异，但同一分数被划分为不同类别很难被学生与普通民众接受，需要通过设立水平分数线将潜在类别分析的结果转化为表现标准。

由于潜在类别分析已将被试分为若干类别，因此可以参照标准设定中的对照组方法设定两类别间的水平分数线。对照组方法是以考生为中心的标准设定方法，核心是让熟悉学生的老师作为评委，将学生在测试前划分为相互对照的两个小组（如达标组与非达标组），根据两个小组的测试表现情况，绘制测试分数的频数分布图，两条频数曲线交点所对应的分数就是水平分数线[①]。而潜在类别分析已经自动将学生分为若干类别，如在确定类别 2 与类别 3 的水平分数线时，类别 3 与类别 2 就构成了两个相互对照的小组。而位于类别 3 与类别 2 分数交叉范围内的学生则可以组成临界组，相应地也可利用临界组的集中趋势（如平均值和中位数）等作为水平分数线，但由于在小规模测试项目中分数交叉范围内的学生数量较少，统计其集中趋势时缺乏代表性，所以采用以对照组方法进行水平分数线的设定。

算法一（相邻两个类别的水平分数线确定方法）

步骤一：利用 LCA 模型，计算每个学生归属于 C 个类别的条件概率。

步骤二：将得分位于两个相邻类别分数交叉范围的学生暂时从各类别中剔除，构成两个对照组。

步骤三：采用逻辑斯特曲线分别拟合两个对照组的条件概率：

$$P\ (c\mid\theta)\ =\frac{1}{1+\exp-\ (a+b\theta)}$$

步骤四：求出两个对照组的拟合曲线参数，计算两条曲线交点所对应的 θ 值作为水平分数线。

由于 LCA 已经计算出学生归属于某个的类别的条件概率，算法一是对 Livingston 和 Zieky 的对照组方法的改进，不需要采用制作频率分布曲线的方法，而是采用逻辑斯特曲线拟合条件概率。理想的切点位置应该划分在 X_{50} 处，即在得分位于该点处的学生被划分为相邻两个类别的概率是相等的，各为 50%。

将该算法应用到图形与几何子量表的表现标准建构中，三个类别条件概率的拟合曲线如图 4-2 所示。在图 4-2 中，横坐标代表被试的能力值 θ，纵坐标表示的归属于不同类别的条件概率。以最低水平类别 3 为例，能力大于 0（高于平均值）学生被划分为类别 3 的概率基本为零，能力值越小被划分类别 3 的概率越高，成典型

---

① LIVINGSTON S A, ZIEKY M J. A comparative study of standard-setting methods [J]. Applied Measurement in Education, 1983（2），i-48.

的 S 形曲线。对于类别 2 则是，得分位于中段的学生划分类别 2 的概率高，而位于学业成就量尺两端的学生划分为类别 2 的概率较低。

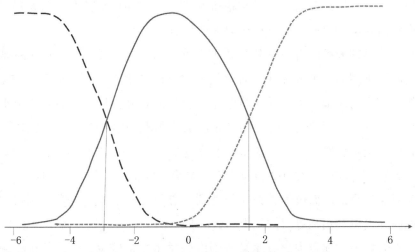

图 4 - 2　三个潜在类别的条件概率拟合曲线

根据算法一的运行结果，类别 3 与类别 2 拟合曲线的交点为（-1.47，0.507），类别 2 与类别 1 拟合曲线的交点为（0.69，0.498），因此将两个水平分数线划为 -1.37、0.69。当划定的水平分数线后，各水平内学生分布如情况表 4 - 11 所示。两个交点对应的条件概率 P 值均为 0.5 左右，说明算法按照预期效果运行，得分等于分界分数的被试以同等概率划分为相邻两类别，算法在理想的分界点处设立了水平分数线。

表 4 - 11　图形与几何子量表现标准的水平分数线

类别	分数范围	各水平内学生的数量
类别 3	$\theta < -1.47$	45
类别 2	$-1.47 \leqslant \theta \leqslant 0.69$	267
类别 1	$0.69 < \theta$	196
总计		508

2. 水平样例的确定

MRM 模型已经估计出每个题目在三个类别上的条件概率，依据这些条件概率及 TIMSS 量尺锚定中水平样例的遴选方法，设计算法二进行水平样例的遴选。

算法二（水平样例的确定方法）

若一个试题满足如下条件时，则可以遴选为某个类别的水平样例：

条件一，满足以下条件的试题将被选定为最低类别 C 的水平样例：该试题在潜在类别 C 上的条件概率大于 65%。

条件二，满足以下条件的试题将被选定为类别 c 的水平样例（$c = C - 1$，$C - 2$，…，1）：该试题在潜在类别 $c - 1$ 上的条件概率大于 65%，且在潜在类别 c 中的条件概率小于 50%。

在上述算法中，为了与实验过程的统一规定类别 C 为最低类别，类别 1 为最高类别。算法中的两个 P 值并不是固定取 0.65 与 0.5，可以在一定的范围之内调整，$P = 0.65$ 代表的是较大的可能性，某种角度上 $P = 0.6$ 也代表了较大的可能性，因此 0.65 并非固定值。例如问题 6 在类别 3 中的条件概率为 0.632，在合理的区间范围之内，所以问题 6 可以选择为类别 3 的水平样例。以此方法，在图形与几何子量表中，三个类别的水平支撑样例分布如表 4 - 12 所示。

从条件概率上看，第 1 类别的学生在每个试题上的条件概率均高于其他两个类别，除了在第 33 题上的条件概率较低之外，在其他 9 个试题上的条件概率都很高，表现较为优异。第 2 个类别的学生在第 6、7、26、27 题上表现优异，在第 8、15、16、28、31 题上表现较差。第 3 类别的学生除了在问题 6 上表现优异以外，在其他试题上表现较差。

表 4 - 12　图形与几何子量表的表现标准

类别	分数范围	水平样例	水平描述
类别 1	$0.69 < \theta$	问题 8、15、16、28、31	表现优异者，能掌握和应用勾股定理，可以通过推理分析几何图形的关系
类别 2	$-1.47 \leq \theta \leq 0.69$	问题 7、26、27	能够通过几何对象的性质认识该对象，但是在几何推理分析上有所欠缺
类别 3	$\theta < -1.47$	试题 6	能够观察几何图形

对于第 2 类别的学生来说，能够补充已叠起立体图形为一个完整的长方体（问题 7）、能根据图形的起始与终止状态利用旋转与平移描述变换的过程（问题 26）、判断几种图形是否为轴对称图形（问题 27），这三个试题的共性特征是学生能够通过几何图像的性质认知几何对象。而问题 15 需要学生判断给定物体的截面简图是否为半圆并说明，问题 16 需要学生应用勾股定理和空间意识解决问题，类似还有问题 8、28、31，这五个题目的共性特征是几何推理。

（三）基于潜在类别分析的表现标准建构算法

总结上述过程，融合表现标准的四要素，在算法一与算法二的基础上提出基于潜在类别分析模型的表现标准建构算法，具体内容如下：

算法三（基于潜在类别分析的表现标准建构算法）

步骤 1：利用探索性潜在类别分析拟合测量数据寻找最佳 LCA 模型。

步骤 2：根据最佳模型确定类别数量、类别概率及试题反应的条件概率。

步骤 3：利用 Rasch 模型（或其他 IRT 模型）建构被试潜在特质的连续量尺。

步骤 4：统计每个类别学生的量尺分数范围，利用方差分析比较每个类别学生群体的量尺分均值，并判断能否在潜在类别分析的基础上建构表现标准，如果均值存在显著差异则继续第五步，否则算法终止。

步骤 5：统计位于类别分数交叉范围学生确定两个对照组，利用算法一划定类别间的水平分数线。

步骤 6：统计试题在每个类别上的条件概率，利用算法二为每个类别选定水平样例。

步骤 7：依据水平样例提取学生的认知特征并形成水平描述，并进行水平命名，最后形成表现标准。

三、基于算法三的表现标准建构案例

以 L 区测评项目的"统计与概率""数与代数"两个内容子量表为实验案例，将算法三应用其中开发表现标准，由于这两个子量表包含的试题数量与"几何与图形"子量表不同，因此多种应用情境可进一步验证算法三的可行性与鲁棒性，最关键的是为这两个内容子量表建构表现标准。

（一）L 区测评项目统计与概率子量表的表现标准开发

由表 3 - 5 可得，统计与概率子量表共包含 7 个试题，该子量表的试题数量是三个子量表中试题数量最少的。按照算法三的第一步，利用探索性潜在类别分析寻找最佳模型，从零模型开始，将潜在类别的数量分别设置为 2、3、4，计算四个模型的适配值如 4 - 13 所示。

表 4 - 13　统计与概率子量表的 LCA 模型拟合适配值

模型	logLik	X^2	M2	P	AIC	BIC	RMSEA
NULL model	- 1928.81	缺失	342.41	0	3871.63	3901.24	0.173
2-class model	- 1819.06	219.49	11.12	0.60	3668.13	3731.59	0.001
3-class model	- 1797.84	42.45	5.13	0.39	3641.68	3738.98	0.007
4-class model	- 1792.04	11.59	无自由度	缺失	3646.09	3777.23	0.034

从表 4 - 13 可以看出，当潜在类别数量达为 2 时，模型就已达到了良好适配的标准（$P = 0.60 > 0.05$）。从 BIC 指标上看，2 类别模型的 BIC 值为 3731.59，是四个模型中最低的，且 RMSEA 同样是最低的。因此确定 2 类别模型为最佳模型，根据该

最佳模型计算出子量表内 7 个试题在 2 个类别上的条件概率如表 4-14 所示。

表 4-14　7 个试题在 2 个类别上的条件概率与潜在类别概率

	$t=1$	$t=2$
1 阅读条形图数据并作为判断给定数字与哪条更为接近	0.845	0.933
2 分析条形图中相邻条形数据的增量并判断问题的正确性	0.352	0.762
9 阅读表格数据，计算事件发生的频率	0.327	0.901
10 根据表格数据进行分析和推理	0.334	0.763
20 阅读表格数据，利用表格数据进行简单计算	0.133	0.871
21 阅读表格数据	0.062	0.398
22 从表格中读取数据制作折线图并描述变化趋势	0.397	0.833
潜在类别概率	0.177	0.823

由表 4-14 可得，类别 2 的类别概率为 0.823，而类别 1 为 0.177，类别 2 的学生占有绝大部分。且类别 2 学生的条件概率远高于类别 1 的学生，为了更加直观地呈现两个类别学生群体的表现差异，绘制条件概率折线图如图 4-3 所示。

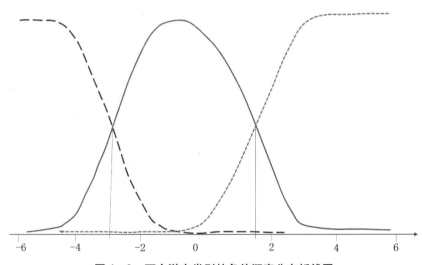

图 4-3　两个潜在类别的条件概率分布折线图

按照算法三的第三步，采用 Rasch 模型拟合该子量表的测量数据，建构统计与概率子量表的学业成就量尺。Rasch 模型的各项拟合指标如表 4-15 所示，且各项指标均处于良好适配的标准内，因此可得统计与概率子量表的测量数据与 Rasch 模型拟合良好，进而可以利用 Rasch 量尺建构该子量表的学业成就量尺。

表 4-15　统计与概率子量表的 Rasch 模型适配值

RMSEA_ 5	RMSEA_ 95	RMSEA	SRMSR	TLI	CFI
0.034	0.056	0.054	0.075	0.902	0.906

按照算法的第四步，统计出类别 1 与类别 2 学生的 Rasch 量尺分均值、分数范围等描述性统计信息如表 4 – 16 所示。从表 4 – 16 可以看出，类别 1 与类别 2 的分数范围并无交叉，说明了类别 1 学生群体的量尺分均值都要低于类别 2 学生群体的量尺分均值。正因如此，可以更加方便地得出两个类别的水平分数线。

表 4 – 16 两个类别的学生量尺分描述性统计结果

类别	各类别的学生数量	类别均值	类别最小值	类别最大值
1	86	– 1. 3166	– 2. 37	– 0. 97
2	422	0. 2683	– 0. 51	1. 15

在第四步中，还需要判断两个类别的量尺分均值是否存在显著差异。数据的同质性检验结果为：Levene 统计量为 0. 285，P 值 = 0. 594 > 0. 05，说明数据是同质的可以利用 ANOVA 进行均值差异分析，ANOVA 分析结果如表 4 – 17 所示。

表 4 – 17 两个类别的学生量尺分 ANOVA 分析结果

	平方和	df	均方	F	显著性
组间	179. 463	1	179. 463	629. 874	0. 000
组内	144. 169	506	0. 285		
总计	323. 633	507			

ANOVA 分析结果表明，两个类别之间量尺分均值的差异是显著的，可以在 LCA 模型的基础上建构表现标准。紧接着利用算法一划分两个类别的水平分数线，算法的运行效果如图 4 – 4 所示，两类别条件概率的拟合曲线相交于点（– 0. 87，0. 51），于是将两个类别的水平分数线确定为 – 0. 87。

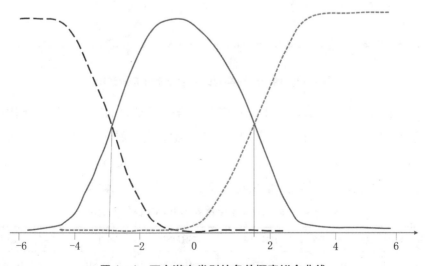

图 4 – 4 两个潜在类别的条件概率拟合曲线

进一步利用算法二为每个类别遴选水平样例。从条件概率上看，类别2的学生在每个试题的条件概率均高于类别1，除了在第21题上的条件概率较低之外，在其他6个试题上条件概率都很高，表现较为优异。类别1的学生只有在问题1上表现较为优异，在其余试题上的条件概率均小于0.4，说明没有掌握这些试题考查的知识与技能，但是掌握了问题1考查的知识与技能，因此类别1的学生能够阅读图表数据。对于类别2的学生来说，其掌握了问题2、9、10、20、22考查的知识与技能，从这六个项目的共性上看，不仅要求学生能够阅读图表数据，还需要学生能够分析和解释数据，描述与组织数据。

表4-18　统计与概率子量表的表现标准

	分数范围	水平样例	水平描述
类别1	$\theta \leqslant -0.87$	问题1	能够阅读图表数据
类别2	$-0.87 < \theta$	问题2、9、10、20、22	能够分析和解释数据，描述与组织数据

（二）L区测评项目数与代数子量表的表现标准开发

根据表3-5，数与代数子量表包含16个试题，试题编号见表4-20，该子量表是三个子量表中试题数量最多的。按照算法三，逐步为该子量表开发相应的表现标准，第一步中的多个探索性LCA模型适配值的计算结果如4-19所示。

表4-19　数与代数子量表的LCA模型拟合适配值

模型	logLik	X^2	$M2$	P	AIC	BIC	RMSEA
NULL model	-4741.13	缺失	3164.47	0	9514.26	9581.95	0.223
2-class model	-4255.50	971.25	300.92	0	8577.00	8716.61	0.061
3 class model	-4131.12	248.75	180.93	0.091	8362.25	8573.77	0.046
4-class model	-4099.97	62.29	138.57	0.061	8333.95	8617.39	0.044
5-class model	-4078.57	42.802	91.31	0.023	8325.15	8680.51	0.038

从表4-19可以看出，3-class model已达到良好的标准（$P = 0.091 > 0.05$），且3-class model对应的BIC值为8574.77，是所有5个模型中最低的。因此，选用3-class model作为数与代数子量表的最佳模型，利用该模型估计的潜在类别概率与试题条件概率可见表4-20。

表 4 - 20　数与代数子量表试题在三个类别上的条件概率

	$t = 1$	$t = 2$	$t = 3$
3 读取图示量筒的数据，判断数量关系的正确性	0.999	0.936	0.743
4 根据图示用分数或小数表示两个物体体积的关系	0.863	0.688	0.366
5 计算量筒中放入多少个弹珠时水会溢出量筒	0.945	0.910	0.524
11 应用黄金分割比例求总体中部分的长度	0.902	0.676	0.080
12 判断给定情境问题是否符合黄金分割	0.922	0.529	0.090
13 根据不同单位求数量	0.972	0.877	0.375
14 建立一元一次不等式组解决情境问题	0.574	0.183	0.000
17 根据两种运输费用方案，选择一种并说明理由	0.898	0.525	0.154
18 根据两家快递公司的报价单，判断给定问题的正确性	0.891	0.709	0.390
19 根据不同快递的价格表，判断哪种方案更划算，并给定理由	0.810	0.606	0.124
23 建立情境问题的最小公倍数模型	0.978	0.724	0.298
24 概括根据图示数字的规律，预测未知项数值	0.812	0.485	0.186
25 用符号表示多个平面图形面积	0.761	0.231	0.033
29 判断几组数字是否满足填字游戏的运算规则	0.811	0.537	0.379
30 猜想填字游戏规律并论证	0.324	0.020	0.000
33 根据正立与倒立图中给定条件，推测出瓶子的高度	0.692	0.064	0.090
潜在类别概率	0.236	0.517	0.247

从潜在类别概率可以看出，第 1 类别的类别概率为 0.236 与第 3 类别的类别概率为 0.247，两者相差不大，第 2 类别的类别概率最高，说明第 2 类别的学生是所有学生中最多的。根据表 4 - 20 绘制三个潜在类别的条件概率折线图如图 4 - 5 所示。

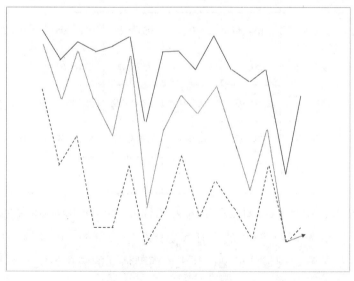

P [0 0 1] ———

P [0 1 0] ·········

P [0 0 1] ----------

图 4 - 5　三个潜在类别的条件概率分布折线图

根据算法三的第三步，利用 Rasch 模型拟合数与代数子量表的测量数据，并建构相应的学业成就量尺，Rasch 模型的拟合指标如表 4-21 所示。从表 4-21 可以看出，各指标均已达到良好适配的标准，可以利用 Rasch 模型建构该子量表的学业成就量尺。

表 4-21 数与代数子量表的 Rasch 模型适配值

RMSEA_5	RMSEA_95	RMSEA	SRMSR	TLI	CFI
0.049	0.065	0.057	0.075	0.9341	0.9347

三个类别学生量尺分的描述性统计结果如表 4-22 所示，从三个类别的学生分数范围可以得出，类别分数范围之间存在一定的交叉。类别 1 与类别 2 的量尺分交叉范围为（-1.11，-0.50），类别 2 与类别 3 的量尺分交叉范围为（0.73，1.08），因此需要利用算法一确定类别间的水平分数线。

表 4-22 三个类别量尺分的描述统计结果

类别	各类别的学生数量	类别均值	类别最小值	类别最大值
1	123	-1.5902	-3.16	-0.50
2	270	0.0241	-1.11	1.08
3	115	1.6451	0.73	2.97

在三个类别量尺分均值的同质性检验中，Levene 统计量为 2.688，P 值为 0.069 > 0.05，说明了数据具有同质性，可以利用 ANOVA 比较均值，三个类别量尺分均值的 ANOVA 分析结果如表 4-23 所示。从结果可以看出，三个类别的量尺分均值存在显著差异，表现出了顺序性，进而可以利用 LCA 模型的分类结果进行表现标准建构。

表 4-23 三个类别量尺分的 ANOVA 分析结果

	平方和	df	均方	F	显著性
组间	622.419	2	311.210	1014.173	0.000
组内	154.965	505	0.307		
总计	777.384	507			

紧接着采用算法三进行表现标准建构。统计出量尺分位于类别 1 与类别 2、类别 2 与类别 3 的分数交叉范围的学生分布情况如表 4-24 所示。可以看出处于类别 1 与类别 2 交叉范围内的学生数量为 71 人，其中类别 2 的学生占有比例为 72%；可以看出处于类别 2 与类别 3 交叉范围内的学生数量为 41 人，其中类别 2 的学生占有比例为 78%。

表 4 - 24 类别间分数交叉范围内的学生分布情况

		不位于该区间的学生数量	位于该区间的数量	总计
类别 1 与类别 2	潜在类别 1	109	14	123
	潜在类别 2	213	57	270
	潜在类别 3	115	0	115
	总计	437	71	508
类别 2 与类别 3	潜在类别 1	123	0	123
	潜在类别 2	238	32	270
	潜在类别 3	106	9	115
	总计	467	41	508

利用算法一,进行水平分数线的确定。三个类别的条件概率拟合曲线如图 4 - 6 所示,类别 1 拟合曲线与类别 2 拟合曲线的交点为 (- 0.95, 0.50),类别 2 拟合曲线与类别 3 拟合曲线的交点为 (0.98, 0.51),因此将两个水平分数线分别确定为: - 0.95, 0.98。从这两个交点同样可以看出,其划分为相邻两个类别的条件概率均接近 0.5,说明算法的运行效果较好,划定出了预期的水平分数线。

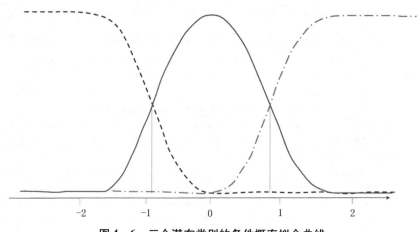

图 4 - 6 三个潜在类别的条件概率拟合曲线

利用算法二为每个类别遴选水平样例,分布的情况如表 4 - 25 所示,只有问题 30 无法遴选为某个类别的水平样例。紧接着根据每个类别的支撑样例,对每个类别进行水平描述。对于类别三的学生,掌握了问题 3 与问题 5 考查的知识与技能,共同的特征是能够掌握数量关系,进行数量运算。对于类别二学生,在问题 4、11、12、13、17、18、19、23、29 上表现优异,但在问题 14、24、25、33 上表现一般,总的来说类别二的学生能够进行代数符号运算、应用已有的数学模型解决问题。对于类别一的学生，掌握了问题 14、24、25、23 考查的知识与技能，其余两个类别的学生在这四个试题上的条件概率较低，这 4 个试题共有的特征是学生掌握了模式、能够概括规律且进行代数推理。

表 4 - 25　数与代数子量表的表现标准

	分数范围	水平样例	水平描述
类别 1	$\theta \leqslant -0.95$	问题 3、5	能进行数量运算
类别 2	$-0.95 < \theta \leqslant 0.98$	问题 4、11、12、13、17、18、19、23、29	能进行代数符号运算，应用已有的数学模型解决简单问题
类别 3	$\theta > 0.98$	问题 14、24、25、33	掌握了模式，能够概括规律且可以进行代数推理

（三）YKWZ 中学八年级期末测试项目的表现标准开发

通过以上三个数值实验案例可得，算法三能够适应小规模的数学学业成就测评项目且具有良好的运行效果，但 L 区测评项目内容子量表中的试题数量有限，试题考查的知识与技能具有一定的相似性，代表性有限。因此再次选用 ZJ 省 YK 市 YK-WZ 中学 2019 年第二学期八年级数学期末监测项目（下文简称 YKWZ 中学期末测试）为研究案例，探讨算法三在综合性的小规模测试项目中的运行效果。YKWZ 中学期末测试包含 19 个测试题目，共有 549 名学生参加此次期末测试。在数值实验中，按照算法三逐步建构 YKWZ 中学期末测试的表现标准，算法第一步中多个探索性 LCA 模型适配值的计算结果如 4 - 26 所示。

表 4 - 26　YKWZ 中学期末测试量表的 LCA 模型拟合适配值

模型	logLik	M2	P	AIC	BIC	RMSEA
NULL model	-5342.087	8672.92	0	10722.17	10804.02	0.301
2-class model	-4234.993	602.28	0	8548.04	8716.03	0.0738
3-class model	-4021.961	211.78	0	8162.041	8416.10	0.0335
4-class model	-3963.917	171.18	0	8088.160	8426.17	0.0314

从表 4 - 26 可以看出 3-class model 对应的 BIC 值是 4 个模型中最低的，因此选用 3-class model 为最佳模型，利用该模型估计的潜在类别概率与试题条件概率可见表 4 - 27。

表 4 – 27　YKWZ 中学期末测试试题在三个类别上的条件概率

试题	$t=1$	$t=2$	$t=3$
1. 计算根式的值	0.760	0.979	1.000
2. 应用方差的定义解决简单情境问题	0.698	0.994	0.988
3. 给定点的横纵坐标判断其是否在反比例函数图象上	0.448	0.966	0.994
4. 描述题设的否定结论	0.451	0.879	1.000
5. 判断给定图形是否为轴对称与中心对称图形	0.874	0.957	0.992
6. 应用增长率的概念描述数量的变化	0.584	0.951	0.992
7. 判断平面直角坐标系中点的几何关系	0.426	0.854	0.973
8. 利用函数的性质比较三点函数值的大小	0.222	0.706	0.900
9. 应用一元二次方程根的判别式分析根的存在性	0.300	0.695	0.985
10. 使用尺规作图在矩形中做出菱形	0.251	0.372	0.876
11. 求出一组数据的中位数	0.000	0.245	0.823
12. 计算根式并进行分母有理化	0.000	0.654	0.983
13. 求解一元二次方程	0.064	0.913	0.985
14. 按要求尺规作图并证明对应结论	0.033	0.462	0.879
15. 求解给定数据的集中趋势并利用其进行推理	0.198	0.543	0.749
16. 利用代数式表示几何图形面积	0.000	0.433	0.902
17. 探究一次函数与反比例函数的关系	0.000	0.003	0.245
18. 分析变换、分割前后平面图形中线段的数量关系	0.006	0.074	0.610
19. 探究含参数的一次函数与反比例函数的关系	0.000	0.000	0.231
潜在类别概率	0.281	0.428	0.291

　　根据算法三的第三步，利用 Rasch 模型拟合 YKWZ 中学期末测试的测量数据，并建构相应的学业成就量尺，Rasch 模型的拟合指标如表 4 – 28 所示。从表 4 – 28 可以看出，各指标均已达到良好适配的标准，可以利用 Rasch 模型建构 YKWZ 中学期末测试的学业成就量尺。

表 4 – 28　YKWZ 中学期末测试的 Rasch 模型适配值

RMSEA_ 5	RMSEA_ 95	RMSEA	SRMSR	TLI	CFI
0.0314	0.0459	0.0388	0.0368	0.983	0.985

　　利用学业成就量尺，估计学生的能力值，三个类别学生量尺分的描述性统计结果如表 4 – 29 所示，从三个类别的学生分数范围可以得出，类别分数范围之间存在一定的交叉，进而利用算法一划分三个别间的水平分数线。

表 4-29　三个类别量尺分的描述性统计结果

类别	各类别的学生数量	类别均值	类别最小值	类别最大值
1	152	-1.2219	-2.20	-0.88
2	236	0.0429	-0.62	0.78
3	161	1.0903	0.47	2.17

利用算法一，进行水平分数线的确定。三个类别的条件概率拟合曲线如图 4-7 所示，类别 1 拟合曲线与类别 2 拟合曲线的交点为（-0.74，0.50），类别 2 拟合曲线与类别 3 拟合曲线的交点为（0.87，0.51），因此将两个水平分数线分别确定为：-0.74，0.87。从这两个交点同样可以看出，其划分为相邻两个类别的条件概率均接近 0.5，说明算法的运行效果较好，划定出了预期的水平分数线。

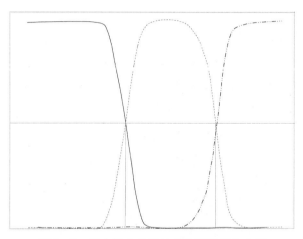

图 4-7　三个潜在类别的条件概率拟合曲线

利用算法二为每个类别遴选水平样例，分布的情况如表 4-30 所示。总结各类别对应水平样例考查的知识与技能，归纳形成水平描述，构成完整的表现标准如表 4-30 所示。

表 4-30　ykwz 中学期末测试的表现标准

类别	分数范围	水平样例	水平描述
类别 1	$\theta \leqslant -0.74$	问题 1、2、5、6	能进行简单数量运算，掌握了轴对称与中心对称的概念
类别 2	$-0.74 < \theta \leqslant 0.87$	问题 3、4、7、8、9、12、13	能够利用直角坐标系建立几何与代数的联系，能够求解一元二次方程，能进行分母有理化，掌握了一次函数与反比例函数的性质
类别 3	$\theta > 0.87$	问题 10、11、14、15、16、18	能够计算集中趋势并进行统计推理，能够使用尺规作图并说明原理，能够抽象情境问题中数量关系

四、与其他几种表现标准开发方法的比较分析

（一）与基于 Cizek 理论的表现标准建构算法比较

基于 Cizek 理论的表现标准建构算法是通过在学业成就量尺中划定水平分数线的方式将学生的表现划分为不同的水平，先有水平分数线后有学生的分类。而在 LCA 模型中，则是依据贝叶斯原理从条件概率的视角将学生进行分类，没有事先划定水平分数线，算法三是在先有分类的前提下划定水平分数线。以图形与几何子量表为例，与该子量表拟合最佳的 LCA 模型将学生划分为 3 个类别，处于量尺分交叉范围内的学生数量为 60 人，也就是说不论分数线确定在学业成就量尺的什么位置，LCA 模型与基于 Cizek 理论的表现标准建构算法的最低重合率为 88%。当采用本书设计的算法划定水平分数线之后，未重合的学生数量为 4 人，重合率为 99%。划定分数线之后，其余 2 个子量表的重合率如表 4-31 所示，重合率分别为 100% 与 97%，说明在 L 区测评项目中，LCA 主要还是依据被试的数学素养高低进行分类，在其基础上划定水平分数线之后重合率将进一步提高。

表 4-31 确定水平分数线前后的重合率

类别	图形与几何子量表	统计与概率子量表	数与代数子量表
未划线前的未重合人数	60/508	0/508	71/508
划线后的未重合人数	4/508	0/508	14/508

由于水平的数量不同，与 PISA、TIMSS 表现标准水平分数线无法一一对应比较，仅选用第一个水平分数线（描述的起点水平分数线）与 PISA、TIMSS 和 NAEP 表现标准的描述起点水平分数线进行比较，均采用水平分数线的 Z 分数形式。从表 4-32 可得，基于算法三建构的三个表现标准中的最低水平分数与 PISA、TIMSS、NAEP 的最低水平分数线相差不大，均位于 Z 分数 -1 附近，-1 意味着低于平均值的一个标准差。因此说明由算法三建构的表现标准具有与 PISA、TIMSS、NAEP 表现标准一致的水平分类功能。

表 4-32 四个表现标准的与 PISA、TIMSS、NAEP 的水平分数线比较

量表	TIMSS2015	TIMSS1999	PISA2012	NAEP1990
最低水平分数线	-1	-0.75	-1.42	-1
量表	L 区测评项目图形与几何子量表	L 区测评项目统计与概率子量表	L 区测评项目数学与代数子量表	YKWZ 中学期末测评项目的表现标准
最低水平分数线	-1.47	-0.87	-0.95	-0.74

从水平样例的视角，从表4－12可以看出在图形与几何子量表中，问题32并没有遴选为水平样例；从表4－18可以看出，问题21没有遴选为水平样例；从表4－25可以看出，问题30没有遴选为水平样例。因此通过这几个实验研究表明，难度较高的试题在表现标准建构过程中都没有被遴选为水平样例，在这点上，本书开发的两种算法与PISA的精熟度量尺、TIMSS的量尺锚定法均是一致的。对于难度很高的试题考查的知识与技能，只有很少的一小部分学生掌握，很难代表一个群体的认知特征，因此排除在水平样例之外是合理的。但是，PISA精熟度量尺方法却将难度较小的试题排除在水平样例之外，显失之偏颇，也说明我们对其修正的合理性。

（二）LCA模型与MRM模型比较

由表4－5可得，在LCA与Rasch的混合模MRM模型、传统无混合的LCA模型、LCA与Logitic的混合模型中，MRM模型与"图形与几何"子量表测量数据的拟合度最高。进一步在其余两个子量表中，计算三种模型与其测试数据的拟合度指标如表4－33所示。

表4－33　两个子量表的多种LCA模型适配指标值

量表	模型	logLik	AIC	BIC
统计与概率子量表	LCA模型	－1819.0	3668.1	3731.5
	LCA与Rasch的混合模型	－1833.6	3685.2	3723.3
	LCA与2PL model的混合模型	－1841.0	3693.1	3737.6
数与代数子量表	LCA模型	－4131.0	8362.1	8573.7
	LCA与Rasch的混合模型	－4194.8	8429.6	8514.2
	LCA与2PL model的混合模型	－4155.4	8380.7	8528.8

由表4－33可得，从BIC指标上看，MRM模型在其余两个子量表上的拟合度均优于其余两个模型。说明MRM兼具LCA与IRT的优点，将IRT的优势引入到潜在类别分析中，通过MRM估算的条件概率与潜在类别概率更加符合实测数据。

（三）基于LCA模型表现标准建构方法的优点

在本章中，我们设计了基于LCA模型的水平分数线与水平样例确定算法，将潜在类别分析的类别命名环节修正为表现标准的水平描述语开发环节，将LCA分析的结果统一到表现标准的开发模式中，在L区测评项目3个子量表上的成功应用也证明了算法的可行性。与精熟度量尺法、量尺锚定法相比，基于LCA模型的表现标准建构方法具有如下优点：

（1）能适应小规模的测试项目

在三个子量表的表现标准建构过程中，参与数据处理的被试人数为508，试题分别为10、7、16个，每个子量表都是较为典型的"人少题少"型测试项目。从算法的运行效果上看，基于 LCA 模型的表现标准建构算法在三个子量表中均运行良好，说明该算法能够适应小规模测试项目的表现标准开发。

LCA 模型可以在小规模测试项目中提取较为丰富的数据信息，使得模型具有较好的分类效果。但是在将 L 区测评项目全量表的测试数据与 LCA 模型拟合时，效果却不是很理想，全量表的拟合结果如表 4 – 34 所示。从表 4 – 34 的各项指标可以看出，当潜在类别的数量为 10 时，BIC 值还一直在减少，卡方值也一直在减少，说明在 L 区测评项目的全量表中，与其测试数据匹配的最佳 LCA 模型将包含多于 10 个潜在类别，而 10 个类别对于只针对一个年级的数学成就测项目来说显然过多。由此次全量表表现标准的开发实践可得，LCA 模型并不适合用于较大规模测试项目的表现标准建构。

表 4 – 34　L 区测评项目全量表与 LCA 模型的拟合适配值

模型	logLik	X^2	P	AIC	BIC	RMSEA
2-class model	570549.4	20025.3	0	570549.4	571069.3	0.056
3-class model	− 275231.6	19952.1	0	542086.7	551449.0	0.033
4-class model	− 270907.3	8648.6	0	542084.6	543132.2	0.026
5-class model	− 269111.2	3592.1	0	538560.4	539871.8	0.024
6-class model	− 268389.8	1442.7	0	537185.6	538760.9	0.025
7-class model	− 267940.3	898.9	0	536354.6	538193.8	0.024
8-class model	− 267319.8	877.7	0	535181.5	537284.5	0.022
9-class model	− 266885.9	867.6	0	534381.9	536748.7	0.018
10-class model	− 266673.3	425.3	0	534024.6	536655.2	0.018

（2）智能化地建立表现标准

首先是自动确立水平数量。使用 TIMSS 量尺锚定法与 PISA 精熟度量尺法开发表现标准时，水平数量是一个预先确定的常量，却没有给出理由说明为什么是这个常量，稍显主观。而在基于 LCA 模型的表现标准建构算法中，是通过探索性分析寻找与数据拟合度最佳的模型，进而确立类别的数量。因此，相比于量尺锚定与精熟度量尺法，表现标准中水平数量的确定更加客观和科学，有充足的数理证据去支持选择这个水平数量的理由。

其次是自动确定水平分数线。在基于标准设定的方法建立表现标准时，最令人诟病的一点就是水平分数线设定的主观性，不同评委划定不同的水平分数线，甚至同一评委不同时间段划分水平分数线都是不同的，因此标准设定法是一种基于评委划线的表现标准建构方法。而 LCA 模型是按照条件概率先将学生分类，后确定水平分数线，是一种完全不依赖于评委主观设定，而完全基于数据的表现标准建构方法。

第五章 基于表现标准的学生
数学认知特征分析

在表现标准的水平描述语中，最重要的一个点就是要体现同一水平学生的共性认知特征与不同水平的差异认知特征，让教师、学生甚至是普通民众能够理解这些水平特征，从而达到通过水平描述语传递分数意义的目的。从这一角度，表现标准的开发与学生认知特征研究是一致的，因为研究不同水平学生的认知特征，分析共性与差异正是数学认知水平模型建构的核心技术。

在本章中，首先从理论上分析认知水平模型建构与表现标准建构在认知特征分析上的一致性，并利用 L 区测评项目的表现标准在实践中证实该一致性，提取每个水平学生的共性认知特征，不同水平的差异特征。随后结合研究对象中六个大规模学业成就测试表现标准中的水平描述语，利用质性内容分析法进一步提取六个水平描述语中体现的认知特征。通过量化与质性的混合研究，提取的这些共性认知特征既具有高效度和广泛代表性的特点，又具有国际视角，体现了国内外对不同表现水平学生的数学认知特征描述的一种共识。Phillips 建议在建构本土化的表现标准时，要将国际表现标准融入其中，除了借鉴方法之外，还要借鉴水平描述的视角和语言，这样更有利于建构与国际接轨的数学学科表现标准①。由于本书研究对象涉及被试的年级范围为 8~9 年级，因此这些数学认知特征也是针对 8~9 年级的初中学段学生，并不代表所有学段学生的数学认知特性。且这些认知特征主要是描述每个水平的学生知道什么和能够做什么，或是达到某个水平的学生应该知道什么和做什么，不管是基于统计方法建构还是基于标准设定方法建构的表现标准，对于认知特征这些表现标准都是采用正面的描述方法。

另一方面，当前国际上的学生学业评价功能已由区分与选拔走向学生学习过程的诊断，而表现标准的建构也应该顺应这种变化，依据试题从诊断的视角描述每个水平学生所欠缺的知识与技能，提取一种"反面意义"上的共性与差异，从另一个视角进行水平描述。在某种意义上，提供更多的诊断性信息可以为教学提供更多的

---

① PHILLIPS G W. International benchmarking：state and national education performance standards ［EB/OL］. (2013 – 09 – 01) ［2019 – 12 – 01］. https：//files. eric. ed. gov/fulltext/ED553409. pdf.

针对性建议，使得表现标准的功能并不囿于学业成就测试，而是直接服务于课程教学。在本章，在表现标准的基础上引入认知诊断作为一个辅助视角，从量化的角度研究 L 区测评项目中不同水平学生的认知诊断特征，认知诊断的目标不是计算学生的总分，而是在表现标准的基础上对已经划分成不同水平的学生群体进行"劣势"特征分析。诊断视角的水平描述语主要描述的是每个水平学生在知识与技能上具有什么样的欠缺，是一种反面的描述。

最后，结合基于表现标准提取的认知诊断特征，研究基于测试的表现标准在课程教学中的实践作用，根据这些特征预设学生认知水平提高路径，进一步发挥表现标准的作用。

一、数学认知能力模型与表现标准的一致性分析

（一）已有的数学认知能力差异性研究

1990 年由顾泠沅教授主持的青浦实验项目以布鲁姆认知分类理论为基础编制了学生的数学认知水平测试系统，整个测试系统分为"知识、计算、领会、应用、分析、综合和评价"七个分测验，调查八年级学生在这七个层次上的表现情况[①]。17年后，青浦实验"新世纪行动"研究小组改良了上一次的认知水平评价框架，将七个层次改为四个层次：计算、概念、领会、分析，在这四个层次中计算与概念两个水平归属于较低认知水平层次，领会与分析两个水平归属于较高认知水平层次，并调查学生在这四个层次上的表现情况[②]。改良后的四层次水平与台湾地区的标准本位评量工具（SBASA）的项目分类依据较为接近，在 SBASA 项目中学生认知水平的四个层次分别为：计算、理解、应用与分析。青浦实验研究小组编制的测试项目虽然没有提出标准参照或标准本位的概念，但是在编制的过程中同样地以布鲁姆认知分类理论作为试题的划分依据，将学生与试题都划分为一定的水平层次，与表现标准的制定较为类似。从 SBASA 项目的标准本位视角上看，青浦实验编制的测试系统是我国出现较早基于标准的数学学科测试系统。

结合测试的结果，顾泠沅教授还进行了数学能力的个体差异研究。差异分析是教育研究中最基本的研究方法，鲍建生与周超认为差异性分析包含水平差异分析、年级差异分析、性别差异分析、学科差异分析等。其中，水平差异分析一般是指不同能力水平学生之间的特征分析，有关水平差异分析主要集中于两个水平之间的差

---

① 顾泠沅. 青浦实验——一个基于中国当代水平的数学教育改革报告（上）[J]. 课程·教材·教法，1997（1）：26-32.

② 刘丹，杨玉东，贺真真. 教学目标测量的分类学基础——青浦实验的新世纪行动之五 [J]. 上海教育科研，2007（11）：39-42.

异与三个水平之间的差异，对于两个水平之间的差异采用的是专家—新手比较分析，而三个水平之间的差异则是采用好—中—差三类学生的比较分析①。顾泠沅教授以好、中、差三类学生为研究对象，从"理解叙述概念、定理能力""作图和对图形的观察判断能力""几何计算能力""论证命题能力"等四个维度研究各类学生初学平面几何时的能力特征，例如在几何计算能力维度上，优等生计算准确、迅速、简洁，中等生能够计算但是繁琐、速度慢，差等生则是错误多。周超以青浦实验"新世纪行动"研究小组建构的数学认知评价框架为基础，通过访谈的形式，研究了不同水平学生的解题特点，并着重研究了分析水平学生与普通学生的不同之处，研究表明处于分析水平的学生与普通学生在问题解决上存在七个差异：（1）分析水平学生能够将问题转化为自己的语言去表述，而普通学生只会了解表面意思没有加工；（2）分析水平学生能够进行猜想并经过推理证实，而普通学生仅限于猜测答案；（3）分析水平学生倾向采用一般化和结构化的策略，而普通学生倾向采用试误策略；（4）分析水平学生可以采用另一种方法证实自己解题结果的正确性，而普通学生只能与其他人核对；（5）分析水平学生解题所用时间与普通学生相比较短；（6）分析水平学生善于寻找多种解题路径；（7）分析水平的学生能够探索、猜想、验证和推理，但是普通学生缺乏这些特征②。曹一鸣与陈鹏举研究了不同能力水平的学生在数学学习策略上的表现差异，通过编制数学能力与学习策略量表，将学生划分为四个水平，研究发现：高水平学生的策略应用能力显著地优于低水平学生，高水平学生对于大部分元认知策略和认知策略使用频繁且成效高，低水平对于部分认知策略使用频繁但成效低③。

在学习研究领域内对于专家—新手的差异分析，主要集中于研究专家型学习者的认知特征，Bruer 将专家定义为"在特定领域内拥有高深知识与技能的人"④，该定义简洁明了，深受认同。著名教育心理学家 Sternberg 在成功智力的基础上提出了专家型学习者的七大特征：运用有效的学习策略、智力的增长观、高成就动机、高自我效能感、坚持完成任务、对自己及行为负责、延迟满足的能力⑤。Ertmer 等认为专家型学习者是策略使用者，自我调节者和反思者⑥。具体到数学教育领域，著名数学教育学家 Schoenfeld 的工作有着较大的影响力，其研究表明：专家型学习者在记忆

①　鲍建生，周超. 数学学习的心理基础与过程［M］. 上海：上海教育出版社，2009：41 - 46.

②　周超. 八年级学生数学认知水平的检测与相关分析［D］. 上海：华东师范大学，2009.

③　曹一鸣，陈鹏举. 不同能力水平的中学生数学学习策略运用及其影响研究［J］. 教育研究与实验，2018（4）：50 - 56.

④　BRUER J T. The mind's journey from novice to expert［J］. American Educator，1993，17（2）：6 - 46.

⑤　STERNBERG R J. Raising the achievement of all students：Teaching for successful intelligence［J］. Educational Psychology Review，2002，14（4）：383 - 393.

⑥　ERTMER P A，TIMOTHY J N. The expert learner：Strategic，self-regulated，and reflective［J］. Instructional Science，1996，24（1）：1 - 24.

上比新手存储着更多的解题信息模块并且能够瞬间与问题情境产生联系，在解题策略的选择上具有"当场"看出解题策略的能力，专家型学习者是"图式驱使"能够快速找到适当的解题技术①。在数学教育领域内的个人能力差异研究上，克鲁捷茨基的工作受到广泛认可，克鲁捷茨基甚至认为"能力问题就是能力的差异问题"，引入个案分析研究个体的数学能力差异问题。通过其能力观与个案研究，甚至认为计算能力不属于数学能力的组成部分，因为能力强的学生与能力一般的学生都具备一定的计算能力，没有显示出差异性，所以不属于数学能力范畴。其相关理论作为本章的研究基础，将会在下文中详细介绍。

从前文中表现标准的开发过程可以看出，这些学业成就测试中的表现标准都尝试将被试的认知能力与测试任务划分为一定的水平层次，遴选出不同认知水平学生与不同认知水平任务。从概率的视角，高水平学生能够解决高认知水平任务，而其他水平学生不能够解决这些高认知水平任务，这正是差异形成的原因。学生能力的差异性分析与测试项目的差异性分析是两个不同的分析视角，怎么样将两者相互联系呢？学业成就量尺把个人能力估计值与项目难度值放置于同一把量尺中，为差异研究提供技术支持。Bruer 认为，专家型学习者就是具备高深知识与技能的人，而表现标准则是描述不同水平的学生具备什么样的知识与技能，因此表现标准建构与差异性分析具有共通之处，进而可以利用表现标准分析不同水平学生的认知特征。通过总结高认知水平的学生能够做什么而普通学生不能够做什么，可以清晰地反映高认知水平学生的认知特征，分析高认知水平学生的特征与分析其知道什么和能够做什么是一致的。

（二）克鲁捷茨基理论

苏联心理学家克鲁捷茨基对中小学生数学能力进行了长达十几年的追踪研究，不仅编制了能力测试卷和背景问卷，还运用深度访谈、出声思维等质性研究方法记录学生的解题过程，虽然其工作开始于 20 世纪 50 年代，但采用的先进研究方法从现在来看也不过时。其著作《中小学生数学能力心理学》在数学教育界与皮亚杰的心理学著作有着同样的影响力。与当时流行采用因素分析法研究能力的成分与结构问题不同，克鲁捷茨基尝试以个案研究方法考察学生在问题解决过程中表现出来的能力倾向和品质，但克鲁捷茨基并不排斥因素分析法，而是以个案研究为主，因素分析为辅的质性与量化混合的研究方法。

克鲁捷茨基认为研究关于能力的个人差异性问题，需要通过观察个体在对应的活动中表现出来的差异进行分析。因此选用了能够成功完成活动的个体和不能够成功地完成活动的个体进行比较，分析并提取差异特征。同时克鲁捷茨基认为，在说

---

① SCHOENFELD A H. When good teaching leads to bad results: The disasters of "well-taught" mathematics courses [J]. Educational Psychologist, 1988, 23 (2): 145–166.

明什么是数学能力时，不仅要知道能力强的学生具有什么样的特殊心理特质，还需要知道能力差的学生缺少什么样心理特质导致其表现较差。这种能力强的学生所具备的，而能力弱的学生不具备的心理特征，在学生的数学能力结构中起着关键的作用。所以，能力问题与能力的水平差异问题从这个意义上是相同的。按此能力观，克鲁捷茨基采用如下步骤研究能力的水平差异性问题。

第一步，遴选三类水平学生。为了研究能力的水平差异问题，首先就需要遴选出能力好、一般、差的三类学生。遴选时参与实验的教师深入地观察了每个学生的数学能力发展情况，总的来说遴选标准如下：数学能力强的学生是能快速掌握数学材料与运算技能，学习新材料时能够独立地思考，解决非常规问题时有所创新的学生。能力一般的学生是与数学能力强的学生相比，需要花费更多时间与精力才能取得一定成绩的学生。这类学生的特点是具有"具有模仿性，而不具有创造性"，在解决非常规问题时通常会感觉到困难，但是只要他们掌握了解决某类问题的方法，就可以解决与该类问题相似的问题。能力差的学生是听不懂教师讲课，需要给予额外辅导，不能解答超出他们已经掌握了的常规一般问题的学生。但这些标准仅仅是挑选参与实验学生的标准，并不代表各种水平学生具备的认知特征，这些认知特征需要通过个案研究归纳总结而得①。

第二步，实验研究。克鲁捷茨基认为能力存在于活动中，并在活动中形成与发展，是一种活动的能力。学生在解决数学问题时，心理活动主要包含以下三个环节：（1）信息收集，接收关于题目的信息，对题目诸多条件初步定向，试图理解题目；（2）信息加工，为解题加工所获得的信息，并取得期望的结果；（3）信息保持，保持关于解题的信息、解题的过程与结果，在记忆中留下一些痕迹，丰富了学生的经验②。除了研究不同水平学生具有的心理特征，还研究能力的类型，如数学气质、灵感与顿悟等特殊差异。

依据这三个环节与能力类型，克鲁捷茨基设计了整套中小学生数学能力试验测评体系，包含了26个系列的问题，三个环节对应1~22个系列，能力类型对应23~26系列。试验项目同时根据试题难度分为三档（低、中、高），即从能力一般的学生可以理解的简单试题到能力强的学生都不能理解的复杂试题都应该包含在实验测试体系中。在定义难度的过程中，克鲁捷茨基根据题目关系的复杂性与预测试的正确率来确定的试题难度，如：

$$(a+b)^2 = ?$$
$$(2a+3b)^2 = ?$$

①　克鲁捷茨基.中小学数学能力心理学［M］.李伯黍，洪宝林，译.上海：上海教育出版社，1983：212.
②　克鲁捷茨基.中小学数学能力心理学［M］.李伯黍，洪宝林，译.上海：上海教育出版社，1983：220.

$$(2a^2 + 3b^2)^2 = ?$$

$$(7a^m + 2b^n)^2 = ?$$

$$\left(\frac{1}{3}a^m + \frac{1}{7}b^n\right)^2 = ?$$

上述例子就是一个难度增加的过程，称之为主观难度。并不是所有题目都可以用这种主观的方法进行判断的，有些题目需要通过量化的方法去判断难度，并根据预测试数据进一步更新试题难度①。

遴选出若干名好、中、差三类学生以后，让学生在解答实验题目时进行出声思考，实验人员负责记录，记录下每个学生完成整个实验试题的完整过程。然后对三类学生的解答过程进行质性分析，提取心理特征。四个维度的试题都安排若干好、中、差学生进行试验，目的是发现不同水平学生在问题解决不同环节上的差异。

第三步，总结研究结果。以分析三种水平学生在信息收集环节上的差异特征为例，克鲁捷茨基选择了 18 名能力强的学生，14 名能力一般的学生与 8 名能力差的学生参与到信息收集环节上的差异研究中。信息搜集维度的实验试题包含三个系列：Ⅰ系列问题的基本特点是未明确提出问题，Ⅱ系列问题的基本特点是缺少条件，Ⅲ系列问题的基本特点是有多余的条件。

表 5 – 1　Ⅰ系列对未提出问题的问题的结构的感知

水平	水平描述	每种水平感知问题的百分比		
		能力强的学生	能力一般的学生	能力差的学生
1	在实验人员的帮助下也不能解决问题，因为没有理解关系，只感觉无联系的材料	0	0	40.5
2	能指出问题并认识问题中已给的关系，但需要实验人员相当大的帮助	0	23.5	30.1
3	能独立指出问题，但不是即可指出，犯了很多错误但能逐渐抓住问题中所给的关系	13.4	66.8	29.4
4	立即提出问题，"当即"抓住问题中所给的关系	86.6	9.7	0

为了总结学生在三个系列问题上的表现，克鲁捷茨基采用因素分析法提取三个系列项目的共同因素，共同因素在Ⅰ、Ⅱ、Ⅲ系列上的因子负荷分别为：0.83、0.77、0.87，所以学生能够成功地解决这三个问题存在一个共同的因素。这个共同的因素是什么，则需要通过对解题过程的质性分析去揭示其中的奥秘。例如，通过质性研究发现在处理Ⅰ系列问题中，能力强的学生一拿到数学题之后，一眼就看出

---

① 克鲁捷茨基. 中小学数学能力心理学 [M]. 李伯黍，洪宝林，译. 上海：上海教育出版社，1983：114.

了问题的结构，能够把已知条件联系起来。他们能清楚区分问题结构中三种不同性质的成分。而能力一般与能力差的学生首先看到的只是一些孤立的无关紧要的材料，一开始就"死盯着"数据，没有感知或认识到隐藏在题目中的问题。采用同样的方法，可以分析好、中、差三类学生在其余两个系列上表现的差异，整个过程是一个质性的"切片"和描述过程。通过对所有材料的分析，得出在同样感知数学材料的情况下，不同能力的学生得到了不同的信息，对于能力强的学生他们能够根据题目所给的条件，最大限度地主动抽取对解题题目有帮助的信息，而这正是一般因素作用的结果，克鲁捷茨基将其命名"数学材料的形式化感知"，与信息加工维度一一对应。

（三）克鲁捷茨基理论与表现标准的共通之处

克鲁捷茨基将测试题目的难度分为高、中、低三档，将学生的能力分为好、一般、差三种水平，这与基于学业成就量尺的表现标准建构有着异曲同工之妙。PISA建立的学业成就量尺如图5-1所示，利用项目反应理论，将测试项目参数与被试能力参数标定于同一量尺中。从PISA的表现标准建构原理可以看出，PISA同样将学生与测试项目分为三个水平，项目分为高难度、中等难度与低难度三个水平，将被试分为高能力、中能力、低能力三个水平。三个能力水平的学生回答三个难度水平项目的概率关系如图5-1所示。因此，从分类的结果上看，两者是一致的。

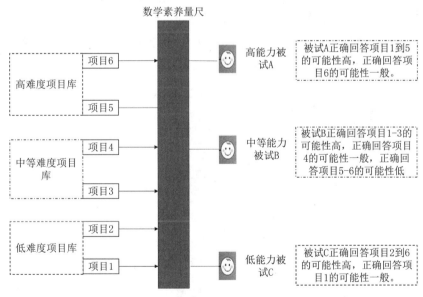

图5-1　PISA学业成就量尺

依据克鲁捷茨基的能力观，"能力问题也是能力个人差异问题"，那些高能力学生具备而低能力学生不具备的心理特性才是数学能力中最重要的组成成分。在学业成就量尺中，位于学业成就量尺上端的试题，高能力学生（好学生）成功回答这些试题的可能性远高于低能力的学生（差学生），所以从概率的视角，这些试题考查的知识与技能正是高能力学生所具有而低能力学生不具有的，这正是能力的差异所在。所以，以项目为中介研究不同水平学生的认知特征，即是克鲁捷茨基研究能力差异问题的核心思想，也是表现标准制定的核心思想。从差异分析的原理上看，两者也是一致的。

克鲁捷茨基采用个案研究为主量化研究为辅的方法研究中小学生能力差异问题。但个案研究的天然缺陷就是研究对象的代表性始终令人怀疑，所以这也是克鲁捷茨基理论的一个缺陷。克鲁捷茨基理论的另一个缺陷是不经测量预先界定好、中、差三类学生，将试题难度分为高、中、低三档，仅凭参与研究教师的个人经验去判断学生与试题的水平，同样稍显主观。综合以上分析，克鲁捷茨基理论是一种以个案研究为主的能力差异研究方法，而表现标准则是一种以量化研究为主的能力差异研究方法。

二、基于 L 区测评项目表现标准的学生数学认知差异特征分析

通过 L 区测评项目表现标准的建立，将参试学生能力与试题难度分为四个水平，在其学业成就尺上的位置如图 5-2 所示。在建立表现标准的同时我们提取了四个水平学生的认知特征，形成了整个表现标准的水平描述。为了与本书选用的其他六个表现标准的水平描述语进行共性比较，只选定水平 2 作为基础水平，水平 4 作为高水平，对这两个水平的学生进行认知能力差异研究。着重提取水平 4 学生能够做的与知道的，而水平 2 学生不能做的和不知道的，作为高水平学生的认知特征。同理，提取水平 2 学生能够做的与知道的，而水平 1 学生不能做的与不知道的，作为基础水平学生的认知特征。

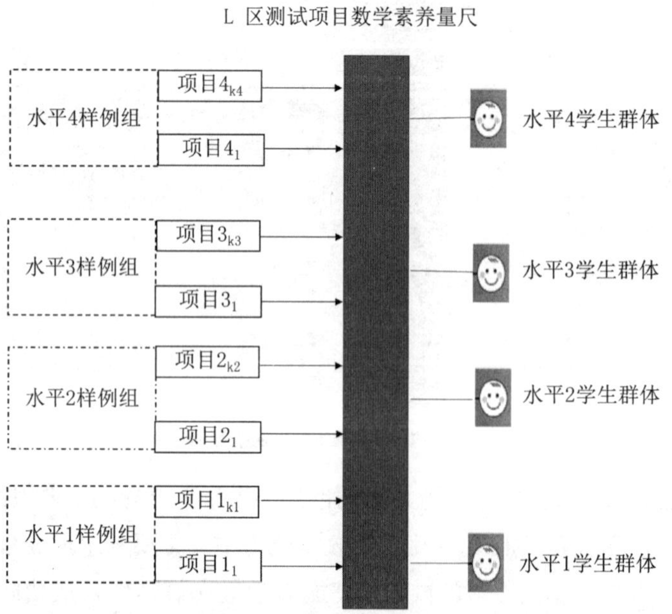

L 区测试项目数学素养量尺

图 5-2 L 区测评项目数学学科学业成就量尺

（一）L 区测评项目中高水平学生的认知特征分析

L 区测评项目中高水平学生的认知特征源于水平 4 的水平样例，需要从水平 4 的水平样例所考查的知识与技能中归纳出高水平学生的认知特征。在水平 4 的六个支撑样例中，难度最低的题目为试题 21，量尺难度为 625，以该问题为例，统计出在 4 个水平学生群体回答该问题的正确率与错误率如表 5 - 2 所示。从表 5 - 2 中可以看出，水平 4 学生群体的正确率为 73.6%，而水平 2 学生群体的正确率仅为 26.4%，这就说高水平的学生正确回答该问题的可能性大，而基础水平学生正确回答该问题的可能性低。从概率的角度看，该项目考查的知识与技能是高水平学生已经掌握的而基础水平学生没有掌握的，所以该项目的认知特征正反映了高水平学生的认知特征，问题 21 考查的内容是对表格数据分析与推理得出平台粉丝的增长数量。

表 5 - 2　学生在问题 21 上表现情况分布

学生应答情况	水平 0	水平 1	水平 2	水平 3	水平 4	总计
错误回答的学生数量	1095	3221	5373	2566	133	12388
错误回答学生百分比	99.5%	89.5%	75.6%	51.2%	26.4%	71.5%
正确回答的学生数量	5	377	1738	2447	371	4938
正确回答学生百分比	0.5%	10.5%	24.4%	48.8%	73.6%	28.5%

按照类似的分析模式，在对水平 4 的水平样例进行统计分析的同时提取每个试题涉及的认知技能，整个分析的过程如表 5 - 3 所示。这些项目都是 L 区测评项目中高水平学生能够以较大可能性正确完成，而基础水平学生只能以很低的可能性正确完成，这些项目考查的知识与技能正是高水平学生表现出来的认知特征。

表 5 - 3　L 区测评项目中高水平学生的认知特征提取过程

试题编号	试题描述	认知特征提取	水平 4 学生答对该项目的百分比	水平 2 学生答对该项目百分比
问题 21	对表格数据分析与推理得出平台粉丝的增长数量	数据分析与推理	73.6%	24.4%
问题 16	应用勾股定理和空间意识解决问题	应用勾股定理	81.7%	14.7%
问题 25	应用符号表示多个平面图形面积，	抽象出图形的面积公式	85.5%	9.4%
问题 14	设立变量，建立一元一次不等式组解决情境问题	建立不等式组模型	79.2%	12.3%
问题 33	根据正立与倒立图中给定条件，推测出瓶子的高度	建立几何模型求瓶子高度	87.3%	6.2%
问题 32	计算瓶中水的体积和瓶子的容积之比	建立几何模型	69.0%	2.9%

从表 5 - 3 可以看出，水平 4 学生能够以超过 2/3 的高概率正确回答水平 4 的样例组，而水平 2 学生却只能以小于 1/2 的低概率正确回答水平 4 的样例组。说明表 5 - 3 中提取的认知特征反映的是水平 4 学生以高可能性具备而水平 2 学生所不具备的，反映了水平 4 与水平 2 学生之间的差异。将水平 4 对应为高水平，水平 2 对应基础水平，这些认知特征正是高水平学生具备的而基础水平学生不具备的。

按照同样的方式，以子量表的表现标准为基础可对三个内容子量表的被试进行认知特征分析。在基于 MRM 模型的表现标准建构过程中，图形与几何子量表、数与代数子量表的表现标准包含了三个类别，因此将量尺分均值最高的类别对应为高水平，利用全量表的认知特征分析方法提取与内容子领域对应的认知特征。由于统计与概率子量表的表现标准只包含两个类别，因此不含高水平学生的认知特征分析。

表 5 - 4　图形与几何子量表中高水平学生的认知特征提取过程

试题编号及描述	认知特征提取	高水平学生正确回答该项目的条件概率	基础水平学生正确回答该项目的条件概率
8. 求组合立体图形的表面积	空间图形度量	0.777	0.239
15. 判断给定物体的截面简图是否为半圆并说明理由	几何证明	0.905	0.387
16. 应用勾股定理和空间意识解决问题	应用勾股定理	0.582	0.141
28. 用 4 种方式将俄罗斯方块中的基本图形组合成长方形	组合平面图形为复杂图形	0.726	0.321
31. 根据正立与倒立图，判断瓶内空气与水体积的大小	建立几何模型	0.796	0.269

从表 5 - 4 可以看出，由于在子量表的表现标准建构过程中，只有部分试题与部分被试参与其中，因此水平样例有所差异，但从提取的认知特征可以看出，表 5 - 4 提取的认知特征与表 5 - 3 提取的认知特征极为类似。从表 5 - 5 所示的数与代数子量表中高水平学生的认知特征提取过程同样可以看出此相似性，这也表明了虽然采用不同的表现标准建构方法，但基于表现标准的认知特征分析具有较高的一致性与可行性。

表5-5　数与代数子量表中高水平学生的认知特征提取过程

试题编号及描述	认知特征提取	高水平学生正确回答该项目的条件概率	基础水平学生正确回答该项目的条件概率
14. 建立一元一次不等式组解决情境问题	建立代数模型	0.574	0.183
24. 概括根据图示数字的规律，预测未知项数值	抽象与应用模式	0.812	0.485
25. 用符号表示多个平面图形面积	抽象代数表达式	0.761	0.231
33. 根据正立与倒立图中给定条件，推测出瓶子的高度	建立代数模型	0.692	0.064

（二）L区测评项目中基础水平学生的认知特征分析

利用对水平4的水平样例进行认知特征分析的思路与方法，对水平2的水平样例进行统计数据分析和认知特征分析，分析的结果如表5-6所示。

表5-6　L区测评项目中基础水平学生的认知特征提取过程

试题编号	试题描述	认知特征提取	水平2学生答对该项目百分比	水平1学生答对该项目百分比
问题2	分析条形图中相邻条形数据的增量并判断问题的正确性	能够阅读与使用数据图表	67.7%	47.0%
问题20	阅读表格数据，利用表格数据进行简单计算	能够阅读与使用数据图表	73.6%	25.1%
问题4	根据图示用分数或小数表示两个物体体积的关系	应用分数	76.1%	37.5%
问题18	根据两家快递公司的报价单，判断给定问题的正确性	比较两个快递方案	63.1%	26.5%
问题23	建立情境问题的最小公倍数模型	应用已有的模型解决简单问题	80.8%	18%
问题13	根据不同单位求数量	数量计算	77.0%	29.2%

从表5-6中可以看出，水平2学生能够以高概率正确回答水平2的水平样例，而水平1学生却只能以低概率正确回答水平2的水平样例。说明表5-4中提取的认知特征基础水平学生所具备，而处于基础水平以下的学生所不具备的，反映了水平2

与水平 1 学生之间的差异。

图形与几何子量表、数与代数子量表的表现标准包含了三个类别，选用第二类别作为基础类别，且两个第二类别潜在类别概率分别为 54.3% 与 51.7%，与 PISA、TIMSS 的基础水平学生分布比例相当。将量尺分均值最低的类别定义为低水平，采用与全量表基础水平认知分析同样的方法，提取与内容子领域对应的基础水平认知特征如表 5 – 7 与表 5 – 8 所示。

表 5 – 7　图形与几何子量表中基础水平学生的认知特征提取过程

试题编号及描述	认知特征提取	基础水平学生正确回答该项目的条件概率	低水平学生正确回答该项目的条件概率
7. 补充已叠起立体图形为一个完整的长方体	掌握图形的整体与部分	0.788	0.261
26. 根据起始与终止状态图形利用旋转与平移描述变换的过程	图形变换	0.747	0.340
27. 判断几种图形是否为轴对称图形	对称图形	0.889	0.132

从提取的认知特征可以看出，表 5 – 7 与表 5 – 8 提取的认知特征与表 5 – 6 提取的认知特征也同样极为类似，再次证实了基于表现标准进行认知特征分析的可行性。

表 5 – 8　数与代数子量表中基础水平学生的认知特征提取过程

试题编号及描述	认知特征提取	基础水平学生正确回答该项目的条件概率	低水平学生正确回答该项目的条件概率
4. 根据图示用分数或小数表示两个物体体积的关系	应用分数与小数	0.688	0.366
11. 应用黄金分割比例求总体中部分的长度	应用比例	0.676	0.080
12. 判断给定情境问题是否符合黄金分割	应用比例	0.529	0.090
13. 根据不同单位求数量	数量计算	0.877	0.375
17. 根据两种运输费用方案，选择一种并说明理由	比较两个运输方案	0.525	0.154

（续表）

试题编号及描述	认知特征提取	基础水平学生正确回答该项目的条件概率	低水平学生正确回答该项目的条件概率
18. 根据两家快递公司的报价单，判断给定问题的正确性	比较两个快递方案	0.709	0.390
19. 根据不同快递的价格表，判断哪种方案更划算，并给定理由	比较两个快递方案	0.606	0.124
23. 建立情境问题的最小公倍数模型	应用已有的模型解决简单问题	0.724	0.298
29. 判断几组数字是否满足填字游戏的运算规则	数量计算	0.537	0.379

（三）基于六种表现标准的学生数学认知特征分析

从 L 区测评项目表现标准的实践研究可得，通过表现标准的技术支持，以试题考查的知识与技能为中介，为学生的数学认知特征分析提供了一个新的研究路径。但相对于其他大规模测试项目来说，L 区测评项目仅为个案，且采用的是所有被试共同回答同一份试卷的模式，这就使得试题的覆盖度及代表性均有所欠缺，总结出的不同水平学生的认知特征也较为片面。为此，选用前文中用于比较分析的六个大规模学业成就测试项目建立的数学学科表现标准再次作为研究对象，通过对表现标准中水平描述语进行质性分析，提取不同水平描述语体现的共性认知特征形成结论，使得整个研究结论更具代表性和普遍性。从研究对象的分析可得，这六个数学学业表现标准所描述学生对象年龄基本相近，数学认知水平具有一定的共性。同时六个测试项目从地域上横跨世界东西方，包含了数学教育两个特点鲜明的阵营。从数学观角度分析，这些测试既包含了应用数学倾向又包含了基础数学倾向，如 PISA 的数学素养理念与 TIMSS 的数学课程理念。综上所述，这六个数学学业表现标准具有相对广泛的代表性，可以为 8~9 年级不同水平学生的认知特征分析提供坚实的基础。

但这六个表现标准中的水平数量和水平命名是不同的，详细情况如表 5-9 所示。从水平数量上看，最少的是：TSA 2 个，最多的则是：PISA 6 个，因此很难针对每个水平都进行研究。为了统一利用这些数学学科表现标准，仅选用每种表现标准的最高水平和基础水平的水平描述语作为研究对象，这与水平数量最少的 TSA 表现标准是相符的。在研究如何建立我国本土的学业质量标准时，乐毅指出我国幅员辽阔，地区、城乡和民族之间在客观上存在一定的差异，考虑到我国国情，建议采用

"最低标准＋较高标准"的水平分类模式，以适应我国教育发展区域不平衡的特点①。综合这两个原因，参考每个水平学生所占的百分比（高水平学生所占百分比的选用标准约为10%，而基础学生所占百分比的选用标准约为80%），提取六个表现标准中基础水平描述语和高水平描述语进行研究。

表5－9　六个研究对象的水平数量与水平命名

项目	PISA	TIMSS 八年级	NAEP 八年级	NAPLAN 九年级	TSA 中三	CAPFJHSS 初中三年级
水平数量	6	4	3	6	2	3
水平命名	水平 1 水平 2 水平 3 水平 4 水平 5 水平 6	国际低级基准 国际中级基准 国家高级基准 国家先进基准	基础 熟练 先进	水平 5 水平 6 水平 7 水平 8 水平 9 水平 10	基础 优秀	待加强 基础 精熟

　　本章通过对表现标准的水平描述语进行质性内容分析，提取六种高水平和基础水平描述语中体现的共性特征，既作为学生的数学认知特征，也可以为本土的表现标准制定提供描述视角。这些以大规模测试项目为依据总结的水平描述语，是具有高效度的决策结果：其一是具有很高的专家效度，这些标准都是由学科专家与测试开发人员通过严格的表现标准开发方法得出，由全世界、全国或全地区优秀的学科专家与学科测评专家经过为期数天的会议概括出的水平描述语；其二是具有很高的数据效度，这些表现标准建立在几十万甚至上百万的测试样本基础之上，六个大规模学业成就测试由六个不同的测试开发机构负责，遵循严格的测试规范与标准，测试数据也具备高信度和高效度的特点。

　　虽然不同的测试采用的评价框架与评价理念的不同，例如 PISA 的素养导向、TIMSS 的课程导向，背后隐藏着不同的数学观，但是这些测试项目的内容标准具有高度相似与重合性。在相似内容标准基础上提取出的共性认知特征，将更加具有普遍意义。为了提取这些共同特征，采用质性的内容分析方法，对每个表现标准的水平描述语进行编码，通过反复的比较和提取共同的编码，从而达到提取共同特征的目的，总结在这六种大规模数学学业水平测试中高水平与基础水平学生知道什么和能够做什么。

　　整个质性内容分析分两个阶段进行，第一阶段以句子单位为每个表现标准的水

① 乐毅．试论制定国家学业质量标准的若干基本问题 [J]．教育研究，2014，35（8）：40－51．

平描述语进行开放式编码，提取核心属性与事件。第二阶段寻找开放式编码的故事线，采用主轴编码的方法进行对比分析寻找六种水平描述语的共同特征。由于编码的目的不是提取最终理论，而是进行质性的内容分析，所以只采用两轮编码，而不是与扎根理论相同的三轮编码。据此步骤，对六个表现标准中高水平与基础水平的描述语进行编码，编码的详细过程可见附件。

由于不同的测试项目建构的数学评价框架不同，对内容领域的分类不同的，六个测试的分类情况如表5-10所示。其中内容领域类别最多的是CAPFJHSS的六个模块，最少的TSA的三个模块。为了进行统一分析，依据《义务教育数学课程标准（2011年版）》的内容分类标准：数与代数、统计与概率、图形与几何，这与以模块数量最少的TSA评价框架的内容标准分类是基本一致的，将其他测试项目的内容类别按此三个模块为标准进行合并，全都对应至这三个模块内容中。

表5-10 六个研究对象的数学内容领域划分

PISA（15周岁）	TIMS 八年级	NAEP 八年级	NAPLAN 九年级	TSA 中三	CAPFJHSS 初中三年级
变化与关系 空间与形状 数量 不确定性与数据	数 代数 几何 机会与数据	数的性质与运算 测量 几何 代数 数据、统计 与概率	数 空间 代数、函数和模式 测量、机会与数据 做数学	数与代数 度量、图形 与空间 数据处理	数与量 图形与几何 坐标几何 代数 函数 数据与不确定性

与分析整个数学领域内的高水平学生与基础水平学生的认知特征类似，我们以三个内容模块为单位，研究在各模块内高水平与基础水平学生的共性认知特征。但是由于NAEP与CAPFJHSS没有建立子领域的表现标准，NAPLAN只有每个领域的最低国家标准。所以在子领域内的高水平学生认知特征分析中，选用了PISA、TIMSS与TSA三个表现标准的水平描述语进行质性内容分析，在基础水平的认知特征分析中，选用了PISA、TSA与NAPLAN三个表现标准的水平描述语进行质性内容分析，提取这些表现标准的共性。内容子领域内的水平描述语编码过程同样可见附件。

1. 数学高水平学生的认知特征分析

由于在编码的过程中，只强调编码的概括性，没有强调编码的专业性和可读性，而按照本书的研究思路，提取不同表现水平学生的认知特征就是从分数解释的视角研究数学高水平学生知道什么和能够做什么。因此对于意义在于"知道什么"的编码，加上动词"掌握"进行完整描述；对于意义在于"能够做什么"的编码，加上能愿动词"能够"进行完整描述，整个描述内如表5－11所示。

表5－11 数学高水平学生的认知特征

领域	整个数学领域	数与代数领域	统计与概率	图形与几何
认知特征	能够建立模型 能够抽象概括 能够推理论证	能够识别与应用模式 能够进行符号计算与推理 能够处理变量与函数关系	能够进行数据分析和解释 能够进行数据组织和简化	能够进行几何建模及应用 掌握勾股定理及其应用 能够进行几何推理

由质性内容分析的结果（表5－11）可得，在整个数学领域内，8～9年级高水平学生的数学认知特征是能够建立模型、能够抽象概括与能够推理论证。史宁中教授在谈到什么思想是数学的基本思想时，提出了两个选择标准：一是数学产生与发展所依赖的思想，二是学过数学与没有学过数学的人的根本差异，并以此为依据提出了三个数学基本思想：抽象、推理与模型[1]。换一个角度来看，这正是学习过数学的学生所具有的三个重要特征，也是差异分析的体现。由于表现标准中高水平描述语阐述的是高水平学生知道什么和能够做什么，由质性内容分析总结出来的高水平学生三个的认知特征，与史宁中教授提出的数学基本思想并无实质性区别，基本相同。克鲁捷茨基通过研究好、中、差三类学生的能力差异并以此为基础建构学生的数学能力结构体系，史宁中研究学过数学与没有学过数学的学生根本差异，从而提出了三种数学基本思想，由此可见差异分析正是相关理论产生的重要途径。而从学业成就量尺的视角分析，高水平学生具备这些认知特征的可能性较大，而低水平学生具备这些认知特征的可能性较低，也正是这种差异研究的体现。这三个特征与喻平模型中的最高层次——知识创新[2]、张春莉模型中的最高层次——水平三——解决问题[3]、史亚娟模型中最高层次——逻辑思维能力与问题解决能力[4]等相关研究成果也都是相对应的，反映了学界对高水平学生数学认知特征的一种共识。

对于数与代数领域，通过质性的内容分析可得，高水平学生三个认知特征是：能够识别与应用模式、能够进行符号计算与推理、能够处理变量与函数关系。模式、符号、变量和函数是数与代数领域的核心概念，对这些核心概念的处理能力是划分学生代数能力水平的重要线索。鲍建生教授与周超博士在比较算术思维与代数思维的异同时，提出了代数思维的三个特征：代数思维是一种形式的符号操作，代数思

---

① 史宁中. 数学的基本思想 [J]. 数学通报, 2011, 50 (1)：1－9.
② 喻平. 数学核心素养评价的一个框架 [J]. 数学教育学报, 2017, 26 (2)：19－23, 59.
③ 张春莉. 小学生数学能力评价框架的建构 [J]. 教育学报, 2011 (5)：69－75.
④ 史亚娟, 华国栋. 中小学生数学能力的结构及其培养 [J]. 教育学报, 2008 (3)：36－40.

维是一种基于规则的推理，代数思维是一种数学建模活动①，这三个特征与本书在数与代数领域内通过质性内容分析提取的三个特征基本相同。且表 5 - 11 所示的三个特征与巩子坤模型中的最高水平——形式理解②、濮安山模型中最高阶段——符号阶段与综合阶段③、吴文静模型中的最高水平——代数推理与数学化④等多个数与代数领域内认知水平模型的描述特征是相对应的。

对于统计与概率领域，由于在初中学段中学生以统计图表、集中趋势、简单概率等内容为主，所以能够提取的特征与其他内容领域相比数量较少。从质性内容分析的结果可以看出，高水平学生的两个认知特征是：能够进行数据的组织和简化、能够进行数据分析和解释。史宁中教授在谈到中小学统计及其课程设计时，提出统计的基本思路是"根据所关心的问题寻求好的方法，对数据进行分析和判断，得到必要的信息去解释实际背景"。Jones 等认为学生的统计思维可以划分为四个水平：具体、过渡、数量与分析水平，分析水平代表着最高水平，能够进行数据组织、简化、解释和分析是初中学段统计与概率领域内高认知水平的特征⑤⑥。由此可见，两个特征与以上模型中描述特征也是相对应的。

对于图形与几何领域，通过质性的内容分析可得高水平学生三个数学认知特征是：能够进行几何建模及应用，掌握勾股定理及其应用，能够进行几何推理。除了与整个数学领域一致特征"能够建立数学模型"之外，其他两个编码与范希尔的理论也是相一致的。荷兰几何教育家范希尔出了学生几何思维的五个水平：视觉、分析、非形式的演绎、形式的演绎、严密性。而后，将五个水平合并成三个水平：直观水平、描述水平、理论水平⑦。所以勾股定理及其应用，几何推理等都属于高级水平——理论水平。这些特征还与 Duval 模型中的最高理解层次——论述性理解⑧、鲍建生模型中的操作最高水平——联系、几何思维最高水平——演绎和严密等级⑨、刘

①　鲍建生，周超. 数学学习的心理基础与过程 [M]. 上海：上海教育出版社，2009：328.

②　巩子坤. 有理数运算的理解水平及其教与学的策略研究 [D]. 重庆：西南大学，2006.

③　濮安山. 初中生函数概念发展研究 [D]. 长春：东北师范大学，2011.

④　吴文静. 八年级学生代数思维发展现状的评价研究 [D]. 西安：陕西师范大学，2017.

⑤　JONES G A, LANGRALL C W, THORNTON C A, et al. A framework for assessing and nurturing young children's thinking in probability [J]. Educational Studies in Mathematics, 1997, 32 (2)：101 - 125.

⑥　JONES G A, THORNTON C A, LANGRALL C W, et al. A framework for characterizing children's statistical thinking [J]. Mathematical Thinking and Learning, 2000, 2 (4)：269 - 307.

⑦　FUYS D, GEDDES D, TISCHLER R. The van Hiele model of thinking in geometry among adolescents [J]. Journal for Research in Mathematics Education, 1988 (3)：i + 1 - 196.

⑧　DUVAL R. Representation, vision and visualization：cognitive functions in mathematical thinking. Basic issues for learning [J]. Twenty-first Annual Meeting of the Annual Meeting of the North American Chapter of the International Group for the Psychology of Mathematics Education, 1999, 25 (1), 3 - 26.

⑨　鲍建生. 几何的教育价值与课程目标体系 [J]. 教育研究，2000 (4)：53 - 59.

晓玫模型中的最高层次——想象与推理分析阶段①、李红婷模型中的最高水平——形式逻辑水平②等多个模型描述的特征也是相对应的。

2. 数学高认知水平特征描述的支撑样例

水平样例是表现标准的重要组成部分，每个大规模的学业成就测试都释放了一定量的水平样例用以支撑水平描述语。按此思路，分别从 PISA、TIMSS 与 NAEP 中选用三个高水平样例如表 5 – 12、5 – 13、5 – 14 所示，说明高认知水平学生的三个重要特征在试题中是怎样体现的，学生能够解决这些问题，说明很大可能性具备了上述认知特征。

表 5 – 12　PISA 高水平支撑样例

旋转门问题

旋转门在寒冷和炎热的国家很常见，用来防止热量进入或流出建筑物。旋转门包括三个旋转门翼在圆形空间内，这个空间的内径是 2 米（200 厘米）。三个门翼将空间分成三个相等的区域，下面的平面图显示了从顶部看三个不同位置的门翼。

这三个问题与旋转门有关

问题 1：两个门翼形成的角度的度数是多少？角的大小是_____。

描述：计算圆扇形的圆心角。

内容：空间与形状；情境：科学；过程：应用；难度：512.3；难度等级：3 级。

问题 2：两个门的开口（图中的虚线）大小相同。如果这些开口太宽，旋转门翼就不能提供一个密封的空间，空气就会在入口和出口之间自由流动，造成不必要的热量损失或增加。如图所示，每扇门的最大弧长是多少厘米（厘米），这样空气就不会在入口和出口之间自由流动？最大弧长：_____厘米。

描述：解释现实生活中的一个几何模型，计算一个弧的长度。

内容：空间与形状；情境：科学；过程：应用；困难：840.3；难度等级：6 级。

问题 3：这扇门一分钟转四圈。每个门区最多可容纳两个人。30 分钟内最多能有多少人从门进入大楼？

A. 60　　　B. 180　　　C. 240　　　D. 720

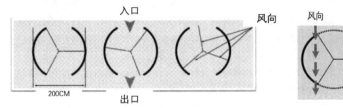

描述：识别信息并构建（隐式）定量模型来解决问题。

内容：数量；情境：科学；过程：建模；困难：561.3；难度等级：4 级。

---

① 刘晓玫. 构建促进学生空间观念发展的几何课程——基于小学生空间观念发展水平的研究 [J]. 课程·教材·教法，2008（10）：43 – 48.

② 李红婷. 7—9 年级学生几何推理能力发展及其教学研究 [D]. 重庆：西南大学，2007.

从 PISA 的支撑项目可以看出，对于旋转门题组中问题 2，需要将情境问题转化为几何问题，建立几何模型解决问题，还需要将空间问题平面化并进行推理阐释，这是 PISA 测试项目中难度最高试题的之一。问题 3 则是一道比例题，需要经历一个由时间—总次数—总人口机会—总人数的一个总体解决过程，因此解题的过程也是一个推理的过程。而问题 1 则相对简单，但是难度也处于中等水平，整体来说该题组属于难度较高的题组。

表 5 - 13　TIMSS 高水平支撑样例

Ahmed 在前 4 次测试中得分分别为：9，7，8，8，且考试的满分为 10 分。Ahmed 又考了一次，希望自己的平均成绩达到 9 分。Ahmed 可能做到吗？请解释你的答案。

对于 TIMSS 的国际先进基准的支撑样例，虽然涉及的是均值应用问题，但是需要学生对其解决问题的过程进行阐释，给定了数学模型并说明选定模型的理由，对于学生的认知要求较高。

表 5 - 14　NAEP 高水平支撑样例

一位教师调查了班级上的八位学生，为了寻找他们每个人养了多少宠物博伊德和珍妮分别将调查的结果表示为了两种形式：

博伊德采用饼图呈现了他的调查结果

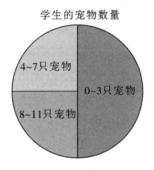

珍妮采用图形图呈现他的调查结果

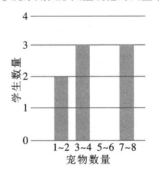

问题 1：基于饼图，哪一组数据符合调查结果？

A. 0，1，2，2，3，3，5，10；B. 0，1，2，3，5，6，9，11；C. 0，2，2，3，4，8，9，10；D. 1，1，1，1，4，4，8，8；E. 1，2，4，5，6，7，8，10

问题 2：基于博伊德的饼图与珍妮的条形图，调查的结果可能是什么？请在方框中填入每个学生应该拥有的宠物数量□□□□□□□□。

表 5 - 14　描述的项目是 NAEP 中精熟水平的支撑项目，也是 NAEP 中难度较高的项目之一。两个问题并不是简单地要求学生从条形图与饼图中读取数据，而是要结合两种图形对数据可能形式进行推理。

以上的三个题组中包含的试题都是位于各测试学业成就量尺顶端的项目，对于高认知水平的学生来说他们正确回答这些项目的概率高，而低认知水平的学生来说他们正确回答这些项目的概率低。因此，这些项目所考查的知识与技能也是高认知水平学生知道的与能够做的，也反映了高水平学生三个认知特征：能够建立模型、能够抽象概括、能够推理论证。

3. 数学基础水平的认知特征分析

表 5–15　数学基础水平学生的认知特征

领域	整个数学领域	数与代数领域	统计与概率	图形与几何
认知特征	掌握数与代数的运算 掌握图形的度量与变换 能够应用数学解决简单问题 能够阅读与使用数据图表	能够进行数值运算 能够进行数值估算 能够进行简单的代数式运算	能够计算应用均值与方差 能够阅读图表数据 能够计算简单随机事件发生的概率	能够解决图形度量问题 掌握变换与对称掌握图形的分类与性质

在整个数学领域，按照与高水平学生数学认知特征分析的方法，同样地将基础水平的描述内容编码转化为特征描述。基础水平学生的数学认知特征如表 5–15 所示，从这些六个表现标准的共同特征可以看出，与高水平学生的数学认知特征相比，基础水平的认知特征更加具体。青浦实验"新世纪行动"研究小组提出了学生认知水平包含了两个低层次：计算、概念，两个高层次：领会、分析[1]，表 5–15 所示数学领域内的四个共性特征基本围绕的是计算与概念两个主题，相比于高水平学生的认知特征来说处于较低的水平。威尔逊将学生的数学认知水平划分为四个水平：计算、领会、应用和分析，基础水平学生的四个数学认知特征也体现了计算与领会的特点[2]。史亚娟模型中基础层次：学生具有运算能力、空间想象能力与信息处理能力[3]，同样与基础水平学生的四个数学认知特征是相符的。值得一提的是，应用数学解决简单问题与建立数学模型相对应，说明六种表现标准都强调数学与现实情境问题之间的联系，数学应用与建模是不同水平学生都应该具有的一种能力，区别在于

① 刘丹，杨玉东，贺真真. 教学目标测量的分类学基础——青浦实验的新世纪行动之五 [J]. 上海教育科研，2007（11）：39–42.
② J. W. 威尔逊. 中学数学学习评价 [M]. 杨晓青，译上海：华东师范大学出版社. 1989.
③ 史亚娟，华国栋. 中小学生数学能力的结构及其培养 [J]. 教育学报，2008（3）：36–40.

解决问题的复杂程度。

具体到数与代数领域，基础水平学生的三个认知特征是：能够进行数值运算、能够进行数值估算、能够进行简单的代数式运算。从编码的过程可以发现，数值运算和估算，特别是由有理数的运算，小数与百分数的互化，分数的近似计算，带有根号无理数的近似等等都是8~9年级基础水平学生的所知所能。从基础水平到高水平，六种表现标准的共性描述遵循的是从算术思维到代数思维的一种层次递进。这三个认知特征与濮安山模型中基础阶段——运算阶段①、吴文静模型中基础水平——简单的符号操作与概念理解②等数与代数领域内多个认知模型中基础水平描述内容是相似的。

具体到统计与概率领域，基础水平学生的三个认知特征是：能够计算应用均值与方差；能够阅读图表数据；能够计算简单随机事件发生的概率。从编码的过程可以看出，均值的计算与应用是8~9年级概率与统计领域内贯穿六个表现标准的核心描述线索，包括集中趋势的计算与应用，都是作为一个8~9年级学生应该掌握的基础认知技能。与该领域内高水平相比，六种表现标准中基础水平强调的是数据的阅读与应用，而不是分析；强调的是掌握随机的概念，用列举等计算简单随机事件发生的概率，而不是抽象和复杂方法。皮亚杰认为14岁的儿童在概率与统计领域内应能够列举随机实验的所有结果，形成概率的概念，具备排列组合能力，具有比例的概念，可以用分数表示概率③。

具体到图形与几何领域，基础水平学生的三个认知特征是：能够解决图形度量问题，掌握变换与对称掌握图形的分类与性质。图形的计算度量问题、概念和变换等认知技能与范希尔几何思维水平相比，这些特征基本聚焦到两个较低的水平：直观水平——整体地认识几何对象，描述水平——通过几何对象性质认识几何对象④。六种表现标准均将长度、面积和体积等度量问题计算作为基础水平学生数学认知特征的主要描述线索之一，图形的变换、对称和概念等几何直观技能也是基础水平学生应该或者能够掌握的技能。这些特征与Duval模型中两个基础层次的特征描述相对应：知觉性理解，对图形整体外观，子图形的感知；序列性理解，在构图的过程中，图形的不同组件依次呈现。

从基础水平学生的数学认知特征分析可以看出，贯穿六个表现标准的故事描述

① 濮安山. 初中生函数概念发展研究 [D]. 长春：东北师范大学，2011.
② 吴文静. 八年级学生代数思维发展现状的评价研究 [D]. 西安：陕西师范大学，2017.
③ PIAGET J, INHELDER B. The origin of the idea of chance in children [M] New York：W. W. Norton. 1975.
④ FUYS D, GEDDES D, TISCHLER R. The van Hiele model of thinking in geometry among adolescents [J]. Journal for research in mathematics education，1988（3）：i+1-196.

线索主要是围绕已知数学认知模型中低层次水平进行描述的，与已有的数学认知理论较为符合，可以作为基础、合格水平表现标准的描述参考。

4. 数学基础认知水平特征描述的支撑项目

与高水平学生的数学认知特征分析类似，分别从 PISA、TIMSS 与 NAEP 中选用三个与基础水平支撑样例，如表 5 - 16、5 - 17、5 - 18 所示，说明基础认知水平学生的四个重要特征在试题中是怎样体现的。

表 5 - 16　TIMSS 基础水平支撑样例

以下哪个数字最接近 $\frac{3}{4}$？

A 0.34　　　　B 0.43　　　　C 0.74　　　　D 0.79

TIMSS 测试学生基于课程的数学知识，表 5 - 12 所示的国际中级基准的支撑试题考查的是较为基础的计算能力，需要将分数转化为小数，体现了其面向课程的试题设计理念。

表 5 - 17　PISA 基础水平支撑样例

图表问题

1 月，4U2Rock 乐队和 The Kicking Kangaroos 乐队同时出新唱片。今年 2 月，No One s' Darling 乐队和 Metalfolkies 乐队的唱片发行了。下面的图表显示了四支乐队从 1 月到 6 月的销售情况。

问题 1：The Metalfolkies 乐队 4 月份卖出了多少张唱片？

A. 250　　　　　B. 500　　　　　C. 1000　　　　　D. 1270

问题 2：哪个月，No One's Darling 乐队的唱片销量第一次超过了 The Kicking Kangaroos 乐队？

A. 不存在这样的乐队　　B. 三月　　　C. 四月　　　　　D. 五月

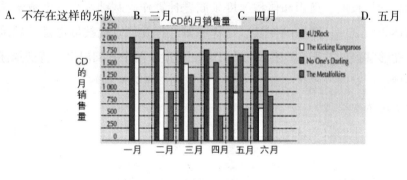

表 5 - 17 所示的是 PISA 水平 2 的支撑样例，该题组涉及条形图数据的阅读，与高水平的支撑样例相比，并不涉及数据的推理与解释。

表 5 – 18　NAEP 基础水平支撑样例

梅利莎为了买一件毛衣准备开始了一个六个星期的存钱计划，第一个星期存了 2.5 美元，第二星期开始每个星期比前一个星期多存 1.25 美元。按照此计划，在下面表格中填入梅利莎每个星期存钱数量。

1	2	3	4	5	6
2.5 美元					

表 5 – 18 所示的是 NAEP 基础水平的支撑样例项目，学生需要掌握等差数列的模式，根据该模式补充完整模式中剩余的项，是一个简单的模式应用问题。这些支撑项目处于每个测试学业量尺的数学学业量尺中下部，对于基础水平的学生来说都具有较高的概率完成这些项目。从这些例子中可以看出，基础水平的四个特征在六种表现标准中是具有一定共识的。与基础水平的几个认知特征：掌握数与代数的运算、掌握图形的度量与变换、能够应用数学解决简单问题、能够阅读与使用数据图表是相符的。

三、基于 L 区测评项目表现标准的学生数学认知诊断特征研究

从以上分析可以看出，从六个表现标准中提取的高水平学生与基础水平学生的认知特征与 L 区测评项目表现标准所体现认知特征是类似的，说明了 L 区测评项目虽然只包含较少的试题，但涉及的数学内容与数学认知能力与这些大规模测试项目是类似的。因此，在本章的第三部分，将继续以 L 区测评项目为例，从认知诊断的视角研究不同水平学生表现出的认知特征。

在表现标准的建构过程中将学生与试题划分为不同水平，但是在认知特征的提取过程中我们还是采用质性的方法总结各个水平学生的认知特征，但是质的研究方法在研究过程中主观性较强、缺乏严谨性，研究结论难以重复验证。由于本书着眼于在计算教育学的视角下开展相关研究，因此尝试利用量化的研究方法提取学生在各水平中表现出来的认知特征，设计相关算法。在利用质性的研究方法提取认知特征时，先需要确定水平样例，然后分析水平样例考查的知识与技能并总结特征。然而我们是否可以先确定每个试题考查的知识与技能，然后再评价学生在考查学生在这些知识与技能上的表现呢？在认知诊断模型（CDMs）中，对于试题所需要的知识、技能与过程（KSPs）统称为属性，认知诊断模型提供了度量学生在这些属性上

表现的计量模型。因此，先划分出学生的表现水平，再利用认知诊断模型度量不同水平学生在各属性上的表现，这样就更加有利于进行认知特征的自动提取。

Skaggs 首先将认知诊断模型引入到表现标准的建构过程中，以此为基础提出了新的标准设定方法——DP 法①。在 DP 方法中，由评委判断学生掌握哪些属性模式才能达到精熟水平，并且采用 C-RUM 作为认知诊断模型度量学生在不同属性模式上的掌握情况。利用 TIMSS 2003 释放的八年级数学科目测试题与测试数据，DP 方法取得了较好的研究效果。而后，Skaggs 等还将该方法推广至以考生为中心的标准设定过程中②。与 Skaggs 等的研究类似，辛涛等将认知诊断与学习进阶之路相结合，结合学习进阶之路涉及的属性数量及属性水平划定学生的表现水平③。由此可见，认知诊断模型可以从量的视角为基于表现标准的认知分析带来更加科学的证据。

基于认知诊断模型的标准制定方法有助于明确描述达到一定标准所需的技能，但是需要评委在标准设定之前确定每个水平需要掌握哪些属性，是一种演绎的方法。而在基于统计方法的表现标准建构过程中，我们已将学生划分为不同水平，紧接着的任务是将研究每个水平的学生在不同属性上表现如何，同一水平间的考生在哪些属性上表现出了共性特征，不同水平学生在哪些属性上表现出差异特征，利用认知诊断模型可以从量的角度描述学生在各属性上的表现，以此来替代质的描述方法。本章从量化诊断的辅助视角，对 L 区测评项目中四个水平学生进行群体诊断，以发现不同水平学生的认知缺陷特征，与表现标准的正面描述形成对比，本章的研究为 L 区测评项目的数学学科表现标准提供"不知道什么与不能做什么"的反面描述视角，以此为学生提高认知水平设计合适的学习路径。

（一）认知诊断模型的选择

L 区测评项目是一个类 PISA 的测试，采用 PISA 的评价框架④，但与 PISA 不同的是：PISA 采用的是矩阵抽样和题册设计，并采用似真值的方法估计学生的能力。PISA、TIMSS 与 NAEP 等采用平衡不完全矩阵取样设计（BIB），将所有的测试题目

① SKAGGS G, HEIN S F, WILKINS J L M. Diagnostic profiles: A standard setting method for use with a cognitive diagnostic model [J]. Journal of educational measurement, 2016, 53 (4): 448-458.

② SKAGGS G, HEIN S F, WILKINS J L M. Using diagnostic profiles to describe borderline performance in standard setting [J]. Educational measurement: Issues and practice, 2020, 39 (1): 45-51.

③ 辛涛，乐美玲，郭艳芳，等. 学业质量标准的建立途径：基于认知诊断的学习进阶方法 [J]. 教育学报，2015 (5): 72-79.

④ 胡典顺，雷沛瑶，刘婷. 数学核心素养的测评：基于 PISA 测评框架与试题设计的视角 [J]. 教育测量与评价，2018 (10): 40-46+64.

分成不同试题模块，再由部分试题模块组合题册，题册之间通过试题模块进行链接，每个学生只回答一个题册。通过这种设计，平衡了测试内容广泛性与学生考试时间有限性的矛盾，既保证尽量涵盖测试数学内容领域，同时又不给学生个人带来太多负担。但由于不同学生回答的不同试卷，和采用似真值的方法，PISA 测试追求的是群体的精确性而不是个体的精确性，反而不利于对于被试的诊断。L 区测评项目则是采用所有学生作答同一张卷子的方法，通过专家分析和细目表等保证测试的内容效度，这样就可以利用 PISA 的能力框架对学生进行认知诊断，分析不同水平学生的认知特征。

1. PISA 的基本能力模型

PISA 的数学素养定义由一组基本数学能力作为支撑，在最初 OCED 公布的评价框架中采用的是 KOM 项目八种数学能力，八种能力在预测项目难度上的作用存在重叠与重复，从 PISA 2015 开始的将八种能力压缩为七种基本能力，分别为交流、设计问题解决策略、数学化、表征、符号与形式化、推理与论证、使用数学工具。由于使用数学工具这一项基本能力主要是涉及基于计算机的数学素养测试，在纸笔测试中，每个测试项目最多只涉及前六种基本能力。PISA 对每种能力进行详细的定义，确定了的概念内涵与外延，尽量避免能力成分之间的交叉。在预测项目难度时，将每个能力划分四个等级：水平 0 ～水平 3，水平 0 通常代表没有涉及相应的能力，水平 3 代表对相应的能力要求很高。试题开发人员依据每个题目涉及能力程度的高低，以进行试题难度的先验性估计，更好设计整个试题的分布。

表 5 – 19　PISA 的基本能力模型及其定义①

因子编号	对应能力	能力定义
Factor1	交流	阅读、解码和解释对应的陈述、问题、任务或对象，使个人能够形成情境的心理模型，这是理解问题和解决问题的重要步骤。在解决过程中，需要总结和介绍中间过程及结果。一旦找到解决方案，问题解决者还需要向其他人呈现解决方案，并给出相应的解释或理由
Factor2	设计问题策略	包含一套关键的控制过程，指导个人有效地认识、制定和解决问题。该技能的特点是设计一个计划或策略，使用数学来解决任务或情境问题，并监控实施的过程

①　OECD. PISA 2012 assessment and analytical framework：mathematics, reading, science, problem solving and financial literacy［EB/OL］（2014 – 2 – 11）［2019 – 10 – 30］. http：//dx. doi. prg/10. 1787/9789264190511 – en.

（续表）

因子编号	对应能力	能力定义
Factor3	数学化	将情境问题转化为严格的数学形式（包括构造、概念化、做出适当假设，或形成一个数学模型），解释与评估情境问题的数学结果与数学模型
Factor4	表征	选择、解释、转换和翻译问题中给定的数学表征，以及使用各种表征描述问题情境或者展示一个人的工作。数学表征对象包括图形、表格、图表、图片、方程、公式和具体材料
Factor5	符号与形式化	在情境中理解、解释、操作和使用符号表达式（包含算术表达式和运算）。理解和使用由定义、规则、系统组成的数学结构，以及这些结构的使用算法。根据特定的数学内容知识选择合适符号、规则和系统，并形式化、解决或解释数学问题
Factor6	推理论证	这种能力表示基于逻辑思维进行推理。通过思维过程连接问题的组成元素并形成推断，分析推断的合理性，为问题的陈述或解决方案提供恰当的理由

2. 多维项目反应理论模型

为了给学生提供多维度的评价信息，经典测量理论和单维项目反应理论（UIRT）往往采用项目间多维的设计方法，即将整个测试分成多个子量表，每个子量表测量一个维度，且子量表中的多个项目测量同一维度，子量表得分与维度分对应①。这种项目间多维的设计方法却给数学素养测量带来很大的麻烦：因为每个维度都需要一定数量的测试项目会导致整个测试项目数量的剧增②；同时人为减少测试项目考查的能力维度，势必降低试题的难度与区分度，很难达到测试的预想目的，且与数学素养测试的传统命题方式不符。因为在传统数学素养测试中，往往采用的是项目内多维（within - item multidimensional model）的设计方法，例如一道几何题通常既考查学生的直观想象素养，又考查学生的逻辑推理素养，数学测试任务往往需要被试的多种数学素养共同协作完成，并随着学段的上升更加明显。但对于这种项目内多维的数学素养测试，怎样从被试的表现信息中分离出被试在各维度上的得分（维度分），是数学素养测量的一个难点。

多维项目反应理论（Multidimensional Item Response Theory，MIRT）的迅速发展

---

① 康春花，辛涛. 测验理论的新发展：多维项目反应理论［J］. 心理科学进展，2010，18（3）：530 - 536.

② 涂冬波，蔡艳，戴海琦，等. 多维项目反应理论：参数估计及其在心理测验中的应用［J］. 心理学报，2011，43（11）：1329 - 1340.

为问题解决提供了一条新的路径。随着心理、统计与计算机学科的发展，项目反应理论已取代经典测量理论成为现代教育与心理测量的核心理论，MIRT 又是项目反应理论发展的三大方向之一①。MIRT 建立在 UIRT 和因子分析的基础上，兼具两者的优点，已在测试结构分析，项目功能差异，基于多维能力的诊断等方面有着广泛的应用。MIRT 克服了 UIRT 只能提供给被试一个能力值的缺点，可提供给被试在多个维度上的表现信息，这与数学核心素养导向的课程改革理念是一致的，新的课程目标需要新的评价方式来与之匹配。MIRT 有着非常严格的数理证明，还提供更加丰富的项目分析手段和被试多维能力表现信息，可以更加全面客观地测量被试的数学素养。MIRT 在学生数学素养测评中的应用已有一定的研究成果，这些研究已从理论与数据两个方面证实了学生的数学素养不仅是理论上的多维，还是数据上的多维②③。国内方面，许志勇等将 MIRT 应用到高考数学试卷分析中，证实了 MIRT 模型比 UIRT 模型的拟合度更好④；王娅婷将 MIRT 应用到小学生的数学素养诊断中⑤。

项目反应理论模型使用概率函数来描述被试的能力参数 θ 与项目正确反应概率之间的关系，目前使用最为广泛的 UIRT 模型是三参数（3PL）逻辑斯特模型和 Samejima 的等级评分模型⑥。为了应对多维测量的需要，综合比较多种 UIRT 模型之后，Reckase MD 选择将了 Birnbaum 的单维三参数模型拓展为多维三参数模型⑦：

$$P\left(x_{i,j}=1 \mid \boldsymbol{\theta}_i, \boldsymbol{a}_j, c_j\right) = \gamma_j + \frac{(1-\gamma_j)}{1+\exp\left[-D\left(\boldsymbol{a}_j^{\mathrm{T}}\boldsymbol{\theta}_i+d_j\right)\right]} \qquad (5-1)$$

式（5-1）表示第 i 个被试答对第 j 个项目的概率，其中

$\boldsymbol{\theta}_i = (\theta_{i,1}, \theta_{i,2}, \cdots, \theta_{i,m})$ 代表第 i 个被试的能力向量，该向量为 m 维。

$\boldsymbol{a}_j = (a_{j,1}, a_{j,2}, \cdots a_{j,m})$ 代表第 j 个项目的区分度向量，该向量为 m 维。

d_j 为与项目难度相关的参数，但与 UIRT 的难度参数不同，需要进行一个类似标准化的变换转化成 UIRT 中的难度参数；γ_j 为项目的下渐近参数，通常也称猜测参数；D 为模型调整常数，当 D 取 1.702 时，3PL 模型可以在较高精度下近似代替更

① 辛涛. 项目反应理论研究的新进展［J］. 中国考试，2005（7）：18-21.

② ACKERMAN T A, GIERL M J, WALKER C M. Using multidimensional item response theory to evaluate educational and psychological tests［J］. Educational Measurement and Practice, 2003, 22（3）：37-51.

③ WALKER C M, BERETVAS S N. Comparing multidimensional and unidimensional proficiency classifications：Multidimensional IRT as a diagnostic aid［J］. Journal of Educational Measurement, 2003, 40（3），255-275.

④ 许志勇，丁树良，钟君. 高考数学试卷多维项目反应理论的分析及应用［J］. 心理学探新，2013，33（5）：438-443.

⑤ 王娅婷. 多维项目反应理论在小学生数学素养诊断中的应用［D］. 成都：四川师范大学. 2017.

⑥ SAMEJIMA F. Estimation of latent ability using a response pattern of graded scores［J］. Psychometrika, 1969, 35（1）：1-97.

⑦ RECKASE M D. Multidimensional item response theory［M］. New York：Springer-Verlag, 2009.

具理论意义的累计正态分布模型。值得注意的是，能力向量与项目区分度向量与被试的能力维度相关，是向量，但是与项目难度相关的参数和猜测系数只与项目相关，只是标量。

3PL 模型针对的是二分类计分项目，即 $x_{ij}=1$ 代表答对该项目，$x_{ij}=0$ 代表答错该项目。在数学素养测试中，客观题通常采用二分类计分法，但对于主观题若仅采用 0－1 计分就会丢失大量的被试应答信息，产生较大的评价误差。为了克服这一缺陷，Samejima 提出了等级评分模型。设测试项目 j 划分为 C_j 个等级，每个等级与项目难度相关的参数分别为 $d_j = (d_{j,1}, d_{j,2}, \cdots, d_{j,(C_j-1)})$，其他参数意义与 3PL 模型相同，则项目 j 的边际概率函数为

$$P(x_{ij} \geq 0 \mid \boldsymbol{\theta}_i, \boldsymbol{a}_j, \boldsymbol{\gamma}_j) = 1$$

$$P(x_{ij} \geq k \mid \boldsymbol{\theta}_i, \boldsymbol{a}_j, \boldsymbol{\gamma}_j) = \gamma_j + \frac{(1-\gamma_j)}{1 + \exp[-D(\boldsymbol{a}_j^{\mathrm{T}}\boldsymbol{\theta}_i + d_{j,k})]}, \quad k = 1, 2, \cdots, C_j - 1$$

$$P(x_{ij} \geq C_j \mid \boldsymbol{\theta}_i, \boldsymbol{a}_j, \boldsymbol{\gamma}_j) = 0$$

所以，被试得分 $x_{ij} = k$，$k = 1, 2, \cdots, C_j - 1$ 的概率

$$P(x_{ij} = k \mid \boldsymbol{\theta}_i, \boldsymbol{a}_j, \boldsymbol{\gamma}_j) = P(x_{ij} \geq k \mid \boldsymbol{\theta}_i, \boldsymbol{a}_j, \boldsymbol{\gamma}_j) - P(x_{ij} \geq k+1 \mid \boldsymbol{\theta}_i, \boldsymbol{a}_j, \boldsymbol{\gamma}_j)$$

$$(5-2)$$

由于项目的猜测度参数 γ_j 估计不稳定，在使用时，通常令 $\gamma_j = 0$，将 3PL 模型转化为 2PL 模型进行参数估计。

3. $\boldsymbol{Q}$ 矩阵确定

在试题的编制过程中，L 区教研室的教研专家与项目组成员对每个题目涉及基本能力进行了反复的论证和标定。项目与基本能力的关系采用类似测试 $\boldsymbol{Q}$ 矩阵的形式在表 5－20 中表示。测试 $\boldsymbol{Q}$ 矩阵采用 0－1 矩阵表示即可，1 表示该项目考查了某基本技能，0 代表未考查某基本技能。如项目 1 考查了基本技能 Factor1、Factor4 和 Factor6，项目 2 考查了基本技能 Factor1、Factor2、Factor4 和 Factor5。

表 5－20　L 区测评项目测试 $\boldsymbol{Q}$ 矩阵

题号	交流	设计问题策略	数学化	表征	符号与形式化	推理与论证
item1	1	0	0	1	0	1
item2	1	1	0	1	1	0
item3	0	0	0	0	0	1
item4	1	0	0	0	0	0
item5	1	1	1	0	1	1

（续表）

题号	交流	设计问题策略	数学化	表征	符号与形式化	推理与论证
item6	1	1	0	1	0	0
item7	1	1	0	1	0	0
item8	0	1	0	1	1	0
item9	1	0	0	1	0	0
item10	1	1	1	0	1	1
item11	1	0	1	0	1	0
item12	1	1	1	0	1	0
item13	1	0	1	0	1	0
item14	1	1	1	0	1	1
item15	0	1	1	1	0	1
item16	1	1	1	1	0	0
item17	1	1	1	0	1	0
item18	1	0	1	1	0	0
item19	1	1	0	0	0	1
item20	1	0	0	0	1	0
item21	1	1	0	0	1	0
item22	1	1	0	1	0	0
item23	1	1	1	0	1	1
item24	1	1	1	0	0	1
item25	1	1	0	1	1	0
item26	1	0	0	1	0	1
item27	0	0	0	1	0	1
item28	1	1	0	1	0	0
item29	1	0	0	0	1	1
item30	1	1	1	0	1	1
item31	1	1	1	1	0	1
item32	1	1	1	1	1	0
item33	1	1	1	1	0	0

L 区测评项目测试卷包含三种题型：单项选择题、封闭式问答题和开放性问答题，共 33 个测试项目，各种项目的分布情况如表 5-21 所示。

表 5-21　L 区测评项目试题类型分布表

项目类型	项目编号
单项选择题	1、3、6、18、20、23、26、31
封闭式问答题	2、4、7、8、9、13、21、24、27、29、32
开放性问答题	5、10、11、12、14、15、16、17、19、22、25、28、30、33

（三）模型估计与结果分析

整个数据处理过程如下：确定测试 Q 矩阵—确定项目反应模型—MIRT 模型拟合—计算项目参数—计算被试得分。前文中，我们已经确定了测试 Q 矩阵，接下来需要确定项目模型。

与单参数 Rasch 模型的只采用二分类计分模式不同，在 MIRT 模型的估计中，我们针对不同类型的试题采用不同的等级计分模式。对于八个单项选择题项目 1、3、6、18、20、23、26、31，采用两级 "0-1" 计分，采用二参数逻辑斯特模型（2PL），其余项目均采用等级计分，采用等级反应模型（GRM）。由于各项目的预设难度不同和答案编码的特点，等级数量也不同。其中项目 2、8、9、15、18、21 采用三等级计分，项目 5、10、17、27、28 采用四等级计分，项目 11、12、14、16、22、25、29、30、33 采用五等级计分，两、三、四、五级项目分别拥有一、二、三、四个与难度相关的参数。采用多级计分模式的数据将携带更多的数据信息，从而支撑整个 MIRT 模型的估计。紧接着采用 MH-RM algorithm 算法进行 MIRT 模型拟合，预设每个项目的区分度参数服从均值为 0、方差为 0.5 的对数正态分布，33 个项目的区分度参数与难度参数估计结果如表 5-19 所示。采用 EAP 算法和 QMC 算法估计被试在六个维度上的因子得分。

1. 资料-模型拟合

首先，进行项目拟合度分析。MIRT 程序包中的 itemfit 函数提供了多种项目拟合度检验统计量刻画项目拟合度，如 S-X² 统计量，PV-Q1 统计量等[①]。但由于本测试的样本量较大，采用卡方检验时 P 值随着样本量的增大而显著变小，采用 P 值判断项目拟合程度已不合适，故仅以 RMSEA（root mean-square error of approximation）为

---

① CHALMERS R P. Mirt：A multidimensional item response theory package for the R environment [J]. Journal of statistical software，2012，48（6）：1-29.

评价标准。itemfit 函数计算出的 33 个项目 RMSEA 值如表 4 所示，其中最大的项目 RMSEA 值为 0.018，远小于一般标准 0.08，所以每个项目具有较高的拟合度。项目拟合度表明，每个项目对应的基本能力与数据是相吻合的。

其次，进行模型拟合度分析。由于本次 MIRT 数学素养测试采用的是验证性 MIRT 模型，所以采用验证性因子分析模型的各项拟合指标评价模型的拟合度。主要指标及标准如下：CFI 和 TLI 均大于 0.9，RMSEA 和 SRMSR 均小于 0.08[①]。

表 5 -22 模型拟合度指标

RMSEA	RMSEA_5	RMSEA_95	SRMSR	TLI	CFI
0.03687	0.0361	0.0375	0.076	0.971	0.979

从表 5 -22 各项模型的拟合值可以看出，该模型较好拟合了数据，说明测试 Q 矩阵设定是合理可行的，可以利用该模型进行进一步分析。

2. 项目参数估计

项目参数估计的结果如表 5 -23 所示，每个项目具有六个区分度参数：$a1$、$a2$、$a3$、$a4$、$a5$、$a6$，没有测量到的维度区分度参数等于 0；等级模型项目与难度相关的参数为 $d1$、$d2$、$d3$、$d4$，但等级数目不同难度参数的数量也不同。一般情形下，项目区分度的合理取值范围为 [0，3]，难度参数的合理取值范围为 [-3，3][②]。

表 5 -23 各项目的 MIRT 参数估计值

题号	$a1$	$a2$	$a3$	$a4$	$a5$	$a6$	$d1$	$d2$	$d3$	$d4$
item1	0.56	—	—	0.38	—	0.16	2.48		—	—
item2	0.60	0.15	—	0.39	0.15	—	2.11	0.71	—	—
item3	1.37	—	—	0.63	—	0.16	3.18		—	—
item4	0.81	0.21	0.31	0.43	0.17	—	0.28			—
item5	1.02	0.25	0.20	0.55	0.34	—	1.96	1.96	1.47	—
item6	1.06	—	0.00	1.00	—	—	3.86			—
item7	0.80	—	0.38	0.56	—	—	1.43			—
item8	0.82	0.43	0.44	0.74	0.21	—	-0.77	-1.01		—
item9	1.00	—	—	0.66	0.46	—	1.82	1.49		—
item10	0.51	0.10	0.11	0.41	0.34	—	2.20	0.62	-0.66	—

---

① 温忠麟，侯杰泰，马什赫伯特. 结构方程模型检验：拟合指数与卡方准则 [J]. 心理学报，2004 (2)：186 -194.
② 罗照盛. 项目反应理论基础 [M]. 北京：北京师范大学出版社，2012.

（续表）

题号	a1	a2	a3	a4	a5	a6	d1	d2	d3	d4
item11	1.00	—	1.58	0.84	1.45	—	0.17	0.00	−0.11	−1.53
item12	0.98	0.63	1.45	—	1.28	—	0.36	−0.48	−0.58	−1.74
item13	1.70	—	0.61	—	0.89	—	1.35	—	—	—
item14	1.07	0.55	0.52	0.39	0.72	0.08	−0.72	−1.63	−2.07	−2.47
item15	—	2.11	—	1.82	—	0.11	0.57	−0.30	—	—
item16	0.88	1.20	0.51	0.88	0.84	—	−0.64	−2.01	−2.04	−3.39
item17	0.94	1.02	0.19	0.00	0.94	—	0.62	−0.04	−0.19	—
item18	0.55	—	—	0.40	0.82	—	3.16	0.55	—	—
item19	0.64	0.21	0.46	0.86	—	—	0.86	0.24	0.00	−0.41
item20	1.03	—	—	0.83	0.74	—	1.22	—	—	—
item21	0.65	0.12	—	0.55	0.47	—	−0.89	−1.10	—	—
item22	0.68	0.19	—	0.67	0.48	—	2.03	1.50	1.44	−1.31
item23	1.21	0.51	0.43	—	0.44	—	0.82	—	—	—
item24	0.77	0.21	0.19	0.59	0.25	0.17	−0.12	—	—	—
item25	1.16	0.94	0.85	0.97	0.51	—	−1.74	−2.20	−2.27	−2.31
item26	0.69	—	—	0.87	—	0.29	1.24	—	—	—
item27	—	—	—	1.73	—	0.41	2.29	2.16	1.36	—
item28	0.86	0.47	0.39	0.77	—	—	−0.59	−0.82	−2.59	—
item29	0.44	—	0.28	0.22	0.35	1.31	1.92	1.92	0.10	−1.89
item30	1.88	0.87	1.26	—	0.91	3.10	−6.12	−7.11	−7.46	−9.54
item31	0.33	0.36	0.64	0.46	0.06	0.65	−0.43	—	—	—
item32	0.73	0.82	1.42	0.85	0.14	—	−3.76	—	—	—
item33	0.58	0.87	1.40	0.88	0.11	0.83	−2.76	−2.76	−3.05	−3.13

从表 5−23 可以看出，33 个项目区分度参数均处于合理区间范围，没有出现异常值。由于 d1 ~ d4 还不是难度参数，需要进行换算才能判断其正常情况，换算公式与计算结果随后给出。

为了更直观地分析项目质量，采用多维区分度指标 MDISC 评价项目的整体区分度，MDSIC 值的计算公式如下

$$\text{MDSIC}_j = \sqrt{\sum_{k=1}^{K}\left(a_{j,k}\right)^2}$$

MDSIC 值是采用极坐标中向量模长的度量方法评价项目质量，项目的 MDSIC 值越高，相应的多维区分度越高，但并不代表在每个项目上的区分度都高。反过来，

若项目在某个特质维度上的区分度较高，其整体区分度也较高。所以在分析每个项目的质量时，需要采用 MDSIC 值和 $a_{j,k}$ 值相结合进行综合分析。

计算出项目的多维区分度参数后，还可以根据项目的 MDSIC 值将 MIRT 中与难度相关的参数 $d_{j,k}$ 转化为 UIRT 中的难度参数 $\text{MDIFF}_{j,k}$，进而采用多维难度系数 MDIFF（multidimensional difficulty）评价项目的难度，转换公式如下

$$\text{MDIFF}_{j,k} = -\frac{d_{j,k}}{\text{MDSIC}_j}$$

MDIFF 值与 UIRT 中的难度参数含义相同，值越高代表项目的难度越大。33 个项目的 MDSIC 值和 MDIFF 值的计算结果如表 5 - 24 所示。从项目的 MDIFF 值可以看出，33 个项目中 32 个项目的难度分布均处于合理建议区间［- 3，3］。只有第一个项目为难度参数值为 - 3.5 超出建议区间，特意将第一个项目设置为较容易的项目更有利于平复学生的心态，从而得到更加真实作答数据。

表 5 - 24　各项目参数及拟合度指标

题号	MDIFF1	MDIFF2	MDIFF3	MDIFF4	RMSEA	MDSIC
item1	- 3.571	—	—	—	0.009	0.69
item2	- 2.854	- 0.956	—	—	0.008	0.74
item3	- 2.103	—	—	—	0.007	1.51
item4	- 0.282	—	—	—	0.005	1.00
item5	- 1.575	- 1.574	- 1.182	—	0.010	1.25
item6	- 2.658	—	—	—	0.007	1.45
item7	- 1.373	—	—	—	0.005	1.04
item8	0.595	0.781	—	—	0.005	1.28
item9	- 1.422	- 1.164	—	—	0.009	1.28
item10	- 2.934	- 0.823	0.874	—	0.012	0.75
item11	- 0.069	0.001	0.044	0.608	0.009	2.51
item12	- 0.161	0.212	0.258	0.772	0.017	2.26
item13	- 0.670	—	—	—	0.008	2.01
item14	0.467	1.054	1.339	1.594	0.011	1.55
item15	- 0.206	0.108	—	—	0.021	2.78
item16	0.324	1.011	1.028	1.706	0.008	1.98
item17	- 0.367	0.023	0.114	—	0.010	1.68
item18	- 2.969	- 0.520	—	—	0.007	1.06
item19	- 0.727	- 0.205	- 0.004	0.346	0.016	1.18

（续表）

题号	MDIFF1	MDIFF2	MDIFF3	MDIFF4	RMSEA	MDSIC
item20	− 0.800	—			0.005	1.52
item21	0.906	1.128	—		0.008	0.97
item22	− 1.873	− 1.380	− 1.324	1.206	0.011	1.08
item23	− 0.569	—			0.006	1.44
item24	0.111	—			0.006	1.05
item25	0.851	1.077	1.114	1.132	0.008	2.03
item26	− 1.084	—			0.000	1.14
item27	− 1.290	− 1.220	− 0.764		0.015	1.77
item28	0.449	0.622	1.974	—	0.000	1.31
item29	− 1.307	− 1.306	− 0.067	1.288	0.014	1.46
item30	1.516	1.760	1.848	2.364	0.008	4.03
item31	0.378	—			0.015	1.13
item32	1.889	—			0.012	1.98
item33	1.293	1.294	1.429	1.470	0.008	2.13

3. 能力维度分估计

利用 MIRT 程序包中的因子得分函数，可以计算被试在各能力维度分，得到被试在每个维度上的表现信息。紧接着，对维度分进行统计描述，结果如表 5 – 25 所示。从表 5 – 25 看出，被试在 6 个维度分均值区间为 [− 0.0028，0.0048]，方差区间为 [0.65449，0.78002]。被试的维度分近似服从均值接近 0 的正态分布。

表 5 – 25　各能力维度的描述统计

因子	最小值（M）	最大值（X）	平均值（E）	标准偏差
Factor1	− 3.23	2.48	− 0.0007	0.78002
Factor2	− 1.82	2.24	− 0.0005	0.69352
Factor3	− 1.84	2.49	0.0048	0.66170
Factor4	− 2.38	2.01	0.0024	0.75715
Factor5	− 2.16	2.61	0.0038	0.65449
Factor6	− 1.67	2.62	− 0.0028	0.67581

为了研究各能力维度之间的关系，计算出 6 个能力维度的两两相关系数矩阵如表 6 – 26 所示。从表 5 – 26 可以看出，两两相关系数最高的是 Factor1 与 Factor4 的 0.545，最低的是 Factor5 与 Factor6 的 0.000，各能力维度的两两相关系数除了最高的系数 0.545 以外，其余均小于 0.4，所以均属于中低相关，这说明各能力之间具有一定的独立性，任何一个能力都无法取代其他能力，与研究事实是相符的。若两两相关系数较高，说明两种能力间的独立性较差，共性较多，有可能可以合并成一种新的能力成分。

表 5 - 26　各能力维度的相关矩阵

因子	Factor1	Factor2	Factor3	Factor4	Factor5	Factor6
Factor1	1.000	0.329**	0.214**	0.545**	0.391**	0.145**
Factor2	0.329**	1.000	0.306**	0.400**	0.291**	0.072**
Factor3	0.214**	0.306**	1.000	0.254**	0.233**	0.140**
Factor4	0.545**	0.400**	0.254**	1.000	0.309**	0.117**
Factor5	0.391**	0.291**	0.233**	0.309**	1.000	0.000
Factor6	0.145**	0.072**	0.140**	0.117**	0.000	1.000

＊＊表示在置信度（双测）为 0.01 时，相关性是显著的。

（三）认知诊断视角下不同水平学生的认知特征分析

1. 不同数学水平学生的群体特征分析

在上一章的 L 区测评项目表现标准开发中，将学生划分为四个水平，首先将每个水平的学生视为一个群体，统计 4 个水平群体在 6 个因子得分的平均值如表 5 - 27 所示。从表 5 - 27 可以看出，总体上 4 个水平群体学生在每个因子上的得分均满足：水平 1 群体的平均分 < 水平 2 群体的平均分 < 水平 3 群体的平均分 < 水平 4 群体的平均分，说明诊断信息与事实相符，诊断效果可靠。

表 5 - 27　四个水平学生在六个认知技能上得分均值

群体类型	Factor1	Factor2	Factor3	Factor4	Factor5	Factor6
水平 1 群体	- 1.35	- 0.32	- 0.56	- 0.86	- 0.20	- 0.14
水平 2 群体	- 0.39	- 0.24	- 0.36	- 0.28	- 0.11	- 0.05
水平 3 群体	0.44	0.08	0.29	0.31	0.11	- 0.02
水平 4 群体	1.18	0.71	0.50	0.62	0.29	0.46

具体到因子 Factor1，4 个水平学生群体在 Factor1 因子上的得分均值分别为 - 1.35、 - 0.39、 - 0.44、1.18。将该得分数据转换成折线图如图 5 - 3 所示，从折线图可以看出，水平 1 至水平 4 的学生在该因子上的得分与学生能力水平呈明显的线性关系，高水平的学生在该因子上的得分高，低水平的学生在该因子上的得分低。事实上，由于交流能力表现的是一种理解相关信息和呈现答案过程的能力，与数学能力相关性高。同样地，从折线图 5 - 4 与图 5 - 6 可以看出，Factor2 与 Factor4 具有类似的线性性质，说明这两个因子与学生的数学能力相关高，三个因子对学生的数学能力影响路径较为一致。据此线性关系，学生在总的数学素养表现越佳，在 Factor1、Factor2 与 Factor4 三维度能力上表现也就越佳，反之亦然。

对于 Factor 3 与 Factor 5，从折线图 5 - 5 和 5 - 7 可以看出图像呈现较为明显的 S

线。具体来说，水平 1 与水平 2 学生群体在这两个因子上的得分差距不大，水平 3 与水平 4 学生群体在这两个因子上的得分差距不大，但是水平 2 与水平 3 学生在这两个因子上的得分差距较大。说明这两个因子能够体现水平 2 与水平 3 之间的差异，但在水平 1 与水平 2 之间、水平 3 与水平 4 之间的差异上的区分作用不大。如果将学生的数学认知水平只划分为两个水平：高水平与低水平，则 Factor 3（数学化）与 Factor 5（符号与形式化）是区分高数学认知水平与低认知水平上有着重要的作用。

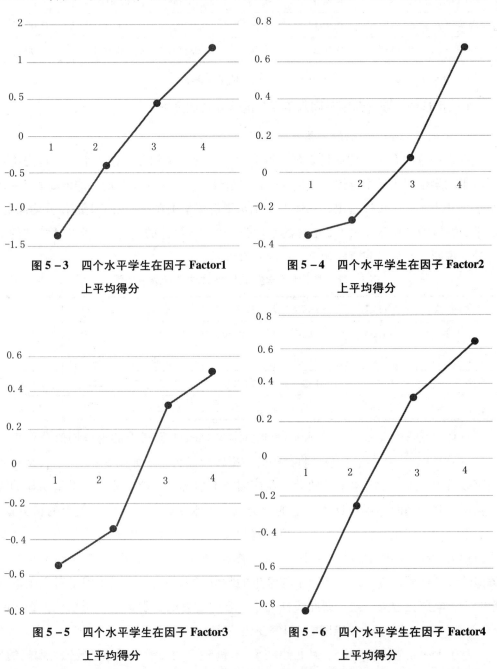

图 5-3　四个水平学生在因子 Factor1
　　　　　上平均得分

图 5-4　四个水平学生在因子 Factor2
　　　　　上平均得分

图 5-5　四个水平学生在因子 Factor3
　　　　　上平均得分

图 5-6　四个水平学生在因子 Factor4
　　　　　上平均得分

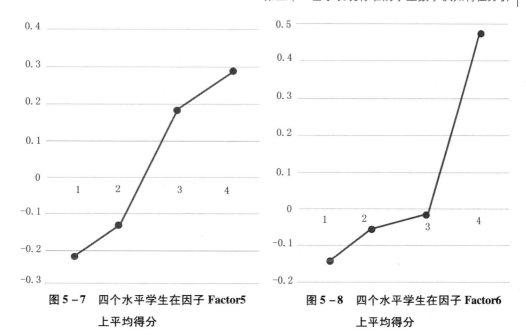

图 5-7　四个水平学生在因子 Factor5
上平均得分

图 5-8　四个水平学生在因子 Factor6
上平均得分

对于 Factor6，其对应的能力维度是推理与论证，水平 1、水平 2、水平 3 与水平 4 的学生 Factor6 因子上的得分分别为 -0.14、-0.05、-0.02、0.46，将数据转换成折线图如图 5-8 所示，可以看出水平 1、水平 2、水平 3 的学生在 Factor6 上因子得分均低于平均水平，且三者的差异不大，从趋势图上看几乎是一条水平直线，但是水平 3 与水平 4 差距突然增大。这也说明了推理论证因子是水平 4 学生群体特有特征，其他三个水平的学生在该因子上的表现较差，即使是中等偏上的水平 3 学生群体，也在该因子上的表现有所欠缺。

综合以上分析，以因子得分对应的数值 0 为参照点，数值 0 为平均水平。水平 4 学生群体在六个因子上表现优异，六个因子得分均高于参照点。水平 3 群体在推理与论证上表现有所欠缺，低于参照零点，在其他维度上的表现均高于参照点。水平 1 与水平 2 的学生在六个因子上的得分均低于参照点，但是水平 1 学生群体属于深度欠缺，而水平 2 学生群体属于浅层欠缺。

表 5-28　认知诊断视角下不同学生数学认知水平特征分析

水平	认知特征分析
水平 4	在 Factor1 ~ Factor6 能力上表现均较为优异
水平 3	与水平 4 相比，在 Factor6 上表现较差
水平 2	与水平 3 相比，在 Factor3 与 Factor5 上表现较差
水平 1	在 Factor1 ~ Factor6 能力上表现均较为较差

2. MIRT 用于被试个人的数学素养诊断

与 UIRT 相比，MIRT 提供了被试在多个测量维度上的表现信息，而不是一个单一的总分，从而可以深入地分析被试个人在每个维度上的表现，从而对被试进行更加细致的认知诊断。表5-29报告了四个水平中原始总分相同的被试在各种维度上的表现情况，黑体加粗的部分是经 MIRT 诊断出来的被试缺陷情况。如水平 1 中原始总分为 2 分的 3 位被试，在每个维度分均为负值，说明这 3 位被试在六个维度上表现均有欠缺；在水平 4 中原始总分为 600 分的 3 位被试，在每个维度分均为正值，说明这 3 位被试在每个维度上表现都较好；在水平 2 中的原始总分为 255 分的 4 位被试，是在多种维度上表现有所欠缺，编号为"10520790211"的被试在 Factor2 维度与 Factor3 维度上表现欠佳，尤其是在 Factor2 维度上表现不佳；在水平 3 中原始分为 495 分的 4 位被试，在个别维度上表现有所欠缺，如编号为"10420690306""10420690326"两位被试，只是在 Factor6 维度上表现有所欠缺。

表5-29　被试的个人诊断信息

组别	考生编号	总分	Factor1	Factor2	Factor3	Factor4	Factor5	Factor6
水平 1 个体	10111090235	2	**-2.77**	**-0.46**	**-0.01**	**-1.74**	**-0.20**	**-1.19**
	10410190151	2	**-2.77**	**-0.46**	**-0.01**	**-1.74**	**-0.20**	**-1.19**
	10610490606	2	**-2.77**	**-0.46**	**-0.01**	**-1.74**	**-0.20**	**-1.19**
水平 2 个体	10520670139	255	**-0.16**	**-0.56**	1.47	**-0.38**	**-0.83**	0.65
	10520790211	255	0.35	**-1.66**	**-0.04**	0.19	0.05	0.60
	10610190427	255	**-0.95**	0.40	0.29	**-0.04**	0.44	**-0.17**
	10610190629	255	0.48	**-0.94**	**-0.56**	**-0.78**	0.00	0.81
水平 3 个体	10420690306	495	0.70	1.68	0.15	1.07	0.27	**-0.27**
	10420690326	495	1.18	1.16	0.24	0.83	0.25	**-0.52**
	10510190122	495	0.50	1.42	0.68	0.12	0.65	1.49
	10620290110	495	0.96	0.52	0.23	0.81	1.25	1.75
水平 4 个体	10111290233	600	1.99	0.89	0.91	1.22	0.39	1.40
	10321190503	600	1.99	0.89	0.91	1.22	0.39	1.40
	10610190125	600	1.99	0.89	0.91	1.22	0.39	1.40

从本次研究的数据结果可以看出，MIRT 对数学素养处于水平 2 与水平 3 的被试诊断效果最佳。得分处于水平 1 的被试，在六个维度上的均有所欠缺，得分均为负值；而得分处于高分组的被试，在六个维度上均表现上佳，得分均为正值。对于得分处于水平 2 与水平 3 的被试，认知诊断的效果最为明显，如编号为"10520790211"在 Factor2 维度上的表现尤为欠缺，在其他维度上表现尚可，属于"单个维度的深度欠缺"；而编号为"10520670139"虽然得分与编号为"10520790211"的被试相同，但是在 Factor1，Factor3，Factor4，Factor5 上的均有欠缺，属于"多个维度上浅层欠缺"。所以，针对认知诊断的各种不同的情况，教学工作者应该采用不同应对策略帮助学生提高其数学素养。

（四）不同水平学生认知水平提高路径推荐

"因材施教、因人施用"是我国古代教育思想的精华之一，而尊重个体差异促进学生个性化发展，也是现代教育的发展方向。学生的个体差异可以从各方面体现，如能力、兴趣、习惯、需求等，毋庸置疑能力是所有差异中最重要的一个因素[①]。为了给学生推荐个性化的学习资源与学习路径，首先就需要建构学习者模型和学习对象模型，而定义这两个模型中的能力子模型以便进行不同系统间的进行数据交换是众多国际、国内标准组织需要解决的重要问题。以美国电气和电子工程师协会（IEEE）的学习者能力数据元模型（IEEE Learning Object Metadata）为例，能力元数据模型如图 5 - 9 所示。

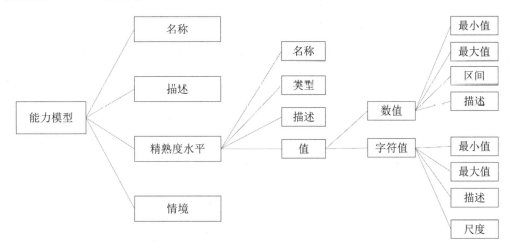

图 5 - 9　IEEE 学习者能力元数据模型

从 IEEE 的模型可以看出，学习者能力模型的一个重要组成部分是能力的精熟度水平。且从 IEEE 的精熟度水平模型可以看出，IEEE 的精熟度水平四个组成成分：名称、类型、描述、值与 PISA 精熟度水平的组成成分：水平命名、水平描述语、水平分数线与水平样例基本类似。IEEE 的精熟度水平中包含简短的名称和对应的描述语，对应的值维度即可以用精确的数值（如实数）表示，也可以利用表示顺序的字符值表示。Sampson 为了寻找学习者模型的能力定义，研究了众多的能力模型，指出能力模型的三个因素至关重要：一是能力个体特征，包含多个方面如知识、技能、态度、能力、行为、价值观、动机等；二是能力个体熟练水平，根据个体的表现将能力划分为特定的等级；三是能力的应用情境。由此可见，将能力划分成若干等级是学习者能力模型建构的关键步骤。

IEEE 虽然提供了学习者的能力元数据模型，却没有提供模型中的精熟度水平划

---

① 姜强，赵蔚，刘红霞，等. 能力导向的个性化学习路径生成及评测 [J]. 现代远程教育研究，2015（6）：104 - 111.

分方法。依据该模型，从已有的研究上看有采用布鲁姆认知水平层级模型进行水平划分的定性方法①，也有基于 Rasch 模型进行水平划分的定量方法②，但这些线性层次模型往往与实证数据不符，且缺乏相应水平描述语的开发方法。而表现标准正提供了一种精熟度水平的划分方法，包含严谨的水平划分方法和规范的水平描述语开发方法。特别是等距的表现标准，基于统计算法的水平划分更有利于在学习系统内设置自适应的水平划分方法。为此，本书基于表现标准与认知诊断设计相应的个性化学习路径推荐方法。

1. 为个体推荐不同难度水平的测试题

通过设计试题与收集测试数据，通过建构表现标准将被试能力与测试试题分为若干水平，这就为不同精熟度水平的学生自适应推送与其能力相对应难度水平的测试题提供了技术基础。经历一段时间的学习之后，依据学生上一次测试成绩所对应的表现水平，推送新的测试试题，新的测试试题可以包含适当比例的不同水平试题，然后根据学生在新试题上的表现决定是否更新其能力等级，以此模式开始新一轮的试题自适应推荐，整个推荐模型如图 5 – 10 所示。

通过第四章的基于 Rasch 模型建构中小型测试的表现标准可以看出，与仅通过 Rasch 模型进行试题自适应推荐相比，基于表现标准的自适应推荐还可以通过水平描述语帮助老师与学生理解水平的意义，水平描述语是 IEEE 学习者能力模型重要组成部分，但却是其他自适应试题推荐模型所欠缺的。

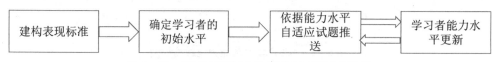

图 5 – 10　基于表现标准的自适应试题推荐模型

2. 为个体推荐不同主测维度的测试题

利用 MIRT 认知诊断模型可以诊断出学习者在哪个能力维度上表现不足，通过多维区分度参数又可以区分测试项目的主要测量维度。为此，可以向学生提供相应的处方信息，推荐主测维度与学习者欠缺维度相同的试题，让学习者知不足而补，加强对应的练习。以测试问题 3 为例，该问题在 Factor1 维度上的区分度参数值为 1.37，明显高于在 Factor4 上的区分度参数值 0.63 与在 Factor6 的区分度参数值 0.16，所以测试问题 3 的主测维度为 Factor1，为此将其作为学习任务推荐给在 Factor1 维度上有欠缺的学习者，对症下药，让学生加强训练，帮助其提高 Factor1 维度上的能力。

① 姜强，赵蔚，刘红霞，等. 能力导向的个性化学习路径生成及评测 ［J］. 现代远程教育研究，2015 (6)：104 – 111.

② 叶海智，杨柳，黄宏涛，等. 面向认知诊断的能力等级自适应试题推送模型构建及应用 ［J］. 电化教育研究，2019，40 (11)：93 – 98 +113.

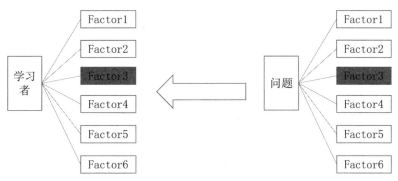

图 5 – 11 推荐不同主测维度的测试问题

3. 为不同水平群体推荐不同的学习路径

通过第七、八章的分析可以看出，虽然测试目的、测试框架与测试试题均有不同，但是这些八至九年级表现标准体现出了不同水平学生的认知差异具有很多共性特征，且这些特征与 L 区测评项目中四个水平的学生认知特征相似。认知诊断视角下的认知特征分析，为不同水平学生的提供了诊断性的"缺陷"特征，从而可以设计对应的处方信息，为不同水平学生群体推荐不同的学习路径。

以 L 区测评项目为例，根据表 5 – 12 的诊断结果，可以设计如下路径：对于低水平（水平 1）学生群体，首要需要提高其在 Factor1（数学交流）、Factor2（设置问题策略）与 Factor4（数学表征）三维度上的能力。而对于基础水平（水平 2）学生群体，则需要提高其 Factor 3（数学化）与 Factor 3（符号与形式化）两个维度上的能力。对于较高水平（水平 3）的学生，则需要提高其 Factor 6（推理与论证）维度上的能力。整个不同水平学生群体的认知水平提高路径如图 5 – 12 所示，学生数学素养的提高不是一蹴而就的，而是需要足履实地从一个水平提高到另一个水平，需要设计具有针对性的教学路径，经历多次地诊断—教学的调整过程，帮助学生成长。

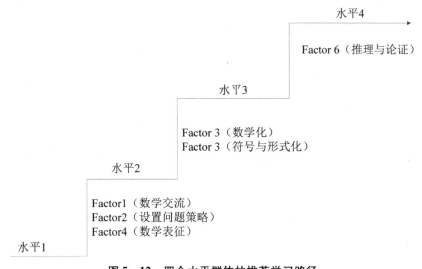

图 5 – 12 四个水平群体的推荐学习路径

第六章　结语

一、研究结论

（一）大规模学业成就测试中数学学科表现标准的比较研究结论

1. 等距表现标准的比较研究结论

虽然 PISA 与 TIMSS、NAEP 都采用了等距表现标准，但是在表现标准的四个组成维度上还是存在较大的差异。对于 PISA 的精熟度量尺方法与 TIMSS、NAEP 的量尺锚定方法的比较，根据理论比较与实践比较研究的结果，将两者的差异进行归纳总结，具体细节如表 6 - 1 所示。

表 6 - 1　PISA 的精熟度量尺法与 TIMSS 量尺锚定法的不同点

比较维度		比较对象	
		PISA 精熟度量尺	TIMSS 量尺锚定
理论比较	水平数量	6 个水平	4 个水平
	水平命名	水平 1 ~ 水平 6	国际先进基准、国际高级基准、国际级中级基准、国际低级基准
	等距性	Rasch 量尺等距	双参数 Logitsic 量尺等距
	水平宽度	约为 0.62 logits	约为 0.75 logitsic
	水平分数线确定方法原理	Rasch 量尺中被试能力与项目难度之间的概率关系：保证处于每个水平底端临界值的被试预期正确回答该水平样例组所有项目的概率大于 50%	常模方法：百分比或标准差
	水平分数线	669.3、607.0、544.7、482.4、420.1、357.8	625、550、475、400

（续表）

比较维度		比较对象	
		PISA 精熟度量尺	TIMSS 量尺锚定
理论比较	水平样例对应方法	将测试题目对应至各水平	将测试题目对应至各锚点
	水平样例遴选方法	项目难度与学生能力位于同一量尺从而实现项目的自动归类	依据锚点附近范围的学生群体正确回答某个项目的百分比
	水平样例遴选依据	依据响应概率（理论 RP 值）	依据实证 P 值（试题的正确率）
	水平描述	描述整个水平段，即层描述	描述锚点，即点描述
实践比较	水平描述线索	情境问题的数学建模	问题解决
	描述起点水平	起点过低导致描述的对象学生较少	起点的选择较为合理
	水平样例遴选	不利于遴选难度低的题目作为水平样例	不利于遴选难度高的题目作为水平样例
	对测试条件的要求	对测试题量需求大	对测试样本需求大
	精度影响因素	水平的统计学意义 水平样例数量 水平的数量	实证 P 值 锚点分数范围学生数量 水平样例数量

通过第二章中两者的相互转化研究可得，当两者具有相互对应的水平分数线与水平数量时，两种方法的水平样例遴选结果差异不大。说明两种表现标准建构的方法虽然具有上述诸多不同之处，但是两者建构的实质理论依据是类似的，两种方法的共同之处如表 6-2 所示。

表 6-2　PISA 的精熟度水平划分法与 TIMSS 量尺锚定法的共同点

共同点 1	建立表现标准的目的之一： 进行量尺分数的解释，描述每个水平的学生应知与应能，传递分数背后的意义
共同点 2	建立表现标准的目的之二： 为子群体的比较提供更多的维度
共同点 3	建立表现标准的目的之三： 通过表现标准的建立分析试题质量
共同点 4	建立表现标准的原理： 通过建立学业成就量表，利用统计模型划分水平分数线
共同点 5	建立表现标准的原理： 通过学生能够解答（以概率形式）的题目归纳学生的应知与应能

总的来说，两种方法都各有优劣，精熟度量尺法虽然保证了一定的科学性但数理原理更加复杂，较难被公众理解；量尺锚定法虽然数量原理科学性较差，但是，更为简单更容易理解和推广。NAPLAN 与 PISA 采用相同的技术原理进行了跨年级等距表现标准的建构，同时 NAPLAN 还为每个参试年级设立最低标准，说明精心设计的第一类表现标准可以取代标准设定的部分功能，也说明了 PISA 精熟度量尺法在表现标准的建构上具有更加广阔的应用前景。虽然还需要通过更加复杂的垂直等值与水平等值设计，但是建立整个基础教育的表现标准将更加有利于学生、家长和社会对学生发展过程进行客观认识，有利于学生学业水平的增值评价。

2. NAEP 量尺锚定法与学业表现水平法的比较研究结论

基于统计原理建构的第一类表现标准通常以等距的形式呈现，而基于标准设定建构的第二类表现标准通常以非等距的形式呈现，但形式的区别并不是关键，因为基于统计原理建构的表现标准也存在非等距的形式，两者实质上的区别在于评委是否参与了水平划线的确定过程。但两种表现标准在当前多个学业成就测试项目中并存，从比较研究的结果可以看出，选用哪一种表现标准主要依据的是建构表现标准的目标。如果建构表现标准的主要目标是进行分数诠释，那么采用第一类表现标准即可。但如果需要从政策和法律上判定学生的表现水平（如判断是否合格、达标等），则采用以标准设定为技术基础的第二类表现标准更符合标准参照测试的规范。两者不存在孰优孰劣，需要根据具体的使用目标灵活应用，现将第二章中两者的比较研究结果归纳如表 6-3 所示，仅从 NAEP 的视角列举出两者的差异。

表 6-3　NAEP 等距与非等距表现标准的比较研究小结

比较维度	比较对象	
	NAEP 量尺锚定法	NAEP 学业表现水平
水平命名	体现顺序即可	依据政策或法律
水平数量的确定方法	可以根据实际情况进行调整	由政策或法律固定
水平数量	可以设立较多的水平	不利于设立多个水平
水平宽度	相同	不相同
水平分数线确定方法	精熟度量尺方法 量尺锚定方法 标准差等方法	Angoff 法 Bookmark 法 工作体法等标准设定方法
水平分数线确定方法	通过统计方法直接划分	由学科专家等组成评委小组集体决策而定

（续表）

比较维度	比较对象	
	NAEP 量尺锚定法	NAEP 学业表现水平
水平描述语	由水平的所有样例归纳而得	由政策制定者与学科专家预先制定为水平的政策定义，再添加水平样例细节反复修改而定
水平描述语	描述达到某个水平学生能够知道什么和做什么，通常用"能够……"描述	描述达到某个水平的学生应该知道什么和能够做什么，通常用"应该……"描述
精度	精度受测量误差的影响	除了受到测量误差的影响还受到评委评分一致性的影响
表现标准的开发人员	学科专家、学科教育专家和测试开发者等专业人员	学科专家、学科教育专家和测试开发者等专业人员，再加上企业雇主、工厂技术人员等普通民众
缺陷	很难随着学科和年级进行水平宽度、水平数量的调整	水平分数线的设定具有很强的主观性
共同目标	分数诠释 划分学生表现水平	分数诠释 划分学生表现水平

　　PISA 与 TIMSS 等国际比较项目倾向于使用第一类表现标准，而 NAEP 与 TSA 等国家（地区）级学业水平测试倾向于使用第二类表现标准，主要原因在于测试目标。通过以上的比较研究可以发现，标准设定法、精熟度量尺法、量尺锚定法等表现标准开发方法都具有某些天然缺陷，并不存在一种十全十美的表现标准建构方法。

　　从我国香港文凭考试与我国台湾的初中教育会考中的表现标准建构经验上看，表现标准的建构目标通常也是多样的，既要判断学生的表现水平是否合格，又要进行学生表现的常模甄别，因此需要设立较多的水平数量，这两个大规模测试项目都采用了标准设定和常模参照混合的方法进行水平分数线的划分。因为在标准设定的过程中，随着水平数量的增加，标准设定小组专家就需要划定更多的水平分数线，从而需要虚拟更多的水平最低能力候选者（MCC），这样会导致标准设定的精度随之降低，效度随之减小，单独采用标准设定方法很难适应包含多个水平的表现标准建构立。同时从美国 NCLB 法案下美国各州标准设定的使用情况上看，由于标准设定的主观性，对于政策上的同一水平，不同的标准设定专家组有可能划定不同的水平分数线，导致相同的政策性定义下却对应不同的水平分数线，而具体哪一条分数线代表该水平则不得而知。对于学业成就测试中的水平划分，标准设定法在使用过程中遇到多种难以解决的问题，还需要开发更多的非等距表现标准开发方法。基于统计原理的第一类表现标准则可随着具体的测试情境调整水平数量，因此在某种程度上可以相互弥补对方的缺陷。

（二）基于 Rasch 模型的表现标准建构方法

1. Rasch 模型在等距表现标准建构中的作用

将 Rasch 模型作为一种待验证的备择模型，可以通过数据与模型的拟合度指标如 CFI、TLI、RMSEA、SRMSR 等分析测试试卷的质量，测试数据与 Rasch 模型的拟合度越高，说明测试质量越佳。Rasch 模型不仅可以对整个测试进行质量分析，并且还可以细化到以试题为单位进行质量分析，通过 Outfit MNSQ 和 Infit MNSQ 等指标评价单个试题的质量。与项目反应理论相关的测验信息函数、项目信息函数、项目特征曲线、怀特图等一系列手段都可以成为测试质量的分析方法。相比于经典测试理论中的信效度分析，Rasch 分析提供了更加丰富和精确的质量分析手段，高质量的测试数据是建构高质量表现标准的前提条件。

利用 Rasch 模型估计的学生能力和项目特征值等数据更加接近正态分布，有利于通过数据的同质性检验，从而可以对数据进行 t 检验、方差分析、因素分析等统计分析。这个性质是原始分数及其导出分数并不具备的，原始分数仅为从顺序量尺上得到的测量数据，而以积差相关的 t 检验、方差分析、因素分析等统计分析手段往往都是基于等距量尺的。

Rasch 量尺为等距表现标准提供了等距的学业成就量尺。Rasch 量尺作为目前公认唯一的客观等距量尺，当在其基础上建构表现标准时，可使得水平的宽度也具有客观等距性，表现标准因此也成了等距的表现标准。在此基础上，可以对多个个体或群体之间的差异大小进行比较，可以对表现标准的水平意义进行统一心理测量学解释和学科解释，打造一把接近于物理测量的学业成就量尺。而通过其他量尺建构的等距表现标准通常不具备客观等距性，是一种"伪等距"，只能从测试内容上进行解释，而不能从量尺的心理测量学意义上进行解释。Rasch 模型采用同一量尺度量项目特征参数与被试能力估计参数，这就为测试分数同时进行标准参照解释与常模参照解释提供了技术支持，从这一视角看等距表现标准正是一种常模参照解释与标准参照相结合的产物，但是等距表现标准并不拘泥于分数诠释。因此，Rasch 模型不仅仅是一种参数估计模型，在其基础上可以开发更多的应用为教育服务。

2. 中等规模测试的等距表现标准建构研究

大规模学业成就测试项目具有被试数量多、测试题量大的特点，而已有的大部分表现标准开发方法针对的是大规模学业成就测试项目，如何将这些已有的开发方法推广至中小型规模的测试中，发挥表现标准在分数解释、学业水平设置和提供比较维度上的优势，是本书的主要研究问题之一。本书将 PISA 精熟度量尺法与 TIMSS 量尺锚定法应用于本土的 L 区测评项目中，模拟多种测试类型进行实践研究，以发现这两种方法在"人适中题适中""人少题少"型的中小规模测试项目上的使用缺陷并设计应对策略，开发新的表现标准建构算法。

从实践研究上看，TIMSS 的量尺锚定呈现为一种"分数线"描述，要求是学生样本大，且不利于锚定难度较高的测试项目；而 PISA 精熟度量尺呈现为一种"分数水平"描述，要求测试题量大，且不利于选定锚定难度低的测试项目，其他的区分可见上一章的相关结论。在中小型规模的测试中，由于"题少"不足以支撑水平描述，PISA 精熟度量尺法需要适当加大带宽以保证纳入更多的水平样例，但是却难以保证水平的统计学意义。本书通过引入量尺锚定法中的水平样例遴选方法，弥补精熟度量尺方法在最高水平与最低水平上处理的不足，为中等规模测试项目建构等距表现标准的算法如下。

步骤 1　输入测试数据，通过 Rasch 模型分析测试质量，利用 Rasch 分析替代经典测试理论中的信、效度分析。

步骤 2　通过 Rasch 模型估计被试能力与试题难度，并建构测试项目地图。

步骤 3　根据测试数据与国内外表现标准数据，确定表现标准描述的起点水平分数线及水平数量。

步骤 4　根据精熟度量尺方法确定水平宽度与 *RP* 值。

步骤 5　根据 *RP* 值与水平宽度确定水平样例的 Rasch 难度范围，由此遴选除最高水平与最低水平之外各水平的水平样例。

步骤 6　对于最低水平与最高水平，根据如下两个条件的问题 K 遴选水平样例：

①问题 K 的 Rasch 难度处于最低水平与最高水平的水平样例的 Rasch 难度范围之内。

②最低水平与最高水平的学生正确回答问题 K 的百分比（实证 *P* 值）大于 65%。

步骤 7　表现标准开发小组成员结合测试地图、测试数据与水平样例展开小组讨论，形成水平描述语。

（三）基于 LCA 模型的表现标准建构方法

计算教育学背景下的教育研究追求基于数据而不是基于理论，MRM 模型兼具 LCA 与 Rasch 模型的优点，可以智能地确定水平数量并将学生自动地划分为若干类别，这就为基于数据的表现标准建构提供了技术支持。但是 LCA 分析与表现标准建构的区别在于其缺乏水平分数线与水平样例的确定算法，本书结合对照组方法和量尺锚定法在 LCA 分析的基础上设计了水平分数线和水平样例的确定算法，将 LCA 统一在表现标准建构的四因素框架中，开发了基于 LCA 的表现标准建构算法（算法三），其中算法一和算法二是算法三的基础。

算法一（相邻两个类别的水平分数线确定方法）：

步骤 1　利用 LCA 模型，计算每个学生归属于 C 个类别的条件概率。

步骤 2　将得分位于两个相邻类别分数交叉范围的学生暂时从各类别中剔除，构成新的两个对照组。

步骤 3　采用逻辑斯特曲线分别拟合两个对照组的条件概率：

$$P(c \mid \theta) = \frac{1}{1 + \exp - (a + b\theta)}$$

步骤 4　求出两个对照组的拟合曲线参数，最后求出两条曲线交点所对应的 θ 值作为水平分数线。

算法二（水平样例的确定方法）：

若一个试题满足如下条件，则可以遴选为某个类别的水平样例：

条件一，满足以下条件的试题将被选定为最低类别 C 的水平样例：

该试题在潜在类别 C 上的条件概率大于 65%。

条件二，满足以下条件的试题将被选定为类别 c 的水平样例（$c = C - 1$，$C - 2$，…，1）：

该试题在潜在类别 $c - 1$ 上的条件概率大于 65%，且在潜在类别 c 中的条件概率小于 50%。

算法三（基于 LCA 模型的表现标准建构算法）：

步骤 1　利用探索性 LCA 模型分析，寻找拟合数据的最佳模型。

步骤 2　根据最佳模型确定类别数量、类别概率及试题反映的条件概率。

步骤 3　利用 Rasch 模型（或其他 IRT 模型）建构被试潜在特质的连续量尺。

步骤 4　统计每个类别学生的量尺分数范围，利用方差分析类别均值的差异，判断是否能以 LCA 模型为基础建构表现标准，如果存在差异继续第五步。

步骤 5　统计类别分数范围之间的交叉部分，利用算法一划定类别的水平分数。

步骤 6　统计试题在每个类别上的条件概率，利用算法二为每个类别选定水平样例。

步骤 7　依据水平样例提取学生的认知特征并形成水平描述，如果需要还可以进行水平命名，最后形成表现标准。

从该算法在 L 区测评项目三个子量表上的实践可以看出，基于 LCA 模型的表现标准建构算法能够很好适应"题少人少"型的测试项目，能够充分地提取测试数据包含的学生表现信息，呈现水平内的共性与水平间的差异。数值实验表明算法具有很好的运行效果，可为每个子量表的表现标准自动地确定了水平分数线与水平样例，具有较好的应用前景。

（四） 基于表现标准的学生数学认知特征分析研究结论

1. 差异特征研究

通过与克鲁捷茨基理论等著名数学教育心理学理论的比较分析可得，表现标准与这些理论具有共同的开发过程：将学生与试题分为不同水平，总结不同能力水平学生解决不同难度问题的差异，形成不同能力水平学生的认知特征描述。体现同一水平学生的共性认知特征，不同水平学生的差异特征，是数学学科表现标准与数学认知模型建构的共同任务。通过在 L 区测评项目上的实践研究也证实了基于表现标准进行学生数学认知差异特征分析的可行性，但是由于 L 区测评项目中所有被试回答同一试卷，因此试题数量少、覆盖面窄，导致研究缺乏代表性，所以严格意义上对于 L 区测评项目的研究只能算是个案研究。

为了增加研究的效度与代表性，进一步选用六个大规模学业成就测试项目的数学学科表现标准进行质性内容分析，提取国内外数学学科表现标准中高水平与基础水平学生的共性认知特征。这些特征反映的是一种国际共识，体现了国内外对于高水平和基础水平学生应该"知道什么和能够做什么"的一种描述。这六个大规模学业成就测试项目不仅为整个数学学科建立了表现标准，还为多个数学子内容领域建立了表现标准。这些表现标准有着数以十万计的被试样本测试数据作为支撑，描述内容则由专家经过长达 5 天左右的时间概括总结而得，具有很高的数据效度与专家效度，也具有普遍性与代表性。对于描述内容的研究不仅可以提取认知特征，还可以为本土表现标准提供内容描述上的参考。通过质性内容分析研究高水平与基础水平学生在数学领域与三个子领域内的认知特征如表6-4所示。

表6-4 8~9年级学生不同表现水平学生的数学认知特征

类别	数学学科领域	数与代数领域	统计与概率领域	图形与几何领域
高水平学生的数学认知特征	能够建立模型 能够抽象概括 能够推理论证	能够识别与应用模式 能够进行符号计算与推理 能够处理变量与函数关系	能够进行数据分析和解释 能够进行数据组织和简化	能够进行几何建模及应用 掌握勾股定理及其应用 能够进行几何推理
基础水平学生的数学认知特征	掌握数与代数的运算 掌握图形的度量与变换 能够应用数学解决简单问题 能够阅读与使用数据图表	能够进行数值运算 能够进行数值估算 能够进行简单的代数式运算	能够计算并应用均值与方差 能够阅读图表数据 能够计算简单随机事件发生的概率	能够解决图形度量问题 掌握变换与对称 掌握图形的分类与性质

2. 诊断特征研究

利用认知诊断技术和表现标准，对 L 区测评项目的四个水平学生群体进行认知诊断，从"不能做什么与不知道什么"的视角进一步探析高水平学生和基础水平学生的数学认知特征。基于诊断视角的学生数学认知特征研究更加有利于教师提供相应的"处方"信息，帮助学生提高数学认知水平。从总体上看，群体认知诊断是质性内容研究的一个量化辅助补充，在实践中更加有利于研究表现标准对于数学教育的意义与作用。

对于参与 L 区测评项目四个水平学生群体，最高等级水平 4 的学生在各方面的表现都较为优秀，与最高等级相比次高等级（水平 3）的学生在推理与论证能力上表现有所欠缺，说明推理与论证能力是高水平学生特有的数学认知特征。与次高等级（水平 3）学生相比，水平 2 的学生在数学化、符号与形式化两项认知技能上表现有所欠缺。而对于水平 1 学生，在各方面的表现都是较为欠缺。而个体认知特征分析方面，水平 4 的学生与水平 1 学生的数学认知特征与群体特征是类似的，具体特征分析结论如表 6 – 5 所示。

表 6 – 5　认知诊断视角下 L 区测评项目中不同水平学生的数学认知特征

表现水平	群体特征分析	个体特征分析
水平 4	多个维度表现优秀	多个维度表现优秀
水平 3	与水平 4 相比，在推理与论证上表现有所欠缺	少数维度的浅层欠缺
水平 2	与水平 3 相比，在数学化，符号与形式化两个维度上有所欠缺	少数维度的深度欠缺/多个维度上浅层欠缺
水平 1	多个维度表现欠缺	多个维度表现欠缺

本书表明，IEEE 的学习者能力元数据模型中的精熟度水平部分与 PISA 的精熟度水平模型基本项目。表现标准不仅提供了认知能力水平划分的方法，还提供了相应的水平描述方法，通过对学习资源与能力水平进行语言描述，将学习资源与知识、技能对应，可以帮助学生进行自我认识，理解能力水平与学习资源的关系。因此，在表现标准的基础上开发自适应的测试系统，是一种标准本位的测试，有利于不通过考试成绩排名等常模方法衡量学生学业成就的进步，台湾地区 SBASA 测评系统正是按照此思路进行设计。

二、研究启示

（一）基于混合法为学业成就测试成绩进行等级赋分

根据《国务院关于深化考试招生制度改革的实施意见》，在 2006—2021 年间长沙市在城区学生的中考成绩中推行按照资源划等法将成绩分为 A、B、C、D、E 五个等级。经历了十几年的实践探索，总的来说等级制存在着多方面的优点：（1）减轻学生的课业负担，学生的某些科目成绩达到一定等级即可，这样可以让学生有更多的时间进行其他科目学习。（2）有利于学生的全面发展，单科成绩由上百个区分点降低为 5 个区分点，为学生在多个学科上的发展留足了空间。（3）有利于基础教育的均衡发展，实行等级制可以避免学校间的"尖子生"之争，保持了生源的均衡①。2015 年开始，青岛市中考成绩实行，在总共的 11 门课中，思想与品德、体育与健康、信息技术等三个学科采用两个等级，其余学科采用 A、B、C、D、E 五个等级。实行等级制最大的优势就是消除"分分计较"和"分分必争"，全国采用等级制的几个先行实验城市均取得了较好的实验成果，体现了国家对于考试招生制度的改革精神，打破了"唯分数论"，减轻了分数给学生与家长带来的压力②。由此可见，等级制在减轻学生负担、淡化分数意识上是对传统百分制的一种突破和创新。而表现标准不仅提供了相应的学生测试表现水平划分方法，还提供了一种分数解释的机制，在我国的学业成就测试中可以尝试利用其进行学生测试成绩的等级划分。

同样地对于新一轮高考改革中的高中学业水平考试，高中学业水平考试成绩还是高考成绩的组成部分，承担了人才选拔的常模功能，这样的多重定位为学生表现水平的划分带来了巨大挑战。虽然多个省份已经进入了实验阶段，如何进行等级赋分到目前为止还没有一个成熟且广受认可的方案。现阶段各实验省市完全采用常模参照及其衍生方式进行水平划分，既不符合标准参照测试的规范要求，又导致"整体水平高的学生群体亏，整体水平低的学生赚"的现象产生，冲击了正常的教学次序。

标准设定作为国内外标准参照测试通用的水平分数线划分方式，并不能照本宣科地移植到我国高中学业水平考试中。如浙江省的高中学业水平测试成绩需要划分21 个等级：从等级 1 到等级 21，然后对每个等级进行赋分③；山东省首先将高中学业水平测试成绩划分为 A、B+、B、C+、C、D+、D、E 等 8 个等级，然后再从等级内进行线性转换成更加细化的等级制④。随着水平数量的增加，标准设定的误差也会随之增大，评委专家不太可能区分这么多个水平最低能力候选人（MCC）的特征，

① 卢鸿鸣. 长沙市十年中考改革的制度设计与思考［J］. 人民教育，2015（8）：19 - 21.
② 本刊编辑部. 中考改革趋势：利于减负的成绩等级制［J］. 现代教育科学，2015（6）：1.
③ 浙江省教育厅. 浙江省普通高校招生选考科目考试实施办法［EB/OL］.（2018 - 05 - 15）［2024 - 01 - 08］. https：//www. zjzs. net/moban/index/402848536366ccc00163674a91ac0002. html.
④ 宋宝和，赵雪. 问题导向 统筹兼顾——山东省高考综合改革方案解读［J］. 中国考试，2018（5）：1 - 6.

完全采用标准设定方法划定多达 8 个水平分数线是不符合标准设定的实际使用情况的。从美国各州、我国香港地区与台湾地区的使用经验上看，通过标准设定方法划定的水平分数线最多的水平数量为 6 个，一般为 3~5 个水平。另一方面，与语数外三科的全国统一测试相比，高中学业水平测试由各省市独立组织，如果采用标准设定的方法，由于内容标准的不一致和标准设定的主观性，很有可能导致 NCLB 法案下标准设定在美国各州中使用的"困境"同样出现在我国，造成高内容标准低表现标准情形的出现，导致内容标准与表现标准缺乏一致性。

对于多个水平的设置，通常采用混合法。我国台湾地区的初中教育会考采用标准设定的方法划定两个水平分数线，设置了三个水平：精熟（A）、基础（B）、待加强（C）。然后采用常模方法将精熟水平又细分为三个水平 A++、A+、A，其中精熟水平学生中前 25% 的学生划分为 A++，前 26%~50% 划分为 A+，其余定义为 A 等级①。同时，香港中学文凭考试为了满足多水平设置需要，首先利用标准设定法建立了 5 个等级的数学学科表现标准，然后同样地利用百分比常模方法对优秀水平进行细分，将第 5 等级划分为 5++，5+ 等②。2014—2021 年，长沙市中考在 5 个等级的基础上，对于两个高水平 A 和 B 进行了细分，分为 A+、A 和 B+、B 等更多的等级，以提高等级制的区分度③。因此，基于标准设定与百分等级常模的混合方法是现阶段中应对标准参照测试中多种水平划分的通行方法。混合法的使用具有如下两个重要优点：

优点 1，采用标准设定弥补常模参照不依据测试内容、不依据被试的认知水平划分水平分数线的缺点。

优点 2，继承了常模参照的水平划分方法可以应对多个水平划分、精度高的特点，根据实际需要划分多个水平分数线。

我国学业水平测试中还没有真正采用标准设定的方法进行学生表现水平划分的另一个主要原因是缺乏高质量、针对性的内容标准。而内容标准则是基于标准测试的起点，鉴于我国在基础教育领域内的采用学科课程标准作为最权威的纲领性文件，所以应在课程标准的基础上开发对应的内容标准，这是学业水平测试之前必须完成的工作之一。基于对美国 NAEP、美国各州、我国台湾地区、我国香港地区的学业水平划分经验，建议按照以下步骤逐步推进我国基于标准设定的学业水平划分。

---

① 参考台湾地区初中教育会考官方网站关于初中教育会考各科计分与阅卷结果说明。
② 香港中学文凭考试. 香港中学文凭考试评级程序与水平参照成绩汇报［EB/OL］.（2018-05-01）［2019-11-19］. http://www.hkeaa.edu.hk/DocLibrary/Media/Leaflets/HKDSE_SRR_A4booklet_Mar2018.pdf.
③ 卢鸿鸣. 长沙市十年中考改革的制度设计与思考［J］. 人民教育，2015（8）：19-21.

第一步，依据各学科的课程标准制定统一的、可测量的高质量内容标准，既包含基于课程的内容标准又包含基于测试的内容标准。

第二步，根据内容标准，开发学业水平测试的标杆试卷。

第三步，采用基于标准设定的方式为测试建立如本书所述的第二类表现标准，将学生表现划分若干等级如 A、B、C、D、E 等，标准设定的方法不宜设定过多的等级，一般为 3~4 个左右。

第四步，根据具体的升学需求，在每个等级内部采用常模参照的方法划定更加详细的等级，根据实际需要划定较多的等级。

第五步，将最低标准定义为 60 分，其他混合法划分的所有等级进行对应赋分。

（二）建立基础教育数学学科能力评价的"绝对量尺"

2018 年 12 月，教育部发布了《关于印发中小学生减负措施的通知》（教基〔2018〕26 号），该通知共包括 30 条措施，其中第 6 条为"坚决控制考试次数"，第 7 条为"采用等级评价方式"，要求要严格按照课程标准确定考试内容，不出怪考题①。2017 年 12 月，教育部印发了《义务教育学校管理标准》（简称《管理标准》），《管理标准》中同样指出"控制考试次数，探索实施等级加评语的评价方式"。从教育部颁布的系列文件可以看出，采用等级制评价学生的学业成就符合现代教育心理发展趋势，但是这些文件并没有指出如何建立等级评价方式，如何利用等级评价方式为中小学生减负。

徐岩通过调查研究发现，在基础阶段的数学教育中由于学科表现标准的缺乏，教师与管理者无法明确"好的程度"问题，只好采用题海战术训练学生，导致超纲学习、考试中难度与怪题频出等现象的出现②。在确立高质量内容标准的同时，明确与内容标准相对应的表现标准，以此方式建立基于标准的评价方法，建构学业成就量尺和制定表现标准，这就打造了一把等级制的"绝对量尺"。学生依据该"绝对尺度"的等级描述与测试结果，可以进行自我评价与诊断，评定表现等级。克服了传统的常模参照测试需要将个体的测试成绩放置于群体中，采用排名的方式进行学生水平判断的弊端。通过"绝对量尺"，学生不需要排名与比较，只需要对照"绝对尺度"判断自己的学业水平是进步还是退步，评价学业增值情况。当学生明确其在"绝对量尺"中的位置时，就可以判断是否继续新的学习内容；当老师明确学生整体表现水平在"绝对量尺"中的位置时，就可以对当前的教学效果进行准确判断，知

---

① 教育部，发展改革委，公安部，等. 教育部等九部门关于印发中小学生减负措施的通知［EB/OL］.（2018 – 12 – 28）［2019 – 10 – 30］. http：// moe. gov. cn/srcsite/A06/s3321/201812/t20181229_ 365360. html.

② 徐岩，吴海建，孙新. 中小学生学业评价标准的实验研究［J］. 课程·教材·教法，2011（11）：3 – 11.

道什么时候应该适可而止，避免超纲学习与过度学习。

另一方面，"绝对量尺"代表的是一把权威、标准的学业成就量尺，涉及内容标准、教育心理测量、表现标准等多个关键技术。需要教育行政部门集合心理学、数学、数学教育、统计学等专家，以及教研员与一线教师等专业人员共同合作，花费较长的时间完成"绝对量尺"的建构。通过"绝对量尺"，学生不仅得到量化的评价结果，还可以提供质性评价描述，丰富的评价信息可以帮助学生更加容易地了解自己的学业成就增值情况，发现问题进行自我诊断。"绝对量尺"也是各个国家与地区教育与心理测量发展的方向，代表性的有我国台湾地区 SBASA 项目与澳大利亚的 NAPLAN 项目。SBASA 项目以标准为本位、以《课纲》为指导尝试建立学生学业成就的"绝对量尺"，但是采用的是以布鲁姆认知水平理论为基础的水平分类方法，而不是采用定量的学业成就量尺。NAPLAN 则基于 Rasch 量尺建构跨年级表现标准，为基础教育学生打造了一把包含 10 个水平的"绝对量尺"，每个年级占有其中的 6 个水平，每个年级的第 2 个水平为国家最低标准，年级之间进行交叉连接，NAPLAN 方法更加符合现代心理教育测量的发展趋势。建构学业成就的"绝对量尺"，不需要排名和比较确定学生的学业成就水平，对于落实教育部《义务教育学校管理标准》的精神具有重要的参考意义。

从 SBASA 项目和 NAPLAN 项目的运行经验上看，"绝对量尺"的打造不仅需要设计复杂的测试系统，还需要配套相应教师培训计划。以 SBASA 项目为例，实施了与该项目配套的"种子教师"计划，通过对各县市的一线教师的培训，帮助教师快速掌握 SBASA 项目的内涵，减少各县市实施素养导向标准本位评价的复杂度。通过教师培训计划，帮助教师明确"多好才是好"的问题，当一线教师精准地从"绝对意义"上把握了好的程度问题，就可以避免难题怪题、多次重复施测等现象的发生。

（三）基于表现标准建构学生数学认知模型

认知水平模型与表现标准，两者共同包含水平命名、水平数量与水平描述语等组成要素。具体到学科能力模型上，邵朝友指出学科能力模型应该包含：学科能力、学科内容、认知要求、表现水平与描述、问题情境五个组成要素，且缺一不可，并研究了基于学科能力的表现标准开发[1]。杨向东认为学科能力模型是学业质量标准的重要组成部分，也是区别传统课程标准的标志之一[2]。林崇德指出学科能力模型是学生成就水平划分的科学依据，是教育标准制定的中心环节[3]。由此可见，表现标准与

---

① 邵朝友. 基于学科能力的表现标准研究 [D]. 上海：华东师范大学，2014.
② 杨向东. 基础教育学业质量标准的研制 [J]. 全球教育展望，2012（5）：32–41.
③ 林崇德. 从智力到学科能力 [J]. 课程·教材·教法，2015，35（1）：9–20.

学科能力模型有着重要的联系。从基于课程理论的视角，学科能力模型构建学业成就标准的重要理论依据；但是从基于测试实践的视角，表现标准则提供了一种学科能力模型的建构方法。

皮亚杰理论、布鲁姆理论和 SOLO 理论等认知水平分类模型基本上采用的以个案研究为主量化为辅的研究方法得出的结论，这些经典的心理学研究成果在各种学科应用中也通常会遇到一些"水土不服"的问题。从第二章文献综述研究可以看出，现有的数学学科认知水平评价模型大多是将心理学模型应到数学学科中，采用心理学理论＋数学例子的模式建构数学认知水平模型。例如在空间与几何领域，多采用范希尔模型进行演绎；在概率与统计领域，多采用 SOLO 模型进行演绎。这一类研究突出的问题就是"马车放在马前面"①，不经过测量就将测试问题归类到对应的线性层级中，如使用布鲁姆模型时就会导致实践中"分析"水平试题的难度低于"理解"水平试题的难度，与理论模型不符②。从数学教育研究方法论的视角，这种研究方法具有一定"去数学化"的风险③④，受到了学界的一些批评。对于数学学科来说，根植于数学学科内部的认知水平评价模型屈指可数，需要从研究方法上进行革新。

数学教育心理学研究除了将心理学原理演绎到数学学科之外，还可以通过归纳的方法从数学学科内部出发归纳出学科认知规律，形成根植于数学学科内部的认知水平模型。随着时代的进步，现阶段的研究环境、技术和方法与之前相比发生了巨大的变化。例如 PISA 与 TIMSS 等国际比较项目提供了几十万条测试数据，可供研究者使用；信息技术、心理与教育测量技术、数学与统计技术也使得测试数据收集与处理更加方便快捷。这些技术保证了归纳不仅仅是建立在个案研究的基础上，而且可以建立在量化研究的基础之上。通过数据挖掘技术，从自然形成的测试数据中挖掘出学生的认知特征，且不需要事先进行理论假设。计算教育学背景下的学生认知水平研究与心理学认知模型演绎的方法代表不同的研究范式，而采用计算教育学背景下的研究范式更加有利于归纳出根植于数学学科内部的认知模型。

基于统计原理划线的表现标准提供一条由测试试题—测试数据—认知水平模型的研究路径与范式。基于测试的表现标准以水平分数线作为区分不同水平的精确标

① 唐瑞芬. 关于布鲁姆教育目标分类学的思考［J］. 数学教育学报，1993（2）：10－14.
② LAM P, FOONG Y. Rasch analysis of math SOLO taxonomy levels using hierarchical items in testlets［J/OL］. Classification，1996［2019－10－30］. https：//files. eric. ed. gov/fulltext/ED398271. pdf.
③ 谢明初，吴晓红. 建立理论体系还是研究现实问题：关于数学教育研究的思考［J］. 数学教育学报，2004（4）：31－33.
④ 朱文芳. 将心理学应用于数学教育实践要注意的问题［J］. 数学通报，2005，44（6）：22－24.

志，学科专家总结分析水平样例的特征形成水平描述语，是一种典型的量化与质性相结合的混合研究，最终结果以水平分数线与水平描述语的形式呈现，是未经语言提炼的认知水平模型。PISA 精熟度度量尺法、TIMSS 量尺锚定法及本书开发的基于 LCA 模型的表现标准建构算法，这一类基于统计原理划线的表现标准提供的是一种自下而上的研究方法，这也正是数学教育研究者所倡导的一种研究方法，也符合计算教育学背景下的研究范式。笔者认为作为数学教育研究者，完全脱离教育学心理学理论与完全依靠教育学心理学理论都是失之偏颇的，数学教育研究最应该从教育学心理学理论中吸取的营养是研究方法而不是理论模型。

（四）将建构表现标准作为数学教育标准制定的一个重要环节

1. 为学业成就测试开发相应的表现标准

美国 NRC（National Research Council）认为测评系统构建的三大支柱是观察、认知与解释。而表现标准构建的最初目的正在于分数诠释，分数意义诠释始终是大规模测试项目的重要一环。王鼎指出相比于 PISA 与 TIMSS 等大规模学业成就测试，分数的解释环节是上海市学业测试系统中最为欠缺的环节①。因此，在我国的大规模学业水平测试中应该通过表现标准的建构进行分数的诠释，并以此方式传递分数的意义，引导普通公众关心测试内容而不仅仅是测试分数。在研究标准设定过程时指出，如果每个老师都能经历一个标准设定的过程，把握每个水平学生的认知特征，一定能帮助学生从一个水平提高到另一个水平。由此可见，表现标准的开发过程也是测试开发人员对测试的反思过程，不仅要反思学生的表现还需要反思每个试题考查的知识与技能，是一个对测试再认识的过程。由于基于标准设定的第二类表现标准构建的目标不仅仅是进行分数的诠释，而且要从政策上划定学生的测试表现水平，例如区分达标与非达标等，这一类的表现标准需要得到政策甚至是法律上的支撑，由官方行政部门负责组织开发。因此在日常中小型规模的学业成就测试中，可以采用基于统计原理建构的第一类表现标准。而在由政府官方组织的高中或初中学业水平测试中，则应该采用基于标准设定方法建构的第二类表现标准。

本书在比较六种大规模测试的表现标准开发方法与描述内容之后，对于中等规模的测试项目，尝试将 PISA 与 TIMSS 的等距表现标准开发方法推广其中，从研究的结论可以看出，结合 Rasch 模型完全可以将这些开发经验进行推广。使用 Rasch 模型不仅为等距表现标准提供了等距量尺，还为测试提供了质量分析方法——Rasch 分析，尤其是提供了结合标准参照解释与常模参照解释的技术基础，融合了两者的优

---

① 王鼎. 国际大规模数学测评研究：基于对 TIMSS 和 PISA 数学测评的分析［D］. 上海：上海师范大学，2016.

势进行分数解释。对于小规模的测试项目，则是将潜在类别分析与 Rasch 模型的混合模型融入表现标准的开发框架中，开发自动确定水平数量、水平分数线的表现标准建构算法。因此，针对不同类型的测试项目与不同的需求，都可以设计相应的表现标准方法去建构表现标准，进而发挥表现标准的重要作用。在本书的研究中，从多达几十万被试参加的测试项目，到一两万被试参加再到五六百被试参加的测试项目，都设计了相应的表现标准建构算法，且都取得了较好的实践效果，这些算法都可以应用于面向测试的表现标准开发。

2. 利用基于测试的表现标准为数学学业质量标准服务

欧美国家教育标准二元结构：内容标准＋表现标准分工明确，界定清晰，指导着整个基础教育系统规范化运行。虽然我国《普通高中数学课程标准（2017 年版）》对于六大核心素养分别建立了三个水平的学业质量标准，从某种意义上可以说是我国数学基础教育中的第一个学业质量标准，但是也有研究者对于该质量标准的可操作性持有一定的怀疑态度①②。另一方面，我国数学学业质量标准的相关研究比较匮乏，甚至都没有真正意义的表现标准③，但是却从只包含内容标准的课程标准时代直接跳跃到了带有核心素养模型的学业质量标准时代。与内容标准涉及具体的知识与技能相比，核心素养或核心能力模型更加抽象，因此会导致广大数学教师与数学教育研究者对学业质量标准难以把握，难以发挥学业质量标准的指导作用。

对学业质量标准，《普通高中数学课程标准（2017 年版）》的定义如下："学生完成本学科的学习任务之后，学科核心素养应该达到的水平，各水平的关键表现构成评价学业质量的标准。"杨向东指出现代意义上学业质量标准强调学科能力模型的核心地位，要体现核心能力的表现水平。并指出我国制定学业质量标准需要从两条路径出发：一条路径是理论研究，另一条路径是进行大规模测试。由此可得，学业质量标准虽然并不是基于测试的表现标准，但基于测试的表现标准可为学业质量标准提供丰富的水平样例、学生在水平样例上的表现数据和水平描述的文本参考等重要信息④，是学业质量标准开发的重要必经途径之一。

学业质量标准虽然强调能力模型的核心地位，但脱离于内容标准的学业质量标准将成为无本之木，学业质量标准、表现标准同样都需要与内容标准深度融合。如台湾地区近年来一直致力于教育的标准化改革，在课纲的"学习重点模块"中设立

---

① 喻平. 数学核心素养评价的一个框架 [J]. 数学教育学报，2017，26（2）：19 – 23，59.
② 喻平. 基于核心素养的高中数学课程目标与学业评价 [J]. 课程·教材·教法，2018，38（1）：80 – 85.
③ 雷新勇. 学业标准：基于标准的教育改革必须补上的一环 [J]. 上海教育科研，2009（6）：15 – 18.
④ 杨向东. 基础教育学业质量标准的研制 [J]. 全球教育展望，2012（5）：32 – 41.

了相应的"学习内容"与"学习表现"模块，内容标准、表现标准与学业质量标准三者并存。所以，现代意义学业质量标准并不意味着内容标准与表现标准的缺失，而是三者在课程标准中的深度融合。表现标准应作为联系内容标准与学业质量标准的中介，表现标准既与内容标准相对应，又为学业质量标准中的表现水平提供相应的量化与质性评价信息，是联系两者的纽带。

在基于测试的表现标准中，与学业质量标准最为接近的表现标准是 NAEP 的政策性表现标准，在没有与实测数据相关联之前，也称为学术性表现标准，是一种规范性标准（normative standard）。在 NAEP 表现标准的水平描述语中，需要在规范性表现标准上添加更多的测试细节构成最终的表现标准，连同水平描述与水平案例一起可以向普通民众展示评价信息，帮助一线教育工作者通过表现标准把握"好的程度"问题。我国学业质量标准的开发应吸取 NAEP 表现标准的建构经验，将理论倾向的表现标准与实践倾向的表现标准相互融合，建构具有现代化意义的学业质量标准。

（五）基于表现标准设计学生的数学认知水平提高路径

1. 基于等距表现标准的自适应测试设计

项目反应理论已在题库建设、自适应测试设计等方面有着成熟应用[①]。与这些测试系统采用项目反应理论建构学业成就量尺相比，表现标准则是在学业成就量尺基础上的深加工，不仅对测试进行定量分析，而且还进行定性分析，通过给试题贴标签（划分等级）、描述试题所需知识与技能、构建项目地图等方法分析测试试题。试题描述语、水平描述语等可以帮助教师与学生对于测试形成更加深刻的认识。

等距的表现标准同时将学生能力与试题难度划分为不同的水平，且每个水平都有严格的统计学意义。表现标准的组成成分模型与各种国际行业标准组织的学习者、学习对象的数据元模型基本相似，所以表现标准的思想方法可以方便地融入学习者模型中，进而为个性化的学习路径推荐提供新的途径。

本书基于表现标准设计了相应自适应试题推荐算法，基于表现标准的个性化学习资源推荐不仅有利于线上的推荐，还有利于线下的推荐。通过表现标准，教师明确了好的程度问题，知道了学生的学习应该达到什么程度，这就避免了超纲超标问题的出现，还可以针对不同水平学生的特征布置对应水平的学习任务。简洁的水平划分帮助教师快速有效地做出判断，明确不同水平学生的认知特征更加有利于教师在教学过程中实现精准教学。

---

① 罗照盛. 项目反应理论基础［M］. 北京：北京师范大学出版社，2012.

2. 基于认知诊断的数学认知水平提高路径设计

数学素养评价是我国数学课程改革面临的核心问题。从国内外有关数学素养的研究上看，虽然学界对数学素养的概念界定与成分划分持有不同意见，但是可以形成共识的是：数学素养作为一种心理特质具有综合性与多维性的特点①②③。基于多维测评的认知诊断可以发现学生在不同维度、更细粒度属性上的差异，从而有利于发现不同水平学生群体的一些共性的"缺陷"特征，帮助教师设计相应的学生认知水平提高策略。

在表现标准的基础上，进一步利用多维能力的认知诊断技术对 L 区测评项目中四个水平学生进行群体认知诊断。以 L 区测评项目为例，对于低水平学生群体，首要需要提高其数学交流、设置问题策略、数学表征等三个维度上的能力；而对于基础水平学生群体，则需要提高其数学化、符号与形式化两个维度上的能力；对于较高水平的学生群体，则需要提高其推理与论证维度上的能力。利用表现标准与认知诊断技术，在基于数据与证据的基础上对不同水平学生群体进行学生认知特征分析，设计相应的数学认知水平提供路径，是一种为了学习的评价。

三、研究创新与不足

（一）研究的创新之处

（1）研究对象与内容的创新。选用六个著名的大规模学业成就测评项目作为研究对象，但是本研究只涉及这些测评项目流程中的一个环节：表现标准开发。将研究内容聚焦但是将研究对象的范围扩大，这些研究对象包含了两个国际项目、两个国家项目和两个省级项目的数学学科表现标准，这样更加有利于探讨已有的表现标准建构方法，进而为本土化服务。在对建构方法进行研究的同时，还对水平描述的内容进行研究，提取了不同水平学生的认知特征，由于这些表现标准的描述对象相当于我国的初中毕业生，认知能力具有很高的一致性，因此从这些表现标准总结出的认知特征具有充足的代表性。

（2）研究方法的创新。在比较研究中，对于多个数学学科表现标准既进行了横向比较，又进行了纵向比较分析，不仅从理论上进行了比较，还在量化的实践过程中进一步比较分析。而以往的研究大多是从理论上进行比较，缺乏实践的比较，特

---

① 喻平. 数学学科核心素养要素析取的实证研究 [J]. 数学教育学报，2016，25（6）：1-6.
② 蔡金法，徐斌艳. 也论数学核心素养及其构建 [J]. 全球教育展望，2016，45（11）：3-12.
③ 胡典顺. 数学素养研究综述 [J]. 课程·教材·教法，2010，30（12）：50-54.

别是算法运行效果的比较。在实践研究中，又模拟多种测试情境评价已有表现标准建构方法的适用条件、异同点和优缺点等，是一种实证化的比较。还采用量化加质性的混合实证研究法，对学生的数学认知特征进行分析。

（3）开发新的表现标准建构算法。本文主要研究目的之一是将大规模测试项目的表现标准开发方法推广至中小规模测试项目中，为此需要设计适应不同测试规模的新算法。对于类似于 L 区测评项目全量表形式的中等规模测试项目，在 PISA 精熟度量尺和 TIMSS 量尺锚定的基础上，将量尺锚定方法中的水平样例遴选方法融入 PISA 的精熟度量尺中，开发新的表现标准建构算法。对于类似于 L 区测评项目子量表形式的小规模测试项目，则在潜在类别分析的基础上，设计相应的水平分数线和水平样例确定算法，该方法可以智能地确定水平数量与水平分数线，开发表现标准的智能建构算法。

（二）研究的不足之处

（1）与学科的联系不够深入。本研究将重点聚焦于表现标准的建构方法，选取了几个著名大规模测试项目的数学学科表现标准开发算法进行比较，并针对实践项目开发新的算法，考虑较多的是测试的题量、被试数量等测试规模信息，未能与数学学科内微观的研究课题深度结合，为某一具体的数学能力、素养或某一具体内容模块设计测试项目并建立表现标准，从而得到相应的认知水平模型。

在后续的研究中，将深入数学学科内部遴选相关课题进行研究，并将研究成果与布鲁姆模型、SOLO 模型、范希尔模型等相比较，建构根植于学科内部的认知水平模型。例如以《普通高中数学课程标准（2017 年版）》提出的数学六大核心素养中某一个核心素养为研究对象，设计测试题目，收集测试数据，建构表现标准。并与课标的数学学业质量标准划分的三个水平进行比较，建立与三个水平相当的水平分数线，遴选水平样例，进一步将学业质量标准进行操作化的定义，更好地指导数学课程教学实践。

（2）对于跨年级的表现标准缺乏深入的分析。NAPLAN 在 PISA 的基础上坚持技术创新，采用垂直等值技术链接多个年级测评项目到同一 Rasch 学业成就量尺中，对于测试设计、认知能力度量等一系列技术要求更高。与 PISA 测量对象为 15 周岁学生相比，NAPLAN 的测量对象为三、五、七、九共四个年级的学生，为每个年级设立最低标准，且不通过标准设定的方法设立最低标准，从这些方面看 NAPLAN 是当今大规模学业成就测试最高技术水平的代表之一。但本研究仅抽取了其中的九年级表现标准进行研究，而对于其跨年级的表现标准的设计原理、测量技术等问题没有进行深入的探讨。

在后续的研究中，将进一步研究链接多个测试的表现标准开发技术。采用水平等值方法将多个测试链接到同一量尺中可以提高表现标准的建构效度，增加水平样例的数量，提高水平描述语的代表性，进而可将研究成果迁移到更加广阔的学科领域。采用垂直等值方法则可像 NAPLAN 一样，链接多个年级的测试项目，以此增加表现标准的深度，增加学业成就量尺的长度。特别是随着"螺旋式上升"的课程设计和教材编排，建构跨年级的表现标准对于回答"多好才算好"的问题具有现实意义。

（3）对于第一类表现标准如何衔接第二类表现标准缺乏分析。本研究在 PISA、TIMSS 的基础上开发适应中等规模测试项目的表现标准建构算法，基于 LCA 模型设计了小规模测试项目的表现标准建构算法，按此类统计原理建构的表现标准都属于第一类表现标准，没有评委参与水平分数线的确定过程，如果将其作为一种标准设定的方法去判断学生的学业成绩是否合格显然是不合适的。由于 L 区测评项目是一个学业成就水平调查项目，不是一个高水平测试项目，算法在这一类测试项目具有什么样的运行效果，能够为评委参与划线的标准设定过程提供多少重要参考信息，评委如何借助于这一类的表现标准提高水平分数线的划分效度等问题还没有进行深入的研究。

在后续的研究中，进一步将本书开发的算法与评委参与划线的标准设定法进行比较。从计算机辅助决策的视角，研究如何发挥第一类的表现标准作用，为第二类表现标准的建构提供技术支持。向评委提供图像化表征的测试项目地图，适合统计数据的初始水平数量、水平分数线，一个客观科学的初步表现标准将帮助评委降低认知负荷，划定更合理的水平分数线。同时，研究通过合理的测试设计，在表现标准中设立最低标准，目的是像 NAPLAN 一样，直接通过基于统计的方法直接建构最低合格标准。

参考文献

一、中文著作

[1] 皮亚杰. 皮亚杰发生认识论文选 [M]. 上海：华东师范大学出出版社，1991.

[2] 鲍建生，周超. 数学学习的心理基础与过程 [M]. 上海：上海教育出版社，2009.

[3] 陈向明. 质的研究方法与社会科学研究 [M]. 北京：教育科学出版社，2000.

[4] 林崇德. 学习与发展：中小学生心理能力发展与培养（修订版）[M]. 北京：北京师范大学出版社，2003.

[5] 克鲁捷茨基. 中小学数学能力心理学 [M]. 李伯黍，洪宝林，译. 上海：上海教育出版社，1983.

[6] 林聚任，刘玉安. 社会科学研究方法 [M]. 济南：山东人民出版社，2004.

[7] 皮连生. 学与教的心理学 [M]. 上海：华东师范大学出版社，1997.

[8] 皮亚杰. 发生认识论原理 [M]. 王宪钿，等译. 北京：商务印书馆，1985.

[9] 邱皓政. 潜在类别模型的原理与技术 [M]. 北京：北京大学出版社，2008.

[10] 罗照盛. 项目反应理论基础 [M]. 北京：北京师范大学出版社，2012.

[11] J. W. 威尔逊. 中学数学学习评价 [M]. 杨晓青，译. 上海：华东师范大学出版社，1989.

[12] 杨向东. 理论驱动的心理与教育测量学 [M]. 上海：华东师范大学出版社，2014.

[13] 张敏强. 教育测量学 [M]. 北京：人民教育出版社，1998.

[14] 张文彤，董伟. SPSS 统计分析高级教程 [M]. 北京：高等教育出版社，2013.

[15] 张咏梅. 大规模学业成就调查的开发：理论、方法与应用 [M]. 北京：北京师范大学出版社，2015.

[16] 中华人民共和国教育部. 义务教育数学课程标准：2011 年版 [M]. 北京：北京师范大学出版社，2011.

二、英文著作

［1］ANDERSON L W, KRATHWOHL D R, AIRASIAN P W. A taxonomy for learning, teaching, and assessing: a revision of bloom's taxonomy of educational objectives ［M］. NewYork: Longman, 2001.

［2］ANGOFF W H. Scales, norms, and equivalent scores ［M］. Princeton: Educational Testing Service, 1984.

［3］CIZEK G J, BUNCH M B. Standard Setting: A Guide to Establishing and Evaluating Performance Standards on Tests ［M］. Thousand Oaks: Sage Publications, 2007.

［4］Committee on the Foundations of Assessment. Knowing what students know: The science and design of educational assessment ［M］. Washington. DC: National academy press, 2001.

［5］PIAGET J, INHELDER B. The origin of the idea of chance in children ［M］. New York: W. W. Norton, 1975.

［6］RECKASE M D. Multidimensional item response theory ［M］. New York: Springer-Verlag, 2009.

［7］WILSON M. Construting measure: an item response modelling approach ［M］. Hillsdale: Lawrence Erlbaum Associates, 2005.

［8］CRESSWELL J, SCHWANTNER U, WATERS C. A Review of International Large-Scale Assessments in Education: Assessing Component Skills and Collecting Contextual Data ［M］. Paris: OCED Publishing, 2015.

［9］PIAGET J, INHELDER B. The Child's Conception of Space ［M］. London: Routledge and Kegan Paul, 1956.

三、中文期刊论文

［1］ALLEN B, 窦平安. 图书情报学研究中的内容分析法 ［J］. 国外情报科学, 1993, 11 (1).

［2］鲍建生. 几何的教育价值与课程目标体系 ［J］. 教育研究, 2000 (4).

［3］本刊编辑部. 中考改革趋势: 利于减负的成绩等级制 ［J］. 现代教育科学, 2015 (6).

［4］蔡金法, 徐斌艳. 也论数学核心素养及其构建 ［J］. 全球教育展望, 2016, 45 (11).

［5］曹一鸣, 陈鹏举. 不同能力水平的中学生数学学习策略运用及其影响研究 ［J］. 教育研究与实验, 2018 (4).

［6］陈传锋，陈文辉，董国军，等．中学生课业负担过重：程度、原因与对策——基于全国中学生学习状况与课业负担的调查［J］．中国教育学刊，2011（7）．

［7］崔国涛，石艳．国际教育成绩评估项目的背景测试及其对我国"中考"改革的启示［J］．外国教育研究，2012，39（2）．

［8］崔允漷，夏雪梅．试论基于课程标准的学生学业成就评价［J］．课程·教材·教法，2007（1）．

［9］范涌峰，宋乃庆．大数据时代的教育测评模型及其范式构建［J］．中国社会科学，2019（12）．

［10］付雷．美国 NAEP 学业成就水平描述的变迁及对我国的启示：以八年级科学学科学业评价为例［J］．教育测量与评价（理论版），2012（8）．

［11］付钰，王雅琪．2019 年全国高考数学试题与课程标准的一致性研究：基于韦伯一致性分析模式［J］．教育测量与评价，2019（12）．

［12］顾泠沅．青浦实验：一个基于中国当代水平的数学教育改革报告（上）［J］．课程·教材·教法，1997（1）．

［13］胡典顺．数学素养研究综述［J］．课程·教材·教法，2010，30（12）

［14］黄蓉，张晓正，赵守盈．Rasch 分析和因素分析对学绩测验的质量分析比较［J］．贵州师范大学学报（自然科学版），2015，33（2）．

［15］姜强，赵蔚，刘红霞，等．能力导向的个性化学习路径生成及评测［J］．现代远程教育研究，2015（6）．

［16］蒋凯．比较教育研究方法的相关问题分析［J］．教育研究．2007，28（4）．

［17］康春花，辛涛．测验理论的新发展：多维项目反应理论［J］．心理科学进展，2010，18（3）．

［18］柯政．高考改革需要更加重视科学学科［J］．华东师范大学学报（教育科学版），2018，36（3）．

［19］孔企平．国际数学学习测评：聚焦数学素养的发展［J］．全球教育展望，2011（11）．

［20］乐毅．试论制定国家学业质量标准的若干基本问题［J］．教育研究，2014，35（8）．

［21］雷新勇．教育测量理论应用于高考改革实践若干问题的探讨［J］．中国考试，2020（1）．

［22］雷新勇．学业标准：基于标准的教育改革必须补上的一环［J］．上海教育科研，2009（6）．

［23］李化侠，宋乃庆，杨涛，等．学习进阶测评工具研发：以小学生统计思维为例

［J］．华东师范大学学报（教育科学版），2020，38（4）．

［24］李佳，高凌飚，曹琦明．SOLO 水平层次与 PISA 的评估等级水平比较研究［J］．课程·教材·教法，2011，31（4）．

［25］李雪燕，辛涛．特质焦虑的潜类别分析［J］．北京师范大学学报（自然科学版），2006（6）．

［26］李珍，辛涛，陈平．标准设定：步骤、方法与评价指标［J］．考试研究，2010，6（2）．

［27］李振文．PISA 科学素养测试等级划分对我国高考选考科目等级设定的启示［J］．中国考试，2020（3）．

［28］林崇德．从智力到学科能力［J］．课程·教材·教法，2015，35（1）．

［29］刘丹，杨玉东，贺真真．教学目标测量的分类学基础：青浦实验的新世纪行动之五［J］．上海教育科研，2007（11）．

［30］刘庆思．提高考试分数可解释性研究：基于我国教育考试标准研制的思考［J］．中国考试，2019（6）．

［31］刘晓玫，陈娟．PISA 与 TIMSS 中有关数学评价的比较分析［J］．外国教育研究，2007，34（2）．

［32］刘晓玫．构建促进学生空间观念发展的几何课程：基于小学生空间观念发展水平的研究［J］．课程·教材·教法，2008（10）．

［33］刘欣颜，刘晟，刘恩山．学业质量水平等级标准设定及其启示：以小学科学学科为例［J］．教育学报，2016（2）．

［34］卢成娴，唐恒钧．高中数学学业水平考试与课程标准的一致性研究［J］．考试研究，2019（3）．

［35］卢鸿鸣．长沙市十年中考改革的制度设计与思考［J］．人民教育，2015（8）．

［36］陆璟．PISA 能力水平量表的构建及其启示［J］．教育测量与评价，2010（9）．

［37］罗德红，龚婧．PISA、NAEP 和 PIRLS 阅读素养概念述评［J］．上海教育科研，2016（1）．

［38］潘士美，张裕灵，李玲．义务教育学生科学素养及其关键影响因素研究：来自PISA、TIMSS 和 NAEP 的国际测评经验［J］．外国教育研究，2018，45（10）．

［39］綦春霞，王瑞霖．中英学生数学素养的比较及其启示［J］．比较教育研究，2012，34（11）．

［40］綦春霞，张新颜，王瑞霖．八年级学生数学学业水平的现状及其影响因素研究：以三地测试为例［J］．教育学报，2015（2）．

［41］綦春霞，周慧．基于PISA2012 数学素养测试分析框架的例题分析与思考［J］．

教育科学研究，2015（10）.

[42] 邱均平，邹菲．关于内容分析法的研究 [J]．中国图书馆学报，2004，30（2）.

[43] 任子朝，陈昂，单旭峰．高考分数的科学解释和利用：ACT 考试分数量表评介 [J]．中国考试，2015（11）.

[44] 史宁中．数学的基本思想 [J]．数学通报，2011，50（1）.

[45] 史亚娟，华国栋．中小学生数学能力的结构及其培养 [J]．教育学报，2008（3）.

[46] 宋宝和，赵雪．高中学业水平合格性考试的设计及价值分析 [J]．中国考试，2019（1）.

[47] 宋宝和，赵雪．问题导向 统筹兼顾：山东省高考综合改革方案解读 [J]．中国考试，2018（5）.

[48] 宋爽，曹一鸣，郭衎．国际视野下数学考试评价的热点争鸣 [J]．比较教育研究，2019，41（11）.

[49] 苏洪雨．学生几何素养评价的指标和模型设计 [J]．数学教育学报，2013，22（6）.

[50] 孙晓敏，关丹丹．经典测量理论与项目反应理论的比较研究 [J]．中国考试（研究版），2009（9）.

[51] 唐瑞芬．关于布鲁姆教育目标分类学的思考 [J]．数学教育学报，1993（2）.

[52] 陶敏力．考试分数的解释 [J]．重庆师范学院学报，1986（2）.

[53] 滕珺，王杨楠．美国基础教育体系真的要大改？——奥巴马政府基础教育新法案《每个学生都成功》述评 [J]．比较教育研究，2016（3）.

[54] 涂冬波，蔡艳，戴海琦，等．多维项目反应理论：参数估计及其在心理测验中的应用 [J]．心理学报，2011，43（11）.

[55] 王鼎，李宝敏．综合素质评价中量尺构建及结果解释再思考：基于 PISA 测评及 TIMSS 测评的启示 [J]．教育发展研究，2017，37（2）.

[56] 王晶莹，杨伊，宋倩茹，等．计算教育学：是什么、做什么及怎么做 [J]．现代远程教育研究，2020，32（4）.

[57] 王蕾．PISA 的教育测量技术在高考中的应用前景初探 [J]．清华大学教育研究，2012，33（3）.

[58] 王蕾．Rash 客观等距测量在 PISA 中国试测研究中的实践 [J]．心理学探新，2007（4）.

[59] 王蕾．客观等距量尺在高考评价指标体系中的应用与构想 [J]．中国考试，

2008 （3）.

［60］王文中. Rasch 测量理论与其在教育和心理之应用［J］. 教育与心理研究，2004 （4）.

［61］温忠麟，侯杰泰，马什赫伯特. 结构方程模型检验：拟合指数与卡方准则［J］. 心理学报，2004 （2）.

［62］文东茅. 深化教育评价改革需回归常识［J］. 教育测量与评价，2020 （8）.

［63］夏小俊，顾乃景，柏毅. TIMSS 2015 与 NAEP 2015 科学评估框架的比较研究［J］. 考试研究，2016 （1）.

［64］谢明初，吴晓红. 建立理论体系还是研究现实问题：关于数学教育研究的思考［J］. 数学教育学报，2004 （4）.

［65］辛涛，贾瑜. 国际视野与本土探索："国际学生评估项目"的作用及启示［J］. 教育研究，2019，40 （12）.

［66］辛涛，乐美岭，郭艳芳，等. 学业质量标准的建立途径：基于认知诊断的学习进阶方法［J］. 教育学报，2015 （5）.

［67］徐岩，丁朝蓬. 建立学业评价标准促进课程教学改革［J］. 课程·教材·教法，2009，29 （12）.

［68］徐岩，吴海建，孙新. 中小学生学业评价标准的实验研究［J］. 课程·教材·教法，2011 （11）.

［69］许志勇，丁树良，钟君. 高考数学试卷多维项目反应理论的分析及应用［J］. 心理学探新，2013，33 （5）.

［70］晏子. 心理科学领域内的客观测量：Rasch 模型之特点及发展趋势［J］. 心理科学进展，2010 （8）.

［71］杨惠中，金艳. 大学英语四、六级考试分数解释［J］. 外语界，2001 （1）.

［72］杨向东. 基础教育学业质量标准的研制［J］. 全球教育展望，2012 （5）.

［73］杨志明. 高中学业水平考试等级设定的若干方法［J］. 教育测量与评价，2016 （10）.

［74］杨志明. 做好高中学业水平考试所必须的四项测量学准备［J］. 中国考试，2017 （1）.

［75］叶海智，杨柳，黄宏涛，等. 面向认知诊断的能力等级自适应试题推送模型构建及应用［J］. 电化教育研究，2019，40 （11）.

［76］喻平. 数学学科核心素养要素析取的实证研究［J］. 数学教育学报，2016，25 （6）.

［77］喻平. 数学核心素养评价的一个框架［J］. 数学教育学报，2017，26 （2）.

[78] 喻平. 基于核心素养的高中数学课程目标与学业评价 [J]. 课程·教材·教法, 2018, 38 (1).

[79] 张春莉. 小学生数学能力评价框架的建构 [J]. 教育学报, 2011 (5).

[80] 张华. 国外中小学数学教育评价研究述评及其启示 [J]. 课程·教材·教法, 2007 (10).

[81] 张晓, 辛自强, 陈英和, 等. 小学儿童分数概念语义理解水平及模式: 基于潜在类别分析 [J]. 数学教育学报, 2018 (3).

[82] 张洁婷, 焦璨, 张敏强. 潜在类别分析技术在心理学研究中的应用 [J]. 心理科学进展, 2010, (12).

[83] 张楠, 宋乃庆, 申仁洪. 新时代教育评价改革的价值意蕴与实践路径 [J]. 中国考试, 2020 (8).

[84] 赵超越. 本体性意义与学科反思: 大数据时代社会学研究的回应 [J]. 上海大学学报 (社会科学版), 2019, 36 (1).

[85] 赵守盈, 何妃霞, 陈维, 等. Rasch 模型在研究生入学考试质量分析中的应用 [J]. 教育研究, 2012 (6).

[86] 郑永和, 严晓梅, 王晶莹, 等. 计算教育学论纲: 立场、范式与体系 [J]. 华东师范大学学报 (教育科学版), 2020, 38 (6).

[87] 朱立明, 马云鹏. 学生数学符号意识 PORE 评价框架的构建 [J]. 数学教育学报, 2016, 25 (1).

[88] 朱伟, 于凤姣. 国际阅读评价研究对我国阅读教学的启示: 以 PIRLS 2011 和 PISA 2009 为例 [J]. 上海教育科研, 2012 (4).

[89] 朱文芳. 将心理学应用于数学教育实践要注意的问题 [J]. 数学通报, 2005, 44 (6).

[90] 徐岩, 丁朝蓬. 建立学业评价标准 促进课程教学改革 [J]. 课程·教材·教法, 2009, 29 (12).

[91] 雷新勇. 我国学业水平考试的基本问题及反思 [J]. 教育测量与评价 (理论版), 2010 (1).

[92] 付钰, 綦春霞. 不同水平学生数学学业成绩表现及其影响因素——基于八年级学生大规模区域监测数据 [J]. 教育测量与评价, 2020 (8).

[93] 杨玉芹. MOOC 学习者个性化学习模型建构 [J]. 中国电化教育, 2014 (6).

[94] 崔允漷. 促进学习: 学业评价的新范式 [J]. 教育科学研究, 2010 (3).

[95] 陈向明. 扎根理论的思路和方法 [J]. 教育研究与实验, 1999 (4).

[96] 尹捷. "智力测验之父" 比奈与让·皮亚杰之间令人困惑的关系 [J]. 大众心

理学, 2011 (10).

[97] 胡典顺, 雷沛瑶, 刘婷. 数学核心素养的测评: 基于 PISA 测评框架与试题设计的视角 [J]. 教育测量与评价, 2018 (10).

[98] 辛涛. 项目反应理论研究的新进展 [J]. 中国考试, 2005 (7).

四、英文期刊论文

[1] ACKERMAN T A, GIERL M J, WALKER C M. Using multidimensional item response theory to evaluate educational and psychological tests [J]. Educational Measurement and Practice, 2003, 22 (3).

[2] ALMY M. Review of memory and intelligence; understanding causality; and the origin of the idea of chance in children [J]. American Journal of Orthopsychiatry, 1976, 46 (1).

[3] BARTOLUCCI F, BACCI S, GNALDI M. MultiLCIRT: An R package for multidimensional latent class item response models [J]. Computational Stats and Data Analysis, 2014, 71 (1).

[4] BEATON A E, JOHNSON E G. Overview of the scaling methodology used in the national assessment [J]. Journal of Educational Measurement, 1992 (29).

[5] BOGARDUS E S. Social distance and its origins [J]. Journal of Applied Sociology, 1992, 9 (3).

[6] BEATON A E, ALLEN N L. Interpreting NAEP Scales Through Scale Anchoring [J]. Journal of Educational Statistics, 1992, 17 (2).

[7] RICHARD S B. Using latent class analysis to set academic performance standards [J]. Educational Assessment, 2007 (12).

[8] BRUER J T. The mind's journey from novice to expert [J]. American Educator, 1993, 17 (2).

[9] BUCKENDAHL C W, SMITH R W, PLAKE I B S. A comparison of Angoff and bookmark standard setting methods [J]. Journal of Educational Measurement, 2002, 39 (3).

[10] CHALMERS R P. Mirt: A multidimensional item response theory package for the R environment [J]. Journal of Statistical Software, 2012, 48 (6).

[11] CIZEK G J, BUNCH M B, Koons H. Setting performance standards: contemporary methods [J]. Educational Measurement Issues & Practice, 2004, 23 (4).

[12] CLAUSER B E, BALDWIN P, MARGOLIS M J, et al. An experimental study of

the internal consistency of judgments made in bookmark standard setting [J]. Journal of Educational Measurement, 2017, 54 (4).

[13] DUVAL R. Representation, vision and visualization: cognitive functions in mathematical thinking. Basic issues for learning [J]. Twenty-first Annual Meeting of the Annual Meeting of the North American Chapter of the International Group for the Psychology of Mathematics Education, 1999, 25 (1).

[14] EMBRETSON S E. Item response theory models and spurious interaction effects in factorial ANOVA designs [J]. Applied Psychological Measurement, 1996, 20 (3).

[15] ERTMER P A, TIMOTHY J N. The expert learner: Strategic, self-regulated, and reflective [J]. Instructional Science, 1996, 24 (1).

[16] FUYS D, GEDDES D, TISCHLER R. The van Hiele model of thinking in geometry among adolescents [J]. Journal for Research in Mathematics Education, 1988 (3).

[17] GARCIA P E, ABAD F J, Olea J, et al. A new IRT-based standard setting method: application to eCat-Listening [J]. Psicothema, 2013, 25 (2).

[18] HAMBLETON R K, SIRECI S G, SMITH Z R. How do other countries measure up to the mathematics achievement levels on the national assessment of educational progress? [J]. Applied Measurement in Education, 2009, 22 (4).

[19] HAN C, PARK M. A comparison study on mathematics assessment frameworks-focusing on NAEP 2015, TIMSS 2015 and PISA 2015 [J]. The Mathematical Education, 2015, 54 (3).

[20] HUYNH H. On score locations of binary and partial credit items and their applications to item mapping and criterion referenced interpretation [J]. Journal of Educational and Behavioral Statistics, 1998 (23).

[21] JONES G A, THORNTON C A, LANGRALL C W, et al. A framework for characterizing children's statistical thinking [J]. Mathematical Thinking and Learning, 2000, 2 (4).

[22] JONES G A, THORNTON C A, PUTT I J. A model for nurturing and assessing multidigit number sense among first grade children [J]. Educational Studies in Mathematics, 1994, 27 (2).

[23] JONES G A, LANGRALL C W, THORNTON C A, et al. A framework for assessing and nurturing young children's thinking in probability [J]. Educational Studies in

Mathematics, 1997, 32 (2).

[24] KANE M. Validating the performance standards associated with passing scores [J]. Review of Educational Research, 1994, 64 (3).

[25] LEVENTHAL B C, GRABOVSKY I. Adding objectivity to standard setting: evaluating consequence using the conscious and subconscious weight methods [J]. Educational Measurement Issues and Practice, 2020, 39 (3).

[26] LIM H, SIRECI S G. Linking TIMSS and NAEP assessments to evaluate international trends in achievement [J]. Education Policy Analysis Archives, 2017, 25 (10 – 11).

[27] LIVINGSTON S A, ZIEKY M J. A comparative study of standard-setting methods [J]. Applied Measurement in Education, 1983 (2).

[28] LUCE R D, TUKEY J W. Simultaneous conjoin measurement: a new type of fundamental measurement [J]. Journal of Mathematical Psychology, 1964 (1).

[29] MEEKS L, KEMP C, STEPHENSON J. Standards in literacy and numeracy: contributing factors [J]. Australian Journal of Teacher Education, 2014, 39 (7).

[30] MOONEY E S. A framework for characterizing middle school students' statistical thinking [J]. Mathematical Thinking and Learning, 2002, 4 (1).

[31] NEWBY V A, CONNER G R, GRANT C P, et al. The Rasch model and additive conjoint measurement [J]. Journal of Applied Measurement, 2009, 10 (4).

[32] OLSEN R V, NILSEN T. Standard setting in PISA and TIMSS and how these procedures can be used nationally [J]. Standard Setting in Education, 2017.

[33] PERLINE R, WRIGHT B D, WAINER H. The Rasch model as additive conjoint measurement [J]. Applied psychological measurement, 1979, 3 (2).

[34] PHILLIPS G W, JIANG T. Using PISA as an international benchmark in standard setting [J]. Journal of Applied Measurement, 2015, 16 (2)

[35] SKAGGS G, HEIN S F, WILKINS J L M. Using diagnostic profiles to describe borderline performance in standard setting [J]. Educational Measurement: Issues and Practice, 2020, 39 (1).

[36] ROST J. Rasch models in latent classes: anintegration of two approaches to item analysis [J]. Applied Psychological Measurement, 1990, 14 (3).

[37] SAMEJIMA F. Estimation of latent ability using a response pattern of graded scores [J]. Psychometrika, 1969, 35 (1).

[38] SCHOENFELD A H. When good teaching leads to bad results: The disasters of

"well-taught" mathematics courses [J]. Educational Psychologist, 1988, 23 (2).

[39] SKAGGS G, HEIN S F, WILKINS J L M. Diagnostic profiles: A standard setting method for use with a cognitive diagnostic model [J]. Journal of Educational Measurement, 2016, 53 (4).

[40] SOLIHATUN S, RANGKA I B, RATNASARI D, et al. Measuring of student learning performance based on geometry test for middle class in elementary school using dichotomous Rasch analysis [J]. Journal of Physics Conference Series, 2019, 1157 (3).

[41] STERNBERG R J. Raising the achievement of all students: Teaching for successful intelligence [J]. Educational Psychology Review, 2002, 14 (4).

[42] WALKER C M, BERETVAS S N. Comparing multidimensional and unidimensional proficiency classifications: Multidimensional IRT as a diagnostic aid [J]. Journal of Educational Measurement, 2003, 40 (3).

[43] WANG N. Use of the Rasch IRT model in standard setting: an item-mapping method [J]. Journal of Educational Measurement, 2003, 40 (3).

[44] WILSON M. A Comparison of deterministic and probabilistic approaches to measuring learning structures [J]. Australian Journal of Education, 1989, 33 (2).

[45] WOOLARD J C. Prelude to the Common Core: Internationally Benchmarking a State's Math Standards [J]. Educational Policy, 2013, 27 (4).

[46] YAN Z, BOND T G. Developing a Rasch measurement physical fitness scale for Hong Kong primary school-aged students [J]. Measurement in Physical Education & Exercise Science, 2011, 15 (3).

五、中文学位论文

[1] 陈吉. 基于标准的大规模数学学业评价之命题研究：中美比较 [D]. 上海：华东师范大学, 2012.

[2] 巩子坤. 有理数运算的理解水平及其教与学的策略研究 [D]. 重庆：西南大学, 2006.

[3] 桂德怀. 中学生代数素养内涵与评价研究 [D]. 上海：华东师范大学, 2011.

[4] 梁润婵. TIMSS、PISA、NAEP 科学测试框架与测试题目的比较研究 [D]. 桂林：广西师范大学, 2009.

[5] 李红婷. 7—9 年级学生几何推理能力发展及其教学研究 [D]. 重庆：西南大学, 2007.

［6］李景梅．TIMSS、PISA、NAEP测评中物理试题设计的研究［D］．重庆：重庆师范大学，2012.

［7］邵朝友．基于学科能力的表现标准研究［D］．上海：华东师范大学，2014.

［8］濮安山．初中生函数概念发展研究［D］．长春：东北师范大学，2011.

［9］孙莹．TIMSS、PISA、NAEP试题中生物学试题设计与案例研究［D］．重庆：重庆师范大学，2014.

［10］汪贤泽．基于课程标准的学业成就评价程序研究［D］．上海：华东师范大学，2008.

［11］王俊民．核心素养视域下国际大规模科学学业评估框架与试题研究［D］．重庆：西南大学，2019.

［12］王鼎．国际大规模数学测评研究：基于对TIMSS和PISA数学测评的分析［D］．上海：上海帅范大学，2016.

［13］吴文静．八年级学生代数思维发展现状的评价研究［D］．西安：陕西师范大学，2017.

［14］王娅婷．多维项目反应理论在小学生数学素养诊断中的应用［D］．成都：四川师范大学．2017.

［15］徐燕．学生科学素养评测框架的国际比较研究［D］．南京：东南大学，2015.

［16］赵玉．中国儿童在平衡秤任务上规则使用的潜类别分析［D］．南昌：江西师范大学．2008.

［17］周超．八年级学生数学认知水平的检测与相关分析［D］．上海：华东师范大学，2009.

六、中文电子资源

［1］国务院关于深化考试招生制度改革的实施意见［EB/OL］．（2014－09－04）［2023－12－25］．https：//www.gov.cn/zhengce/content/2014－09/04/content 9065.htm.

［2］江苏省人民政府．省政府关于印发江苏省深化普通高校考试招生制度综合改革实施方案的通知［EB/OL］．（2019－04－23）［2020－03－10］．http：//www.jiangsu.gov.cn/art/2019/4/23/art_ 46143_ 8315709.html.

［3］教育部，发展改革委，公安部，等．教育部等九部门关于印发中小学生减负措施的通知［EB/OL］．（2018－12－28）［2019－10－30］．http：// moe.gov.cn/srcsite/A06/s3321/201812/t20181229_ 365360.html.

［4］香港中学文凭考试．香港中学文凭考试评级程序与水平参照成绩汇报［EB/

OL]. （2018 － 05 － 01） ［2019 － 11 － 19］. http：//www. hkeaa. edu. hk/DocLibrary/Media/Leaflets/HKDSE_ SRR_ A4booklet_ Mar2018. pdf.

［5］ 浙江省教育厅. 浙江省普通高校招生选考科目考试实施办法 ［EB/OL］. （2018 － 05 － 15） ［2024 － 01 － 08］. https：//www. zjzs. net/moban/index/402848536366 ccc00163674a91ac0002. html.

［6］ 中国新闻网. PISA 排名世界第一，中国已是教育世界冠军 ［EB/OL］. （2019 － 12 － 05） ［2019 － 12 － 30］. http：//www. chinanews. com/gn/2019/12 － 15/ 9034125. shtml.

七、英文电子资源

［1］ The National Assessment Program—Literacy and Numeracy（NAPLAN）. Year 9 example individual student report（ISR）without school mean ［EB/OL］. （2019 － 01 － 29）［2024 － 01 － 12］. https：//www. nap. edu. au/docs/default-source/default-document-library/example-2023-y9-isr-without-school-mean. pdf.

［2］ Australian Curriculum，assessment and reporting authority. National assessment program-literacy and numeracy 2018：Technical report ［EB/OL］. （2018 － 07 － 01） ［2024 － 01 － 12］. https：//www. nap. edu. au/docs/default-source/default-document-library/2018_ naplan_ technical_ report_ full_ v1. pdf.

［3］ Australian Curriculum，assessment and reporting authority. The National assessment program—literacy and numeracy（NAPLAN）Minimum standards-numeracy ［EB/OL］. （2019 － 01 － 29） ［2024 － 01 － 12］. https：//www. nap. edu. au/naplan/ whats-in-the-tests/national-minimum-standards.

［4］ BEATON A E，MULLIS I V S，MARTIN M O，et al. Mathematics achievement in the middle school years：IEA's Third International Mathematics and Science Study （TIMSS）［EB/OL］. （1996 － 11 － 01）［2019 － 10 － 30］. https：//timss. bc. edu/ timss1995i/TIMSSPDF/BMathAll. pdf

［5］ BOURQUE M L. A history of NAEP achievement levels：Issues，implementation，and impact 1989—2009 ［R/OL］. ［2023 － 12 － 25］. https：//www. nagb. gov/reports-media/reports/history-naep-achievement-levels-1989-2009. html.

［6］ GRØNMO L S，OLSEN R V. TIMSS versus PISA：The case of pure and applied mathematics ［J/OL］. （2008 － 02 － 01） ［2023 － 12 － 26］. https：// www. researchgate. net/profile/Rolf-Olsen-3/publication/252590482_ TIMSS_ versus_ PISA_ The _ case _ of _ pure _ and _ applied _ mathematics/links/

00463525f7ed8eace7000000/TIMSS-versus-PISA-The-case-of-pure-and-applied-mathematics. pdf.

[7] MULLIS I V S, OLDEFENDT S J, PHILLIPS D L. What Students Know and Can Do: Profiles of Three Age Groups [EB/OL]. (1977 – 05 – 01) [2024 – 01 – 12]. https://files. eric. ed. gov/fulltext/ED135846. pdf.

[8] MARTIN M O, MULLIS I V S, HOOPER M. Methods and Procedures in TIMSS 2015 [EB/OL]. (2016 – 02 – 11) [2023 – 12 – 26]. https://timssandpirls. bc. edu/publications/timss/2015-methods. html.

[9] MARTIN M O, MULLIS I V S, CHROSTOWSKI S J. TIMSS 2003 Technical Report [EB/OL]. (2004 – 11 – 16) [2024 – 01 – 03]. https://timssandpirls. bc. edu/timss2003i/technicalD. html.

[10] LAM P, FOONG Y. Rasch analysis of math SOLO taxonomy levels using hierarchical items in testlets [J/OL]. Classification, 1996 [2019 – 10 – 30]. https://files. eric. ed. gov/fulltext/ED398271. pdf.

[11] MULLIS I V S, MARTIN M O, FOY P, et al. TIMSS 2015 International Results in Mathematics [EB/OL]. (2016 – 11 – 01) [2024 – 01 – 02]. https://timssandpirls. bc. edu/timss2015/international-results/advanced/#side.

[12] OECD. PISA 2012 Results: What Students Know and Can Do: Student Performance in Mathematics, Reading and Science (Volume I) [EB/OL]. (2014 – 02 – 01) [2023 – 12 – 25]. https://www. oecd-ilibrary. org/education/pisa-2012-results-what-students-know-and-can-do-volume-i_ 9789264201118-en.

[13] OECD. PISA 2012 Technical Report [EB/OL]. (2014 – 02 – 11) [2023 – 12 – 26]. https://www. oecd. org/pisa/pisaproducts/pisa2012technicalreport. htm.

[14] PHILLIPS G W. International benchmarking: state and national education performance standards [EB/OL]. (2013 – 09 – 01) [2019 – 12 – 01]. https://files. eric. ed. gov/fulltext/ED553409. pdf.

[15] CHALMERS P. Package "mirt" [EB/OL]. (2019 – 01 – 29) [2019 – 11 – 30]. https://cran. r-project. org/web/packages/mirt/mirt. pdf.

[16] CARMICHAEL S B, WILSON E S, FINN C F, et al. By Which to Navigate? Scanning National and International Education Standards in 2009 [EB/OL]. (2015 – 04 – 25) [2019 – 12 – 01]. http://files. eric. ed. gov/fulltext/ED506714. pdf.

[17] OECD. PISA 2012assessment and analytical framework: mathematics, reading, science, problem solving and financial literacy [EB/OL]. (2014 – 02 – 11) [2019 –

10 – 30］． http：//dx. doi. prg/10. 1787/9789264190511-en.

［18］ PHILLIPS G W, MULLIS I V S, BOURQUE M L, et al. Interpreting NAEP scales
［EB/OL］． (1993 – 04 – 21) ［2024 – 01 – 12］． https：//files. eric. ed. gov/full-
text/ED361396. pdf.

［19］ OECD. PISA 2012 Results：What Students Know and Can Do—Student Performance
in Mathematics, Reading and Science (Volume I, Revised edition, February 2014)
［EB/OL］． (2014 – 02 – 01) ［2023 – 12 – 25］． http：//dx. doi. org/10. 1787/
9789264208780-en.

附录　表现标准水平描述语的编码过程

一、学生数学高水平描述内容的编码过程

为了分析高认知水平学生的特征，选用六个表现标准中最高水平描述语进行统一质性内容分析。整个质性内容分析分两个阶段进行，第一阶段以句子单位为每个表现标准的高水平描述语进行开放式编码，提取核心性质与事件，开放式编码的结果如表7-1所示。第二阶段寻找开放式编码的故事线，采用主轴编码的方法进行对比分析寻找六种最高水平描述的共同特征，编码的过程如图7-1所示。由于编码的目的不是提取最终理论，而是进行质性的内容分析，所以只采用两轮编码，而不是三轮编码。通过研究可得，贯穿这六个表现标准的故事线为：推理论证、建立模型、概括抽象。

表7-1　六个数学表现标准最高水平描述的开放式编码

TIMSS 编码	PISA 编码	NAEP 编码
多种情境下应用数学	非标准情境问题建模	综合概括
进行推理	不同信息间的翻译与转换	开发数学模型
情境问题概括抽象	高级思维与推理	甄别正反例形成概括
线性方程组求解	开发新解决策略	数感
有理数问题解决	问题解决并论证	几何意识
复杂图形面积	概括抽象	抽象思维
平均值问题求解	良好的数学交流	独特的问题解决策略
		问题解决并论证
NAPLAN 编码	TAS 编码	CAPFJHSS 编码
应用数学解决复杂问题	有理数运算	联结性质解题
代数符号使用	代数式运算	联结概念形成概括
几何推理使用	模式的抽象与推测	联结定理论证
表面积与体积求解	演绎几何	复杂情境问题建模
方程组不等式组求解	制作数据图表	简单证明
比较事件发生的概率	寻找集中趋势	逻辑推理
立体图形的线与角问题解决	基于平均值的推理	

1. 推理论证

将 TIMSS 描述语中的"能够进行推理",PISA 描述语中的"这个水平的学生具有高级的推理能力",NAEP 描述语中的"解释问题解决结论背后的推理过程",NA-PLAN 描述语中的"使用几何推理解决问题",TAS 描述语中的"在几何证明的问题上,他们能正确地写出解题步骤,并提供充分的理由以完成证明",CAPFJHSS 描述语中的"能利用数学性质做简单证明,也能利用响应情境、设想特例等方式,说明或反驳叙述的合理性"分别编码为"进行推理""高级思维与推理""问题解决并论证""甄别正反例""问题解决并论证""几何推理使用""演绎几何""基于平均值的推理""联结定理论证""逻辑推理"。从开放式编码的过程可以看出,贯穿这些编码的故事线是推理论证。

2. 建立模型

将 TIMSS 描述语中的"能够在各种情境下应用数学",PISA 描述语中的"进行复杂问题情境的调查和建模",NAEP 描述语中的"开发数学模型的时候,应该能够甄别信息中的正例和反例,以便形成他们的概括",NAPLAN 描述语中的"应用数学知识来解决复杂问题",CAPFJHSS 描述语中的"能将复杂情境中待解的问题,转化成数学问题并拟定解题策略",分别编码为"多种情境下应用数学""非标准情境问题建模""开发数学模型""应用数学解决复杂问题""复杂情境问题建模"。从开放式编码的过程可以看出,贯穿这些编码的故事线是建立数学模型。同时在编码过程中可以发现,关于建模的描述基本上都是水平描述的第一句话,所以从某种程度上可以称为首要特征。唯一没有体现该故事线的是 TSA 描述语,但是 TSA 在其基础等级中也有多句涉及数学应用的描述,具体过程可见基础水平的编码。

3. 概括抽象

将 TIMSS 描述语中的"各种问题情境下应用概括抽象",PISA 描述语中的"进行情境问题的概念化、抽象化和数学化"、"利用符号化、形式化能力开发新策略",NAEP 描述语中的"应该能够甄别信息中的正例和反例,以便形成他们的概括",NAPLAN 描述语中的"解释并使用指数符号",TSA 描述语中的"能观察规律及表达通则",CAPFJHSS 描述语中的"能连接不同的数学概念、性质、定理",分别编码为"情境问题概括抽象""概括抽象""甄别正反例形成概括""使用代数符号""模式的抽象与推测""链接概念形成概括"。从开放式编码的过程可以看出,贯穿这些编码的故事线是概括抽象。

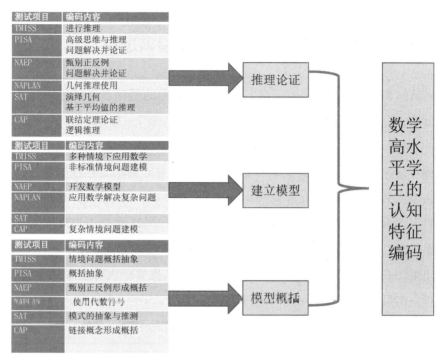

图 7 - 1　高水平描述内容的主轴式编码

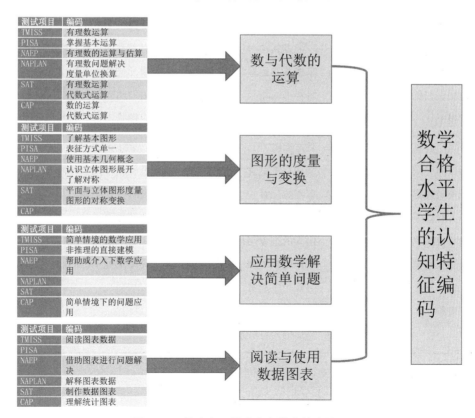

图 7 - 2　基础水平描述内容的主轴式编码

二、学生数学基础水平描述内容的编码过程

与高认知水平特征分析类似，对六种表现标准中的基础水平描述内容进行质性的内容分析，提取六种基础水平描述的共同特征。从表 7－1 可以看出，不同测试项目的命名规则不同，有的项目已指出某个水平就是基础水平如 NAEP、TSA、CAPFJHSS，这些项目使用了严格的标准设定方法由专家划定了达标分数线，是具有政策与法律意义上的最低标准。NAPLAN 与 PISA 采用的等距量尺，是基于统计的划分，两者都将六个水平中第二个水平视为基础水平，同样地也将 TIMSS 四个水平中第二个水平作为基础水平。采用两轮编码，第一轮开放式编码寻找核心性质与事件，编码的结果如表 7－2 所示，第二轮主轴编码通过寻找贯穿六种表现标准的故事线，编码过程与结果如图 7－2 所示。

表 7－2 六个数学表现标准基础水平描述的开放式编码

TIMSS 编码	PISA 编码	NAEP 编码
简单情境中的数学应用	非推理的直接建模	理解概念
有理数运算	提取信息单一	掌握技能
理解代数式	表征方式单一	有理数的运算与估算
了解平面与立体图形	掌握基本运算	帮助或介入下数学应用
阅读图表数据	解释书面结果	借助图表进行问题解决
了解概率		应用基本代数和几何概念
NAPLAN 编码	**TSA 编码**	**CAPFJHSS 编码**
有理数问题解决	掌握基本概念	理解基本概念与性质
认识模式规律	有理数运算	理解统计图表
简单方程求解	代数式运算	数的运算
度量单位换算	模式的抽象与推测	代数式运算
解释图表数据	制作数据图表	简单情境下的问题应用
认识立体图形展开	寻找集中趋势	
了解对称	平面与立体图形度量	
	图形的对称变换	

1. 数与代数运算

将 TIMSS 的基础水平描述语中的"学生可以解决负数、小数、百分数和比例等运算问题"编码为"有理数运算"；将 PISA 描述语中的"这个级别的学生可以使用

基本的算法、公式、程序或惯例来解决涉及整数的问题"编码为"掌握基本运算"；将 NAEP 描述语中的"处于该水平意味对表示对算术运算（包括估算）的理解，包括整数、小数、分数和百分数的运算与估算"编码为"有理数运算与估算"；将 NA-PLAN 描述语中的"解决多步骤问题，包括涉及正负数，小数，分数和百分比的问题"编码为"有理数问题解决"；将 TSA 描述语中的"大部分学生对有理数、正负数、以代数语言建立问题和一元一次不等式的基本概念掌握较好"编码为"有理数运算"和"代数运算"；将 TAP 描述语中的"能操作数、符号、多项式的运算"编码为"数与代数运算"。从开放式编码的过程可以看出，数与代数运算是贯穿六种描述的故事线之一。

2. 应用数学解决简单问题

将 TIMSS 描述语中的"学生可以将基础数学知识应用于各种简单情况"，PISA 描述语中的"学生可以在不需要直接推理的情况下，解释和识别情境问题"，CAPFJHSS 描述语中的"能将简单情境中待解的问题，转化成可以直接应用数学知识与概念解决的数学问题"，NAEP 描述语中的"应该能够使用基本的代数和几何概念来解决情境问题"，分别编码为"简单情境中的数学应用""非推理的直接建模""帮助或介入下数学应用""应用基本代数和几何概念"。从开放式编码的过程可以看出，贯穿六种描述的故事线是应用数学解决简单问题。TSA 描述中的"他们能运用率及比解决简单现实生活中的问题，能从简易情境中建立方程和解简易方程"也体现这条故事线。

3. 阅读与应用数据图表

将 TIMSS 描述语中的"可以阅读和解释图表或表格中的数据"，PISA 描述语中的"可以从单一来源中提取相关信息，并采用单一的表征方式"，NAEP 描述语中的"在一些结构性的帮助下（如图，表等）正确地完成问题"，NAPLAN 描述语中的"解释和使用各种图表中的数据"，TSA 描述语中的"学生能够组织数据和制作简单图表及图像来表达数据"，CAPFJHSS 描述语中的"能理解基本的统计图表"，分别编码为"阅读图表数据""表征信息""借助图表进行问题解决""解释图表数据""制作数据图表""理解统计图表"。从开放式编码的过程可以看出，贯穿这些编码的故事线为阅读与应用数据图表。

4. 几何直观与图形度量

将 TIMSS 描述语中的"了解平面与立体图形"，PISA 描述语中的"可以从单一来源中提取相关信息，但只能采用单一的表征方式"，NAEP 描述语中的"使用几何测量工具"，NAPLAN 描述语中的"识别多个熟悉的立体图形的展开图"和"识别不规则形状的对称性"，TSA 描述语中的"能够解决涉及平面及立体图形的度量问题，解答有关变换、对称、相似全等及四边形问题"，分别编码为"了解平面与立体图形""提取单一表征信息""使用几何工具""认识立体图形展开""了解对称""平面与立体图形度量""掌握图形的对称变换"。从开放式编码的过程可以看出，贯穿这些编码的故事线是几何直观与图形度量。

三、数学子领域内描述内容的编码过程

由于不同的测试项目建构的数学评价框架不同，对内容领域的分类是不同的，六个测试分类情况如表 7 - 3 所示。其中分类领域数量最多的是 CAPFJHSS 的六个模块，最少的 TSA 的三个模块，内容基本相同，但命名规则不同。为了统一各模块内容命名，采用《义务教育数学课程标准（2011 年版）》的内容分类标准：数与代数、统计与概率、图形与几何、这与模块数量最少的 TSA 评价框架的内容标准是基本一致的。并将其他测试项目的内容分类按此三个模块进行合并，统一成三个模块内容。以 PISA 为例，只需将数量、变化与关系两个模块合并，与数与代数对应，其余不变，就可以对应到三个模块中。

表 7 - 3　不同测试的数学内容领域划分

PISA （15 周岁）	TIMSS 八年级	NAEP 八年级	NAPLAN 九年级	TSA 中三	CAPFJHSS 初中三年级
变化与关系	数	数的性质与运算	数	数与代数	数与量
空间与形状	代数	测量	空间	度量、图形与	图形与几何
数量	几何	几何	代数、函数和	空间	坐标几何
不确定性与数据	机会与数据	代数	模式	数据处理	代数
		数据、统计与 概率	测量、机会与 数据		函数
			做数学		数据与不确定性

与分析整个数学领域内的高水平学生与基础水平学生的认知特征类似，我们以三个内容模块为单位，研究在各模块内高水平与基础水平学生的共性认知特征。但是由于 NAEP 与 CAPFJHSS 没有建立子领域的表现标准，NAPLAN 只有每个领域的最低国家标准。所以子领域内的高水平认知特征分析中，选用了 PISA、TIMSS 与 TSA 三个表现标准的描述语进行质性内容分析，在基础水平的认知特征分析中，选用了 PISA、TSA 与 NAPLAN 三个表现标准的描述语进行质性内容分析，提取这些表现标准的共性。

（一）数与代数领域内高水平描述内容的编码过程

1. 模式识别与应用

将 PISA 描述语中的"应用推理去识别、建立和应用数字模式"，TIMSS 描述语中的"可以用代数或文字表达进行概括规律，例如表示出数字模式的第 n 项"，TSA 描述语中的"学生对代数有良好的认识，能观察数字规律及表达通则"，分别编码为"模式识别与应用""概括与表示模式""观察规律""表示通则"。从开放式编码的过程可以看出，贯穿这些编码的故事线是"模式识别与应用"。

2. 符号运算与推理

将 PISA 描述语中的"他们可以在抽象、非常规问题中使用不同的符号进行推理"，TIMSS 描述语中的"处理形式化的符号表达式"，TSA 描述语中的"处理简易多项式的运算、因式分解及展开，亦熟悉整数指数律"，分别编码为"符号推理""应用符号表达式""多项式运算"。贯穿这些编码的故事线是"符号运算与推理"。

3. 处理变量与函数关系

将 PISA 描述语中的"学生概念化并处理关于复杂数量过程与变量关系的数学模型"，TIMSS 描述语中的"可以从表、图和方程中识别变量的线性关系，求解斜率和 y 截距"，TSA 描述语中的"他们熟悉和一元一次不等式，能以代数方法和图解法解简易的方程，亦能绘画二元一次方程的图象"，分别编码为"建立变量关系模型""掌握一次函数""处理方程与不等式"。贯穿这些编码的故事线是"处理变量与函数关系"。

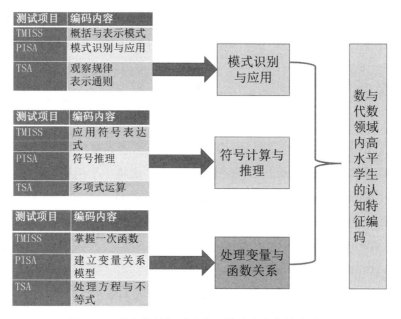

图 7 – 3 数与代数领域高水平描述内容主轴式编码

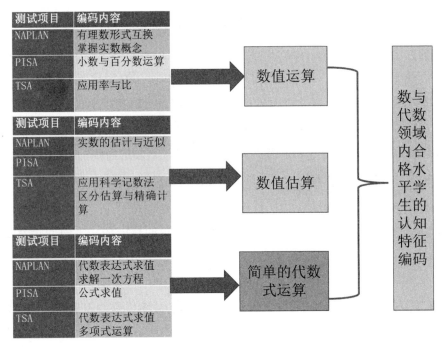

图 7-4　六个数学表现标准的主轴式编码

（二）数与代数领域内基础水平描述内容的编码过程

1. 数值运算

将 NAPLAN 描述语中的"可以将小数，百分数与普通分数三种表示形式相互转换""对有理数及无理数、正负数等概念有着较好的掌握"，TSA 描述语中的"他们能运用率及比解简单现实生活中的问题，并展示对率及比的差异的认识"，PISA 描述语中的"执行涉及基本算术运算的简单计算，比较 2 位、3 位整数，十分位、百分位小数的大小，百分比数计算"，分别编码为"有理数形式互换""掌握实数概念""应用率与比""小数与百分数运算"。贯穿这些编码的故事线是"数值运算"。

2. 数值估算

将 NAPLAN 描述语中的"可以使用常用的方法来形成有理数和无理数的估计值和近似值以及简单的表示形式"，TSA 描述语中的"能将一个用科学记数法表示的数化为小数""能判断在情境中的数值是以估算还是准确计算得到"，分别编码为"实数的估计与近似""应用科学记数法""区分估算与精确计算"。贯穿这些编码的故事线是"数值估算"。

3. 简单的代数式计算

将 NAPLAN 描述语中的"学生可以计算简单的代数表达式，如代入数值求表达式的值，求解一元一次方程，判断两个代数式是否相等"，TSA 描述语中的"学生普遍能将数值代入公式求变量的值，能展开多项式，处理多项式的加减运算"，PISA描述语中的"可以正确地把数值代入简单的公式进行计算，有时可以用文字表达"，分别编码为"代数表达式求值""求解一次方程""代数表达式求值""多项式运算""公式求值"。贯穿这些编码的故事线是"简单的代数式计算"。

（三）统计与概率领域内高水平描述内容的编码过程

1. 数据分析与解释

将 PISA 描述语中的"对一系列复杂的概率统计数据、信息与情境进行解释，评估及批判性反思"，TIMSS 描述语中的"可以解释饼图、折线图、条形图和象形图中的数据，并为解决问题提供解释"，TSA 描述语中的"他们能制作及阐释简单统计图表"，分别编码为"数据信息解释""解释多种图表数据""制作及解释图表"。贯穿这些编码的故事线是"数据分析与解释"。

2. 数据的组织与简化

将 PISA 描述语中的"可以有效地使用比例推理将样本数据与其所代表的总体联系起来"，TIMSS 描述语中的"他们可以计算均值和中位数，可以解决包含数学期望的问题"，TSA 描述中语的"从数据中找出算术平均数、中位数和众数/众数组，以及从误用平均值的例子中找出误导的成分"，分别编码为"理解样本与总体的关系""集中趋势的计算与应用""均值的应用与推理"。贯穿这些编码的故事线是"数据的组织与简化"。

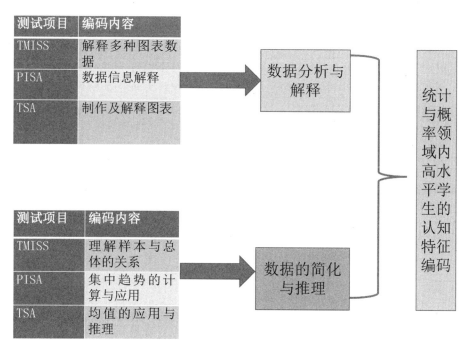

图 7-5　统计与概率领域高水平描述内容主轴式编码

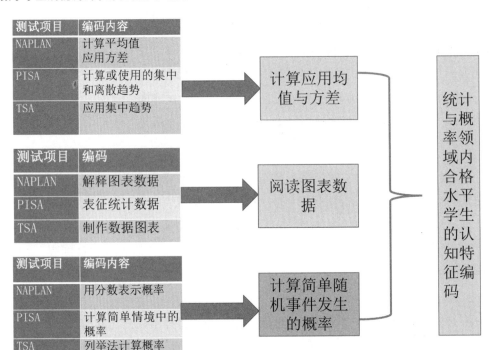

图 7 - 6   统计与概率领域基础水平描述内容主轴式编码

(四) 统计与概率领域内基础水平描述内容的编码过程

1. 应用集中和离散趋势

将 TSA 描述语中的 "能利用集中趋势来分析数据和理解数学", NAPLAN 描述语中的 "学生可以从样本数据中得出一些结论: 计算一组数据的平均值, 使用方差解释数据的离散程度", PISA 描述语中的 "从简单的样本数据中得出结论, 如计算或使用的集中和离散趋势", 编码为 "应用集中趋势" "计算平均值" "应用方差" "计算与应用集中趋势" "计算与应用离散趋势"。贯穿这些编码的故事线是 "应用集中和离散趋势"。

2. 阅读图表数据

编码过程如 "学生数学基础水平描述内容的编码过程" 所示。

3. 计算简单随机事件发生的概率

将 PISA 描述语中的 "可以在熟悉的简单情境中识别、理解和使用概率统计概念描述概念, 例如掷硬币或掷骰子", NAPLAN 描述语中的 "识别常见随机事件的概率, 并表示为分数", TSA 描述语中的 "大部分学生能掌握概率的基本概念, 以列举的方法计算简单事件发生的概率", 分别编码为 "计算简单概率" "用分数表示概率" "列举法计算概率"。贯穿这些编码的故事线是 "计算简单随机事件发生的概率"。

（五）图形与几何领域内高水平描述内容的编码过程

1. 几何建模及应用

将 PISA 描述语中的"学生可以解决包含多种表征和计算的复杂问题；识别、提取和链接相关信息""使用空间推理、洞察能力和反思，从情境问题中抽象出几何模型并加以应用"，TIMSS 描述语中的"学生可以利用其掌握的几何知识解决有关各种面积和表面积问题"，TSA 描述语中的"表现良好的学生善于计算复杂平面图形的面积和立体图形的表面面积和体积"，分别编码为"建立几何模型""应用几何知识解决问题""复杂图形的度量问题"。贯穿这些编码的故事线是"几何建模及应用"。

2. 勾股定理及其应用

将 PISA 描述语中的"应用相关的知识与技能，如三角几何、勾股定理等解决问题"，TIMSS 描述语中的"使用勾股定理计算三角形的面积，直角坐标系上两点之间的距离以及梯形的周长"，TSA 描述语中的"能展示对三角学、坐标几何与勾股定理等有良好的认识"，分别编码为"应用勾股定理""使用勾股定理求面积""使用勾股定理求距离""深入认识勾股定理"。贯穿这些编码的故事线是"勾股定理及其应用"。

3. 几何推理

将 PISA 描述语中的"使用空间推理、洞察能力和反思""阐述问题解决的方案并提供理由和论证"，TSA 描述语中的"在几何证明的问题上，他们能正确地写出解题步骤，并提供充分的理由以完成证明"，分别编码为"应用空间推理""问题解决并论证""几何证明时能提供充分证据"。贯穿这些编码的故事线是"几何推理"。

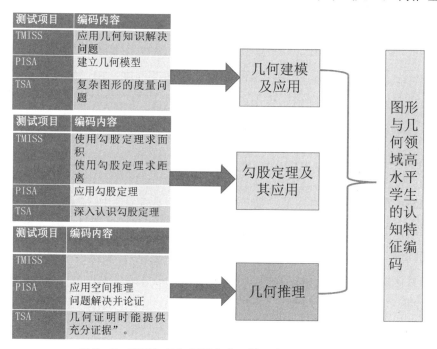

图 7 - 7　图形与几何领域高水平描述内容主轴式编码

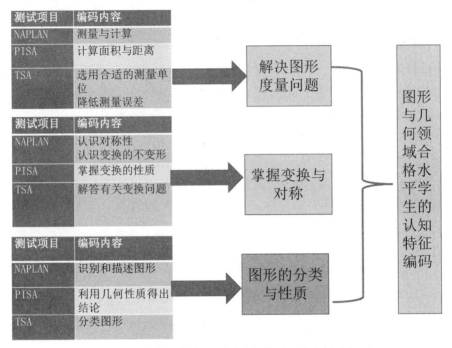

图 7 - 8　图形与几何领域基础水平描述内容主轴式编码

（六）图形与几何领域内基础水平描述内容的编码过程

1. 解决图形度量问题

将 PISA 描述语中的"从图表或地图中提取相关维度，计算面积与距离，或寻找 GPS 设备的方向等"，NAPLNA 描述语中的"学生可以使用 SI 单位来测量和比较长度、面积、表面面积、体积、角度、质量、时间和温度"，TSA 描述语中的"大部分学生能就现实生活的量度，选用适当的度量单位和准确度，由已知量度的准确度找出度量的范围，并且选择降低量度误差的方法"，编码为"计算面积与距离""测量与计算""选用合适的测量单位""降低测量误差"。贯穿这些编码的故事线是"解决图形度量问题"。

2. 掌握变换与对称

将 PISA 描述语中的"在某些简单的指定转换下查看几何对象的属性"，NAPL-NA 描述语中的"学生能够认识到对称性，图形的变换后的一致性等"，TSA 描述语中的"能够解答有关变换、对称、相似全等及四边形问题"，分别编码为"掌握变换的性质""认识对称性""认识变换的不变形""解答有关变换问题"。贯穿这些编码的故事线是"掌握变换与对称"。

3. 图形的分类与性质

将 PISA 描述语中的"学生通过理解可以解决包含简单熟悉几何图形的问题，从有关基本几何性质的问题中得出结论"，NAPLNA 描述语中的"通常能够识别和描述熟悉的平面图形和空间图形"，TSA 描述语中的"学生普遍能绘画简单立体的图像、根据角的大小去识别不同类别的角和根据给出的立体选择正确的横切面"，分别编码为"利用几何性质得出结论""识别和描述图形""分类图形"。贯穿这些编码的故事线是"图形的分类与性质"。